Katharina Saalfrank

Die Reise zur glücklichen Eltern-Kind-Beziehung

Katharina Saalfrank

DiE REiSE

zur glücklichen Eltern-Kind-Beziehung

Dein Kind und dich besser verstehen

BELTZ

Editorische Notiz
Aus Gründen der besseren Lesbarkeit wird bei Personenbezeichnungen und personenbezogenen Wörtern in diesem Buch die männliche Form verwendet. Entsprechende Begriffe gelten im Sinne der Gleichbehandlung grundsätzlich für alle Geschlechter. Die verkürzte Sprachform hat nur redaktionelle Gründe und beinhaltet keine Wertung.

MIX
Papier aus verantwortungsvollen Quellen
FSC® C089473

Klimaneutral
Papier
ClimatePartner.com/13732-1910-1001

Dieses Buch ist erhältlich als:
ISBN 978-3-407-86688-2 Print
ISBN 978-3-407-86696-7 E-Book (EPUB)

2. Auflage 2021

in der Verlagsgruppe Beltz • Weinheim Basel
Werderstraße 10, 69469 Weinheim

Lektorat: Katharina Theml, Büro Z, Wiesbaden
Umschlaggestaltung: www.anjagrimmgestaltung.de
Bildnachweis: © Gutentag-Hamburg, © Iya Balushkina/Shutterstock.com
Grafiken Innenteil: © Gutentag-Hamburg nach Vorlagen von Susanne Linke, Liliengrafie
Layout: www.anjagrimmgestaltung.de
Herstellung: Nancy Aprile
Satz: Publikations Atelier, Dreieich
Druck und Bindung: Beltz Grafische Betriebe, Bad Langensalza
Beltz Grafische Betriebe ist ein klimaneutrales Unternehmen (ID 15985-2104-100).
Printed in Germany

Weitere Informationen zu unseren Autor_innen und Titeln finden Sie unter: www.beltz.de

Inhalt

Ergänzende Materialien zum Buch

Begleitend zum Buch stelle ich dir ergänzende Materialien zur Verfügung: Zum einen das »Eisbergset nach Katia Saalfrank« zum Download, zum anderen verschiedene Hördateien zum Streamen. Nähere Hinweise findest du im ersten Kapitel des Buches und im Anhang.

Willkommen auf deiner Reise

Wie schön, dass du dieses Buch in den Händen hältst. Ich freue mich, dass du losgehst und offen bist für neue Perspektiven und damit für diese ganz besondere ganzheitliche Reise. Auf dieser Reise lade ich dich dazu ein, viele verschiedene Perspektiven einzunehmen und dadurch dein Kind und dich selbst besser verstehen und kennenzulernen.

Bei der Erziehung – oder besser: in der Beziehung zu unseren Kindern – laufen viele unbewusste Prozesse ab, und wir hinterfragen den Blickwinkel, den wir einnehmen und unser Handeln als Eltern oft nicht, weil wir es nicht anders kennen und im Alltag einfach Erziehung »betreiben«. Wir haben es selbst so erfahren und übernehmen dadurch vieles unbewusst, auch ganze Denkweisen und grundsätzliche Einstellungen. Und oft sind wir im Alltag dann doch unschlüssig und unsicher. Die Fragen, die viele Eltern bewegen und die dich vielleicht auch beschäftigen, sind meiner Erfahrung nach folgende: Woher weiß ich, ob ich auf einem »guten Weg« bin? Wie kommt es dazu, dass Situationen in unserer Familie von jetzt auf gleich eskalieren? Wie kann ich mein Kind besser verstehen, wenn es sich nicht so verhält, wie ich es erwarte, und warum kann ich im oft stressigen Alltag die Liebe zu meinem Kind dann häufig nicht (mehr) in liebevolles Handeln umsetzen?

So stellen wir uns hier ganz wesentliche Fragen und eine der wichtigsten, vielleicht sogar die Frage überhaupt: Wie möchte ich leben und wer will ich sein? Dazu gehören auch Fragen wie: Wie möchte ich das Leben mit meiner Familie gestalten? Was ist mir wichtig? Wie will ich als Vater, als Mutter sein? Entspricht das, was ich im Alltag lebe und tue, eigentlich meinen Werten und Vorstellungen? Mag ich mich selbst mit dem, was ich mache? Und wenn nicht, was kann ich wie anders machen?

Dabei ist es hilfreich, auch einen Blick in die Vergangenheit zu werfen – nicht, um darin zu versinken und ewig im Vergangenen »zu wühlen«. Sondern um besser zu verstehen, wie du der wurdest, der du heute bist. Um Vergangenes abzuschließen und im Heute bewusst zu leben und es vielleicht anders zu machen als bisher. Unsere Vergangenheit bestimmt oft (unbewusst) unser Handeln in der Gegenwart. Wenn wir da bewusst hinschauen und Bisheriges hinterfragen, können wir alte Muster unterbrechen. Wenn du bereit bist, das Gestern loszulassen, kannst du neue Perspektiven finden und das Heute mit deinen Kindern anders leben. Du kannst liebevoll im Alltag dein Kind begleiten, frei von dem, was dir selbst widerfahren ist, und in Liebe handeln. So kann Beziehung ganz neu gelingen, Freude erlebbar im Miteinander entstehen und gemeinsames Glück spürbar werden. In diesem Sinne darfst du dich an dieser Stelle fragen, was du hier und jetzt ganz konkret tun kannst, um deine Liebe zu deinem Kind mehr und öfter in liebevolles, zugewandtes Handeln zu übersetzen.

Eine spannende Frage, wie ich finde. Denn sie eröffnet ganz neue Möglichkeiten und Blickwinkel. Und darum geht es. Es geht um neue Perspektiven. So möchte ich mit dir deinen Fokus ab jetzt auf andere Dinge richten, als du das sonst in deinem Alltag vermutlich tust. Eben nicht auf das, was nicht funktioniert und nicht gut läuft, sondern auf das, was gut läuft und was vorhanden ist. Auf das, was lohnt, Beachtung und Zuwendung zu bekommen, um dann intensiver ausgebaut zu werden. Es wird bei dieser Reise darum gehen, wie du dein Kind besser verstehen kannst, wie du dich selbst siehst und wie du neue Handlungsmuster etablieren kannst.

In den letzten Jahren habe ich den Eindruck gewonnen, dass die Frage »Wie verstehe ich mein Kind besser, und wie genau mache ich es anders?« oft sehr intensiv und vor allem im Kopf beantwortet wird. Dabei ist Beziehung vielschichtig und lebendig, und wir benötigen viel mehr Elemente, nämlich unseren gesamten Körper, um wirklich in eine dynamische Beziehung kommen zu können. Um in Bewegung zu kommen und Veränderung herbeizuführen, werden wir also verschiedene Ebenen nutzen: die Kognition (deine Gedanken), die Emotion (deine Gefühle) und deinen Körper (deine körperlichen Empfindungen).

Diese Triade beziehungsweise das wundervolle und einzigartige Zusammenspiel zwischen Denken, Fühlen, miteinander Schwingen und den vielfältigen Reaktionen im Körper macht uns Menschen und die Beziehungen untereinander grundsätzlich aus. Diese Ebenen in ihrer Verbindung miteinander zu verstehen und dann auch bewusst wahrzunehmen, einzusetzen und im Alltag in der Umsetzung aktiv und konstruktiv zu nutzen ist aus meiner Erfahrung wesentlich, um neue Blickwinkel einnehmen und anders handeln zu können und dabei intuitiv in Verbindung zu bleiben. So sind diese drei Bereiche eng miteinander verwoben: Nichts, was wir erleben, bleibt ohne Wirkung auf diesen Ebenen. Jede Erfahrung, die wir machen, alles, was wir lernen, wird im Gehirn mit einem entsprechenden Gedanken verankert, dem entsprechenden Gefühl verknüpft, das wir in dieser Situation fühlen, und mittels der entsprechenden Reaktion im System unseres Körpers als Wahrnehmungsmarker eingespeist. Durch bestimmte Bindungs- und Beziehungserfahrungen in der frühen Kindheit jedoch können wir Erwachsenen diese Ebenen oft gar nicht (mehr) bewusst wahrnehmen und entsprechend verknüpfen. Es braucht daher vor allem wieder Verbindung zwischen diesen Ebenen und das Bewusstsein für die Bedeutung des Zusammenspiels dieser Triade.

Meine Aufgabe sehe ich darin, dich auf deiner Reise dahingehend zu begleiten, zwischen diesen drei Ebenen (wieder mehr) Verknüpfung herzustellen und damit wieder Offenheit, Leichtigkeit und Verbindung zu dir selbst zu ermöglichen. So wirst du (wieder) mehr Kontakt zu deiner »emotionalen Landkarte«, also zu deinen eigenen Gefühlen bekommen und so in eine ganz neue Resonanz und eine tiefere Beziehung mit deinem Kind kommen können. Dabei spielen Kategorien der Bewertung, wie »richtig« oder »falsch«, »gut« oder »schlecht« keine Rolle. Denn Beziehung ist eine Art von wundervollem Tanz, bei dem es auch dazu kommen kann, dass man sich »auf den Fuß tritt« und den Tanzbereich des anderen übertritt. Ich schreibe das deshalb so konkret, weil ich in meiner Arbeit Eltern erlebe, die alles »gut« und »richtig« machen wollen, sich vermeintliche »Fehler« kaum zugestehen und »perfekt« sein wollen. Elternschaft ist jedoch so nicht zu begreifen, sondern sie ist ein Weg und ein Prozess, bei dem es immer wieder zu Erkenntnissen kommt, an die wir unser Handeln anpassen dürfen.

Meine Vorgehensweise und mein Blick auf Kinder unterscheiden sich deutlich von den verhaltensorientierten Ansätzen, wie sie häufig in unserer Gesellschaft angewendet werden. Ziel bei diesen Ansätzen ist es, das Verhalten von Kindern an ein von Erwachsenen gewünschtes Verhalten anzupassen. Dabei ist das Verhalten von Kindern (und auch Erwachsenen) lediglich Ausdruck von tiefer liegenden emotional-seelischen Bewegungen und damit vor allem eine Folge von Prozessen, also die Spitze des Eisbergs. Wenn wir Verhalten nachhaltig verändern wollen, dann lohnt es sich sehr, sich mit den tiefer liegenden Ursachen des Verhaltens von Kindern auseinanderzusetzen. So gehe ich davon aus, dass das Verhalten von Kindern immer einen Sinn hat und das menschliche Handeln und Verhalten grundsätzlich vor allem von Gefühlen (Freude, Wut, Ärger, Scham, Schmerz, Angst) motiviert werden und diese Gefühlsebene von emotionalen Basis-Grundbedürfnissen (z. B. Sehnsucht nach Verbindung und Sicherheit, Autonomiebestreben, Selbstwirksamkeit, Zugehörigkeit, etc.) gespeist wird.

Die Interpretation dieser Reaktionskette wird das Hauptwerkzeug in diesem Buch und auf unserer Reise sein. Ich möchte mir diese Kette deshalb mit dir gemeinsam genau anschauen, präzise und detailliert lesen und effektiv nutzen lernen, um dann über meine selbstentwickelte Bindungs- und Beziehungsorientierte Pädagogik das Verhalten deines Kindes eben nicht als störend einzuordnen und nach Maßnahmen für oberflächliche Verhaltensanpassung zu suchen. Sondern wir werden das Verhalten deines Kindes als ein wertvolles Signal für tiefer liegende seelisch-emotionale innere Vorgänge verstehen und dich so an deine Befähigung erinnern, anders zu reagieren und neue, wertschätzende und entwicklungsfördernde Antworten für dich und dein Kind zu finden.

Damit du den Sinn hinter einem Verhalten, also unter der Eisbergspitze erkennen, nachvollziehen und verstehen kannst, werden wir uns auf der **ersten Etappe** damit beschäftigen, welche Gefühle ein Verhalten auslösen und welche emotionalen Grundbedürfnisse wiederum Gefühle entstehen lassen. Wir gehen sozusagen gemeinsam »tiefseetauchen«, um den gewaltigen Teil des Eisbergs zu ergründen, der verdeckt unter der Wasseroberfläche liegt.

Um mit dem daraus folgenden Wissen und Verständnis unsere Reise fortsetzen zu können, werden wir uns auch mental für die weitere Reise rüsten. Du erfährst, wie wichtig die Perspektive ist, die wir einnehmen, welche Rolle Affirmationen für unsere Gedanken spielen können und welchen Einfluss unsere Atmung auf unseren gesamten Körper hat. Wir beschäftigen uns mit grundsätzlichen Einstellungen und erfahren, wie kraftvoll Dankbarkeit sein kann. Um diesen spannenden Perspektivwechsel und um deine ganz persönlichen Ziele der Reise wird es auf der **zweiten Etappe** gehen.

Gut gerüstet werden wir uns auf der **dritten und vierten Etappe** mit Gefühlen und Emotionen, also deiner emotionalen Landkarte und auch mit der emotionalen Entwicklung deines Kindes beschäftigen. Deine emotionale Landkarte ist vielleicht an einigen Stellen unbekannt oder nicht gut für dich zu lesen. Wir werden sie quasi neu entdecken und vielleicht auch vervollständigen, indem wir die einzelnen (Gefühls-)Gebiete durchwandern. Von dort aus werden wir in der **fünften Etappe** eine Reise zu uns selbst machen und in unser Inneres vordringen. Du wirst dein eigenes Selbstbild betrachten und auf dein inneres Kind treffen. Du wirst erleben, wie es ist, bestimmte Dinge in einem anderen Licht zu sehen und sie so auch hinter dir zu lassen. Wenn du bereit bist, die Vergangenheit anzuerkennen und die Gegenwart zu leben, kann die Zukunft gelingen.

Zwischendrin und insbesondere auf der **letzten Etappe** erfährst du anhand typischer Alltagssituationen, wie du all die wertvollen Erfahrungen deiner Reise konstruktiv in deinem Familienalltag umsetzen kannst. Denn du hast nun wirkungsvolles Werkzeug im Gepäck, um dich und dein Kind besser zu verstehen und dadurch eine warme, konstruktive und erfüllende Beziehung zu führen.

Um diesen Weg sicher und gut beschreiten zu können und um dich bei deinem persönlichen Wachstum zu begleiten, habe ich praktisches Material aus meiner Beratungspraxis zusammengestellt und stehe dir mit meinen Gedanken, Übungen, Wissenspaketen und Reflexionsfragen quasi als mentaler Coach und »Reisebegleiterin« zur Seite. Das ist auch einer der Gründe, warum ich mich bewusst dazu entschlossen habe, dich als Leserin oder Leser des Buches mit »du« und ganz persönlich anzusprechen. Ich möchte dir auf deiner Reise Halt bieten und Orientierung auf dem Weg geben, dir Landkarten und einen Kompass zur Verfügung stellen. Du kannst das Tempo selbst bestimmen und alle Wege für dich so beschreiten, wie es für dich passend ist.

Sollten die Inhalte dich an deine Grenzen bringen und starke Gefühle dich so sehr überwältigen, dass du das Gefühl hast, nicht weitergehen zu können, kann es notwendig werden, dir professionelle Unterstützung begleitend zu einzelnen Themen zu suchen. Die von mir ins Leben gerufene »Sommerakademie Kinder Besser Verstehen« mit dem Kurs und der dazugehörigen Gruppe könnte eine gute Möglichkeit sein, dich noch intensiver begleiten zu lassen. Dort kannst du dich mit anderen Eltern austauschen, die auf dem Weg sind, und es gibt eine Rückbindung an mich. Damit du als Lesender direkt eine Möglichkeit zum Austausch hast, gibt es zum Buch meine Gruppe auf Facebook ›Dein Kind und dich besser verstehen‹. Ich würde mich freuen, wenn du dazukommst, mir von deiner Reise berichtest und in Austausch mit anderen zu deinen Entwicklungen und Erfahrungen gehst.

Mein Anliegen ist nicht, dir oberflächliche Tipps für konkrete Situationen zu geben – das wird der Komplexität des Familienlebens nicht gerecht. Es geht vielmehr darum, bewusster auf sich selbst zu hören, mit sich selbst wieder in eine gute Verbindung zu kommen. Die Inhalte, die ich für diese Reise ausgewählt und in diesem Buch zusammengestellt habe, können für dich wirken wie der helle Strahl einer Taschenlampe, die ihren Fokus in Winkel, Ecken und Bereiche in deiner inneren Welt richtet, um auch dorthin Licht und Glanz zu bringen, wo es vielleicht bisher dunkel und die Sicht schlechter war. Bereiche in dir und in deinem Leben, denen du vielleicht bisher weniger Beachtung geschenkt hast, die aber jetzt angeschaut werden können und dürfen. Anteile, die auch zu dir gehören, die hilfreich sein und die dir Hinweise geben und neue Perspektiven eröffnen können für das, was in der Beziehung zu deinem Kind wichtig ist.

In meiner Praxis habe ich mit vielfältigen Konstellationen von Familie zu tun. Von gleichgeschlechtlichen Paaren mit Kindern über Singles mit Kinderwunsch bis hin zu Eltern, die Kinder in Pflege oder auch adoptiert haben. Das Familienleben ist so unglaublich bunt, facettenreich und vielfältig, und es ist eine Freude, dies zu sehen. Alle Eltern, ob Vater oder Mutter, haben das gleiche Ziel, nämlich, dass es ihren Kindern in der Beziehung zu ihnen als Eltern so gut wie möglich geht. So möchte ich gern alle Eltern mit diesem Buch ansprechen, mit einbeziehen und einschließen, wenn ich mich nun auf die Reise begebe. Jeder darf seine Entwicklung für sich selbst machen und sollte sich nicht gedrängt, sondern eingeladen fühlen. Weiterhin ist mir wichtig, dass sich keiner ausgeschlossen fühlt, wenn ich dich im Folgenden konkret als Mutter oder Vater anspreche – ich meine auch, aber nicht ausschließlich, Eltern im konventionellen Familienmodell, sondern spreche immer dich in deiner jeweiligen Rolle als Elternteil an, unabhängig davon, für welches Familienmodell du dich und ihr euch entschieden habt.

Ein Wort zu dir als Mutter

Danke, dass du dich auf die Reise machst. Vielleicht hast du schon ganz viel gelesen, vielleicht auch Podcasts gehört. Meine Erfahrung ist, dass wir Mütter häufig sehr aktiv sind, lesen, hören und im Austausch mit anderen Eltern sind, wenn es darum geht, unsere Kinder besser zu verstehen. Das ist wunderbar. Du wirst also schon einiges wissen und bist trotzdem hier. Darüber freue ich mich. Ich weiß aber auch, dass wir Mütter oft einen sehr hohen inneren Druck empfinden. Wir wollen alles, wirklich alles gut und richtig machen. Und alles gleichzeitig. Und natürlich wissen wir, dass es »das Perfekte« nicht gibt. Die Psychologin und Therapeutin Stefanie Stahl bringt es auf den Punkt: »Eltern müssen nicht perfekt sein. Es reicht, wenn sie hinreichend gut sind.« Nur was ist hinreichend? So viele Mütter stellen sich die Frage: Bin ich genug? Deshalb möchte ich dir gerne schon an dieser Stelle etwas dazu sagen: Du leistest so viel. Jeden Tag. Du bist bereits losgegangen (spätestens jetzt, denn du hältst das Buch in deinen Händen), du bist offen für Reflexion in Bezug auf dein Kind, beschäftigst dich mit dir selbst. Du stemmst diese oft langen anstrengenden Tage, teilweise mit mehreren Kindern, teilweise alleine, teilweise in den Zeiten von Corona mit Homeoffice und Home Schooling permanent an einem Ort und auf engem Raum. Du begleitest Streit, du tröstest Tränen, du räumst auf, du kochst, du gehst einkaufen, du spiegelst starke Gefühle, du spielst mit deinem Kind und du gestaltest Abendrunden und und und… Kannst du sehen, wie viel das ist (und das ist ja nur ein Teil des Ganzen)? Mein Impuls an dich zu Beginn deiner Reise auf dem Weg zu dir selbst: Bitte, bitte sei liebevoll und weich mit dir. Wer nimmt dich in den Arm für all das, was du tust und bist? Lass dich ab und zu halten. Und: Das Wichtigste ist, dass du dich selbst innerlich in den Arm nehmen kannst. Du bist genug! Mit allem, was du mitbringst. Und es geht nicht darum, dass immer alles glatt läuft, sondern darum, dass wir auf dem Weg innehalten können, wenn es stockt, uns orientieren und dann nochmal neu und anders weitergehen können. Wie schön, dass du da bist.

Ein Wort zu dir als Vater

Danke, dass du dich auf die Reise machst. Aus meinen Beratungen und Erfahrungen in der Praxis weiß ich, dass Väter nicht nur zunehmend interessiert sind, sondern auch viel mehr aktiv in den Alltag mit ihren Kindern eingebunden sein wollen und sind – und dafür auch einiges bewegen und in Kauf nehmen. Viele Paare möchten eine gleichberechtigte Elternschaft leben. Das ist wunderbar. Als ich selbst Mutter wurde, war das anders. Dennoch haben mein Mann und ich die Elternschaft und alles, was damit zusammenhängt, gleichberechtigt geteilt. Denn beide Elternteile sind gleichermaßen wichtig und daher ist dieses Buch für Väter und Mütter gleichermaßen geschrieben. Ich freue mich deshalb umso mehr, dass diese Botschaft bereits bei dir angekommen ist und du da bist. Danke für dein Vertrauen. Ich möchte dich an dieser Stelle explizit ermutigen, die Reise zu dir selbst für dich so zu gestalten, wie es für dich passend ist. Wenn dir Elemente in diesem Buch begegnen, die dir fremd vorkommen – probiere sie einfach aus und wenn sie sich nicht für dich bewähren, dann lass sie erstmal am Wegesrand liegen. Vielleicht passen sie zu einem anderen Zeitpunkt besser. Wenn dir mal etwas zu viel wird und du eine Pause brauchst, dann nimm sie dir. Wichtig ist nur, dass du danach weitergehst, denn es lohnt sich so sehr, dich selbst besser kennenzulernen. Und noch etwas: Bitte sei dabei geduldig mit dir selbst. Ich weiß, dass es verführerisch ist, schnell nach Handlungsalternativen zu greifen, weil du vielleicht schnell zu einer Lösung kommen möchtest. Das verstehe ich. Lösungen wird es auf dem Weg auch geben für dich und euch. Und doch ist es so: Der Weg ist das Ziel. Und: es ist ein Prozess, der etwas Zeit nehmen darf. Dazu gehört auch, von der Kognition in die Emotion, also vom Denken ins Fühlen zu kommen. Wirklich etwas zu fühlen braucht Zeit. Deshalb bitte ich dich um Geduld mit dir selbst und um Vertrauen, dass sich Lösungen zur passenden Zeit ergeben werden. Je besser du dich und dein Kind fühlen und damit emotional verstehen kannst, desto leichter wird sich für dich die Lösungsfindung gestalten, auch, wenn es manchmal unterwegs auf deiner Reise holprig erscheint. Und vergiss nicht: Alles darf, nichts muss. Du bist ok, so wie du bist. Mit allem, was du mitbringst als Mensch, Elternteil, Vater und wichtige Bindungsperson für dein Kind. Wie schön, dass du da bist.

Ein Wort zu euch als Elternpaar

Nun ist es mir noch ein Anliegen, euch auch gemeinsam anzusprechen. Wenn ihr euch jetzt auf den Weg macht und die Reise beginnt, möchte ich euch gerne noch Folgendes mitgeben:

- Bitte seid miteinander geduldig und unterstützt euch gegenseitig: Ihr seid zwar gemeinsam auf dem Weg und doch ist jeder selbst unterwegs mit seiner Geschichte, seinen Prägungen. Das kann im Alltag auch zu Empfindlichkeit und dazu führen, dass sich der eine oder andere besonders verletzlich und schnell getroffen fühlt. Da hilft vor allem Verständnis. Geht los im Vertrauen, dass jeder

von euch alles immer gut meint und gut machen will. Seid füreinander da, hört zu, wenn der andere was erzählen möchte. Mehr braucht es nicht. Spürt, dass ihr nicht alleine seid.
- Bitte lasst jedem sein Tempo: Entwicklung kann man nicht »beschleunigen« – das ist das Wunderbare. Je mehr sich jeder von euch seine Zeit nimmt, desto detaillierter die Erkenntnisse und desto differenzierter die Entwicklung.

Tauscht euch aus: Es wäre schön, wenn ihr euch regelmäßig als Eltern Zeit miteinander nehmt, über eure Gedanken und Erfahrungen in Bezug auf das, was ihr während eurer Reise zu euch selbst hier in dem Buch erfahrt. Wenn ihr mögt, dann verabredet euch doch jetzt schon immer mal wieder und wenn es nur auf einen Kaffee in der Küche ist. Es ist eine solche Errungenschaft, als Familie heute so bunt und vielfältig zu sein und dass Mütter und Väter auf Augenhöhe zusammenleben können und Elternschaft gleichberechtigt leben. Nicht nur für euch als Eltern- und Liebespaar, sondern auch für eurer Kind. Das braucht euch beide, so wie ihr seid, an seiner Seite als orientierungsgebender Leuchtturm, präsent, authentisch, liebevoll und haltend mit eurem jeweiligen Sosein. Gerade die Unterschiede zwischen euch sind bedeutend, denn davon profitiert auch euer Kind. Und diese Unterschiedlichkeiten haben mich inspiriert, in diesem Buch auch vereinzelt Hinweise explizit für den einen oder anderen in der Elternkonstellation einzuweben. Dies ist nur als ein Angebot zu sehen. Schön, dass ihr euch gemeinsam aufmacht!

Innere Bewegung auf allen Ebenen: Was dir dieses Buch noch bietet

Um neue eigene Entwicklungen durchmachen zu können, dich selbst zu hinterfragen, innere Erkenntnisse zu vertiefen und Perspektivwechsel während unserer Reise vorzunehmen, möchte ich dir gern noch einige inhaltliche Elemente und Tools vorstellen, die ich hier im Buch verwendet habe. Einiges davon wird dir auch zusätzlich über Audiodateien online und als begleitendes Arbeitsmaterial zum Download zu Verfügung stehen. Du erhältst an den entsprechenden Stellen Hinweise dazu. Die Anleitung findest du auf S. 363.

Durch Übungen das Gelesene vertiefen

Du wirst in diesem Buch zahlreiche schriftliche und auch einige praktische Übungen finden, die dich einladen, dich genauer mit dem gerade gelesenen und erläuterten Aspekt zu beschäftigen. Diese Übungen können mitunter eine Herausforderung sein, weil sie uns im tiefsten Inneren berühren. Ich würde mich freuen, wenn du sie mutig angehst. Es lohnt sich.

Vielleicht denkst du, es reicht, wenn du die schriftlichen Übungen im Kopf durchspielst. Doch ich möchte dich bitten, dir die Zeit zu nehmen, die Übungen tatsächlich auf Papier festzuhalten. Durch die schriftlichen Ausführungen haben die Übungen einen viel größeren und nachhaltigeren Nutzen für dich, und du wirst sie später auch nachlesen können. Vielleicht möchtest du dir speziell für deine Aufzeichnungen ein entsprechendes Notiz- oder Tagebuch anschaffen. Ich kann dich dazu nur ermutigen.

Übrigens: Mit der Hand zu schreiben hat einen besonders großen Effekt. Denn wir entschleunigen automatisch, die Gedanken vertiefen sich, und alles wirkt nachhaltiger in dir selbst.

Ein guter Berater und Begleiter stellt vor allem Fragen

Viele Ratgeber sind darauf angelegt, bestimmte Fragen direkt zu beantworten. Das ist nachvollziehbar und doch oft wenig nachhaltig für echte Veränderung. Auf dieser Reise und in deiner Persönlichkeitsentwicklung geht es in erster Linie darum, Gelesenes ins eigene Handeln praktisch und authentisch umzusetzen. Dafür ist es notwendig, eine ganzheitliche Veränderung in dir selbst anzustoßen. Da wir im Außen hauptsächlich das wahrnehmen und sehen, wovon wir im Inneren überzeugt sind, möchte ich dir nicht nur das, was im Außen passiert, neu erläutern, sondern dich in erster Linie in deinem Inneren berühren und bewegen. So möchte ich dir vor allem Fragen stellen und damit Türen zu neuen Räumen in dir und deiner inneren Welt öffnen. Dieses Buch ist deshalb durchzogen von vielen verschiedenen Impulsen, die dich zum Nachdenken anregen, und ich habe immer wieder Reflexionsfragen für dich eingewoben.

Ich möchte dich einladen, nicht sofort konkret nach einer Antwort zu suchen, sondern die Frage an sich dafür zu nutzen, dir alles, was damit zusammenhängt, ganz in Ruhe anzuschauen und dich mit den Aspekten der aufgeworfenen Frage erst einmal zu befassen und so in dir Raum zu schaffen. Der Weg ist hier das Ziel. Unser Gehirn ist so angelegt, dass es den inneren Druck, der sich durch Fragen ergibt, möglichst schnell ausgleichen möchte, indem es sich zügig eine Antwort auf die Frage gibt. In meiner Praxis sprechen wir ganz viel darüber, wie wir das Verhalten von Kindern besser verstehen können. Und ganz oft höre ich von Eltern (oft von Vätern) den Satz: »Okay, das hab ich jetzt verstanden, und was mache ich jetzt konkret?« Durch Antworten entsteht ein entlastender Druckausgleich. Die innere Sicherheit ist wiederhergestellt. Unser Gehirn tut alles in seiner Macht Stehende, um den Organismus so schnell wie möglich sicher zu machen. Deshalb liegt es in unserer Natur, dass wir schnell wissen wollen, was wir tun und wie wir in jeder beliebigen Situation reagieren sollen. Das ist durchaus angebracht, wenn es um eine Gefahrensituation geht und der Säbelzahntiger um die Ecke kommt. Auch wenn es sich bei den Themen rund um unsere Kinder oft danach anfühlt: Wir operieren nicht am offenen Herzen. Im Gegenteil: Eltern bereiten den Herzen ihrer Kinder den Weg. So darfst du dich in Ruhe mit den Fragen auseinandersetzen, brauchst nicht sofort eine fertige Antwort, sondern darfst nachdenken und dich zunächst bewegen lassen. Vertrau darauf, dass innerhalb dieses Prozesses Antworten in dir selbst auftauchen.

Hördateien mit meditativen Aspekten

Für unsere Reise möchte ich dir Meditation ans Herz legen. Der positive Einfluss auf unseren Körper wurde in wissenschaftlichen Studien schon oft belegt. So können kleine geführte Meditationen ergänzend auf unserer Reise sehr hilfreich sein und innere Prozesse vertiefen. Durch tiefe Entspannung, bei der der Fokus auf bestimmten Aspekten liegt, können außerdem veränderte Bewusstseinszustände erreicht werden. So können sie dich bei deiner Veränderung und deinem Perspektivwechsel nachhaltig unterstützen.

Auf der Verlagshomepage findest du Audiodateien (s. S. 363 im Anhang die Anleitung), die du dir begleitend zu den jeweiligen angegebenen Stellen anhören kannst. So wird es möglich, Veränderungsprozesse auf tieferen Ebenen weiterzuführen, und das Gelesene wirkt über den Moment, in dem du das Buch liest, hinaus in deinen Alltag hinein. Vielleicht wirkt das für dich im ersten Moment merkwürdig. Ich bitte dich dennoch, offen zu bleiben und dich auf diese ergänzende Form der Vertiefung der Inhalte einzulassen. Diese Hördateien sind keine klassische Meditation – sie haben meditative Aspekte. Ursprünglich kommen sie aus der Hypnose und meiner Arbeit mit Familien im Bereich Stressreduktion, Selbstliebe und eigene Stärkung. Im Anhang des Buches gibt es neben der Anleitung einen Überblick über alle Meditationen und einführende Beschreibungen zu den jeweiligen Audiodateien.

Hypnose ist ein Zustand tiefer innerer Entspannung, der vor allem dafür genutzt werden kann, sich im Unterbewusstsein positive Suggestionen zu geben, diese zu manifestieren und damit alte Glaubenssätze zu überschreiben. Es ist ein kraftvolles Tool, wenn wir uns darauf einlassen können. Die Hördateien sind von mir achtsam und bewusst ausgewählt – sie können dich konkret dabei unterstützen, Veränderungsprozesse zu vertiefen, Neues in tieferen Ebenen zu manifestieren und zu verankern, und wirken so begleitend und ergänzend an deiner Veränderung mit.

Manche Dateien kannst du dir gleich morgens nach dem Aufwachen und/oder auch über den Tag verteilt anhören. Einige solltest du dir auch öfter anhören, und du kannst dabei nichts verkehrt machen. Achte immer auf die Hinweise, die an den jeweiligen Stellen zu den Dateien gegeben werden.

Du kannst die Dateien entspannt in einem Sessel sitzend anhören – wichtig ist, dass du eine Haltung eingenommen hast, in der du gut entspannen kannst. Bereite dich also jeweils bewusst auf diese Minuten vor, und stelle sicher, dass du für diese Zeit ungestört sein kannst. Du kannst dir auch eine Decke nehmen und es dir gemütlich machen.

Selbststärkung

Du kannst hier an dieser Stelle gleich eine erste Datei anhören. Dabei geht es um eine innere Selbststärkung. Diese Selbststärkung ist nur ein paar Minuten lang und kann ein Anfang sein, um die Kraft und die starke Wirkung des Tools auszuprobieren. Wenn du dich und dein Inneres öffnen kannst, wirst du sofort merken, dass vieles leichter wird und in dir ein wenig Ruhe einkehrt. Wichtig ist, dass du dir die Selbststärkung zukünftig einmal am Tag, oder sooft du kannst, anhörst. Die Datei wird zur Stärkung deines Selbst beitragen und langfristig und nachhaltig Veränderung in dir bekräftigen. Vertraue darauf, dass dein Geist die guten Gedanken, die Kraft und die Ruhe innerlich aufnimmt. Achte darauf, was sich in dir und damit auch im Außen verändert.

Affirmationen: Aktiviere innere Kräfte in dir!

Unsere innere Welt hat Einfluss darauf, wie wir die äußere Welt um uns herum wahrnehmen. Wenn wir in unserem Inneren Gedanken und Einstellungen verändern, dann wandelt sich auch sofort etwas im Außen. Eine sehr wirkungsvolle Methode, um langfristige Veränderung zusätzlich zu bewirken und innere Kräfte in sich selbst zu aktivieren, ist die Verwendung von Affirmationen. Affirmationen sind positive, kraftvolle und stärkende Aussagen über dich selbst und das Leben. Sie sind positive Selbstbestätigungen, Gedanken und Sätze, die wir uns selbst sagen, mit denen wir unser Unterbewusstsein »füttern«, mentale Kraft schöpfen und uns fokussieren können. Wir können unser Gehirn so langfristig aus einem gefühlten Mangelzustand herausführen, unseren Fokus im Leben positiv ausrichten, den Blick für das Gute schärfen und aus all dem kraftvoll schöpfen, was uns das Leben bietet.

Die regelmäßige Wiederholung von Affirmationen hilft dir dabei, dein Unterbewusstsein auch langfristig auf eine neue, positive Selbstwahrnehmung einzustellen. Um die Kraft der Sätze zu nutzen, ist es besonders wichtig, die Aussage der Affirmation wahrhaftig und mit ganzem Herzen zu glauben. Wenn Affirmationen nicht wirksam sind, hängt das oftmals damit zusammen, dass das, was der Satz aussagt, nicht wirklich »geglaubt« wird und wie bei einem Gedicht nur »aufgesagt«, »runtergerattert« und nicht wirklich tief gefühlt wird. So entsteht keine Kraft, und der Inhalt verliert seine Bedeutung. Wenn du also dieses Tool nutzen möchtest, darfst du beginnen, daran zu glauben, was der jeweilige Gedanke aussagt, und annehmen, was er dir auf deinen Lebensweg mitgibt. Vertraue voll auf den positiven Inhalt und seine Auswirkungen.

Besonders schön ist, dass du damit nicht nur aktiv dein aktuelles Leben positiv gestaltest, sondern auch alte Glaubenssätze quasi überschreiben und dein Unterbewusstsein »umprogrammieren« kannst. Um die alten Glaubenssätze und Programmierungen zu ersetzen, ist es wesentlich, dass die neuen Ideen in Form von Affirmationen öfter in das Unterbewusstsein gebracht werden als die alten. Deshalb ist die Nutzung von täglichen Affirmationen sinnvoll. Du kannst so deinen Geist auf die neuen Gedanken kontinuierlich »trainieren«.

So habe ich für unsere Reise eine Art »mentalen Reiseproviant« entwickelt, aus dem du mentale Kraft schöpfen kannst. Am wirkungsvollsten sind die Affirmationen, wenn du sie laut für dich sagst, gern auch mehrfach. Eine kraftvolle Möglichkeit ist, sie morgens als Start in den Tag zu nutzen. Sie werden dir helfen, dich auf den Tag zu fokussieren und ihn mit einer positiven Stimmung zu beginnen.

Mentaler Reiseproviant

Solltest du bei dem einen oder anderen Gedanken einen Widerstand spüren, dann wehre dich nicht dagegen. Er darf da sein und du darfst ihn annehmen. Du kannst ihn später auch auf anderer Ebene bearbeiten. Ebenso wird es Sätze geben, die dich besonders ansprechen und bei denen du ein wohliges, warmes Gefühl empfindest.

- Ich erkenne mich und meinen unermesslichen Einfluss auf meine Beziehungen in meiner Familie an.
- Ich blicke wohlwollend und liebevoll auf mich selbst.
- Ich bin voller Zuversicht und offen für Veränderung.
- Ich bin achtsam mit mir selbst, meinen Gedanken und Gefühlen.
- Ich lasse Kontrolle und Angst los und wähle Vertrauen und Verbindung.
- Ich richte meinen Blick auf die Fülle meines Lebens und fokussiere mich auf Möglichkeiten und Lösungen.
- Ich übernehme Verantwortung für meine Gedanken, meine Gefühle und mein Tun.

Du findest noch weitere positive, kraftvolle Affirmationen am Ende des Buches in einer Liste. Wenn du darüber hinaus weiter mit Affirmationen in Verbindung zu dir selbst und zusätzlich auch in tiefe Verbindung zu deinem Kind kommen möchtest, kann ich dir meine Affirmations- und Verbindungskarten ans Herz legen. Sie helfen dir, in deinem Alltag in Verbindung zu kommen und zu bleiben und einen achtsamen Familienalltag zu gestalten. Außerdem kannst du mithilfe der Karten dein Kind mit positiven Bewusstseinssätzen nachhaltig prägen und so jeden Tag aktiv dazu beitragen, dass sein Selbstbewusstsein wächst. So kannst du dein Kind in seinem Leben sicherer machen und gezielt bestärken.

Übung: Eigene Affirmationen formulieren

Formuliere für dich selbst mindestens drei kraftvolle Affirmationen, die dich während der Reise durch dieses Buch begleiten und deine persönliche Veränderung positiv unterstützen. Du kannst sie in dein Notizbuch schreiben oder auch auf Notizzettel, die du an geeigneten Stellen ablegst oder aufhängst.
Wiederhole diese Affirmationen jeden Morgen direkt nach dem Aufwachen und jeden Abend vor dem Einschlafen. Stell dir dabei jeweils vor, wie du diese Affirmation bereits lebst und verkörperst.

Lass ein Gefühl der tiefen Dankbarkeit in dir entstehen und verknüpfe die Affirmationen mit so vielen positiven Gefühlen, wie du kannst.

Atmung ist Verbindung zu dir selbst

Mit den Affirmationen hast du bereits ein wunderbares wirkungsvolles Tool für die Einstellung deiner Gedanken an die Hand bekommen. Ich möchte dir ein weiteres zeigen: deine Atmung. Der Atem ist die Verbindung zwischen innen und außen. Wir atmen Luft nach innen ein und nach außen wieder aus. Die wichtigste Verbindung zum Leben überhaupt. Und doch schenken wir dem Atmen meist keine besondere Aufmerksamkeit. Wir atmen unbewusst. Dabei kann bewusstes Atmen so viel bewirken.

Wir sind in unserem Alltag viel Stress ausgesetzt. Wir tun alles gleichzeitig: Kinder, Hausaufgaben, Betreuung, Haushalt, Arbeit, Homeoffice: Stress entsteht. Aber was ist eigentlich Stress? Stress wird durch bedrohliche oder unangenehme Situationen und Überforderung ausgelöst. Unser Gehirn versetzt unseren Körper dann über Hormone und das Nervensystem in einen Alarmzustand: Der Herzschlag erhöht sich, unser Atem geht schneller, und der Blutdruck steigt. Hirnorganisch findet Stressregulation im vegetativen Nervensystem statt: Das sympathische und das parasympathische Nervensystem spielen hierbei eine wesentliche Rolle und wirken im Körper bei Stress als Gegenspieler: Während das sympathische Nervensystem den Menschen in Anspannung versetzt, Herzschlag und Atmung beschleunigt und den ganzen Körper auf eine Kampf-oder-Flucht-Reaktion einstellt, ist der Parasympathikus primär für Prozesse der Entspannung und Regeneration zuständig. Diese körperliche Reaktion, den Körper in eine hohe Erregung zu bringen und so den Alarmzustand auszulösen, war einst für das Überleben wichtig, da uns unser Körper somit schnell viel Energie bereitstellen konnte – Flucht oder Angriff. Funktioniert jedoch das Zusammenspiel zwischen Sympathikus und Parasympathikus nicht richtig, bleiben wir im Stresszustand –, dabei wünschen wir uns doch, gelassener und ruhiger zu reagieren. Durch bewusstes Atmen können wir im vegetativen Nervensystem bestimmte Bereiche beeinflussen. Wir können also von dem Bereich, der für die hohe Anspannung und den Stress zuständig ist (Sympathikus), in den Bereich des parasympathischen Nervensystems (Parasympathikus) wechseln. Auch Gefühle kannst du mit der Atmung regulieren.

Wenn wir Gefühle wie Wut oder Angst unterdrücken, aber auch wenn wir unter Stress stehen, führt das zu Anspannung: Der Atem wird flach, wir erstarren, werden innerlich fest und steif. Lachen, Weinen und Schluchzen sind vor allem Bewegungen des Zwerchfells und der Lunge! Atemtechniken machen sich diese Verbindung zunutze. Durchs Atmen kannst du Gefühle verarbeiten und loslassen. Dabei entspannst du dich sowohl emotional, seelisch und psychisch als auch körperlich. So kannst du mit der Atmung Gefühle regulieren.

Ein weiterer wichtiger Effekt des bewussten Atmens ist, dass wir im Moment, im Hier und Jetzt, bleiben. Das bedeutet, unsere Augen und unseren Blick darauf zu richten, was jetzt gerade in diesem Moment geschieht. Wir versuchen so oft, mehrere Dinge gleichzeitig zu machen, und glauben, so die Zeit besser nutzen zu können. Doch damit entwerten wir unsere Zeit, weil die eine Tätigkeit schon von der nächsten überlagert wird und unsere Achtsamkeit nicht auf das Gegenwärtige konzentriert bleibt. Wir geraten in eine Gleichzeitigkeit, die uns stresst und ablenkt. Dadurch können wir den Augenblick, das Hier und Jetzt nicht genießen und uns nicht darauf einlassen.

Wenn wir unsere bewusste Atmung vernachlässigen, dem Atemschöpfen keine Beachtung und Achtsamkeit schenken und nur noch atemlos und hektisch durch die Welt rennen, laufen wir Gefahr, dass wir unsere Ruhe und unser inneres Gleichwicht verlieren und in einen Mangel geraten. Nicht nur körperlich, sondern auch seelisch. Deshalb ist bewusstes Atmen so wichtig. Bewusste Fokussierung und mit wachem Bewusstsein seinen eigenen Atem wahrnehmen: in vollen Zügen atmen, uns auf- und ausrichten, uns fokussieren und zentrieren und so zu uns und zu unserer Mitte finden. Übrigens: Das geht überall, zu Hause bei und mit den Kindern, am Arbeitsplatz, unterwegs und an jedem Ort, an dem du dich aufhältst. Die folgende Atemübung kann dir dabei helfen.

Übung: So kann dich das Atmen beruhigen

Schritt 1: Beobachte dich: Wie atmest du überhaupt und wo atmest du hin? Atmest du nur in den Bauch, nicht in die Brust? Oder nur in die Brust und nicht in den Bauch? Mehr ein oder aus, tief oder flach, nimmst du die Schultern mit? Ist das anstrengend und schwer oder leicht und selbstverständlich? Was passiert, wenn du da ein wenig reinspürst? Erforsche das und versuche, dir dein Atmen im Alltag bewusster zu machen.

Schritt 2:

- Atme ein und zähle innerlich bis 4.
- Halte den Atem kurz an und zähle 1 und 2.
- Atme dann aus – ein bisschen länger, als du eingeatmet hast (zähle bis 6).

Wenn du das mehrfach hintereinander machst, wirst du merken, dass du ganz schnell ruhiger wirst. Du kommst mehr im Hier und Jetzt an. Du aktivierst mit dieser Form der Atmung die Bereiche im Gehirn, die für Entspannung zuständig sind. Das ist wichtig in einer stressigen Zeit und auch in Momenten, wenn wir uns ärgern und starke Gefühle uns zu übermannen drohen.

Langfristige und begleitende Übung: Mach es gern mehrfach am Tag. Probiere es aus und stell dir ruhig auch den Wecker, damit du es nicht vergisst. Mit etwas Übung kannst du die Übung dann in Stresssituationen anwenden.

Den Fokus auf Körperkontakt und Beziehungsmomente legen

Beziehungsmomente und Körperkontakt sind im Alltag mit deinem Kind wesentlich. Dabei ist es übrigens egal, ob du ein Kleinkind, ein Schulkind oder einen Teenager zu Hause hast.

Körperliche Berührungen sind lebensnotwendig. Für Babys und Kleinkinder bedeuten fehlende sensorische Stimulationen (Hautkontakt) sogar eine massive Beeinträchtigung: Ihr Wachstum verzögert sich messbar, Puls, Atmung und das Herz-Kreislauf-System sind instabiler. Fehlende Berührung macht Babys regelrecht krank. Eltern von Frühchen wird deshalb das sogenannte »Känguruing« ans Herz gelegt: Bei täglichen Kuscheleinheiten mit ihren winzigen Schätzen, gut eingepackt und in der sicheren Umgebung des Krankenzimmers, tanken die Babys – und ihre Eltern – Nähe und die Berührung von Haut auf Haut.

Körperkontakt und seine Wirkung

Bei Körperkontakt beruhigen und senken sich Blutdruck, Puls und Atmung. Der Stresslevel wird aktiv gesenkt, das Immunsystem wird gestärkt. Bei Kindern wird das Wachstum angeregt. Körperkontakt wirkt auf sie beruhigend, vertraut, heilsam und bindungsfördernd.

Die bekannte Familientherapeutin Virginia Satir hat einmal gesagt: »Wir brauchen vier Umarmungen pro Tag zum Überleben, acht Umarmungen pro Tag, um uns gut zu fühlen, und zwölf Umarmungen pro Tag zum innerlichen Wachsen.«

Die Wissenschaft weiß heute, dass sensorische Stimulation, also Streicheln, Berühren, In-den-Arm-Nehmen, Wiegen und Kuscheln, für Babys absolut überlebensnotwendig ist. Dieses elementare Bedürfnis nach Nähe und Körperkontakt verliert ein wenig von seiner Bedeutung, sobald wir erwachsen sind. Wir leben in Deutschland in einer Kultur, in der Berührungen untereinander nicht ganz so selbstverständlich sind. Stattdessen setzen wir auf Distanz. Jetzt in und nach der Corona-Pandemie noch einmal mehr. So sind wir alle häufig vor allem im Kopf und in der Kognition verhaftet. Dabei ist der Körper so wesentlich, um im Moment agieren zu können. Wir werden uns auf unserem Weg mit der Bedeutung des Körpers intensiv auseinandersetzen.

Beziehungsmomente können aus körperlichen Berührungen bestehen, sind jedoch auch und vor allem emotionale Berührungen und Verbindungen, die auf emotionaler Ebene für einen Augenblick spürbar werden. Es sind ganz kleine, kostbare Situationen, in denen ihr euch für Millisekunden verbunden fühlt. Beziehungsmomente können sein:

- Gesten, die euch verbinden (Hand nehmen oder im Vorbeigehen über den Rücken streichen und es wahrnehmen; Hand auf dem Kopf deines Kindes, während es etwas erzählt)
- Blicke, die ihr austauscht und die euch in Erinnerung bleiben
- Worte, die euch berühren
- Sätze, die euch bewegen
- Berührungen, die euch emotional erreichen
- Momente, die euch im Herzen bleiben
- Erlebnisse, die ihr teilt und die in eurer Erinnerung fest verankert sind
- ritualisierte Handlungen, die ihr gemeinsam regelmäßig praktiziert

Die Voraussetzung dafür ist, dass du (wieder) eine Achtsamkeit für Gesten, Blicke, Worte, Sätze, Berührungen und Momente mit deinem Kind entwickelst und diese wieder sorgsamer im Blick hast und in den Mittelpunkt eures Alltags rückst. Dafür braucht es auch Entschleunigung und Verlangsamung im Zusammensein.

Denn oft erkennen wir Beziehungsmomente nicht als solche und lassen sie ungenutzt verstreichen. Das kann schon ein »Mama, kannst du mir helfen, das aufzumachen?« (Blick, Geste, bewusste Berührung) oder ein »Papa, wann gehen wir wieder zusammen einkaufen?« sein. Dabei sind diese kleinen Beziehungsmomente, die liebevollen Blicke, die Gesten, das Miteinander, das beste »Bindemittel« für einen guten Kontakt zu unseren Kindern. Deshalb möchte ich zu deiner **persönlichen Beziehungsmomente-Challenge** einladen. Sie besteht aus kleinen Achtsamkeitssequenzen im Alltag, die du während deiner Reise mit deinem Kind anstößt und mit denen du das Bewusstsein dafür schärfen kannst, was im Alltag mit deinem Kind eigentlich wichtig ist: Verbindung und Kontakt. So helfen dir die kleinen »Aufgaben«, miteinander wieder in eine bewusste Verbindung zu kommen und deutlicher zu spüren, was du brauchst, um auch wirklich im Kontakt mit deinem Kind zu sein und um erfüllende Beziehungsmomente herstellen und gestalten zu können. Dazu sind die Fragen, Reflexionen und Inspirationen der Challenge gedacht – ich lade dich herzlich ein, dich darauf einzulassen. Du wirst sehen, dass sich sofort Veränderungen zeigen und dein Bewusstsein sich auf die Qualität der Beziehung zu deinem Kind richtet.

Die Challenge begleitet dich durch das gesamte Buch. So kannst du wahrnehmen, was sich auf dieser besonderen Reise alles verändert hat. Auch hier lade ich dich dazu ein, dir deine Gedanken zu notieren. Wenn ihr könnt und zu zweit seid: Macht die Challenge zusammen als Elternpaar. Ermutigt euch, tauscht euch aus, unterstützt euch und kommt in einen wohlwollenden, freundlichen Kontakt miteinander.

Bei dieser Challenge werden dir sicherlich einige Dinge ganz leicht vorkommen, andere wiederum werden dich vielleicht vor eine Herausforderung stellen und dir schwerer fallen. Das ist in Ordnung, es gibt kein »richtig« oder »falsch«. Es geht darum, ganz bewusst Verbindung aufzunehmen. Du wirst sehen, dass es viele kleine Momente gibt, die große Wirkung auf euer gesamtes Miteinander im Alltag haben.

♥ Beziehungsmomente-Challenge #1

Nimm dein Kind heute im Laufe des Tages dreimal liebevoll in den Arm! Achte dabei darauf, dass du wirklich Verbindung spürst.

Wenn du an diese Aufgabe zurückdenkst: Wie geht es dir damit? Wann und wie ist es dir gelungen, diese Form von Kontakt in eure Beziehung zu integrieren? Woran merkst du, dass du wirklich in Verbindung bist? Wie hat dein Kind reagiert?

Jeder Weg beginnt mit einem ersten Schritt. Man muss ihn nur tun. Du hast jetzt bereits schon einige Schritte getan und bist losgegangen. Willkommen auf deinem Weg!

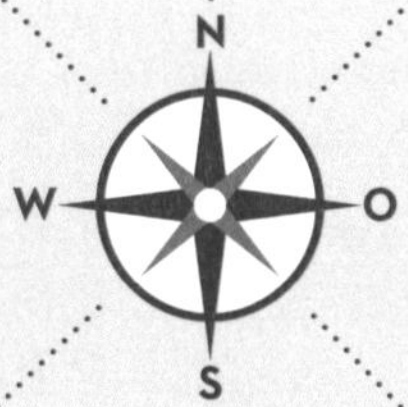
N
W
O
S

Etappe 1: Alles eine Frage der Perspektive

Auf dieser Reise werden wir vor allem neue Dimensionen von Erziehung und der Gestaltung von Beziehung kennenlernen und Perspektiven wechseln. Du wirst feststellen, dass sich das Gleiche aus einem anderen Blickwinkel völlig anders anfühlt und sich ein ganz neues Universum für dich öffnen wird, woraus sich dann auch ganz neue Handlungsalternativen ergeben. Du wirst zunehmend merken, dass du selbst die Wahl hast, welchen Blickwinkel du einnimmst, und dass du diejenige bist, die Entscheidungen treffen kann.

Zunächst werde ich dir meine selbstentwickelte und wichtigste Orientierungs- und Landkarte für den Perspektivwechsel vorstellen: Mein **Eisbergmodell** beziehungsweise mein eigenes **3-Stufen-Modell.** Der Eisberg als Modell ist natürlich nicht neu. Ich nutze im Coaching jedoch vor allem das symbolische Bild und habe es für meine Arbeit speziell weiterentwickelt. Dabei fließen entwicklungspsychologische Grundlagen, Wissen aus der Säuglings- und Bindungsforschung und wissenschaftliche Erkenntnisse aus der Hirnforschung ein, und ich setze diese mithilfe des Eisbergs in besonderen Beziehungszusammenhang zueinander. So habe ich dieses Modell aus meiner tiefenpsychologischen Beratungspraxis heraus entwickelt und nutze es schon seit Jahren in meiner bindungs- und beziehungsorientierten pädagogischen Beratungsarbeit mit Eltern. Wir werden also mein Eisbergmodell gemeinsam als zentrales Instrument verwenden, um aus dieser wertvollen Perspektive heraus das Verhalten deines Kindes und auch dein eigenes immer besser zu verstehen.

In diesem Orientierungsmodell habe ich wesentliche Wirkungszusammenhänge zwischen **Verhalten, Gefühlen** und **Bedürfnissen** ins Verhältnis zueinander gesetzt, sodass das Verhalten von Kindern in jeder Situation nachvollziehbar werden kann. In der Folge wird es für Eltern möglich, entsprechende verbindende, konstruktive und entwicklungsfördernde Antworten auf der Handlungsebene zu finden. Die Perspektive auf das Verhalten von Kindern verändert sich mit der Anwendung des Eisbergmodells umgehend. Wir werden dieses Modell auf unserer Reise immer wieder heranziehen, um dein Kind und dich besser zu verstehen und auch die konstruktive Anwendung unter Berücksichtigung ganz bestimmter Gesichtspunkte lernen. Um für dich die Anwendung möglichst praxisnah und alltagstauglich zu machen, findest du das Modell und entsprechende Karten (Verhaltens-, Gefühls-, Bedürfnis- und Verbindungskarten) für die unterschiedlichen Ebenen des Eisbergs als Download (s. S. 363 die Hinweise zum Downloaden und Streamen).

Bitte druck dir nach dem Download alles aus und präpariere dich so mit diesem zusätzlichen Material, um das Gelesene auch immer gleich anzuwenden und für dich selbst greifbarer zu machen.

Da unsere gemeinsame Reise ganz neue Gesichtspunkte mit sich bringt und auch größtenteils auf ungewohntem Terrain außerhalb von herkömmlichen und bisher gelernten Werten stattfindet, ist Orientierung wichtig. Zur Orientierung haben sich für mich bestimmte Werte im Umgang mit Kindern (und Erwachsenen) bewährt. Diese habe ich in einem **Wertekompass** zusammengefasst, den du vielleicht schon aus meinem Buch *Was unsere Kinder brauchen* kennst. Es sind sieben Werte, die sich in Beziehungen bewährt haben und die uns eine Richtung im Umgang mit deinem Kind weisen. Du kannst dir meinen Kompass auch wie sieben große, helle, leuchtende Leitsterne am »Himmel der Beziehung« denken. Sie sind aus entwicklungspsychologischen Grundannahmen entstanden und dienen uns so als Leitlinie beziehungsweise Leitplanken und als Grundlage für die Atmosphäre in der Beziehung zu unseren Kindern. Wenn wir hier die gesicherten wissenschaftlichen Kenntnisse über das, was Menschen zum maximalen psychisch und physisch gesunden Aufwachsen benötigen, berücksichtigen, können wir einen guten Überblick darüber gewinnen, in welche Richtungen es sinnvoll ist, aufzubrechen. Wir wenden uns den einzelnen Werten noch gesondert zu.

Von der herkömmlichen Erziehung und ihren Mechanismen

Es geht mir zunächst darum, einen ganz neuen Blick auf Kinder zu werfen und mit dieser anderen Perspektive zeigen zu können, was Kinder zu einem gesunden Aufwachsen benötigen. Um jedoch den Blickwinkel grundsätzlich verändern zu können, ist es nötig, sich den grundsätzlichen Standpunkt, der vorherrscht, zunächst bewusst zu machen. Wir sind als Gesellschaft nach wie vor in herkömmlichen Denkmustern und Einstellungen verhaftet und noch weit davon entfernt, im konfliktbehafteten Alltag mit Kindern zu Hause und auch in den Institutionen das zu leben, was die Wissenschaft längst weiß, nämlich: Kinder brauchen eine verlässliche, sichere Bindung und konstruktive Beziehungen – gerade und vor allem in Konfliktsituationen. Dass das noch nicht in allen Bereichen angekommen ist, hat mit althergebrachten Überzeugungen und einer überholten Perspektive auf das Kind zu tun. So haben Erwachsene seit je gedacht, ein Kind sei ein »Mangelwesen« und müsse mithilfe einer bestimmten »Behandlung« durch Erwachsene und mithilfe von Erziehungsmethoden erst zum »richtigen« Menschen gemacht werden. Erwachsene müssten das Kind beeinflussen und manipulieren und es so dazu bringen, sich auf eine ganz bestimmte Weise zu verhalten. Erziehung in diesem Sinne bedeutet Einüben vorgeschriebener Verhaltensweisen und Vermittlung festgelegter Fähigkeiten und Fertigkeiten. Dieses aktive Einwirken auf das Kind, bei dem die Ziele und die Interessen der Erwachsenen – auf mehr oder weniger rigorose Weise – verfolgt werden, bezeichne ich als herkömmliche Erziehung. Sie geht einher mit Mechanismen, die ich näher betrachten möchte.

Das Kind soll Gehorsam erlernen und sich anpassen. Um dies zu erreichen, nutzen die Eltern ihre Machtposition. Wenn nötig, werden auch gewaltvolle Maßnahmen angewandt, um sich durchzusetzen. Die herkömmliche Erziehung beruht also auf vier sich bedingenden Grundprinzipien: Gehorsam, Anpassung, Macht und Gewalt.

Dafür werden folgende Mechanismen eingesetzt:

Bewertung: Das Verhalten der Kinder wird nach den von den Eltern vorgegebenen Maßstäben bewertet und kritisiert, oft auch abgewertet, indem die Kinder beschämt werden. Wie wir noch sehen werden, ist das in Einrichtungen wie Schule und Kitas nach wie vor eine gängige und gesellschaftlich akzeptierte Haltung.

Strafe: Um das gewünschte Verhalten, Gehorsam und Anpassung durchzusetzen, werden Strafen und Konsequenzen angedroht oder durchgeführt. Strafen sind Machtmissbrauch, der auf der Abhängigkeit der Kinder beruht. Sie sind Gewalt gegenüber dem Kind. In meinem Buch *Kindheit ohne Strafen* beschäftige ich mich eingehend mit den Mechanismen von Strafen.

Kontrolle: Um sicherzugehen, dass die gewollte Richtung auch eingehalten wird, ist Kontrolle notwendig. Wir alle kennen das Sprichwort: Vertrauen ist gut – Kontrolle ist besser.

Gegeneinander: Durch das machtvolle Durchsetzen der elterlichen oder erwachsenen Interessen können sich Kinder dem entweder nur fügen oder in den Ring steigen und den Kampf mit den Erwachsenen aufnehmen. So entstehen im Alltag oft anstrengende Machtkämpfe, die dann durch den Erwachsenen mithilfe der bereits erwähnten Androhung und/oder Durchführung von Strafen/Konsequenzen beendet werden. Der Erwachsene gewinnt zwar machtvoll diesen Kampf. Das Gegeneinander im Alltag jedoch ist oft kraftzehrend und einer der häufigsten Gründe, weshalb Eltern mich in der Beratung aufsuchen.

Monolog: Die Erwachsenen haben bereits eine Lösungsvorstellung und sind nicht oder nur vordergründig an der Meinung der Kinder interessiert. So kommen sie nicht in einen echten Austausch und Dialog mit ihnen, sondern erwarten, dass die Kinder vor allem zuhören, verstehen und verinnerlichen, was sie zu tun haben. Meist führt das bei den Kindern zu Rückzug und dazu, dass sie verstummen.

Belastete Beziehung: All die genannten Aspekte führen im Alltag immer wieder zu kleinen und großen Kränkungen. Das heißt, wenn die Eltern-Kind-Beziehung ständig von gewaltvoller Machtdurchsetzung eigener Interessen geprägt ist, von Disziplinierung und machtvoller Anpassung der Kinder an ein von Erwachsenen gewolltes Verhalten, ist die Eltern-Kind-Beziehung stetigen emotionalen Belastungen ausgesetzt.

Folgendes Beispiel zeigt die Mechanismen gut:

Elias (7 Jahre) ist in seinem Zimmer und spielt. Es ist Samstag, und eigentlich soll er seinem Vater beim Aufräumen und bei der Entsorgung von Altglas helfen. Seine Mutter hat ihn schon einmal ermahnt, zu kommen. Er lässt sich jedoch immer mehr von anderen Dingen ablenken. Er steht auf, geht durch sein Zimmer, lässt sich auf sein Bett plumpsen und schaltet ein Hörspiel ein. Er vertieft sich in die Geschichte und bemerkt seine Mutter gar nicht, die, ohne zu klopfen, sein Zimmer betritt.

»Elias, wann kommst du denn endlich? Du liegst hier rum und machst nix! Wir haben doch gesagt, dass du Papa jetzt hilfst«, ruft die Mutter empört. Elias setzt sich erschrocken auf und versucht sich stotternd zu erklären: »Ähm ja ... ich hab noch kurz ... ich will das Kapitel noch zu Ende hören, Mama.« »Jedes Mal das Theater, wenn du mal ein bisschen helfen sollst, ruft Elias' Mutter ärgerlich. »Papa wartet sich die Beine in den Bauch, und du vergnügst dich hier. Es reicht jetzt wirklich. Wenn du nicht sofort kommst, dann ist deine Computerzeit für heute gestrichen!« Elias schaut entsetzt und springt auf. »Ja, ja, okay. Ich komm ja schon«, beteuert er hastig. »Na also«, sagt seine Mutter, »es geht doch. Warum muss ich immer erst drohen, bevor du machst, was du sollst und was besprochen ist?« Wütend verlässt sie das Zimmer. Elias lässt die Schultern hängen und folgt ihr stumm.

Die beschriebenen Erziehungsmechanismen sind in dieser Situation gut zu sehen: Die Mutter bewertet Elias' Verhalten, und in ihrer Wortwahl ist auch Abwertung zu erkennen (»Theater«, »rumliegen«, »nix machen« »sich vergnügen« (Bewertung). Sie setzt ihre Interessen machtvoll durch, indem sie androht, seine Computerzeit zu streichen (Strafe wird angedroht). Sie möchte die Situation in ihre gewünschte

Richtung lenken und droht die Konsequenz unmittelbar an, sodass sie direkt kontrollieren kann, ob sich Elias' Verhalten an ihre Vorstellung anpasst (Kontrolle). Ein Kompromiss scheint nicht möglich. Die Mutter setzt sich machtvoll durch, indem sie verbal kämpferisch ihr Ziel behauptet: Sie schimpft und wird laut, sodass Elias aufgibt und verstummt (Gegeneinander). Sie redet viel und alleine, Elias wird nicht wirklich gehört; was er sagt, zählt nicht (Monolog). Es zählt nur das Interesse der Mutter. Elias' Anliegen und das, was ihm wichtig ist, spielen keine Rolle (belastete Beziehung).

Warum diese Mechanismen die herkömmliche Erziehung prägen, wird verständlicher, wenn wir uns die Erziehungsziele von früher ansehen. Bis zum Ende des 19. Jahrhunderts waren Kinder eine wirtschaftliche Notwendigkeit. Ziel war es deshalb, Kinder so schnell wie möglich in die Erwachsenenwelt einzuführen und sie mit den Verhaltensnormen der Erwachsenen vertraut zu machen. Sie sollten gehorsam sein, sich anpassen und sich in einer Hierarchie unterwerfen. Seit Ende des 19. Jahrhunderts wird der Individualität und persönlichen Entwicklung des Kindes zwar mehr Bedeutung beigemessen, grundsätzlich jedoch wurden diese Strukturen zwischen Erwachsenen und Kindern gesellschaftlich und politisch nicht hinterfragt. Zwar haben sich gerade in den vergangenen Jahren neue Tendenzen herausgebildet, die neuen wissenschaftlichen Erkenntnisse aus der Entwicklungspsychologie und der Bindungsforschung werden aber nach wie vor nicht in den alltäglichen Umgang mit Kindern integriert. Im Gegenteil: Das Gros der Erziehungsratgeber dient nicht den Interessen der Kinder, sondern ist ganz offensichtlich vor allem dazu da, es den Erwachsenen einfacher zu machen, und setzt nach wie vor auf manipulative Methoden und »sanfte« Durchsetzung der eigenen Interessen. So durchziehen Machtmissbrauch und Gehorsam bis heute vielerorts das Verhältnis zwischen Erwachsenen und Kindern.

Wenn wir uns in der Elternberatung in meiner Praxis mit den Zielen, die wir für unsere Kinder haben, beschäftigen, wird meist schnell klar, dass die Vorstellungen heute von den damaligen Erziehungszielen weit entfernt sind. Somit sind die Mechanismen der herkömmlichen

Erziehung nicht hilfreich. Wir stellen fest, dass sie sogar behindern und schädlich für ein gesundes Aufwachsen sein können. Es ist sinnvoll, wenn du dir für dich neue Ziele formulieren kannst.

Ich habe für mich und meine Ziele vor langer Zeit mal folgenden Satz formuliert: *Mein Ziel ist es, Kinder liebevoll und wertschätzend in ihrer Entwicklung und ihrem Wachstum so zu begleiten, dass sie psychisch und physisch maximal gesund aufwachsen, Glück empfinden können, eigenständig und unabhängig werden, ein gutes Selbstwertgefühl entwickeln und Verantwortung übernehmen können, dass sie offene, freundliche und empathische Menschen bleiben und werden, die selbstbewusst und autonom ihre Umwelt und ihr Leben nach ihren Wünschen gestalten und auch andere Menschen in ihren Meinungen und Werten respektieren und achten können.*

Versuche im Folgenden doch einmal, deine Ziele in einem Satz zu formulieren. Auch dein Satz darf länger sein und all das enthalten, was dir wichtig ist.

Übung: Meine Ziele für mein Kind

Wie sehen deine »Erziehungsziele« aus? Wie soll / darf dein Kind später sein? Was ist dir wichtig? Halte die Ziele, wenn möglich, schriftlich fest. Du kannst dir die hier aufgeführten Begriffe anschauen und zur Unterstützung nutzen - oder auch ganz frei formulieren.
fröhlich • offen • freundlich • sicher • zuvorkommend • höflich • empathisch • einfühlsam selbstbewusst • kreativ • selbstständig • autonom • psychisch und physisch gesund • verlässlich

Beziehungsmomente-Challenge #2
Ich möchte dich bitten, heute den ganzen Tag keine Macht über dein Kind auszuüben, indem du keine Wenn-dann-Sätze benutzt, und zwar weder im negativen (Wenn du nicht ..., dann ...) noch im vermeintlich positiven Sinn (Wenn du ... machst, dann ...).

Wie geht es dir damit? In welchen Situationen fällt es dir besonders schwer? Bitte spüre, wie sich die Verbindung zu deinem Kind anfühlt, wenn du darauf verzichtest oder wenn es doch passiert.

Die neue Perspektive: Bindungs- und beziehungsorientiert

Betrachtet man das Erziehungsziel in der Vergangenheit, nämlich dass Kinder Gehorsam erlernen und sich an ein von Erwachsenen gewolltes Verhalten anpassen, wird verständlich, dass hierfür die Erwachsenen einer Machtstruktur in der Beziehung zu ihren Kindern folgten. Das ist heute – auch wenn die Maßnahmen weicher geworden sind – in vielen Bereichen immer noch so und auch gemeinschaftlicher Konsens. Die Verhaltenspädagogik ist gesellschaftlich akzeptiert, und verhaltenspädagogische Maßnahmen in Kindergärten und auch in Schulklassen sind an der Tagesordnung und fester Bestandteil von pädagogischen Konzepten. Vor allem, wenn ein kindliches Verhalten als störend empfunden wird, werden nach wie vor ausschließlich verhaltenspädagogische Maßnahmen angewandt. In einer Kita muss ein Kind den Morgenkreis verlassen oder auf einem Bänkchen alleine sitzen, wenn es stört. In Schulen findet das sogenannte »Ampelsystem« Anwendung. Dieses zeigt sehr deutlich eine symptomorientierte und eindimensionale Vorgehens- und Wirkungsweise von verhaltenspädagogischen Maßnahmen, denn es regelt störendes Verhalten ausschließlich auf der Verhaltensebene.

Das Prinzip: Verhält sich ein Schüler oder eine Schülerin nicht »gut« (also nicht angepasst und ruhig, sondern störend), greifen bestimmte Farben wie bei einer Ampel, und bestimmte Stufen (Gelb und Rot) werden aktiv und lassen bestimmte Konsequenzen für das Kind folgen. Vielleicht kennst du das System oder hast schon davon gehört. Abbildungen, die das Ampelmodell eindrücklich darstellen, finden sich zuhauf auf den Webseiten von Schulen. Sie unterscheiden sich lediglich geringfügig in der Art der Konsequenzen. Das Schulkonzept der Moritz-von-Büren-Schule in Büren formuliert das z. B. folgendermaßen: Die Ampel steht zunächst auf Grün: »Ich verhalte mich gut.« Springt die Ampel auf Gelb (das bestimmt der Lehrer), muss das Kind den Raum verlassen und sich in die Nachbarklasse begeben. Steht die Ampel auf der höchsten Stufe, also auf Rot, muss das Kind zu Hause anrufen und sich abholen lassen oder auch einen Tag zu Hause bleiben. Besonders eindrücklich und etwas perfide erscheint hier noch, dass die Formulierungen in der Ich-Form, aus Sicht des Kindes, geschrieben sind und so besonders manipulativ suggeriert wird, die Kinder seien damit einverstanden, hätten ihre Zustimmung zu den Maßnahmen erteilt oder sich die Konsequenzen sogar selbst ausgedacht.

Wie hier deutlich wird, spielt in verhaltensorientierten Konzepten die Ursache für das Verhalten von Kindern überhaupt keine Rolle: Ein Kind stört und wird weggeschickt (im dargestellten Fall muss es sich quasi selbst entfernen). Es erlebt so Ausschluss und Trennung statt Zuwendung und Verbindung. Dahinter steht die Idee, dass man Kindern für ein unerwünschtes Verhalten »nicht noch« Zuwendung schenken sollte, damit das Kind als Ergebnis seines »Fehlverhaltens« nicht auch noch eine Belohnung erhält und auch, damit sich das Verhalten des Kindes nicht wiederholt oder gar als Strategie verfestigt. Eltern wird das tagtäglich »gepredigt«.

Die Verhaltenspädagogik hat somit einen eingeschränkten, eindimensionalen Blick auf das Verhalten von Kindern und agiert symptomorientiert auf der reinen Verhaltensebene. Wenn Erwachsene jedoch nur auf das Verhalten von Kindern reagieren, die Ursache für das Verhalten jedoch nicht hinterfragen und ergründen, fallen ganz wesentliche Dimensionen der emotionalen Entwicklung weg. Die Ebene der inneren Motivation für das Verhalten des Kindes bleibt gänzlich unsichtbar und wird nicht berührt. Das ist nicht nur eindimensional und symptomorientiert – langfristig ist es auch schädlich und entwicklungshemmend, denn das Kind bleibt zurück, ohne dass der Erwachsene es darin unterstützt, den so wichtigen Zugang zu weiteren Dimensionen, die hinter dem Verhalten liegen, zu ermöglichen. Ich möchte ausdrücklich darauf hinweisen, dass ich hier keinen Einzelfall in einer Institution aufgeführt habe, sondern betonen, dass wir gesellschaftlich in einer durch und durch ausschließlich auf das Verhalten ausgerichteten Welt leben, in der der Blick und alle Maßnahmen eindimensional auf das Verhalten von Kindern hin ausgerichtet sind, als gäbe es keine andere Dimension. Die besagte Schule in Büren hat sogar eine Auszeichnung erhalten und darf sich »Starke Schule« nennen, wie der Website zu entnehmen ist. Die wenig entwicklungsfördernden Methoden, die ebenfalls auf der Website aufgeführt werden, sind offensichtlich als solche nicht bewusst. Im Gegenteil: Auf der Website ist zu lesen, dass nach kritischer Auseinandersetzung mit dem Ampelsystem dieses nun ab sofort nicht nur für den Unterricht, sondern auch für die Pausen und auf dem Schulhof gelte. Es ist verständlich, dass die Lehrer und Lehrerinnen sich so die Kontrolle über Gruppen bewahren wollen, und doch steht es entwicklungspsychologisch in krassem Gegensatz zu dem, was Kinder in ihrer sozialen und emotionalen Entwicklung brauchen, um sich gesunde Problemlösestrategien anzueignen. So ist es für mir absolut nachvollziehbar, dass Eltern auch in Konflikte geraten, wenn sie ihrerseits neue Wege gehen und in Kita und Schulen jedoch nach wie vor so verfahren wird. Ich würde mir sehr wünschen, dass die wichtigen aktuellen und modernen Erkenntnisse aus der Forschung gesellschaftlich und auch in der Ausbildung von pädagogischem Fachpersonal Berücksichtigung finden und dass politisch nicht nur auf Quantität, sondern vor allem auf Qualität von Betreuung und Bildung gesetzt wird.

Ich möchte dich an dieser Stelle gern zu einem ersten großen Perspektivwechsel einladen und dich bitten, dich auf die Bindungs- und Beziehungsorientierte Pädagogik einzulassen. Die von mir in dieser Form selbst entwickelte Pädagogik legt zum einen den Schwerpunkt auf die Verbindung zu sich selbst und zum anderen auf die Bindung und konstruktive Beziehung zum Kind. Zum anderen richtet sie den Fokus auf die tiefer liegende Bedeutung von Handlungsweisen und zeigt so eine andere Perspektive auf das Verhalten insgesamt. Perspektiven wechseln zu können ist entscheidend, denn ohne Perspektivwechsel wird eine Verbindung zueinander kaum möglich. Diese Pädagogik berücksichtigt also Ursachen von Verhalten, verbindet diese mit dem, was wir im Außen sehen, und bezieht in der Interpretation der Verhaltensweise wesentliche Entwicklungsbereiche von Kindern mit ein. So begreife ich das Verhalten von Kindern grundsätzlich als wertvolles Signal, welches wir im Verhältnis zur jeweiligen Entwicklung des Kindes, zur entsprechenden Situation, in der es auftritt, und auch in Verbindung mit uns selbst lesen können. Weiterhin gilt das auftretende Verhalten als Hinweis für uns Erwachsene, darauf zu schauen, was im Inneren des Kindes vorgeht, wie es sich fühlt und was der Motivator hinter dem jeweiligen Handeln ist. Das Verhalten ist bereits das Ende einer Reaktionskette. Reagieren wir ausschließlich auf das, was wir sehen, auf das Verhalten der Kinder, satteln wir quasi das Pferd von hinten auf. Denn Kinder geben durch ihr Verhalten wichtige Zeichen und kompetente Rückmeldungen über ihre inneren Vorgänge. Was sie mit Worten adäquat oft (noch) nicht ausdrücken können, spiegelt sich deutlich in ihrem Verhalten. Dazu passt folgender Vers von Matthias Claudius:

Seht ihr den Mond dort stehen?
Er ist nur halb zu sehen
und ist doch rund und schön!
So sind wohl manche Sachen,
die wir getrost belachen,
weil unsre Augen sie nicht sehn.

Das Eisbergmodell:
Jedes Verhalten hat einen Sinn

Im folgenden von mir entwickelten 3-Stufen-Modell kannst du nachvollziehen, wie alles zusammenhängt und dass das kindliche Verhalten von einem darunterliegenden Gefühl motiviert wird, welches wiederum von einem Grundbedürfnis gespeist wird. Das heißt, das Verhalten stellt nur die Spitze des Eisbergs und das Ende einer Reaktionskette dar, die im Inneren beginnt.

Das 3-Stufen-Modell nach Katia Saalfrank: Bei Kindern werden das Handeln und Verhalten durch Fühlen und Emotionen motiviert

Perspektivwechsel

Eine gängige Sicht: Das Verhalten des Kindes wird als Symptom isoliert und als störend bewertet. Nicht gewünschtes Verhalten muss deshalb mit allen Mitteln entsprechend unterbunden werden. Das Kind muss lernen, sich auf eine ganz bestimmte Weise zu verhalten. Eine Antwort auf das Verhalten erfolgt prompt auf der Verhaltensebene.

Neue Perspektive: Das Verhalten des Kindes wird in Verbindung zu bestimmten Parametern gesetzt und ist ein wertvolles Signal auf einen entsprechenden inneren Zustand. Jedem Verhalten liegt ein Gefühl und dem Gefühl ein emotionales Grundbedürfnis zugrunde, nach dem das Kind strebt. Indem nun das Verhalten des Kindes in dieser Form interpretiert wird, kann ein Verständnis für das Verhalten entstehen. Dieses ist notwendig, um eine entwicklungsgerechte Reaktion zu finden. Eine Antwort erfolgt also erst nach diesem Schritt auf der emotionalen Ebene.

Um das Eisbergmodell in der Anwendung besser zu verstehen und diese Perspektive in deinem Alltag so immer sicherer einnehmen zu können, kannst du dir jetzt dein eigenes (heruntergeladenes) Eisbergmodellset zur Hand nehmen und zunächst die folgende Übung für dich erarbeiten.

Übung I: Ein Verhalten anhand des Eisbergmodells besser verstehen

Schritt 1: Erinnere dich an ein bestimmtes Verhalten deines Kindes, welches für dich anstrengend und unverständlich war / ist, und beschreibe es kurz.

Schritt 2: Versuche anhand des Eisbergmodells, die innere Handlungskette nachzuvollziehen, und überlege, welche Gefühle dahintergelegen haben könnten.

Schritt 3: Welche emotionalen Grundbedürfnisse könnten diese Gefühle und damit das Verhalten ausgelöst haben?
Schritt 4: Wenn du nun an das Verhalten zurückdenkst, wie fühlt es sich für dich jetzt an? Hast du eine Idee, worauf dein Kind mit seinem Verhalten hingewiesen haben könnte?

Das Eisbergmodell liegt der Bindungs- und Beziehungsorientierten Pädagogik zugrunde. Bindungs- und beziehungsorientiert deshalb, weil es in dieser Pädagogik maßgeblich um Verbindung zu sich selbst, zueinander und um eine konstruktive Beziehung miteinander geht. Menschen sind soziale Verbindungswesen. Verbindung und die Sehnsucht nach Verbindung sind eines der drei emotionalen Basis-Grundbedürfnisse, wie du in der Abbildung sehen kannst. Wir kommen auf die Welt, um uns zu binden. Wir können nicht überleben ohne eine andere Person und ohne dass wir uns an diese binden. Wir brauchen Verbindung zu anderen Menschen in unserem Leben – das ist einmal mehr in der Corona-Pandemie deutlich geworden. Das heißt, in der Bindungs- und Beziehungsorientierten Pädagogik geht es immer darum, in Verbindung zu sein und diese zu halten, statt Trennung (z. B. durch Strafen, Schimpfen oder Abwertungen) herbeizuführen.

Verbindung ist eine Grundlage in unserem Leben. Du kannst im Eisbergmodell sehen, dass das Verhalten im Außen, welches über der Wasseroberfläche für alle sichtbar ist, mit den unter der Wasseroberfläche liegenden Ebenen (Gefühle und Bedürfnisse) in Verbindung gebracht wird. Die Gefühlsebene motiviert das Verhalten direkt und wird dabei vom Streben nach der Erfüllung eines oder mehrerer emotionaler Basis-Grundbedürfnisse gespeist. Aus dieser Perspektive erscheint das Verhalten des Kindes in einem ganz anderen Licht, und wir können das Verhalten plötzlich ganz anders interpretieren und in Zusammenhang mit innerseelischen Vorgängen bringen.

In diesem Sinne verbindet die Bindungs- und Beziehungsorientierte Pädagogik in ihrer besonderen Sichtweise Ebenen miteinander, setzt diese in Beziehung zueinander, statt einen isolierten Blick auf das Verhalten zu werfen und dieses quasi »abgetrennt« und unabhängig von allem anderen wahrzunehmen. Sie stellt eine Verbindung zwischen dem Verhalten und der emotionalen Ebene her. Sie lässt Gefühle in Verbindung zu den Basis-Grundbedürfnissen interpretieren. Diese klare Perspektive eröffnet völlig neue sinnhafte Antworten für Eltern. Ich erlebe das tagtäglich in meiner Praxis.

So ist es aus meiner Sicht im Umgang mit (großen und kleinen) Menschen wichtig, sich klarzumachen, dass jedes Verhalten eine Ursache hat und sogar noch mehr: Letztendlich ergibt jedes Verhalten eines Menschen (für genau diesen Menschen in dieser Situation) auch Sinn! Der Ursache und dieser Sinnhaftigkeit eines von uns zunächst nicht verstandenen Verhaltens näher zu kommen und es zu verstehen, ist der erste Schritt, um dann auch gut mit dem Verhalten beziehungsweise mit den dahinterliegenden Themen umgehen zu können. Immer wieder hat sich für mich herausgestellt, dass dem jeweiligen Verhalten ein existenzielles Bedürfnis, oft eine große Not des Kindes zugrunde liegt.

An dieser Stelle möchte ich gleich einem Missverständnis vorbeugen: Die Bindungs- und Beziehungsorientierte Pädagogik postuliert nicht, dass Kinder ohne Orientierung von Erwachsenen aufwachsen und sich selbst überlassen sind. Auch heißt bindungs- und beziehungsorientiert nicht, dass es sich um einen Laissez-faire-Umgang handelt, bei dem Kinder keine Grenzen erfahren. Ganz im Gegenteil. Kinder brauchen Führung – ohne die sind sie verloren. Die Frage für mich ist nur, wie Erwachsene führen und wie die Qualität dieser Führung beschaffen ist. Für welche Form der Führung willst du dich entscheiden? Ist es eine autoritäre, sanktionierende Führung, die ausschließlich Verhalten berücksichtigt, Trennung zur Folge hat und vor allem das Ziel verfolgt, Verhalten anzupassen? Oder entscheidest du dich für eine ganzheitliche Führung, in der Verbindung und deine Beziehung zu deinem Kind maßgeblich sein dürfen? Eine, die wertschätzend auch weitere Dimensionen mit einbezieht und in Verbindung zueinander setzt, die Erfahrungen über eigene Gefühle zulässt, Emotionen beachtet und auch entsprechende Grundbedürfnisse einschließt?

Die Basis im Leben: Emotionale Grundbedürfnisse

Alle Menschen, große und kleine, haben Grundbedürfnisse. Um zu überleben, müssen diese zu einem Mindestmaß erfüllt sein. Dabei kann man zwischen körperlichen und emotional-seelischen Bedürfnissen unterscheiden. Zu den körperlichen Grundbedürfnissen zählen zum Beispiel Essen, Trinken und Schlafen. Relevant für das Lesen des Verhaltens unserer Kinder sind jedoch die emotional-seelischen Bedürfnisse, die für uns meist – im Gegensatz zu den körperlichen – nicht so greifbar sind. Sie gilt es kennenzulernen, mehr über sie zu erfahren und uns ihrer bewusst zu werden. So können wir nach und nach in Verbindung mit uns selbst immer besser die ursächlichen Gründe für das Verhalten unserer Kinder verstehen.

Anhand des Eisbergmodells wird deutlich, wonach wir streben und was tief in uns auf der emotionalen Bedürfnisebene Erfüllung sucht. Bedürfnisse können vielfältig sein und sind in diesem Sinne unsere ganz tiefen ursprünglichen Motivatoren, sie bringen uns letztlich dazu, in Bewegung zu kommen, loszugehen, Dinge zu tun oder zu lassen. Vielleicht bist du zum Beispiel angetrieben von dem Basis-Grundbedürfnis nach Verbundenheit und der Sehnsucht nach einer guten und tiefen, liebevollen Beziehung zu deinem Kind? So gehst du los, liest dieses Buch und begibst dich auf die Reise zu dir selbst. Wie stark dieser Motor in dir ist, kannst nur du selbst sagen. Vielleicht spürst du es auch im Alltag immer wieder.

Die **emotionalen Basis-Grundbedürfnisse,** mit denen du auf unserer Reise zu tun haben wirst, sind erst einmal drei:

Sicherheit (auf allen Ebenen),
Verbindung (die Sehnsucht nach Verbindung) und
Autonomie (das Streben nach Selbstwirksamkeit).

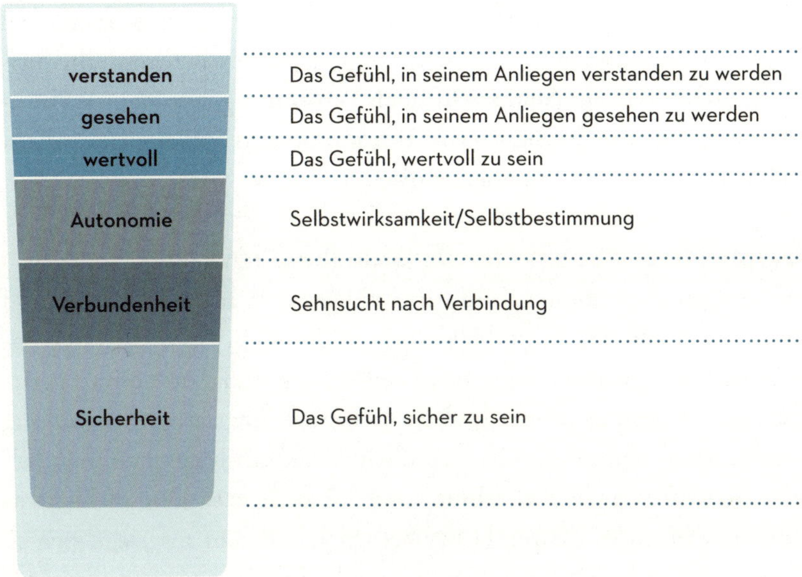

Das Bedürfnisglas: wesentliche Basis-Grundbedürfnisse nach Katia Saalfrank

Unseren Gefühlen liegen verschiedene emotionale Grundbedürfnisse zugrunde. Wir wissen heute aus der Psychologie und Psychotherapie, wie wichtig es ist, dass Menschen einen guten Zugang zu ihren emotionalen Grundbedürfnissen und deren Erfüllung haben. Als Erwachsene haben wir bereits Strategien entwickelt (gesunde und weniger gesunde) und sind selbst verantwortlich dafür, unsere emotionalen Bedürfnisse zu stillen und für ein ausreichendes Gleichgewicht zu sorgen. Je besser der Zugang zu unseren Bedürfnissen ist und umso mehr wir gelernt haben, auf uns selbst zu achten, die Grundbedürfnisse zu erfüllen oder eine Schieflage angemessen auszugleichen, desto glücklicher und gesünder können wir in unserem Leben sein. Kinder können das noch nicht selbst. Es ist unsere Aufgabe als Eltern, immer wieder nachzuspüren, welche emotionalen Bedürfnisse hinter einem Verhalten liegen, sie zu verstehen und entsprechend darauf zu reagieren.

So, wie Essen, Trinken und Schlafen die wichtigsten körperlichen Grundbedürfnisse sind, sind die wichtigsten psychischen Grundbedürfnisse **Sicherheit,** die **Sehnsucht nach Verbindung,** also dem **Verbundensein,** und das **Streben nach Autonomie** und **Selbstwirksamkeit.** Ich nenne sie Basis-Grundbedürfnisse.

Safety First – das emotionale Grundbedürfnis Nummer eins

Wir tragen seit frühester Kindheit Gefühle wie Wut, Angst, Trauer und Schmerz in uns. Sie alle sind Hinweise auf die tief in uns wurzelnden Basis-Grundbedürfnisse: Sicherheit, Verbindung und Autonomie. Letztlich jedoch geht es immer und ausschließlich um das nach Erfüllung suchende absolute Basis-Grundbedürfnis von uns Menschen, nämlich das **Bedürfnis nach Sicherheit.** Ohne Sicherheit ist alles nichts! Immer und zu jedem Zeitpunkt ist unser System darauf ausgelegt, sich zu orientieren, um sich Sicherheit zu verschaffen. Wenn wir nachts aufwachen, dann merken wir das als Erwachsene häufig gar nicht. Unser System ist so darauf eingestellt, sich instinktiv zu orientieren (bin ich alleine, wo ist das Fenster, wo die Tür, ist noch alles so, wie ich es erwarte, oder weicht etwas ab?), dass wir nicht mal richtig wach werden und nach gelungener Orientierung schon wieder in die nächste Schlafphase sinken. Dabei geht es beim seelischen Basis-Grundbedürfnis nicht nur um räumliche Sicherheit (Orientierung im Raum), sondern auch um emotionale Sicherheit (wie willkommen bin ich im Leben? Wo ist mein Platz? Werde ich geliebt?).

Ich unterscheide das emotionale Basis-Grundbedürfnis nach Sicherheit grob in zwei Bereiche:

1. Das Bedürfnis nach **emotionaler** Sicherheit

Emotionale Sicherheit meint, dass wir uns sicher in unseren Beziehungen fühlen. Wenn wir uns zum Beispiel in einer Liebesbeziehung emotional nicht sicher fühlen, entsteht auf der Gefühlsebene ein bitterer Gefühlsmix, der sich auf der Verhaltensebene oft in merkwürdigen Verhaltensweisen zeigt. Wenn jemand zum Beispiel Eifersucht empfindet, beginnt er möglicherweise zu kontrollieren, zu spionieren und zu klammern. Ein anderer wiederum »straft« den Partner ab, indem er sich verschließt, den anderen ablehnt und kalt wird. Wie auch immer die Reaktionen sind, sie drücken Anteile von Angst, Schmerz, Wut und Trauer darüber aus, nicht genügend wertvoll für den Partner zu sein. Es sind die Zweifel am eigenen Wert, die Betroffene in emotionale Unsicherheit bringen. Die Verhaltensweisen sind (kurzfristige) Strategien, um sich emotionale Sicherheit zu verschaffen und das Bedürfnis nach Sicherheit (leider nur kurzfristig) zu stillen.

In der Erfüllung der Sehnsucht nach emotionaler Sicherheit sind wir ständig auf der Suche nach der Antwort auf die Frage, wie wertvoll wir für andere sind. Wir suchen so emotionale Sicherheit und die Bestätigung, dass wir in Partnerschaft und Freundschaften, also in persönlichen (Liebesbeziehungen) und auch in sozialen Beziehungen (Freunde, Bekannte, Arbeitskollegen) geliebt beziehungsweise gemocht, wertvoll und anerkannt sind. Das bemerken wir, wenn wir uns in unseren Anliegen ausreichend gesehen, gehört und verstanden fühlen. Emotionale Sicherheit – das ist das Besondere – können wir nur innerhalb von Beziehungen erlangen. Das wissen wir unter anderem aus der Bindungsforschung und der Entwicklungspsychologie. Auch die Psychotherapieforschung gibt uns darüber Aufschluss, und letztlich ist es das Wissen darum, dass wir Verbindung zu anderen Menschen benötigen. Das heißt, wir brauchen einen anderen Menschen, um diesen Teil des Basis-Grundbedürfnisses zu stillen. Dieses Bedürfnis braucht außerdem stete Rückversicherung. Um dir klarer darüber zu werden, was hier gemeint ist, kannst du dir folgende Frage stellen:

Woran merkst du, dass du für deinen Partner / deine Partnerin (oder auch Freund / Freundin) wertvoll bist?

2. Das Bedürfnis nach Sicherheit in **Zeit und Raum**

Bei dieser Form von Sicherheit geht es um Orientierung im tatsächlichen **Raum.** Orientierung vermittelt Sicherheit, weil wir so eine Vorstellung davon gewinnen, wo wir uns befinden. Das klingt so banal, und doch ist es entscheidend. Rehe zum Beispiel gehen niemals in vollständiger Sicherheit durch ihr Leben. Es liegt in ihrer Natur, sich vor jedem einzelnen Schritt zu orientieren: Wenn sie aus dem Wald auf die Lichtung treten, lassen sie zunächst ihren Blick schweifen, orientieren sich und wagen erst dann den nächsten Schritt. Ihr gesamtes Leben ist davon gekennzeichnet, dass sie nur in dem Augenblick Sicherheit erfahren, wenn sie einen Überblick haben, den Schritt tun und dann wieder in die Orientierung gehen. So leben diese Tiere in einem permanenten Wechsel zwischen aktiver Orientierung und Sicherheit.

Unser menschliches Nervensystem ist ebenfalls darauf ausgelegt, sich jederzeit über eine teilweise unbewusste Orientierung diese Form von Sicherheit zu verschaffen. Treten wir aus dem Haus, scannt unser System ganz unbewusst viele verschiedene Faktoren, und wir nehmen vielfältige Eindrücke in unserer Umgebung automatisch wahr. Gleichzeitig verarbeiten wir diese Eindrücke parallel und verschaffen uns so Orientierung, zum Beispiel durch Wahrnehmen des Wetters, parkender Autos, von Menschen in der Umgebung, der Beschaffenheit der Straße, der Häuser um uns herum usw. So erlangen wir durch die unbewusste Orientierung die Gewissheit, dass alles sicher ist. Wir haben so das Gefühl, jederzeit wieder nach Hause oder an unser Ziel finden zu können.

Auch die Sicherheit in unserem **persönlichen Raum** ist wesentlich: unser sicherer Platz für Rückzug, Erholung und Privatheit. Wenn hier ein Einbruch stattfindet, wird die persönliche Sicherheit massiv infrage gestellt und beeinträchtigt. Im wahrsten Sinne des Wortes, ist dieser Raum »eingebrochen«. Angst und Unsicherheit sind die Folge, denn unsere Sicherheit ist verloren gegangen.

Ebenfalls wichtig ist für uns Menschen die längerfristige Orientierung in Zeit und Raum. Also zu wissen (oder auch nur zu glauben, dass wir wissen), was in der unmittelbaren oder auch in der weiteren Zukunft passieren wird. Für den einen mehr, für den anderen weniger. So oder so: Sobald Abweichungen von einer inneren subjektiven Erwartung stattfinden, tritt eine gewisse Unsicherheit auf und ist Neuorientierung notwendig, um wieder sicherer zu werden. Die Strategien, wie wir uns Sicherheit verschaffen, können auch hier sehr unterschiedlich sein.

Eine Strategie ist, zu lernen, Sicherheit im Moment wahrzunehmen und sich im Außen zu orientieren: Was ist um mich herum los? Was sehe ich, was höre ich, was fühle ich gerade jetzt? Das kann uns einerseits Sicherheit geben, wenn wir die Orientierung verloren haben – andererseits kann diese Reorientierung im Moment dazu führen, dass wir den Augenblick, das sogenannte Hier und Jetzt, in seiner ganzen Fülle und Wahrhaftigkeit wahrnehmen können. Hilfreich dabei sind Meditation und Achtsamkeitsübungen. So kannst du jeden Tag etwas ganz Bestimmtes ganz bewusst wahrnehmen. Zum Beispiel kannst du einen Tag lang deine Hände, die zum Fühlen, Streicheln, für Berührung und Verbindung da sind, bewusst wahrnehmen. Was tun sie den ganzen Tag? Wie oft wäschst du sie? Wie oft berührst du jemanden, wie fühlt sich das an? Oder achte mal darauf, wie oft am Tag du lächelst. Vielleicht magst du auch einen Tag lang darauf achten, wie oft du trinkst, und bewusst Trinkpausen einlegen. Deiner Fantasie sind keine Grenzen gesetzt. All das hilft, im Hier und Jetzt anzukommen oder zu bleiben.

? Wie gehst du mit für dich neuen und wenig planbaren Situationen um? Zum Beispiel mit Arztbesuchen oder einem Vortrag an einem fremden Ort? Was ist deine Strategie, dich sicher zu fühlen?

Um ein erstes Gefühl für dein eigenes Grundbedürfnis Sicherheit zu bekommen und dir im Weiteren selbst klarer zu machen, welche Bedeutung Sicherheit für dich selbst hat, kannst du für dich selbst reflektieren.

? Woran merkst du, dass du sicher bist? Was bewirkt bei dir, dass du dich sicher fühlst? Wie merkst du das in deinem Körper? Was muss dafür erfüllt sein? Was bedeutet für dich Sicherheit? Wie reagierst du, wenn Sicherheit für dich momentan nicht möglich scheint? Woran erkennst du, dass dir Sicherheit fehlt?

Nachdem wir uns nun intensiver mit den Basis-Grundbedürfnissen, insbesondere dem nach Sicherheit, beschäftigt haben, kannst du dich an den zweiten Teil der Übung wagen – natürlich auch hier gern mithilfe deines Eisbergsets.

Übung II: **Eine Gesamtsituation anhand des Eisbergmodells besser verstehen**

Schritt 1: Erinnere dich an eine Konfliktsituation mit deinem Kind und beschreibe sie und die Umstände kurz für dich selbst.
Schritt 2: Versuche anhand des Eisbergmodells, die innere Handlungskette nachzuvollziehen, und überlege, welche Gefühle dahintergelegen haben könnten.
Schritt 3: Welche emotionalen Grundbedürfnisse könnten diese Gefühle und damit das Verhalten in dieser Situation ausgelöst haben?
Schritt 4: Wenn du nun an die Konfliktsituation zurückdenkst, wie fühlt es sich jetzt an? Gibt es etwas, was du in dieser Perspektive und im Rückblick anders interpretieren würdest. Und: Gibt es etwas, was du heute anders machen würdest? Hast du in dieser neuen Perspektive eine Idee, was dir und deinem Kind geholfen hätte?

Die Selbstregulation als Schlüssel zur eigenen Mitte

Der Zugang zu diesen emotionalen Bereichen, die Verbindung zu diesen Grundbedürfnissen, wird in der Kindheit gelegt. Nämlich dann, wenn wir Eltern unsere Kinder in ihren emotionalen Grundbedürfnissen sehen und erkennen und diese zunächst für sie erfüllen können. Ziel ist es, dass Kinder im Laufe des Erwachsenwerdens im Kontakt zu ihren engsten Bindungs- und Bezugspersonen im Rahmen einer tragfähigen, liebevollen Beziehung gesunde und konstruktive Strategien dafür entwickeln, sich ihr Bedürfnisglas immer wieder aufzufüllen.

Die Selbstregulation ist also eine der wichtigsten Funktionen in unserem Leben. Sie entsteht in den ersten drei Lebensjahren. Wie gut wir diese Fähigkeit entwickeln können, hängt von der Qualität von

Bindung und Kontakt mit unseren Bezugspersonen ab. Als Selbstregulation bezeichnet man die Fähigkeit,

- sich bei emotionaler innerer Erregung selbst zu beruhigen,
- sich zu erholen und zu entspannen,
- die Aufmerksamkeit zu richten und zu halten,
- Impulse zu fühlen, zu kontrollieren und gegebenenfalls zurückzustellen,
- mit Frustrationen umzugehen und
- Absichten zu verwirklichen und Ziele zu verfolgen.

Je besser wir die Fähigkeit zur Selbstregulation entwickelt haben, desto glücklicher sind wir in allen Lebensbereichen, denn von der Stärke der Selbstregulation hängt ab, wie stressresistent wir sind, wie gut wir Impulse regulieren können und wie stark wir auf stressige Reize reagieren. Eine gute Selbstregulation zu haben bedeutet, mit einem Grundgefühl von Selbstbestimmtheit und Autonomie, Zuversicht, Neugier und Freude in die Welt zu gehen.

Interessant
Nur wenn ein Kind seine emotionalen Grundbedürfnisse in Verbindung mit dem entsprechenden Gefühl kennenlernen, sie wahrnehmen durfte, gelingt Selbstregulation, und das Kind kann sich als Erwachsener selbst regulieren und emotional satt machen. Somit wird Selbstregulation der Schlüssel zum Lebensglück.

Um die Fähigkeit zur Selbstregulation gut auszubauen, benötigen Kinder in den ersten drei Jahren einen anderen Menschen, im besten Fall die engste Bezugsperson, die ihnen hilft, Erfahrungen mit sich zu machen und ein inneres Instrument zu entwickeln, welches zunächst durch die Bezugsperson, später dann durch das Kind selbst reguliert werden kann. Kinder sind zunächst darauf angewiesen, dass ihre Eltern beziehungsweise ihre engsten Bindungs- und Bezugspersonen in den ersten Jahren bei der Regulation unterstützen und begleiten, sie also co-regulieren. Ziel bei der Co-Regulation durch die Eltern ist, dass Kinder vielfältige Erfahrungen mit Stresssituationen, Impulsen und Bedürfnissen machen können und die Fähigkeit zur gesunden Selbstregulation erlangen.

Diese Fähigkeit entsteht im Laufe einer sicheren Bindungsbeziehung, die sich dadurch auszeichnet, dass Eltern zugewandt und bemüht sind, in einer konsistenten, lebendigen Wechselbeziehung die Bedürfnisse des Kindes nach Augen- und Körperkontakt, im Spiel und insgesamt in einem feinfühligen, Sicherheit gebenden und liebevollen Umgang und Kontakt zur Verfügung zu stellen. Ich erlebe häufig, dass Eltern große Sorge haben, dass ihre Kinder unsicher gebunden sein könnten, wenn sie als Eltern eigene Bedürfnisse spüren und/oder es Konflikte mit den Kindern gibt. Das ist ein Irrtum, denn Enttäuschungen und Konflikte lassen sich nicht vermeiden. Sie gehören zum Familienleben mit dazu – auch Verletzungen und Grenzüberschreitungen sind Teil von Beziehungen. So erleben auch Kinder in einer sicheren elterlichen Bindung Auseinandersetzung, Konflikte und Bindungsunterbrechungen. Genau dann nämlich, wenn sich Eltern um Wiedergutmachung bemühen, indem sie die Verbindung wieder aufnehmen und den kurzzeitig entstandenen Mangel entsprechend ausgleichen, erfahren Kinder, dass Konflikte keine verheerende Wirkung haben, sondern gelöst werden können, dass sie ernst genommen und gesehen werden und dass nach einem Streit auch wieder Verbindung entstehen kann. Das ist die Grundlage für eine sichere Bindung.

Interessant

Sichere Bindung entsteht durch die wiederkehrende Abfolge eines (1) lebendigen, wertschätzenden Miteinanders in Familien, in dem auch (2) Konflikte entstehen und infolge davon auch (3) Verbindungspausen eintreten können. In der darauffolgenden (4) Bemühung der Eltern um Wiedergutmachung wird der Konflikt aufgegriffen und die Verbindung wiederhergestellt. Meine Erfahrung ist, dass nach einem Konflikt das Verständnis füreinander die Beziehung sogar noch vertieft und intensiviert.

Die Sorge von Eltern, ihre Kinder möglichst nicht zu enttäuschen, Streit aus dem Weg zu gehen und so eine sichere Bindung nicht zu gefährden, ist also nicht nur unbegründet, sondern sogar gegenläufig zu dem, was Kinder brauchen. Kinder sind angewiesen darauf, Konflikt- und Problemlösestrategien zu erfahren. Diese in einer sicheren Bindungsbeziehung erleben zu dürfen stellt einen guten Rahmen dar.

Interessant
Es besteht im Alltag mit Kindern häufig die Verwechslungsgefahr zwischen Wunsch / Anliegen der Kinder und den tatsächlich zugrunde liegenden emotionalen Bedürfnissen. Das ist nicht das Gleiche. Denn die Grundbedürfnisse der Kinder werden in ihren Wünschen und Anliegen deutlich. Das heißt, die Äußerung des Kindes gibt uns einen Hinweis auf das Grundbedürfnis, das Erfüllung sucht.

Um den Unterschied zwischen Wunsch und Anliegen anschaulicher zu machen, möchte ich eine kleine Alltagssituation aufzeigen, die sicher viele Eltern kennen:

Johannes (4 Jahre) ist in sein Spiel vertieft, während die Eltern das Essen zubereiten. Als alles bereit ist, wollen die Eltern gemeinsam mit dem Essen beginnen und rufen nach Johannes. »Komm bitte zum Essen!« Johannes reagiert nicht und spielt weiter. Die Mutter erzieht bedürfnisorientiert und geht zu ihrem Sohn. Sie fragt zugewandt nach: »Was ist los, hast du keinen Hunger?«, und setzt sich zu ihm auf den Boden. »Ich will noch spielen«, sagt Johannes eigensinnig. »Ah, okay«, sagt die Mutter, steht wieder auf und geht zum Tisch. Der Vater fragt: »Was ist los, kommt Johannes nicht zum Essen?« »Nein«, sagt Johannes' Mutter. »Er hat jetzt das Bedürfnis, zu spielen, und ich möchte, dass er diesem nachkommen kann. Wir wollen jetzt essen, er möchte spielen. Diesmal hat es eben nicht gepasst.« Der Vater schüttelt den Kopf: »Aber das geht doch nicht. Ich möchte gern mit Johannes essen.« Die Mutter schaut auf: »Ich finde es einfach toll, dass er mit vier Jahren schon so klar sein Bedürfnis äußern kann.« Sie essen ohne Johannes.

Solche oder so ähnliche Situationen schildern Elternpaare in meiner Praxis. Hier geht aus meiner Sicht einiges durcheinander. Die Annahme, dass Johannes spielen möchte, ist nachvollziehbar. Es jedoch als Bedürfnis zu interpretieren ist ein Irrtum, denn das Spiel ist nicht sein Bedürfnis, sondern sein Anliegen und damit eine momentane Strategie, um sich ein Bedürfnis zu erfüllen. Sein wahres Bedürfnis dahinter könnte zum Beispiel sein Autonomiebestreben sein. Dieses liegt darin, dass er Zeit und Raum braucht, sich selbst zu entscheiden, dass er zum Essen kommt. Steigen wir noch einmal in die Situation ein:

»Ich will noch spielen«, sagt Johannes eigensinnig. »Ah, das verstehe ich«, sagt die Mutter. »Wir essen jetzt, und Papa wartet schon am Tisch. Wie lange brauchst du noch?« Johannes hebt kurz den Kopf. »Eine Stunde«, verkündet er. Die Mutter lacht fröhlich. »Oha, so gerne spielst du.« »Ja«, sagt Johannes und lächelt, während er das Auto über seine Legoplatte rollen lässt. »Du musst auch nicht aufhören, wir brauchen nur eine kleine Pause. Wollen wir das Auto für die Pause gemeinsam in die Garage fahren, oder machst du das?«, fragt die Mutter und steht währenddessen wieder auf. »Nee, Mama, ich mach das. Aber warte auf mich, ich komme mit dir«, sagt Johannes, während er Motorgeräusche imitiert und eifrig das Auto in eine Ecke fährt, wo es dann parkt. »Na klar«, sagt seine Mutter. Johannes kommt angeschossen, schiebt seine kleine Hand in die der Mutter und ruft fröhlich in den Flur: »Papa, das Auto hat geparkt.« Der Vater sitzt bereits. »Wie schön, ich freu mich, dass du da bist.« Sie essen gemeinsam.

Du kannst in der zweiten Situation alle Basis-Grundbedürfnisse (Sicherheit, Verbindung, Autonomie) gleich an verschiedenen Stellen ausmachen. Alle drei werden nicht explizit, sondern nebenbei im Kontakt mit der Mutter erfüllt. Und du kannst sehen, dass das Spiel lediglich ein Wunsch war, hinter dem (in diesem Fall) das Bedürfnis nach Autonomie lag. Kinder werden innerlich stark von intensiven emotionalen Bedürfnissen motiviert, wissen jedoch noch nicht so viel darüber, wie sie diese konstruktiv erfüllen können. Deshalb brauchen sie Eltern, die die Grundbedürfnisse kennen, lesen können und diese in der Interaktion berücksichtigen. Die Mutter weiß darum und vertraut darauf, dass Johannes grundsätzlich Verbindung (hier am Tisch) mit seinen Eltern sucht und auch genießt. Sie weiß auch um sein Autonomiebestreben, sodass sie zuallererst genug Raum für seine eigene Autonomie anbietet (*Wollen wir das Auto für die Pause gemeinsam in die Garage fahren, oder machst du das?).* Diesen Raum konnte Johannes gut annehmen und dann sein Bedürfnis nach Verbindung erfüllen *(Aber warte auf mich, ich komme mit dir/Johannes kommt angeschossen, schiebt seine kleine Hand in die der Mutter/Papa, das Auto hat geparkt).* Und ganz beiläufig, durch die Art und Weise der Zuwendung seiner Mutter, ist sein Bedürfnis danach, wertvoll zu sein und in seinem Anliegen gehört und gesehen zu werden, auch noch erfüllt worden. So gibt es zahlreiche Situationen im Alltag, die wir mit Kindern nutzen können, um ihre Bedürfnisse anzusprechen – einfach, indem wir Verbindung herstellen, Autonomie gewähren und damit das satte und rundum wohlige Gefühl vermitteln: Du bist okay, so wie du bist.

Interessant

Das Ziel hier ist nicht, dass alles immer »funktioniert« und dein Kind sofort freudig gesprungen kommt. Es geht darum, dass du in dieser Weise in Verbindung gehst und in Konfliktsituationen die Ebene der Bedürfnisse nutzt. Nimm dir also Zeit dafür und lass dich nicht verunsichern.

Perspektiverweiterung: Die neue Qualität der Beziehung

Emotionale Grundbedürfnisse entwickeln sich nicht erst, wenn wir auf die Welt kommen. Sie werden schon im vorgeburtlichen Schutzraum des Uterus in uns angelegt. In dieser frühen, der pränatalen Phase unseres Lebens, haben wir bereits erste prägende Beziehungserfahrungen gemacht: Die Grunderfahrung der gesamten Schwangerschaft ist es, dass man einerseits sicher, tief und innig (im Uterus und über die Nabelschnur mit der Mutter) verbunden ist, andererseits jedoch jeden Tag wächst und so auch schon im Mutterleib immer autonomer, kompetenter, freier, unabhängiger und eigenständiger wird.

Genau diese Erfahrung ist es, die uns zu einem sozialen und beziehungsfähigen Wesen macht. Zum anderen lässt uns diese Erfahrung mit der Sehnsucht ins Leben gehen, genau diese Qualität der Beziehung wiederzuerlangen: eine enge Verbundenheit bei gleichzeitiger Autonomie als Grundlage für die Qualität unserer Liebe zu den Kindern.

Diese Beziehungsform zu leben bedeutet, dass sich zwei Menschen ganz eng und auf das Tiefste verbunden fühlen, sich gegenseitig vertrauen und voneinander wissen, dass sich der eine auf den anderen verlassen kann. Sie wissen auch voneinander, dass sich der eine für den anderen nicht mehr wünscht, als dass er in der Lage ist, sich als eigenverantwortliche und eigenständige Person zu entfalten, er also unabhängig und autonom sein kann. Liebe ist die einzige Beziehungsform, in der man zugleich frei und auch verbunden sein kann. Voraussetzung dafür, dass Kinder sich gut entwickeln und ihre Potenziale entfalten können, ist, dass sie sich in ebendiesem Sinne geliebt fühlen, dass sie eine Beziehung erfahren, die von Liebe und Anerkennung geprägt ist und die existenzielle Botschaft vermittelt: Du bist okay, so wie du bist.

Alle Beziehungen zu Kindern, die diese Aspekte nicht erfüllen, sind die Entwicklung des Kindes hemmende, hinderliche oder auch störende Beziehungen. Wenn wir Eltern um diese beiden existenziellen Grundbedürfnisse wissen, können wir die Verantwortung dafür übernehmen, diese im Gleichgewicht zu halten und unseren Kindern das Gefühl der Verbundenheit bei gleichzeitiger Autonomie zu vermitteln.

Der Dichter Johann Wolfgang von Goethe drückte dies schon vor mehr als zweihundert Jahren so aus: »Zwei Dinge sollen Kinder von ihren Eltern bekommen: Wurzeln und Flügel.« Und zwar gleichzeitig. Nicht erst das eine (Wurzeln) und dann das andere (Flügel). Die Kunst ist es, Wurzeln zu geben und gleichzeitig Flügel zuzulassen – das macht eine stabile, tragfähige Beziehung aus.

Kannst du im Alltag spüren, wenn sich deine Basis-Grundbedürfnisse melden? Wie fühlst du dich, wenn deine emotionalen Grundbedürfnisse nicht erfüllt werden? Wie verhältst du dich, wenn du unsicher bist, die Verbindung nicht zustande kommt oder du das Gefühl hast, nicht selbstwirksam sein zu können und in deiner Autonomie eingeschränkt zu sein?

Übrigens
In der Corona-Pandemie waren bzw. sind viele Menschen in ihren Strategien zur Erfüllung ihrer Basis-Grundbedürfnisse eingeschränkt. Das Grundbedürfnis nach Verbindung war stark beeinträchtigt, Kontakte sollten eingeschränkt und ohne zu viel Nähe stattfinden. Die Autonomie war stark beschnitten, das soziale Leben kaum mehr möglich. Arbeiten, Freizeit, Ausgehen etc. wurden durch Verordnungen unterbunden und / oder reglementiert. Und das wesentliche Grundbedürfnis nach Sicherheit war extrem beschädigt. Orientierung, Überblick und Klarheit fehlten an vielen Stellen. Deshalb war bzw. ist diese Zeit vor allem auch emotional eine solche Herausforderung.

Kinder sind Teamworker

Die Einstellung, dass Kinder aufsässig sind und sich gegen uns stellen, ist unbewusst noch in uns verankert. Sie ist ein Überbleibsel aus der Geschichte der Kindererziehung, wie sie in den zurückliegenden Jahrzehnten und Jahrhunderten praktiziert wurde. Man hatte die Vorstellung, dass Kindern eine gewisse Widerspenstigkeit angeboren sei, die durch Erziehung unterbunden werden müsse.

Mittlerweile existieren aber Erkenntnisse aus unterschiedlichen wissenschaftlichen Bereichen, etwa aus der Säuglingsforschung und der Entwicklungspsychologie, die besagen, dass der Mensch bereits als soziales, beziehungsfähiges Wesen geboren wird und Bindung zu anderen Personen sucht. So geht etwa die Bindungstheorie seit John Bowlby davon aus, dass alle Menschen ein angeborenes Bedürfnis haben, Beziehungen zu anderen Menschen aufzubauen. Eine wichtige Erkenntnis der Entwicklungspsychologie ist, dass Kinder sich aufgrund ihrer Bindungs- und Beziehungsfähigkeit grundsätzlich mit uns verbinden und mit uns gemeinsam wirken wollen. Dass Kinder als aufsässige, widerständige Wesen geboren werden, ist also ein Irrtum und eine Perspektive auf das Kind, die ihm nicht gerecht wird.

Denn Kinder sind grundsätzlich zur Zusammenarbeit mit uns Erwachsenen bereit. Wir sollten sie in ihrer Verweigerung deshalb zunächst verstehen und ihr Verhalten ergründen. Erst dann können wir Handlungsalternativen entwickeln. Kinder verweigern sich nicht, um uns zu ärgern, Kinder können oft einfach nicht anders. Wenn Kinder die Zusammenarbeit mit Erwachsenen verweigern, dann nur weil:

- ein hoher Erwartungsdruck sie überfordert. (Das geschieht, wenn sie sich zu lange und zu sehr nach den Wünschen und Erwartungen der Eltern richten müssen und über einen längeren Zeitraum in eine Überkooperation geraten.)
- ihr Vertrauen in die Beziehung beschädigt wird oder ihnen ganz abhandenkommt. (Das geschieht, wenn sie verletzt oder gekränkt werden, ihre Persönlichkeit nicht geachtet und ihre Bedürfnisse missachtet werden.)

Perspektivwechsel

Eine gängige Sicht: Mein Kind tut nicht, was ich will, weil es meine Grenze austesten und sich an mir »reiben« möchte. Es tut etwas *gegen* mich.

Neue Perspektive: Mein Kind möchte mit mir kooperieren, und wenn es das nicht tut, kann es nicht anders. Es tut nichts *gegen* mich, auch wenn es sich manchmal so anfühlt. Es tut immer etwas *für* sich.

Was heißt das genau? Stell dir vor, du hast liebevoll ein Essen für den Partner vorbereitet und dir viel Mühe gemacht. Und dann kommt der Partner nach Hause und kritisiert dein Essen: zu scharf, zu salzig, zu wenig schmackhaft. Selbst wenn es nur zwischen den Zeilen als Botschaft bei dir ankommt – du wirst dir das nächste Mal überlegen, ob du dir die Mühe machst. Dein Bedürfnis danach, gesehen zu werden, wird hier übergangen, und du bleibst gekränkt und vielleicht auch traurig zurück. Deine Kooperationsbereitschaft sinkt in diesem Augenblick stark. Vielleicht wirst du dich in Zukunft verweigern, ärgerlich werden und dir »trotzig« das nächste Mal keine Mühe mehr geben und mit deinem Partner an dieser Stelle direkt oder auch später in Streit geraten. Die Stimmung ist dahin, und dein Vertrauen in die Beziehung ist ein kleines Stück beschädigt.

Kennst du das? Genauso geht es unseren Kindern. Und wir dürfen nicht vergessen, dass dies bei Kindern auf einem ganz anderen Niveau geschieht und sie noch nicht fähig sind, sich selbst zu regulieren. Kinder kommen aufgrund ihrer seelisch-emotionalen Entwicklung noch viel eher an ihre Grenzen, sind viel schneller überfordert und haben nicht die sprachlichen Möglichkeiten, ihre Überforderung auszudrücken. Sie sind auf Erwachsene angewiesen, die ihre Überforderung wahrnehmen und nicht Unmögliches von ihnen verlangen. Kinder wollen eigentlich mit uns zusammenwirken, sich an unsere Wünsche anpassen und uns alles recht machen. Und wenn sie das nicht tun, dann ist es schlicht auf zwei Punkte zurückzuführen: Sie sind entweder gekränkt und/oder überfordert.

So können wir an dieser Stelle einen Schritt zurückgehen und verstehen: Das Verhalten ist nicht gegen uns gerichtet. Das Kind kann gerade nicht anders und ist in einer seelischen Not, die es mit seinem Verhalten auszudrücken versucht.

Manchmal ist es einfach so. Auch wir Erwachsene haben anstrengende Tage und kommen an unsere Grenzen. Es kann passieren, dass die Überforderung bei großen und kleinen Menschen aufeinandertrifft und dann alles in einem Machtgerangel und Geschrei endet. Tatsache ist jedoch auch, dass beide – Kinder und Eltern – sich unverstanden fühlen und unglücklich in diesem »Gegeneinander« zurückbleiben. Wir können das nicht immer vermeiden. Aber öfter! Wenn wir nämlich wissen, dass Kinder Teamworker und nicht grundsätzlich widerständig sind, dann können wir diese Erkenntnis in solchen Momenten nutzen.

Uns ist häufig gar nicht bewusst, wie oft die Kinder mit uns kooperieren. Bereits das Aufstehen ist eine erste Kooperation mit uns Eltern, das Anziehen, Sich-an-den-Tisch-Setzen, um mit uns zu essen. Schon bevor die Kinder richtig in den Tag gestartet sind, haben sie bereits an mehreren Stellen kooperiert. Es ist sehr hilfreich, sich das bewusst zu machen. Eine eindrucksvolle Methode, um das zu erreichen, ist folgende: Stecke dir an den nächsten Tagen kleine Gegenstände wie Knöpfe, Bohnen, Steine oder Ähnliches in eine Hosentasche, und immer, wenn dein Kind kooperiert, wandert eines davon in die andere Hosentasche. Du wirst erstaunt sein, wie schnell die zweite Hosentasche sich füllt. Doch auch sich mehr Zeit für die Wahrnehmung der Kooperationen zu nehmen ist sehr hilfreich.

Übung: Kooperationstagebuch

Führe heute und vielleicht auch die nächsten Tage ein Kooperationstagebuch. Entschleunige den Ablauf des Tages und sieh genau hin, an welchen Stellen dein Kind kooperiert. Versuche, auch die für dich im Alltag selbstverständlichen Kooperationen deines Kindes zu erkennen, also Stellen, an denen ein Zusammenwirken stattfindet, ohne dass du es sofort wahrnimmst.

Von der Erziehung zur Beziehung

Entwicklungspsychologie, Hirnforschung und viele weitere pädagogische und psychologische wissenschaftliche Disziplinen sind sich einig: Erziehung, wie sie einmal gelebt und gesehen wurde, ist mittlerweile überholt – ja sogar an vielen Stellen entwicklungshemmend und schädlich. Die Bindungsforschung, die Evolutionsbiologie und auch die Psychotherapieforschung liefern hierzu interessante Erkenntnisse. Viele Eltern möchten deshalb heute auch gern anders handeln, möchten ihre Kinder besser verstehen, wertschätzend auf deren Wünsche und Anliegen reagieren und ihre Bedürfnisse berücksichtigen. Sie wollen Verständnis entwickeln und eine gute Beziehung zu ihren Kindern haben, sei es auch noch so schwer.

Und genau hier geraten Eltern dann oft an ihre Grenzen, es kommt schnell Verzweiflung auf und auch die Frage: »Wie kann ich es denn anders machen?« Um Antworten und neue Wege beschreiten zu können, sind einige grundlegende Überlegungen notwendig. Welche Werte möchte ich leben, in welcher Atmosphäre möchte ich meine Beziehung gestalten?

Ich möchte dich dabei begleiten, neue Werte für dich zu entwickeln und zu etablieren. Ich möchte dir dafür meinen »Wertekompass«, die sieben Leitsterne am Beziehungshimmel, vorstellen. Diese haben sich für mich sehr bewährt, und sie können dir auch als Orientierungshilfe dienen. Lass uns gemeinsam schauen: Welche Werte hast du als Kind in deiner Herkunftsfamilie erfahren? Und von welchen würdest du dich heute gern trennen, welche mitnehmen? Hier findest du einige Beispiele an Werten: Ehrlichkeit • Pünktlichkeit • Unterwerfung • Freundlichkeit • Vertrauen • Wertschätzung.

Welche Familienwerte galten in deiner Herkunftsfamilie? Welche Atmosphäre hat bei euch geherrscht? Welche Vorstellungen deiner Eltern prägten das familiäre Klima? Was ist dir dabei in guter oder auch in weniger guter Erinnerung?
Bitte überlege, welche Werte von damals du heute übernehmen möchtest und welche lieber nicht – und warum? Welche Atmosphäre möchtest du in deiner Familie gestalten?

Die folgenden sieben Werte können als ein neuer Kompass für den Umgang mit deinem Kind dienen, um alte Mechanismen hinter dir zu lassen und neue Prinzipien für deine Familie zu entwickeln. Er zeigt dir die Richtung zur gleichwertigen, konstruktiven Beziehung und du kannst dir die Werte im Uhrzeigersinn merken. Sie lassen individuellen Spielraum und erlauben dir, dich als Mutter oder Vater auszuprobieren und weiterzuentwickeln. Du gewinnst mehr Vertrauen in deine elterliche Intuition. Von einer guten Eltern-Kind-Beziehung profitiert die gesamte Familie, und dein Alltag erfährt zunehmend Entlastung.

Neue Werte für die Familie: Der 7-Werte-Kompass nach Katia Saalfrank

Perspektivwechsel

Eine gängige Sicht: Werte wie Pünktlichkeit, Ordnung, Fleiß, Ehrlichkeit, Erfolg sind Werte, die erstrebenswert sind, weil sie das soziale Zusammenleben regeln.

Neue Perspektive: Werte wie Verantwortung, Achtsamkeit, Wertschätzung, Vertrauen sind Werte, die sich auf tiefer liegende emotionale Bereiche beziehen. Wenn ich zum Beispiel Wertschätzung lebe, ist mir Pünktlichkeit wichtig, denn ich möchte nicht zu spät kommen. Die oben genannten Werte beziehen sich auf die Verhaltensebene. Der eigentliche Wert dahinter bleibt unberührt.

Die Werte sind insgesamt für sich genommen *der* Perspektivwechsel im Blick auf das Kind. Die Mechanismen der Erziehung haben wir uns bereits angesehen. Verändern wir den Blick und betrachten all das, was ich hier bereits erläutert habe, werden aus diesen Mechanismen die sieben Werte.

Verantwortung (statt Bewertung): Wir nutzen unsere elterliche Macht nicht aus, sondern gehen verantwortungsvoll damit um. Wir übernehmen die Verantwortung für die Beziehungsqualität zu unseren Kindern und bieten durch unsere Führung eine Orientierung für unsere Kinder (und nähren damit das Grundbedürfnis Sicherheit).

Achtsamkeit (statt Strafe): Statt das Verhalten ändern zu wollen, nehmen wir es als wichtiges Signal und nehmen die Gefühle und Bedürfnisse wahr, die dahinter sichtbar werden. Wir fühlen uns ein und sind empathisch mit unseren Kindern. Im Umgang mit ihnen bleiben wir authentisch und nehmen keine künstliche »Rolle« als Mutter/Vater ein.

Wertschätzung (statt Abwertung): Unser Kind ist ein kleiner, aber gleichwertiger Mensch, den ich wertschätzend behandle. Ich darf mich positionieren, mich in meinen Grenzen zeigen und wahre dabei seine Grenzen. Ich möchte diese nicht absichtlich und willentlich übertreten.

Vertrauen (statt Kontrolle): Ich vertraue auf mich selbst als Vater/Mutter sowie in die Fähigkeiten meines Kindes. Ich lasse es seine eigenen Erfahrungen machen, stelle Räume für diese Erfahrungen bereit und begleite, statt zu bevormunden. Dabei bestärke und unterstütze ich mein Kind und lasse eigene Angst und den Drang, ständig zu kontrollieren, los.

Miteinander (statt Gegeneinander): Unsere Kinder sind Teamworker und kooperieren mit uns. Im Alltag sind gemeinsame Tätigkeiten verbindend. Gleichzeitig braucht das Kind Räume für Autonomie und Selbstständigkeit. In Konflikten möchte ich Machtkampf vermeiden, was nicht heißt, dass wir Konflikte umgehen. Wir finden immer wieder Möglichkeiten, in Verbindung zu kommen, und leben ein lebendiges Miteinander.

Dialog (statt Monolog): Ich habe echtes Interesse an der Sichtweise meines Kindes und gehe offen und unvoreingenommen ins Gespräch. Ich wende mich meinem Kind bewusst zu und höre zu. Ich nehme es ernst, ich gehe in einen bedingungslosen Perspektivwechsel und habe Verständnis für die Position, die Gefühle und Gedanken meines Kindes, auch wenn wir uns dabei nicht einig sind.

Gleichwertige, konstruktive Beziehung (statt belasteter Beziehung): Mit diesen Werten gelingt eine konstruktive Beziehung voller Liebe in tiefer Verbundenheit.

Erinnere dich bitte noch einmal daran, dass der Kreislauf einer sicheren Bindung nicht davon lebt, dass Konflikte vermieden oder, wenn sie stattfinden, unter den Teppich gekehrt werden. Im Gegenteil: Das Entscheidende ist, dass du ein Interesse daran hast, die entstandene Unterbrechung eurer Verbindung wieder zu reparieren, indem du zu gegebener Zeit auf dein Kind zugehst und die Auseinandersetzung aufgreifst und so wieder die Familienbalance herstellst. Wir werden uns mit Konfliktmanagement noch konkret befassen.

Achtsamkeitsübung: Werte in deiner Umgebung

Bitte schau dir den Wertekompass (S. 66) noch einmal an. Er weist dir die Richtung zur gleichwertigen, konstruktiven Beziehung. Im Uhrzeigersinn zeigt er die Werte: Verantwortung, Achtsamkeit, Wertschätzung, Vertrauen, Miteinander und Dialog.
Schärfe ab jetzt deine Wahrnehmung für die Atmosphäre um dich herum, öffne deine emotionalen Augen und Ohren, stelle deine inneren Antennen auf Empfang und nimm wahr, wo dir in deiner Umgebung alte (Bewertung, Strafe, Grenzüberschreitungen, Kontrolle, Gegeneinander und Monolog in einer immer wieder belasteten Beziehung zueinander) und wo dir neue Werte (Verantwortung, Achtsamkeit, Wertschätzung, Vertrauen, Miteinander und Dialog in einer gleichwertigen Beziehung) begegnen. Sowohl in deiner eigenen Familie als auch im Außen, also unterwegs und draußen in der Gesellschaft. Bewerte das nicht, sondern nimm nur wahr und notiere die Momente für dich.

N
W
O
S

Etappe 2: Deine Sprache, Erwartungen und Gedanken – der wertschätzende Blick auf dich und dein Kind

Wir haben bereits einige Grundlagen auf unserem Weg kenngelernt, Erkenntnisse gewonnen und auch einige bedeutende Perspektivwechsel vollzogen. Perspektiven nachhaltig wechseln zu können ist maßgeblich dafür, Dinge aus einem neuen Blickwinkel zu sehen. Dinge in einem neuen Licht sehen zu können bringt innere Bewegung und kann somit auch im Außen ganz viel sofort verändern. Und um Veränderung geht es. Das Ziel ist zunächst, dass etwas in Bewegung kommt und schwingungsfähig in dir wird, dass wir bisherige Standpunkte und Aspekte unter neuen Gesichtspunkten anschauen, unsere eigenen Erwartungen überprüfen und so auch an unbewusste Einstellungen, Haltungen und Überzeugungen kommen, die hinderlich sein können, Neues wahrzunehmen und Veränderung zuzulassen. Du wirst erstaunt sein, wie viele Aspekte es für dich persönlich und auch im Leben mit Kindern gibt, die aus einem neuen Blickwinkel zu betrachten, sich lohnt. Dabei geht es mir nicht so sehr darum, jetzige Standpunkte sofort zu verwerfen, sie gleich zu verlassen oder gar zu bewerten, welcher Blickwinkel gut oder schlecht, richtig oder falsch ist. Mir geht es hier vor allem darum, überhaupt eine neue oder andere Perspektive wahrnehmen zu können – quasi zunächst erst einmal überhaupt in eine innere Bewegung zu kommen, indem wir Neues entdecken und Bisheriges unter neuen Gesichtspunkten betrachten und so zwischen zwei Perspektiven pendeln zu können. Also das eine und das andere zu sehen.

Um Veränderung zu erlangen, lohnt es sich deshalb, den Familienalltag genauer anzuschauen, sich aktuelle Standpunkte bewusst und unbewusste Denk- und Handlungsmuster transparent zu machen. So lade ich dich ein, mit einer kleinen Bestandsaufnahme zu beginnen.

Wo stehst du gerade?

Um jetzt weiterzugehen und wirklich nachhaltig etwas zu verändern, schauen wir uns zunächst genau an, wie die Situation jetzt im Moment ist. Denn nur, wenn wir uns dessen bewusst sind und genau hinschauen, können wir etwas verändern und das auch im Innen und Außen wahrnehmen. Was ist der Ausgangspunkt deiner Reise zu deiner glücklichen Eltern-Kind-Beziehung, und wo stehst du gerade jetzt im Moment?

Es geht jetzt erst einmal nicht darum, Ergebnisse und Lösungen zu finden, sondern darum, dir über deinen Ausgangspunkt bewusster zu werden. Die folgenden Fragen können dir dabei helfen. Sie machen auch deutlich, wo es für dich vielleicht schwieriger ist, und fokussieren dich darauf, was du für dich verändern möchtest.

Nimm dir deshalb Zeit, die Fragen für dich persönlich zu beantworten – unabhängig vom Blick deiner Partnerin oder deines Partners. Es geht um dich und deine Einschätzung. Vielleicht ist mehr oder weniger Zeit bei der einen oder anderen Frage nötig. Vielleicht möchtest du deine Antworten und Gedanken auch aufschreiben. Vergiss nicht: Es gibt keine »richtigen« oder »falschen« Antworten. Es geht um deine Antworten. Je klarer du deine Position im Moment wahrnehmen kannst, umso deutlicher kann die Veränderung sein.

Übung: Reflexion zu deinem Ausgangspunkt

- Welche Situation(en) in deinem Alltag würdest du gern verändern? Beschreibe diese umfassend.
- Mit welchem deiner Kinder hast du Schwierigkeiten? Beschreibe diese detailliert und was sich aus deiner Sicht konkret verändern sollte.

- Beschreibe deinen Tagesablauf in Stichpunkten.
- Wenn du grundsätzliche Fragen rund um das Thema Familie hast, versuche jetzt, konkrete Fragestellungen zu formulieren.
- Wo in deinem Alltag entstehen momentan Konflikte, und wie gehst du damit um, wie löst du diese?
- Was für eine Mutter / ein Vater möchtest du sein?
- Wie würdest du die Atmosphäre in eurer Familie im Moment beschreiben?
- Was genau soll sich verändern?

Gib bei den folgenden Fragen bitte eine Einschätzung auf einer Skala von 1–10 (1 = nie / 10 = sehr oft).

- Wie oft kannst du das Verhalten deines Kindes nicht verstehen / einordnen?
- Wie oft schimpfst du und wirst laut?
- Wie oft kannst du Konflikte zu deiner Zufriedenheit lösen?
- Wie oft fühlst du dich hilflos und weißt nicht, wie du bindungs- und beziehungsorientiert reagieren oder überhaupt agieren kannst?
- Wie oft bist du abends nach einem Tag mit dir selbst zufrieden?
- Wie oft nimmst du dir Zeit für dich selbst?
- Wie stark empfindest du Druck im Alltag mit deinem Kind?
- Wie stark nimmst du eigene Wut wahr?
- Wie oft fühlst du dich von starken Gefühlen überflutet?
- Wie oft streitest du dich mit deinem Partner / deiner Partnerin?
- Wie oft hast du das Gefühl, dass ihr ein gutes Team seid?
- Wie oft fehlen dir Leichtigkeit und Freude im Alltag mit deinem Kind?
- Wie oft umarmst du dein Kind im Alltag von dir aus?
- Wie oft habt ihr gute Zeiten und intensive Verbindungsmomente im Alltag?

Wie geht es dir, wenn du auf deine Antworten schaust? Welche Antworten überraschen dich. An welchen Stellen genau wünschst du dir Veränderung? Notiere deine Gedanken und beobachte in deinem Alltag die damit zusammenhängenden Situationen in der nächsten Zeit besonders achtsam.

Es lohnt sich, Perspektiven zu wechseln

Um deinen Blick im Folgenden zu schärfen und somit erste Veränderungen im Außen mit dir zu erreichen, möchte ich dich einladen, deinen Fokus der Wahrnehmung mit mir gemeinsam etwas zu verschieben und dich so für Neues zu öffnen. Du wirst sehen, dass schon kleine Veränderungen große Auswirkungen haben können. So wollen wir jetzt unseren Fokus ganz bewusst auf andere Dinge richten, als wir das sonst im Alltag tun. Eben nicht auf das, was nicht funktioniert und nicht gut läuft, sondern auf die Prozesse selbst. Das geht vor allem darüber, dass wir beginnen, uns neue und andere Fragen zu stellen. Auch, indem wir unbewusst und schnell ablaufende Prozesse entschleunigen und uns bewusst machen, dass wir den Fokus wie ein Vergrößerungsglas nutzen. Dieses richten wir nun auf andere Dinge, als wir das sonst tun, zum Beispiel auf die Qualität von Verbindung und Beziehung zueinander. So möchte ich dich auf einige (vielleicht vermeintlich kleine und damit für dich aus deiner jetzigen Sicht heraus banale und doch) wesentliche Aspekte in unserer Wahrnehmung und unserem Leben mit Kindern aufmerksam machen und deinen Fokus lenken auf die Bedeutung

- der eigenen **Bewertungen,** die wir (bewusst und unbewusst) vornehmen,
- der **Erwartungen,** die wir an unsere Kinder haben und wie wir sie in **Sprache** ausdrücken,
- unserer eigenen **Gedanken,** die wir denken und die uns im Alltag auch hemmen können,
- des **Körpers** und des **Atems** – gerade in Stresssituationen – und
- der **Zeit,** die wir mit unseren Kindern verbringen, und wie wir Verbindung aufnehmen.

So werden uns eigene tiefer liegende Einstellungen und unbewusste Erwartungen klarer und die daraus resultierenden Handlungen bewusster.

Eine oft unbewusste **Bewertung** der Kinder, die mit bestimmten **Erwartungen** von uns Eltern insgesamt einhergeht, und die **Bedeutung der Sprache** sind wesentliche Bestandteile in der gelebten Beziehung zu unseren Kindern. Welchen Blick wir auf unsere Kinder haben, wird deutlich, wenn wir unsere Kinder beschreiben.

Eine Mutter beschrieb ihr Kind in der Beratungsstunde neulich zum Beispiel folgendermaßen:

Mein Kind …

- ist verträumt,
- braucht mehr Zeit bei allem,
- isst furchtbar langsam,
- reagiert auf Ansprache verzögert,
- zeigt verlangsamte Reaktionen.

Mit dem Fazit »Es ist einfach immer zu langsam!« schloss sie ihre Beschreibung ab. Was wir hier sehen ist, dass ein Kind, das als »langsam« gilt, sofort mit einer zusätzlichen negativen **Bewertung** belegt wird. Somit wird Langsamkeit – gerade in unserer heutigen, schnelllebigen Welt – bei Kindern als ein Defizit, also als eine Schwäche, wahrgenommen. Natürlich nur, wenn wir die **Erwartung** haben, dass alles viel schneller gehen muss. Dies geschieht Eltern häufig – vielleicht auch, weil uns Eltern in der Gesellschaft suggeriert wird, dass es für Kinder ein bestimmtes Tempo geben muss? Auch gesellschaftliche Erwartungen nehmen wir (unbewusst) wahr, lassen uns häufig von ihnen unter Druck setzen und geben diesen oft unbeabsichtigt an unsere Kinder weiter. Eine sogenannte Schwäche, in diesem Fall die Langsamkeit, ist jedoch immer nur im Verhältnis zu einem bestimmten Kontext schwach und defizitär – nämlich, wenn jemand sie als solche bewertet. Wenn jedoch diese Person beispielsweise mit einer gewissen Langsamkeit isst, kann die vermeintliche Schwäche auf einmal zu einer großen Stärke werden. Denn wir wissen alle, dass es nicht gut ist, Essen zu schlingen, und dass eine langsame Nahrungsaufnahme für Körper und Geist besser ist. Wir sehen also: Stärken und Schwächen, Defizite und Fehler … alles eine Frage der Perspektive. Wenn du dir klarmachen kannst, dass deine innere Haltung und in der Folge dein Handeln von bestimmten Erwartungen und inneren Einstellungen und Überzeugungen geprägt sind, fällt es leichter, deine eigene Wahrnehmung zu hinterfragen und neue Perspektiven zu entdecken und einzunehmen.

Nicht nur unsere **Erwartungen** und eigene **Bewertungen** beeinflussen unser Außen, auch unsere **Sprache** beschreibt eine Wirklichkeit. Eine liebevolle und einfühlsame Sprache gestaltet Verbindung. Sprache schafft sowohl Verbindung zu mir selbst, meinen eigenen inneren Bildern und Vorstellungen und dem, was ich fühle, als auch Verbindung zu meinem Kind, indem ich das alles formuliere, ausdrücke und so auf mein Kind zugehe und mit all dem präsent werde. Du wirst bemerken, wie wichtig klare Kommunikation und achtsame Sprache und wie wesentlich auch differenzierte Formulierungen sind.

Wenn ich in meinen Beratungen, Ausbildungen und Seminaren von der Achtsamkeit der Sprache spreche, dann höre ich oft den Satz: »Na ja, du weißt doch, was ich meine!« Ja, in der Regel meine ich, dass die Assoziation, die ich habe, stimmig ist, und ich kann den Gedanken hinter dem Satz gut erkennen, und trotzdem – oder vielleicht auch gerade deshalb – ist es lohnend, zu schauen: Was willst du eigentlich wirklich sagen? Was willst du beschreiben und was ist dir gerade wichtig, auszudrücken? Durch Worte werden bestimmte Bilder in unserem Kopf erzeugt, die wir hinterfragen können.

? Schau mal, welches innere Bild und welches Gefühl bei dir zum Begriff »Terrorkind« entsteht. Schließ deine Augen, atme einmal tief ein und spüre, welche Bilder und Gefühle mit diesem Wort aufsteigen.

Ich bin gespannt, welche Bilder bei dir entstehen. Bei mir entsteht bei dem Gedanken an »Terror« vor allem ein Bild, welches von Krieg und Kampf gekennzeichnet ist, von Vernichtung und dem existenziellen Gefühl, dass ich mich wehren muss. Mein Herz klopft dabei schneller, der Puls geht hoch, und ich merke, dass mein Nervensystem eine Aktivierung erfährt. Ich merke in einem zweiten Schritt, dass mich dieses Bild somit eher weg von meinem Kind und raus aus der Einfühlung und dem Verständnis bringt und in eigene Ängste und tiefer in die Hilflosigkeit katapultiert. Und bei dir? Was entsteht bei dir?

Ich weiß, was Menschen sagen wollen, wenn sie von ihren »Terrorkindern« sprechen. Ja, ich weiß, was sie meinen, und doch wage ich hier mal den Perspektivwechsel und ermutige sie, es anders zu sehen und zu formulieren. Denn wäre es nicht viel zielführender und konstruktiver, genau das auszudrücken, was wir meinen, und genau das auch zu sagen? Würde es dem Kind, welches nichts von Terror, Krieg und Vernichtung weiß, und auch uns als Erwachsenen in unserer Verantwortung nicht viel gerechter werden? Wäre es nicht konstruktiver, wenn wir wirklich und wahrhaftig mit uns und dem, was sich wirklich in uns abbildet, in Verbindung blieben und beschreiben würden, worum es gerade geht? In differenzierten Worten mit dem Ziel, mein Kind und mich besser zu verstehen? Zum Beispiel: »Ich fühle mich in bestimmten Situationen hilflos, alleine und überfordert mit meinem Kind. Wir haben zehrende und anstrengende Machtkämpfe, und ich fühle mich unter Druck und oft genötigt, um des lieben Friedens willen nachzugeben. Dann entgleitet mir alles, und es entsteht Chaos.«

Je genauer ich meine Welt und das, was ich empfinde, beschreiben kann, umso besser kann ich mich mitteilen, werde verstanden und kann mich angenommen und geliebt fühlen. Und ich kann auch auf mein Kind ganz anders eingehen, bleibe mit ihm und mit mir selbst in Verbindung und reagiere in meiner erwachsenen, verantwortungsvollen Rolle als Mutter/Vater.

Selbst wenn wir nicht so große, plakativ bewertende Wörter für unsere Kinder benutzen, dann haben wir doch immer wieder eher negativ und defizitär abwertende Beschreibungen dafür, wie unsere Kinder sich verhalten: Kinder sind aufsässig oder frech, sie sind stur oder faul. Das sind letztlich keine konstruktiven Beschreibungen, und doch höre ich sie immer wieder – auch von Eltern, die ja eigentlich von den Menschen sprechen, die ihnen am wichtigsten im Leben sind. Diese

Beschreibungen erzählen mir als Familienberaterin mehr darüber, wie der Blick der Eltern auf ihr Kind ist, als dass sie mir etwas darüber sagen, was das Kind wirklich ausmacht.

So ist es hilfreich, an dieser Stelle das alltägliche Vokabular zu überprüfen, mit dem wir ständig konfrontiert sind und welches wir selbst nutzen. Denn Sprache ist der Spiegel unserer sozialen Realität, sie ist die Brücke zwischen unserem Innen und Außen und der Ausdruck unserer inneren Bilder. Sie schafft soziale Realitäten und erzeugt Bilder in unserem Gesprächspartner.

Die Art und Weise, wie wir uns ausdrücken, sagt viel darüber aus, wie wir die äußere Welt sehen und unsere eigene (innere) Welt wahrnehmen. Andererseits sind eine achtsame Sprache und Ausdrucksweise wesentlich, weil Formulierungen bestimmte Einstellungen oder Denkweisen manifestieren. So können wir uns zum Beispiel durch negative Formulierungen nur auf das Schlechte fokussieren oder uns durch überkritische Selbstsuggestionen hemmen und blockieren. Wir dürfen also selbst entscheiden, welchen Wörtern wir in unserer Sprache Raum geben. Sprache ist für mich so etwas wie ein »Schatz«, den wir auch achtsam und bedacht einsetzen dürfen.

Der Weg von der abwertenden, negativ einordnenden Bewertung (»Mein Kind ist vorlaut, langsam und faul«) hin zu einer wertschätzenden konstruktiven Beschreibung (»Mein Kind teilt sich gerne mit, braucht seine eigene Zeit und tut nur die Dinge, die es wirklich interessieren, mit Begeisterung«) ist nicht so leicht. Denn es ist wieder eine ganz andere und neue Perspektive, die wir nicht immer und nicht so schnell einnehmen können. Versuche, dir eine neue Sprache zu erlauben, wenn du über dein Kind sprichst. Eine liebevolle Beziehung braucht eine achtsame, klare und bedachte Sprache miteinander und übereinander. Die folgenden Übungen können dir beim Perspektivwechsel helfen.

Übung: Von negativer Sprache und Abwertung weg – hin zu einer neuen Perspektive: Der konstruktive, wertschätzende Blick auf dein Kind und seine Fähigkeiten

a) Neuer Blickwinkel: Unterschiedliche Wörter beschreiben das Gleiche

Es gibt diese Tage im Leben mit unseren Kindern, die uns besonders anstrengen und an denen wir das Gefühl haben, dass wir schon vormittags an die Grenzen unserer Belastbarkeit gekommen sind. Fühle dich in einen solchen Tag hinein. Verändere deine Perspektive, indem du die negativen Bewertungen zur Seite stellst und durch eine konstruktive, positive Sicht auf das, was dein Kind ist und tut, veränderst. Lass dich einfach mal darauf ein, nimm wahr, wenn Widerstände auftauchen, gib dich diesen jedoch nicht hin, lass sie vorbeiziehen und schau, was passiert.

Schritt 1: Überlege dir ganz bewusst, welche Wörter du als abwertende Beschreibung deines Kindes benutzt – oft fallen uns diese Worte ein, wenn wir selbst überfordert und an unserer eigenen Grenze sind. Solche Wörter könnten sein: langsam • vorlaut • albern • launisch • weinerlich • bockig • nervig.

Schritt 2: Komm nun ganz bewusst und achtsam in die neue, wertschätzende Perspektive. Verwandle dafür die negativ bewertenden Beschreibungen in eine positive, konstruktive Beschreibung des Verhaltens deines Kindes. Es gibt kein »richtig« oder »falsch«, es gibt natürlich mehrere Möglichkeiten.

Hilfreich kann hier ein kleiner Perspektivwechsel sein: Was möchtest du über dich selbst hören? Wenn sich eine Bewertung für dich nicht gut anfühlt, dann suche für dich eine stimmige und freundliche positive Beschreibung und übertrage sie dann auf dein Kind. Mögliche Worte sind: sorgfältig • gefühlvoll • ausdauernd • ehrlich • mutig.

Vielleicht helfen diese beiden Beispiele: Aus »vorlaut« wird »selbstbewusst«, und aus »langsam« wird »sorgfältig«. Im Anhang des

Buches findest du eine Auflistung von positiven Adjektiven zur Inspiration. Nimm dir Zeit dafür, den neuen Blickwinkel bewusst einzunehmen. Mach diese Übung immer wieder für dich. Achte jedoch auch im Alltag darauf, wie du formulierst, und höre auch aufmerksam, wie dein Umfeld über andere spricht. Je genauer du hinhörst und je mehr du deine eigenen Antennen aktivierst und selbst bewusster formulierst, desto sensibler wirst du werden, und umso leichter wirst du immer zügiger die Blickwinkel wechseln und dich zwischen ihnen entscheiden können.

Bestimmt hast du bei der vorherigen Übung gemerkt, dass es gar nicht so leicht ist, ohne Abwertungen zu formulieren. Zu oft rutschen wir in die negative Bewertung hinein und nennen dann negative Eigenschaften, anstatt selbstverständlich auf die Fähigkeiten des anderen zu schauen – eben nicht das vermeintliche Defizit zu sehen, sondern das, was da ist und sichtbar wird, ganz positiv – ohne eine eigene Erwartung.

Warum wir eher Defizite wahrnehmen, als das Positive zu sehen

Genetisch gesehen sind wir neurologisch darauf ausgelegt, eher auf das Schlechte als auf das Gute zu achten und Negatives tiefer und nachhaltiger in uns zu verankern. Der Grund liegt in unserer Evolution. Es war für die ersten Menschen in der Steinzeit schlicht lebensnotwendig, auf Gefahren zu achten und Bedrohungen wahrzunehmen. Im Falle einer Gefahr mussten die angenehmen Emotionen, die der Mensch im Augenblick vielleicht empfand, schnell der Angst weichen, um angemessen reagieren zu können. Das heißt, das Gehirn musste sofort von Freude auf Angst wechseln, damit bestimmte Reaktionen wie Flucht oder Angriff rein körperlich möglich wurden und so das Überleben sicherten. Ebenso war es wichtig, sich zum Beispiel giftige Pflanzen zu merken, um zu überleben, und auch sonst gab es viele Situationen, bei denen Fehler und Fehleinschätzungen den Tod bedeuten konnten. Daher ist unser Gehirn darauf ausgelegt, auf Fehler und Defizite zu achten. Das bewirkt leider oft, dass wir in unserer Fehlerwahrnehmung regelrecht hängen bleiben, insbesondere dann, wenn wir uns als Eltern stark verantwortlich für das Fortkommen und den Erfolg unserer Kinder fühlen.

Es macht einen wirklichen Unterschied, wenn du beginnst, die Bewertungen aus deinen Wörtern herauszunehmen und einfach zu beschreiben, was du siehst. Achte auch einmal auf deinen Körper, wenn du positiv von deinem Kind sprichst. Es wird sich etwas verändern. In der folgenden Übung kannst du das ausprobieren.

Übung: Von negativer Sprache und Abwertung weg – hin zu einer neuen Perspektive: Der konstruktive, wertschätzende Blick auf dein Kind und seine Fähigkeiten

b) Alles eine Frage der Perspektive: Statt defizitorientiert abzuwerten, eine Fähigkeit beschreiben

Schritt 1: Sieh dir die negativ bewertenden Begriffe, die du gesammelt hast, noch einmal an und suche dir zwei oder drei aus (es dürfen auch mehr sein), die dir in Bezug auf dein Kind in den Sinn kommen. Es dürfen auch Begriffe sein, die nicht beispielhaft genannt wurden.

Schritt 2: Verwandle diese negativ wertenden Begriffe zunächst in einen bewertenden und auf ein Defizit hinweisenden Satz und dann anschließend direkt in eine konstruktive, wertschätzende Beschreibung einer entsprechenden Kompetenz und Fähigkeit.

Aus »Mein Kind ist vorlaut, langsam und faul« wird »Mein Kind teilt

sich gern mit, braucht seine Zeit und tut nur die Dinge mit Begeisterung, für die es sich interessiert«.
Auch hier gibt es kein »richtig« oder »falsch«, sondern es gibt zahlreiche Möglichkeiten. Hab dein Kind vor Augen und versuche, einen wirklichen Perspektivwechsel zu vollziehen und dein Kind möglichst in dem zu beschreiben, was es kann, welche Eigenart du wahrnimmst, welche Fertigkeit deutlich wird und welches Talent es in seinem Verhalten zeigt. Schreibe die neuen Sätze für dich auf, lies sie immer wieder durch und versuche auch im Alltag, dein Kind immer wieder auf diese Weise zu sehen.

♥ Beziehungsmomente-Challenge #3
Versuche heute den ganzen Tag lang, keine Kritik an deinem Kind zu üben! (Damit ist natürlich nicht gemeint, dass du allem zustimmen sollst. Achte darauf, wie du zum Beispiel ein »Nein« formulierst oder wie genau du äußerst, wenn etwas für dich nicht in Ordnung ist.)

Was ist für dich hier die größte Herausforderung? Was fällt dir in Bezug auf deine Sprache auf? Was äußerst du nun statt Kritik, und wie machst du das? Was genau sagst du stattdessen?

Vom gefühlten Mangel in die eigene Fülle kommen

Wir leben im materiellen Überfluss in einem der reichsten Länder der Welt. Lebensmittel sind in Hülle und Fülle vorhanden, sogar in Überproduktion, weshalb täglich Nahrung weggeworfen wird. Dennoch sind unsere Kühlschränke und Kleiderschränke voll. Wir suchen ständig danach, unser Leben zu optimieren, und doch finden wir uns so häufig im Mangel wieder. Dieser Mangel ist ein emotional gefühlter Mangel. So haben wir das Gefühl, es ist nicht genug, wir sind nicht genug, nicht erfolgreich, nicht schön, nicht schlank und nicht fleißig genug. Irgendetwas fehlt im Leben. Nicht selten versuchen wir, diese Leere mit Materiellem auszugleichen. Wir lenken uns ab mit zahlreichen Aktivitäten und suchen unser Glück im Außen. Doch dort werden wir nicht fündig, denn wir können es nur in uns selbst finden.

Im Folgenden möchte ich dich inspirieren und ermutigen, dich schrittweise dir selbst auf eine besondere Art und Weise zuzuwenden, mit dir in Kontakt zu kommen und zu sehen, was für eine Fülle in dir selbst und in deinem Leben bereits vorhanden ist.

Vergleiche dich nicht

Wenn man sich vergleicht, dann sieht man dabei natürlich nur das, was die anderen alles haben und was man selbst alles nicht hat. So beginnen wir, uns selbst unterbewusst zu kritisieren, denken schlecht und defizitorientiert über uns selbst. Aus negativen Gedanken entstehen schlechte Gefühle.

Ich höre oft von Eltern, dass sie sich selbst im Vergleich zu anderen Familien als defizitär und »unperfekt« wahrnehmen und das Gefühl haben, dass es bei allen anderen Eltern spielend und »perfekt« zugeht:

- Bei den Nachbarn ist abends nie Geschrei!
- Alle anderen Kinder haben nicht so starke Wutanfälle wie unseres – wir können schon keine Besuche mehr machen.
- Ich kenne in unserem Bekanntenkreis niemanden, der so ein kompliziertes Kind hat wie wir.

Kennst du diese Gedanken auch, und fragst du dich, warum es bei allen anderen immer so gut läuft? Ich möchte dir zunächst sagen, dass das tatsächlich ein Irrtum ist. Elternwerden und Elternsein ist ein Prozess. Wir wachsen mit unseren Kindern gemeinsam, und in keiner Familie läuft es ohne Krisen. Du darfst daher aufhören, dich als Mutter/Vater und auch als Familie insgesamt mit anderen in dieser Weise zu vergleichen.

Grundsätzlich ist das »Vergleichen« mit anderen ein psychologischer Prozess, den wir früh gelernt haben. Denn als Kind ist der Vergleich ein Teil der Sozialisation: Wir lernen als Kinder, indem wir unsere Umwelt beobachten und nachahmen. Das gehört mit zur Persönlichkeitsentwicklung und zur Bindung (Ich bin wie Mama/Papa: Zugehörigkeit und Gleichheit). Irgendwann kommt zu diesem Prozess die Ich-Entwicklung dazu (Ich will, ich will nicht. Und: Ich bin geliebt und gehöre dazu, weil ich so bin, wie ich bin. Und nicht, weil ich besser bin als der andere).

Diese Vergleiche laufen unbewusst ab, wir bekommen es oft selbst gar nicht mit. Doch sobald du anfängst, dich zu vergleichen, liegt der Fokus nicht mehr auf dir selbst, deinen Fähigkeiten, deinen Kompetenzen und deinem Weg – sondern auf dem des anderen und seinem Weg. Du verlierst so ein Stück Verbindung zu dir selbst. Was dann unbemerkt entstehen kann, ist das Gefühl von Wertlosigkeit. Daraus können »Selbstmitleid« eine Form von Selbstabwertung und ein Gefühl von Minderwertigkeit entstehen, die mit dem Verlust von Selbstliebe einhergehen. Ein unguter Kreislauf.

Du darfst also deine Denkweise, bestimmte Überzeugungen, innere Haltungen und eigene Verhaltensmuster selbst hinterfragen und einen neuen Blickwinkel einnehmen: Im Kopf wissen wir eigentlich, dass es absolut keinen Sinn macht, uns in dieser Weise mit anderen zu vergleichen. Um nachhaltig Veränderung zu erlangen, kann es trotzdem wichtig sein, sich folgende Dinge über die kognitiven Zugänge noch einmal klarzumachen und zu verinnerlichen:

1. Ein wirklicher Vergleich mit anderen ist gar nicht möglich.
2. Ein Vergleich mit anderen bringt dich in dieser Form gar nicht weiter, sondern wirft dich sogar zurück.

Denn: Vergleiche in dieser Weise stimmen schlicht nicht. Du kamst mit deinen eigenen, einzigartigen Begabungen, Talenten und Eigenheiten auf diese Welt, hast deine eigene Geschichte, bist andere Wege gegangen und bist anders aufgewachsen als alle anderen Menschen da draußen, mit denen du dich vergleichst. Du hattest andere Möglichkeiten und Ressourcen zur Verfügung als andere. Du bist eine einzigartige Persönlichkeit und damit letztlich unvergleichlich. Jeder Mensch hat einen einmaligen persönlichen Weg hinter sich.

Also: Sich in dieser Form zu vergleichen geht gar nicht. Es wird sich durch einen solchen Vergleich an deiner Situation ohnehin nichts verändern. Deshalb: **Ein Vergleich dieser Art ist nicht nur unmöglich, sondern auch überflüssig.**

Kannst du selbst diesem Gedanken Glauben schenken? Du bist einmalig und einzigartig. Nimm einfach nur wahr, was passiert, wenn du das liest.

Wenn du dich nicht in dieser Weise aus dem Mangel heraus vergleichst, sondern Verbindung, Inspiration und Orientierung bei anderen Familien suchst, dann – und nur dann – kannst du den Blick zu anderen wagen, Wege anschauen, deine Einstellungen überprüfen und so konstruktive Vorbilder als inspirierendes Element für dein eigenes Wachstum nutzen. Das heißt, es geht in dieser Form nicht darum, dich in einem Ergebnis zu vergleichen, sondern Wege zum Erfolg zu verstehen, Strategien abzugleichen, voneinander zu lernen, sich zu orientieren und Klarheit zu erlangen:

- Was hat der andere konkret getan, um dorthin zu kommen, wo er jetzt steht?
- Welche Strategien, Gedanken, Wege hat er genommen?
- Welche Motivationsmotoren haben ihn auf den Weg gebracht?
- Wie geht der andere mit Krisen um?
- Welche Einstellungen, Werte und Haltungen hat er erlangt und auf welchem Weg?

Das sind konstruktive Fragen, die für dich unterstützend auf deinem Weg sein können.

Eltern vergleichen nicht nur sich selbst, sondern auch ihre Kinder untereinander

Mütter und Väter lieben es, ihre Kinder zu vergleichen. Das geschieht oft unbewusst, zum Beispiel im Smalltalk am Rand von Spielplätzen und/oder auch unter Kindergarten- und Schulelternbekanntschaften. Oft findet der Einstieg für solche Vergleiche der Kinder über die Frage nach dem Alter statt und endet dann in einer Diskussion darüber, ob es auffällig ist, dass ein Kind in diesem oder jenem Alter noch nicht diese oder jene Fertigkeit erlangt oder Entwicklung durchlaufen hat. Diese Gespräche sind einerseits interessant und andererseits häufig stark verunsichernd für Eltern. Eine Mutter berichtet:

Mein erstes Kind war offensichtlich ein »Spätzünder«, was die motorische Entwicklung betrifft. Ich hatte noch keine eigenen Erfahrungen als junge Mutter, und ich habe mir große Sorgen gemacht, als mein Sohn mit drei Monaten mit Mühe und Not den Kopf selbst halten konnte, während im Babykurs die sechswöchige Tochter meiner Freundin schon fröhlich in der Weltgeschichte herumschaute. Heute weiß ich, dass die Monatsangaben, die sogenannten Meilensteine, nur Richtlinien sind. Damals haben mich Vergleiche schrecklich genervt und unter Druck gesetzt und vor allem haben sie mir Angst gemacht, denn du fragst dich ja: Stimmt alles mit meinem Kind?

Unsere Vorstellung von dem, was wir heute als normal entwickelt verstehen, ist durch eine solche Normierung immer enger geworden. So sind wir nun mit diesen eigens geschaffenen Instrumenten auf der Suche nach »Muster- und Schablonenkindern«. Kinder werden beobachtet, getestet, bewertet und ihre Werte verglichen. Eltern werden so verunsichert, schauen ihre Kinder misstrauisch an, vergleichen die Altersstufen und jeweiligen Meilensteine dazu und werden unsicher.

Dabei ist die Atmosphäre, in der dein Kind aufwächst von großer Bedeutung. Du kannst sie gestalten und beeinflussen. Frage dich selbst, wie du zu deinem Kind stehst, vertraust du in die Entwicklung? Lass dich nicht verunsichern. Dein Kind ist okay, so wie es ist! Du bist okay, so wie du bist. Ihr seid vollkommen, so wie ihr seid.

Keine Angst vor Fehlern

Fragst du dich manchmal, ob das, was du tust, richtig ist? Oder ob du Fehler gemacht hast? Bist du dann unzufrieden mit dir und beschimpfst dich innerlich dann auch selbst? Das ist nicht nötig. Genau genommen gibt es nämlich keine »Fehler«, sondern nur Umwege. Und Umwege sind nichts Schlechtes, schon gar nicht auf einer Reise. Man braucht zwar manchmal ein wenig mehr Zeit, Umwege erhöhen jedoch die Ortskenntnis und bringen uns weiter.

Vielleicht kannst du auch hier die Perspektive wechseln und es mal so betrachten: Es wird Gründe geben, die dazu geführt haben, dass du diese (Um-)Wege beschritten hast. Umwege vermitteln wichtige, oft ungeplante Erfahrungen und sind so gesehen oft sogar notwendig und hilfreich. Das kannst du dir verdeutlichen, wenn du die Umwege in deinem Leben reflektierst.

? Wo in deinem Leben würdest du in der Rückschau von Umwegen sprechen, und wofür waren diese aus heutiger Sicht sinnvoll?

Auch das Wort »Schwächen« sollten wir genauer betrachten: Das Wort suggeriert, dass wir an bestimmten Stellen »schwach« sind und dass wir »Defizite« haben. Auch das dürfen wir hinterfragen. Ist es nicht so, dass die vermeintliche Schwäche vor allem mit bestimmten Erwartungen verbunden ist und somit vor allem im Auge des Betrachters liegt? Eine sogenannte Schwäche ist doch immer nur im Verhältnis zu einem bestimmten Kontext »schwach« und »defizitär«, also dann, wenn jemand sie als solche bewertet, vielleicht sogar abwertet. Was ich in Bezug auf die Beschreibung deiner Kinder gesagt habe, gilt auch für dich selbst.

Letztlich geht es um Fähigkeiten, die wir alle besitzen. Um dir diese Fähigkeiten – deine inneren Schätze – bewusst zu machen, kann die folgende Übung hilfreich sein.

Übung: Erkenne deine inneren Schätze und packe deinen Ressourcen-Rucksack

Schritt 1: Sammle und schreibe auf: Was schätzt du an dir besonders? Was hast du für Fähigkeiten, Charaktereigenschaften, Kenntnisse?
Schritt 2: Packe in deinen imaginären Rucksack all deine Fähigkeiten und Kenntnisse. Du gibst all das hinein, was dich ausmacht. Das sind deine kraftvollen Ressourcen, mit denen du Herausforderungen bewältigen kannst.

Je bewusster du dir deiner Stärken und Erfolgsstrategien bist, umso leichter kannst du deine Ziele umsetzen und dem Leben mit mehr Gelassenheit und Entspannung begegnen.

Dankbarkeit und ihre Bedeutung

Dankbarkeitsnotiz

Dankbarkeit ist eine wunderbare Kraft in unserem Leben. Wenn ich hier über Dankbarkeit schreibe, dann meine ich nicht die Form von Dankbarkeit, wie sie von Kindern in einem formellen Ritual eingefordert wird, wenn sie zum Beispiel etwas geschenkt bekommen haben. Dies ist eher eine Einübung von sozialen Gepflogenheiten. Jede und jeder von uns hat schon einmal eine Situation erlebt, in der wir uns genötigt gefühlt haben, »Danke« zu sagen. Dabei ist das eigentlich genau das Gegenteil dessen, was Dankbarkeit in dem von mir gemeinten Sinn bedeutet – und was sie uns für unser eigenes Leben geben kann. Denn »Danke« sagen und »Danke« fühlen macht hier einen wahrhaft zauberhaften Unterschied. Wenn wir »Danke« nicht nur sagen, sondern vor allem fühlen, sind wir zufriedener und glücklicher.

Dankbar zu sein ist also keine Emotion, die unter irgendeiner Form von Zwang wahrhaft bestehen kann. Dankbarkeit kann nur aus uns selbst heraus erwachsen. Wir empfinden sie oder eben nicht – es ist ein Empfinden, das nicht immer mit dem konform geht, was wir oder andere wünschen. Diese Art von Dankbarkeit kann uns im Leben hilfreich sein und uns weiterbringen: Sie kann uns von Defiziten wegbringen hin zu einem Blick auf die Fülle unseres persönlichen Lebens. Sie kann uns bewusst werden lassen, was wir bereits alles an Gutem in unserem Leben haben, was wir bereits besitzen, wie gut es uns geht, was alles in unserem Leben ein nicht selbstverständliches Geschenk ist und wie viel das Leben eigentlich für uns bereithält. Dankbarkeit lässt uns langfristig die Perspektive wechseln vom Mangel hin zur Fülle unseres Lebens. Dankbarkeit macht allen Reichtum sichtbar, legt den Fokus auf die Habenseite und auf das, was konkret vorhanden ist. Sie kann scheinbar kleine Dinge in unserem Leben bedeutsam und groß erscheinen lassen. So hat Dankbarkeit viel mit Achtsamkeit zu tun. Indem wir tatsächlich begreifen, was wir haben, können wir oft besser akzeptieren, was wir nicht haben – und ein zufriedeneres Leben führen. Wir werden dem Glück ewig hinterherjagen, wenn wir unser eigenes Glück und das, was bereits vorhanden ist, nicht sehen. Francis Bacon hat einmal gesagt: »Nicht die Glücklichen sind dankbar. Es sind die Dankbaren, die glücklich sind.«

Ja, über Glück zu schreiben ist nicht ganz leicht, und viele Menschen sind dabei, sich auf der Suche nach dem Glück selbst permanent zu optimieren. Dabei geht es nicht darum, ständig nur positive Gedanken zu haben und glücklich zu sein und vermeintlich negative Gefühle nicht zuzulassen. Im Gegenteil. Sie gehören zum Leben mit dazu. Es ist eine irrige Vorstellung, dass Glück sich festhalten und »erreichen« lässt. Glück sind vor allem kurzfristige positive, wenn auch oft intensive

Gefühlszustände. Glück ist im Kern also flüchtig. Zufriedenheit – und darum geht es bei Dankbarkeit – hingegen ist eine Art positive Grundstimmung, von welcher aus wir Glück immer wieder erlebbar machen können. Außerdem steigert Zufriedenheit die eigene Sicherheit, sodass wir allen Dingen, die uns im Leben widerfahren, zuversichtlicher und kraftvoller begegnen können.

So bringt uns Dankbarkeit in die Fülle unseres Lebens und spendet Kraft und Schutz. Sie erzeugt Freude und gibt uns jeden Tag aufs Neue die Möglichkeit, die Perspektive zu wechseln.

Übung: **Wofür bist du jeden Tag dankbar?**

Denke täglich an die kleinen Dinge in deinem Leben, schenke ihnen Bedeutung und mach dir dazu eine Dankbarkeitsnotiz:

- In welchen Momenten deines Lebens bist du besonders dankbar?
- Wie fühlt Dankbarkeit sich für dich an?
- Kannst du Dankbarkeit auch dir selbst gegenüber empfinden?

Wir können lernen, diese Form von Dankbarkeit in unseren Blick und unsere Haltung zu integrieren und sie bewusst täglich in unser Leben hineinholen. So können wir unseren Geist auf das richten, was wir haben und wofür wir dankbar sind.

Dabei geht es um kleine Begebenheiten im Alltag und auch um unsere gesamte Situation. Wenn wir dankbar für unsere Familie sind, dafür, dass die Kinder gesund sind und dass wir einen verständnisvollen Partner haben - oder auch nur dafür, dass ein Streit beigelegt werden konnte, die Kinder heute nicht gestritten haben, die Blumen blühen oder der kleine Vogel gerade für uns singt -, können wir die Fülle des Lebens spüren und aus ihr kraftvoll und bewusst schöpfen. Wir leben dann nicht im Mangel, sondern können Gefühle von Dankbarkeit, Glück und Zufriedenheit in uns wahrnehmen. Probiere es aus, wechsle bewusst die Perspektive!

Nimm dir Zeit, um schriftlich festzuhalten, für welche Dinge (Erlebnisse, Personen, Umstände, Chancen) du dankbar bist. Wähle hierbei aus verschiedenen Bereichen, zum Beispiel aus deinem Arbeits- oder Familienleben, Freunden, Hobbys, Lebensumständen, dem Bereich der eigenen Persönlichkeit. Überlege dir jeden Tag (mindestens) eine Sache pro Lebensbereich, für die du dankbar bist. Wofür bin ich heute (und / oder jetzt gerade) dankbar? Wo im Körper spüre ich das?

Es geht darum, aktiv in diese Perspektive zu kommen, dadurch auch neue Energie zu gewinnen und sich bewusst zu machen, wofür wir dankbar sind. Sinnvoll ist, ein tägliches Ritual für sich zu etablieren. Du wirst damit sofort Veränderung in deinem Tag wahrnehmen. Du kannst dir auch ein Dankbarkeitstagebuch anschaffen.

Übung: Dankbarkeit für dein Kind empfinden – beschreibe ein Foto

Schritt 1: Wähle eines deiner liebsten Fotos deines Kindes aus und lege es vor dich hin.
Schritt 2: Stelle dir vor, du willst das Bild jemandem beschreiben, der es nicht kennt. Was ist zu sehen? Welchen Gesichtsausdruck hat dein Kind? Wie ist es angezogen? Wie ist die Körperhaltung? Wie alt ist es? Was passiert auf dem Foto? Wo und in welcher Situation ist es entstanden?
Schritt 3: Schreibe auf und erzähle, wer dein Kind ist: Was tut es gern, was macht es aus, was liebst du besonders an ihm?
Schritt 4: Wie geht es dir damit – welche Gefühle nimmst du in dir wahr, wenn du über dein Kind in dieser Form denkst und schreibst?

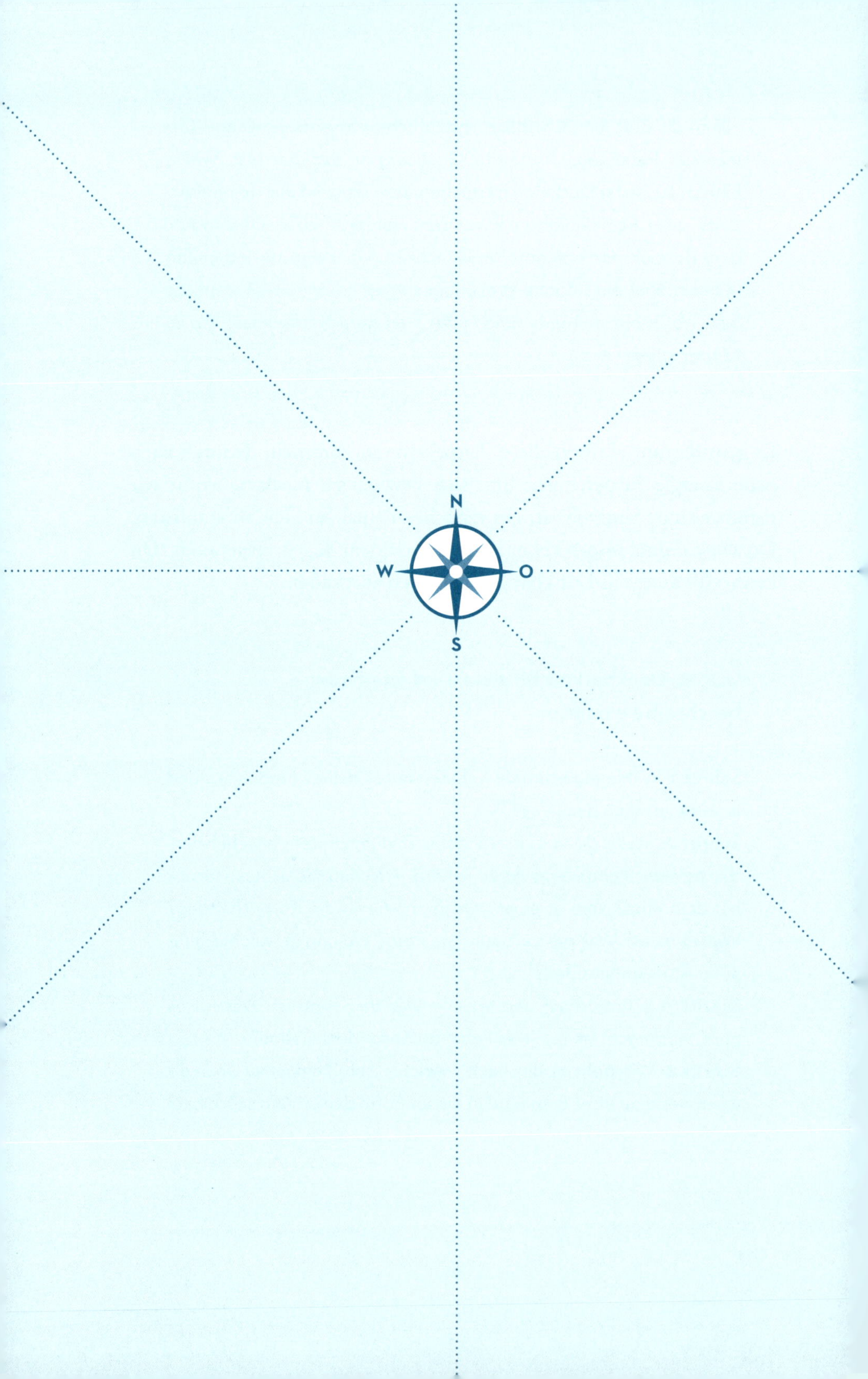
N
W
O
S

Etappe 3: Unsere emotionale Landkarte – Gefühle fühlen

Gefühle gehören zu unserem Leben dazu. Durch sie wird das Leben bewegt und bunt. Sie sind wie das »Salz in der Suppe«, wie die Würze unseres Lebens. Gefühle bestimmen unser Leben, ob wir das wollen oder nicht. Menschen investieren viel, um bestimmte Gefühle zu vermeiden und andere möglichst oft zu erfahren. Viele Menschen erleben Gefühle als etwas Willkürliches und Irrationales und können sich deshalb auf ihrer eigenen emotionalen Landkarte nicht gut orientieren. Dabei lohnt es sich, sich mit diesem Bereich auseinanderzusetzen, denn jedes Gefühl erfüllt eine wichtige Funktion. Gerade, weil wir Kinder durch ihre emotionale Entwicklung begleiten und dabei selbst an tiefe Gefühle kommen, ist es aus meiner Sicht wesentlich, sich mit der persönlichen emotionalen Landkarte auseinanderzusetzen und sich eigener Gefühle und Gedanken dazu klarer zu werden.

Bei meinem Eisbergmodell liegt die Ebene der Gefühle direkt unter der Wasseroberfläche. Sie ist quasi der Motor, der das Verhalten auf der Eisbergspitze motiviert. Um gute Bindungs- und Beziehungserfahrungen zu verankern und Kinder gut ins Leben begleiten zu können, ist es wesentlich, dass Erwachsene nicht isoliert ausschließlich auf der Verhaltensebene agieren, sondern auf dieser emotionalen Ebene reagieren und so mit ihren Kindern in Kontakt und Verbindung gehen. Manchmal haben wir selbst jedoch wenig Erfahrung damit, uns in diesen emotionalen Bereichen zu bewegen, und kennen uns nicht so gut aus. Denn in unserem Aufwachsen haben wir als Kinder Emotionen unterdrücken und verleugnen müssen, sodass diese Orientierung auf der emotionalen

Ebene mitunter neu sein und sich auch etwas ungelenk anfühlen kann. Tatsächlich ist es so, dass auch in unserer Gesellschaft nach wie vor Gefühle keine oder zu wenig Berücksichtigung finden. Woher kommt das eigentlich?

In der Erziehung spielten im letzten Jahrhundert bis in die 1970er- und 80er-Jahre hinein Gefühle kaum eine Rolle. Sie wurden nicht nur nicht beachtet, sondern in der Regel unterdrückt. Das passiert auch heute noch, und nach wie vor werden gerade starke und vermeintlich negative Gefühle als verwerflich empfunden und sind in unserer Gesellschaft unerwünscht. Vielfältige wissenschaftliche Studien belegen heute jedoch, dass das Verleugnen und Verdrängen von Gefühlen den Menschen krank machen.

Johanna Haarers Buch *Die deutsche Mutter und ihr erstes Kind* wurde in den 1930er-Jahren verfasst und bis 1987 1,2 Millionen Mal verkauft. Die haarersche Prämisse lautet: Wenig emotionale Nähe – sonst zieht man sich Tyrannen heran. Das hieß: Das kleine Kind schreien lassen, es nicht auf den Arm nehmen, ja überhaupt nicht zu viel Aufmerksamkeit und Nähe aufkommen lassen. In dieser Form von Erziehung werden die existenziellen Bedürfnisse des Kindes nach Schutz, Nähe, Geborgenheit, Zuwendung und Wärme nicht erfüllt, seine Gefühle bleiben ständig unbeachtet, und es muss sie in der Folge unterdrücken. Aber auch die Mutter muss ihre Gefühle für ihr Kind verleugnen. Auf diese Weise verlieren Frauen schnell ihre mütterliche Intuition.

»Lasst das Kind ruhig mal weinen«, »Schreien stärkt die Lungen« oder auch »Die Kinder müssen früh lernen, sich selbst zu beruhigen« wird auch heute oft noch propagiert. Das sind Ammenmärchen, und es ist schlicht falsch. Kinder müssen sich im Säuglingsalter noch nicht selbst regulieren – sie können dies vor allem noch gar nicht. Im Gegenteil: Sie sind auf nahe Bindungs- und Bezugspersonen angewiesen und brauchen fürsorgliche Eltern, die feinfühlig auf die emotionalen Bedürfnisse reagieren.

Aber warum konnte sich die Erziehungshaltung, für die Haarer in den 1930er-Jahren eintrat, so lange halten? Kinder, die nach dem Krieg aufwuchsen, wurden ja nicht mehr im nationalsozialistischen Sinn erzogen. Und doch hat die sogenannte »Schwarze Pädagogik« eine lange Tradition. Auch nach 1945 wurde die distanzierte, emotionsarme Haltung von Eltern ihren Kindern gegenüber zum gesellschaftlichen Erziehungskonsens der Nachkriegszeit.

Vielfältige wissenschaftliche Studien aus Psychologie und Psychotherapie belegen ganz klar, dass das Verleugnen und Unterdrücken von Gefühlen die Menschen langfristig ernsthaft beeinträchtigen, ihnen sogar nachhaltig schaden. Denn wenn Gefühle ignoriert und unterdrückt werden, hemmt das die emotionale Entwicklung und damit ein gesundes Aufwachsen auf allen Ebenen. Die Krankheiten und Beeinträchtigungen reichen von Angststörungen über Depressionen bis hin zu Bindungs- und Beziehungsstörungen. Mir geht es hier nicht so sehr darum, vor einer möglichen psychischen Erkrankung »zu warnen«, sondern vor allem darum, die Mechanismen und die Bedeutung der Folgen des Kreislaufs aufzuzeigen. Wenn Gefühle im Aufwachsen über einen gewissen Zeitraum hinweg weggedrückt und verdrängt werden müssen, werden diese Gefühle im Nervensystem langfristig abgekoppelt und insgesamt gehemmt. Es findet quasi eine Trennung zur eigenen emotionalen Ebene und damit auch zu den eigenen Gefühlen statt. Denn diese erscheinen für die Aufrechterhaltung der Beziehung des Kindes zum Erwachsenen als nicht hilfreich. So muss das vom Erwachsenen abhängige Kind sich unbewusst zwischen dem eigenen Gefühl und der Aufrechterhaltung der Beziehung entscheiden. Da die Gefühle vom Erwachsenen »nicht erwünscht«, Kinder jedoch emotional von der Beziehung zu ihren Bezugspersonen abhängig sind, werden sie sich langfristig unbewusst von den eigenen Gefühlen »verabschieden«, indem diese Bereiche nicht oder weniger wahrgenommen werden. Das Kind wird also die Gefühle zunehmend »vermeiden«, das System trennt sich innerlich von diesen Bereichen und fühlt sie damit auch nicht mehr. Das kindliche Nervensystem trennt sich damit allerdings nicht nur von der emotionalen, sondern auch von der eigenen Bedürfnisebene ab. Eine ungünstige Intuition und ein trügerisches Selbstgefühl, eben nicht den eigenen inneren Bedürfnissen, sondern den Erwartungen anderer zu entsprechen, entwickeln sich. Die Konzentration darauf, seine eigene Befindlichkeit von der des Gegenübers abhängig zu machen, kann dazu führen, dass eigene Grenzen sich nicht entwickeln oder nicht mehr wahrgenommen werden können. Die Folge davon ist zum Beispiel, dass »Neinsagen« schwerer fällt und immer mit einem schlechten Gefühl einhergeht.

? Wie war das bei dir? Durftest du deine Gefühle fühlen, und haben dich deine Eltern gefragt, was du fühlst?

So dürfen wir heute achtsam mit den Bedürfnissen und Gefühlen unserer Kinder umgehen, ihre emotionale Entwicklung im Aufwachsen berücksichtigen und sie unterstützend begleiten. Das ist für Eltern nicht immer so einfach, und ich werde noch genauer auf die emotionale Entwicklung von Kindern eingehen. Erst einmal so viel: Kinder sind durch die Entwicklung ihres Gehirns zunächst mehr im Gefühl, also intensiver in der Emotion verankert als in der Kognition. Dadurch sind wir im Familienalltag mit dieser emotionalen Ebene und starken Gefühlen der Kinder konfrontiert, die wiederum auch in uns starke Gefühle auslösen. Da auch wir Erwachsenen, wie beschrieben, häufig keinen leichten Zugang zu unseren Gefühlen haben, geraten wir in dieser Zeit daher oft selbst an unsere Grenzen.

Um mit den starken Gefühlen deines Kindes gut umgehen zu können, ist es wichtig, dass du deine eigenen Gefühle gut kennst. Dass du sie benennen, spüren und regulieren kannst – auch die sogenannten negativen Gefühle. Es geht nun im Folgenden darum, deine eigene »emotionale Landkarte« noch besser kennenzulernen und dich so noch sicherer auf ihr zu orientieren.

Die Grundemotionen

Die Bedeutung von Gefühlen ist enorm, denn sie wirken sich auf unser gesamtes Leben aus, indem sie unser Handeln motivieren, unseren Gefühlsausdruck steuern, die soziale Kommunikation regulieren und unser Denken beeinflussen. In der Gesellschaft haben Gefühle einen zweifelhaften Stand, und es werden eher abwertende Worte wie »gefühlsduselig«, »rührselig« oder »empfindlich« verwendet, wenn jemand auf der Gefühlsebene reagiert. Zudem entsteht oft der Eindruck, es gäbe eine Unmenge an unterschiedlichen Gefühlen, sie werden sehr undifferenziert benannt.

Dabei gibt es gar nicht so viele verschiedenen Gefühle, sondern viele Schattierungen, Färbungen und Gefühlszustände einiger weniger Grundemotionen. Die Wissenschaft spricht von sieben Grundemotionen: Freude, Schmerz, Trauer, Scham, Ekel, Wut/Ärger und Angst. Gefühle geben uns Hinweise auf innere Zustände, die in Reaktion auf etwas im Außen entstehen, und sie sind essenziell wichtig, damit wir uns orientieren und die Welt facettenreich wahrnehmen können. So gibt mir das Gefühl Freude in all seinen Schattierungen (Zufriedenheit, Begeisterung, Fröhlichkeit, Gefallen, Genuss, Spaß, Vergnügen) einen Hinweis darauf, dass ich mich wohlfühle und dass es mir gut geht. Der Schmerz in all seinen Facetten (bedrückt/belastet sein, betrübt sein oder sich geplagt fühlen) erzeugt Druck in mir und gibt mir einen Hinweis darauf, dass etwas schmerzt und ich mich nach etwas sehne. Die Trauer ist ein Zustand von Traurigkeit (Leid, Gram, Kümmernis) und ein Anzeichen dafür, dass ich Trost brauche. Die Scham (Beschämung, Reue) gibt mir den Hinweis, dass ich eine Grenze verletzt oder übertreten habe. Der Ekel (Abscheu, Abneigung, Widerwille) zeigt mir, dass mir etwas zu nahe kommt. Die Wut und der Ärger (Aufgebrachtheit, Entrüstung, Zorn, Unmut, Unwille) geben mir einen Hinweis auf eine Grenzüberschreitung. Und die Angst (Beklemmung, Furchtsamkeit, Panik) gibt mir einen wichtigen Hinweis auf Gefahr. Du kannst dir die emotionale Landkarte auch in der Abbildung noch einmal genauer anschauen.

Diese inneren Zustände werden durch ein Erleben, welches im Außen oder im Innen stattfindet, ausgelöst. Ich stelle mir das eigene emotionale System wie ein Resonanzinstrument vor, welches mit Saiten bespannt ist, die wiederum durch die Emotionen ins Schwingen geraten und dann in uns quasi emotionale »Töne« erzeugen. So ist letztlich

Emotionale Landkarte

Gibt mir einen Hinweis darauf, dass ich traurig bin, dass ich etwas verloren habe und Trost brauche.
Gibt mir den Hinweis, dass ich eine Grenze verletzt oder übertreten habe.
SCHAM
TRAUER
WUT
EKEL
Gibt mir einen Hinweis darauf: Etwas kommt mir zu nah.
ÄRGER
Gibt mir einen Hinweis auf eine Grenzüberschreitung.

unser gesamter Körper so etwas wie ein Resonanzraum, über den wir das Leben und unsere Umwelt und insbesondere auch unsere Kinder wahrnehmen. Da dies vor allem über unsere eigenen Gefühle geschieht, wird hier noch einmal deutlich, wie wesentlich Gefühle für uns sind.

Verbindung auf der emotionalen Ebene braucht mitschwingende Resonanz, Einfühlung und Perspektivwechsel

Einfühlung, sprich Empathie, ist nichts anderes als die Resonanz auf andere Menschen, die du in deinem Körper wahrnimmst. Wenn du zum Beispiel viel unverarbeitete Trauer in dir trägst und dieses Gefühl für dich zu übermächtig und »laut« wird im Kontakt und der Resonanz mit deinem Kind, dann ist es für dein System unter Umständen schwierig, die Traurigkeit oder das Weinen deines Kindes auszuhalten. Du schaffst es nicht mehr, bei deinem Kind mitzufühlen, sondern bist zunehmend bei deinem eigenen Gefühl. Und vielleicht vermischt sich auch dein Gefühl von Traurigkeit mit dem Gefühl der Trauer des Kindes. So verstärkt sich dein Gefühl, bis es unaushaltbar erscheint. In Folge wirst du unbewusst nach Strategien suchen, um die Traurigkeit deines Kindes nicht zu stark werden zu lassen, vielleicht sogar das Gefühl ganz vermeiden. Vielleicht wirst du bestimmten Situationen ausweichen, möglicherweise wirst du die traurige Stimmung deines Kindes kleinreden, vielleicht sogar verurteilen. Oft lenken wir Kinder auch von ihrer Trauer ab oder reden ganz viel, sodass kein Raum mehr für das Gefühl bleibt. Hier wird sehr deutlich, dass wir in diesem Moment nicht beim Kind und seinen Emotionen sind, sondern bei uns und unserer eigenen Geschichte.

Deshalb ist es wichtig, dass du deinen Resonanzraum, deine »innere Gitarre« gut kennst und weißt, welche »Saiten« in dir zu schwingen beginnen, wenn dir Gefühle von anderen begegnen. Nur so kannst du mit deinem emotionalen Instrument gut mitschwingen, dich einfühlen und in Resonanz mit deinem Kind gehen. Diese Resonanz und der Widerhall in dir, dieses Mitschwingen, geben dir Hinweise auf das, was auf der emotionalen Ebene bei deinem Kind gerade passiert und was dein Kind fühlt.

Wann war zuletzt eine Situation, in der du dein eigenes »emotionales Instrument« bewusst gespürt hast? Suche nach einer Situation, in der du leicht Verständnis für dein Kind aufbringen und dich so gut in dein Kind einfühlen konntest. Aktiviere jetzt innerlich deinen Resonanzraum und achte in den nächsten Tagen im Kontakt mit anderen Menschen besonders auf dein »emotionales Instrument« und welche »Saiten« in dir zu klingen beginnen.

Was bedeutet es eigentlich genau, ein Gefühl zu spüren? Gefühle sind vor allem das Ergebnis von subjektiv interpretierten Körperempfindungen, die als eine Reaktion von Reizen im Außen entstehen. Die Interpretation dieser körperlichen Reaktionen ist teilweise willkürlich, sodass es auch möglich ist, dass gleiche oder ähnliche Empfindungen – in unterschiedlichen Situationen, anderes interpretiert –, die wahrgenommene Situation komplett verändern können.

Es lohnt sich daher sehr, den Körper und eigene Empfindungen zu berücksichtigen. Gefühle sind unsere inneren Seismographen und geben uns wichtige Hinweise auf unsere Umwelt. Manchmal sind diese Seismographen »verstellt« und reagieren dann zum Beispiel mit einer Warnung im Innen, auch wenn im Außen, objektiv gesehen, nichts Beängstigendes vor sich geht. In diesem Fällen kann es sinnvoll sein, neue Interpretationen für Körperempfindungen vorzunehmen, wenn du dich im Folgenden mit der emotionalen Landkarte beschäftigst. Und wie entstehen Gefühle?

Die Aspekte von Gefühlen sind im Einzelnen:

- das subjektiv empfundene Gefühl
- der Anlass, der es auslöst
- die eigene Bewertung des Erlebten
- eine körperliche Reaktion (Regulationsstrategie)

Um den Umgang mit Gefühlen zu lernen, sind fünf Schritte in der emotionalen Entwicklung wesentlich:

1. Gefühle wahrnehmen (ich nehme eine emotionale Regung wahr)
2. Gefühle erkennen (ich komme zu einer Erkenntnis)
3. Gefühle benennen (ich finde Worte für meine Wahrnehmung und Erkenntnis)
4. Gefühle regulieren und kontrollieren (ich kann ein Gefühl halten, es überflutet mich nicht)
5. Gefühle selbst beeinflussen (ich entscheide, wie ich eine Körperempfindung bewerte)

Das Beeinflussen von Gefühlen hört sich für dich vielleicht erst einmal merkwürdig an, und doch ist es möglich und auch ein Ziel. Stell dir vor, du hast einen Vortrag zu halten. Es ist dein Lieblingsthema, du kennst dich gut aus, bist kompetent auf diesem Gebiet, und du hast dir schon immer gewünscht, über dieses Thema zu sprechen und von dem, was dich bewegt, zu erzählen. Jetzt ist der Auftrag da, und du bereitest dich voller Energie und Elan vor. Am Tag deines Vortrags jedoch geht es dir gar nicht gut. Dein Magen-Darm-Bereich spielt verrückt, du bist angespannt. Deine Gedanken kreisen nur um die Situation am Abend beim Vortrag. Du bekommst Angst und beginnst dir zu wünschen, dass du diesen Vortrag nie angenommen hättest. Was passiert hier, dass der lang ersehnte Auftrag auf einmal zum Schrecken wird? Dein Körper reagiert mit bestimmten Körperempfindungen auf eine Situation im Außen (den bevorstehenden Vortrag): erhöhter Herzschlag und schnellerer Puls, dein Blutdruck steigt an. Die Interpretation deines Zustandes hast du bereits vorgenommen, nämlich Angst. Die Folge kann nun die Absage des Vortrags sein, zumindest aber wird eine für dich eigentlich herbeigesehnte und an sich erwünschte Situation zum Horror. Wenn du jetzt noch einmal zu Punkt 5 (Gefühle selbst beeinflussen) zurückkehrst und dir vergegenwärtigst, dass du selbst auch die Möglichkeit hast, deine Körperempfindungen neu zu bewerten und somit ein anderes Gefühl zu erzeugen, hast du eine Chance, den Vortrag zu genießen, anstatt ihn dir zu vermiesen. Diese neue Bewertung kannst du nur bewusst vornehmen, wenn du von dem Unruhezustand (im Gehirn ist der Sympathikus aktiv) in einen Zustand der Ruhe und Entspannung (Aktivierung des Parasympathikus, der für Beruhigung zuständig ist) kommen kannst. Angst ist ein Gefühl, das sich bei tatsächlicher oder auch nur vorgestellter Gefahr einstellt. Das heißt, auch unsere Gedanken spielen eine Rolle bei dieser Bewertung. Die Vortragsangst ist vor allem in deiner Vorstellung entstanden. Dein Organismus ist in Alarmbereitschaft versetzt worden, das sympathische Nervensystem ist aktiviert worden. Durch Bewusstmachung und Entschleunigung dieser sonst sehr schnell unbewusst ablaufenden Prozesse ist es möglich, dein Gefühl zu beeinflussen.

Wenn du von deiner ursprünglichen emotionalen Interpretation gedanklich noch einmal zurücktrittst und die körperlichen Empfindungen als Freude neu deutest, kannst du dir gewahr werden, dass heute der Tag ist, auf den du so lange hingearbeitet, dich gefreut und vorbereitet hast. Du kannst also deinen Zustand so um- beziehungsweise neu interpretieren.

Diese emotionale Entwicklung ist eng mit weiteren Bereichen des inneren Wachstums verwoben und mit der kognitiven, sozialen und sprachlichen Entwicklung des Kindes gekoppelt. Deshalb ist es wesentlich, die emotionale Entwicklung eines Kindes von Geburt an zu berücksichtigen und das Kind in diesen Entwicklungsschritten achtsam zu unterstützen. Langjährige Entwicklungsforschung und auch Praxiserfahrungen aus der Therapie haben ergeben, wie wesentlich es für uns Menschen ist, dass wir einen Zugang zu unseren Gefühlen entwickeln können. Je differenzierter die Erfahrungen mit Gefühlen sind, desto vielfältiger sind die Möglichkeiten, gesunde Strategien für einen guten Umgang zu finden. Dabei geht es nicht nur darum, die positiven Gefühle, wie Freude, Begeisterung und die Fähigkeit, Glück zu empfinden. Es geht auch darum, die ganze Bandbreite und eine vielfältige Palette von Gefühlen zu erleben und kennenzulernen. Wir brauchen auch Erfahrungen mit den sogenannten negativen Gefühlen: Trauer, Enttäuschung, Schmerz, Wut, Aggression. Sie gehören zum Heranwachsen und zum Leben dazu, und es ist wichtig, dass wir sie kennen, sie erfahren und ausdrücken können.

Perspektivwechsel

Eine gängige Sicht: Kinder müssen früh mit möglichst vielen Frustrationen konfrontiert werden, um später besser mit Enttäuschungen und Rückschlägen umgehen zu können.

Neue Perspektive: Kinder brauchen nicht möglichst viel Frustration, sondern möglichst viel Geborgenheit und zugewandte Bindungs- und Bezugspersonen, wenn ihnen Frustrationen in ihrem Kinderleben begegnen. Diese lauern an jeder Ecke und müssen nicht zusätzlich erzeugt werden.

Es gilt letztlich, allen Emotionen im Laufe der Zeit zu begegnen und sie kennenzulernen, mit ihnen Erfahrungen zu sammeln und sie sicher in uns integrieren zu können. Dieser Prozess beansprucht mindestens 16 bis 17 Jahre, dauert also bis zur Pubertät (manchmal sogar noch länger) und gehört zur normalen seelisch-emotionalen Entwicklung von Kindern dazu.

Um die Gefühle selbst regulieren und in der Folge auch selbst beeinflussen zu können, braucht das Kind die Fähigkeit, eine Verknüpfung auf den unterschiedlichen Ebenen (z. B. der eigenen Körperempfindung, der Bewertung und dem Anlass) zwischen seinen Gefühlen (Ärger, Wut, Freude etc.) und den jeweils darunterliegenden Bedürfnissen herzustellen. Du siehst, wie vielfältig aus dieser Perspektive Gefühle auf unser Verhalten wirken. Inwiefern nun die Bedürfnisse mit den Gefühlen zusammenhängen, ist im – dir nun schon bekannten – Eisbergmodell schön zu sehen.

Zur Erinnerung: Über unsere Gefühle erhalten wir grundsätzlich Hinweise auf bestimmte Zustände in uns, die im Außen ausgelöst werden oder auch im Außen Erfüllung suchen und die wichtig für unser Wohlbefinden, also für gute Gefühle sind. Wir brauchen das ausgewogene Gefühl von Zufriedenheit in allen Schattierungen, um dauerhaft psychisch und physisch gesund zu sein. Um diese positiven Emotionen, wie Freude, Begeisterung, Entspannung, immer wieder herzustellen,

Kinder besser verstehen: das 3-Stufen-Modell nach Katia Saalfrank

hast du bereits aktive Tools erhalten, wie zum Beispiel die Dankbarkeit, die Affirmationen und auch die Hördateien, die dein Selbst positiv stärken. Für einen Umgang mit schwierigen Situationen sind positive Gefühle ganz entscheidend. Sie helfen uns, in Stressmomenten stabil zu bleiben, weil sie Kraft und Energie geben und innere Anspannung schneller lösen. Deshalb ist es gut, wenn du ihnen im Alltag sehr bewusst Raum und Bedeutung einräumst. Das heißt, wir brauchen Leichtigkeit, Heiterkeit, Neugier, Hoffnung, Vergnügen, Inspiration etc., um in ein Wohlbefinden zurückzukommen, quasi eine Art positive Grundstimmung.

Es ist wesentlich, dass wir Erwachsenen einen guten Zugang zu unseren Gefühlen haben und uns sicher auf unserer eigenen emotionalen Landkarte auskennen, damit wir unsere Kinder bei ihrer Entwicklung gut begleiten können.

Übung: Gefühle fühlen – innere Verbindung neu aufnehmen

Sieh dir die emotionale Landkarte und jeden Gefühlskontinent noch einmal an. Versuche, dir zu jedem Gefühl eine entsprechende Situation vorzustellen und so das jeweilige Gefühl in dir aufsteigen zu lassen. Spüre in dich hinein, welche Körperempfindung entsteht und was in dir passiert, wenn du das Gefühl einfach da sein lässt und eher die Empfindungen, die mit dem Gefühl einhergehen, wahrnimmst. Bewerte nicht, sondern beobachte einfach nur. Wenn du magst, schreib so detailliert wie möglich auf, welche Körperempfindungen du in dir wahrnimmst (z. B. bei Freude Kribbeln im Bauch, Wärme im Brustbereich usw.). Lass dir Zeit und sei geduldig mit dir. Manchmal dauert es ein wenig, bis wir die Empfindungen wahrnehmen und auch Wörter dafür finden können.

Wenn du alle Gefühle mit entsprechenden Körperempfindungen in dir hast anschwingen lassen: Gibt es ein Gefühl, das dir besonders vertraut ist (auch wenn es sich nicht so gut anfühlt) und das du als eine Art Grundgefühl für dich benennen kannst? Welches ist es?

Nimm deine Erkenntnisse mit in den Alltag und nimm in der nächsten Zeit ganz bewusst wahr, welche Körperempfindungen welches Gefühl begleiten.

Gefühle geben wichtige Hinweise: die Emotionale Landkarte nach Katia Saalfrank

Im Folgenden möchte ich mich vor allem genauer mit dem Gefühl der Wut und dem dazugehörigen Kontext beschäftigen. Dein Wutgefühl ist bisher etwas, was du sicher als unangenehm empfunden hast. Dennoch ist Wut und sind Gefühle insgesamt zunächst einmal Signale und weisen uns auf einen Umstand hin, den wir ohne sie einfach übergehen und nicht wahrnehmen würden.

Unsere eigene, elterliche Wut

Es gibt immer wieder Momente im Leben mit unseren Kindern, in denen Wut eine große Rolle spielt. Und immer wieder ist die Wut der Eltern auch ein Thema in Familienberatungsstunden. Eltern werden wütend und von ihrer Wut in bestimmten Situationen so heftig überrollt, dass sie über sich selbst erschrecken. Viele Teilnehmer meines Onlineprogramms »Sommerakademie Kinder Besser Verstehen« tauschen sich dazu in der Facebook-Gruppe in einem geschützten Rahmen aus. Das Thema ist schambesetzt. So bekomme ich auch einige anonyme Zuschriften dazu:

»Meine Schwierigkeit besteht darin, dass ich im Streit mit meinem Sohn (5 Jahre), zum Beispiel bei einem starken Wutausbruch von ihm, dann selbst richtig schnell sauer werde und in Rage gerate. Ich kann in dieser Situation meine Wut nur schlecht oder gar nicht mehr kontrollieren. Ich werde dann sehr laut, bin total abwertend und sage Dinge, die ich nicht sagen möchte. Ich schimpfe schrecklich, bin rücksichtslos und wüte richtig herum. Manchmal fühle ich mich regelrecht wie eine Dampfwalze, die alles in ihrer Wut niederwalzt. Ich bin in solchen Momenten so extrem wütend, dass ich gar nicht mehr bei mir bin. Zwar schlage ich mein Kind nicht (da bin ich mächtig froh!), ich bin aber kurz davor und schicke mein Kind weg. Mir geht es danach sehr schlecht, und ich schäme mich schrecklich. Ich fühle mich meiner Wut hilflos ausgeliefert. Dabei will ich meinen Sohn gar nicht so anschreien, und ich will ihn auch nicht wegschicken. Woher kommt denn nur diese rasende Wut in mir? Und wie bekomme ich sie in den Griff?«

Wut ist grundsätzlich ein sinnvolles und auch ein wichtiges Gefühl, denn sie ist für das Überleben der Menschen als soziale Wesen notwendig. Wut ist nicht pathologisch und muss deshalb auch nicht überwunden oder unterdrückt werden. Im Gegenteil – wir benötigen Wut als Möglichkeit zur Veränderung. Wir brauchen Wut und die damit verbundene Energie, denn Wut ist eine natürliche (Anpassungs-)Reaktion auf Bedrohungen, die starke und mächtige Gefühle und Handlungsimpulse auslöst. Wut ist die Energie, die im Zweifel unser Leben schützt, denn sie hilft uns, zu erkennen, wann persönliche Grenzen überschritten werden. Dass wir uns abgrenzen, unsere Integrität schützen ist absolut notwendig für die Erhaltung und Entfaltung unserer eigenen Identität.

Der Gebrauch von Wut zur Abgrenzung kann wertschätzend und dabei durchaus grenzwahrend sein, auch wenn dabei ziemlich viel Energie im Spiel ist. Das klingt vielleicht erst einmal etwas widersprüchlich. Doch Wut muss nicht immer eine zerstörerische Tendenz haben. Schon Aristoteles hat gesagt: »Jeder kann wütend werden, das ist einfach. Aber wütend auf den Richtigen zu sein, im richtigen Maß, zur richtigen Zeit, zum richtigen Zweck und auf die richtige Art, das ist schwer.«

Es besteht jedoch ein großer Unterschied, ob man sich gegenüber einem anderen einfach nur abgrenzt oder ob man von Wut so übermannt, überrollt und vereinnahmt wird, dass man »blind vor Wut« wird, außer sich gerät und sich nicht mehr »im Griff« hat. Solche Arten von Wutanfällen deuten darauf hin, dass der Erwachsene Schwierigkeiten hat, seine Wut angemessen zu regulieren und ihr entsprechend Ausdruck zu verleihen. Die Betreffenden schämen sich für die unbändige, oft zerstörerische Energie, die sie in sich wahrnehmen und fühlen. Deshalb haben wir oft Angst vor diesem Zustand und erleben ihn als bedrohlich.

Wie aber kommt es dazu, dass wir als Erwachsene Schwierigkeiten haben, unsere Wut adäquat zu regulieren?

Wenn Gefühle in der eigenen Kindheit nicht gefühlt werden durften

Häufig berichten Eltern, dass sie selbst in ihrer Kindheit nicht wütend sein durften. Ihre Gefühle hatten keinen Raum, ihr eigenes »emotionales Instrument« konnte sich also nicht oder nur wenig entwickeln. So wurden Eltern als Kinder entweder nicht gefragt, was sie denken und fühlen, oder es wurde ihnen beigebracht, gerade die starken sogenannten negativen Gefühle wie Wut und Trauer zu unterdrücken und zurückzuhalten. Das wiederum hat zunächst dazu geführt, dass sie keine Resonanz auf ihre emotionalen Äußerungen erhielten. Die Folge davon ist dann, dass sie die Verbindung zu ihren eigenen Gefühlen, vor allem Wut, nicht (mehr) gut herstellen können und das Gefühl für diese Emotion verlieren.

Im Kontakt mit unseren Kindern ist es erst einmal wesentlich, zu verstehen, dass die Kinder zwar unsere Wut auslösen, jedoch nicht die Ursache für die starken Wutanfälle sind. Du kannst es für dich selbst einmal prüfen: Die Intensität und die Wucht des Gefühls, die dann zu starken Handlungsimpulsen führen, scheinen völlig unangemessen im Verhältnis zu dem, was tatsächlich im Außen passiert.

»Alles war gut, bis es ans Händewaschen und Zähneputzen ging. Er (4 Jahre) sagte, er wolle keine Hände waschen, und machte sich total steif. Ich erklärte und versuchte es erst spielerisch. Er begann daraufhin zu weinen, drückte mich weg und ballte die Hände zu Fäusten, sodass ich ihm die Hände auch nicht waschen konnte. Er begann dann immer lauter und lauter zu weinen und zu schreien, war völlig außer sich. Ich habe dann so die Nerven verloren, dass ich ihn laut angeschrien, ihn aufs Übelste beschimpft und ihm gesagt habe, dass es mir reicht jetzt und ich die Nase voll von ihm und seinem Getue habe. Ich war selbst ganz außer mir und hab ihm megagrob die kleinen Hände gewaschen und ihn mit Gewalt festgehalten. Natürlich brüllte er dann erst recht richtig los. Aber ich bin ganz kalt und starr gewesen. Ein paar Minuten später tat mir alles unendlich leid.«

Es geht mir hier nicht darum, zu bewerten oder gar zu verurteilen. Im Gegenteil. Es geht darum, einen inneren Mechanismus und eigene Muster zu erkennen. Wenn ein Kleinkind sich die Zähne nicht putzen und die Hände nicht waschen will und sich in der Folge auf ganzer Linie verweigert, ist das keine existenzielle Gefahrensituation. Es fühlt sich jedoch für Eltern häufig so an, und die Energie, die sich über die Wut der Eltern in diesem Moment entlädt, ist von so mächtigen Gefühlen und Handlungsimpulsen begleitet, als sei eine überlebensnotwendige Reaktion auf eine starke Bedrohung notwendig.

Erwachsene, die als Kinder ihre Wut unterdrücken und zurückhalten mussten, waren quasi dazu gezwungen, Strategien zu entwickeln, um Wut zu vermeiden. Zu einem hohen Preis. Eine Folge von Vermeidung ist, dass zurückgehaltene und unterdrückte Wutgefühle Menschen daran hindern, Wörter und Ausdrucksmöglichkeiten für eigene Gefühle und Bedürfnisse und das zu finden, was in ihrem Inneren vorgeht. Infolgedessen besteht dann auch wenig Erfahrung, sich anderen gegenüber zu äußern und klar und deutlich aus- und anzusprechen, was sie denken und fühlen. Wenn wir allerdings Kinder haben, gehen die bisherigen Wutvermeidungsstrategien nicht (mehr) auf, und es wird zunehmend schwierig, Wut zu vermeiden. Denn das Gefühl Wut/Ärger stellt einen unverzichtbaren Teil unserer menschlichen Natur dar, den die Kinder in ihrer Entwicklung intensiv ausleben und mit dem sie ihre Eltern zwangsläufig konfrontieren. Die unterdrückten Gefühle lösen sich über die Zeit jedoch nicht einfach auf, sondern stauen sich im Nervensystem an. Die Emotion schlummert, wie oben beschrieben, als »eingefrorene Wut« in uns und wird, zum Beispiel bei starken emotionalen Ausbrüchen unserer eigenen Kinder, reaktiviert und droht dann in der Situation oft unverhältnismäßig stark zum Ausbruch zu kommen.

So scheint es der Mutter in einer anonymen Zuschrift zu gehen, die ich erhielt. Ihr Sohn hat starke Wutgefühle, die er äußert. Diese berühren ihren wunden emotionalen Punkt, treffen die aufgestaute Wut und lösen eine Kettenreaktion aus. Die Mutter wird so mit heftigen, jahrelang verdrängten und zurückgehaltenen Emotionen konfrontiert. Emotionen, die sie nicht fühlen und für die sie deshalb auch keine Worte entwickeln durfte. Sie wird überrollt und ist »völlig außer sich« – nicht mehr mit sich selbst verbunden. Ihre Atmung wird flach und sie agiert unbewusst. Die Ursache für ihre starken Gefühle liegt jedoch nicht in der Situation mit ihrem Kind, sondern lange zurück und in ihrer eigenen Geschichte begründet.

Aus der Neurobiologie weiß man, dass Aggressionsverschiebungen möglich sind. Aggressive Impulse lassen sich nicht nur von einem Objekt der Aggression auf das andere übertragen, sondern auch von einem aktuellen Moment auf einen späteren Zeitpunkt verschieben. Das heißt, die Energie, die durch schmerzliche Erfahrungen (z. B. in der Kindheit der Eltern) entsteht, wird nicht in diesem Moment ausagiert, sondern im Aggressionsgedächtnis des Gehirns abgespeichert und zu einem späteren Zeitpunkt, oft erst im Erwachsenenalter, wieder wach. Oft in Situationen, in denen wir uns hilflos und ausgeliefert fühlen.

Das alles deutet darauf hin, dass es sich hier um einen Großteil von länger aufgestauter Wut handelt, die aus meiner Erfahrung in (fast) allen Fällen in unserer eigenen Lebensgeschichte begründet liegt und mit den Kindern und ihrem Verhalten in der Situation, in der der Wutanfall auftritt, meist nichts zu tun hat. Das erklärt auch die oft unverhältnismäßig starke emotionale Reaktion auf das, was sich im Außen gerade zeigt. Neben dem Aspekt, dass Gefühle in der eigenen Kindheit wenig Raum haben durften, gibt es aus meiner Erfahrung noch einen weiteren Aspekt.

Frühe Verletzungen der Seele

Menschen, die in ihrer eigenen Entwicklung als Babys und/oder Kleinkinder in ihren frühen Beziehungen selbst wenig Wärme, wenig Zuwendung und kaum Anerkennung ihrer emotionalen Bedürfnisse erfahren haben, sondern viel Ablehnung und Abwertung, tragen eine enorme Wut in sich, die im Erwachsenenalter dann oft in für sie stressigen Situationen ungefiltert ausbricht. Man spricht bei solch frühen Bindungs- und Beziehungserfahrungen auch von Entwicklungstraumata. Die Wut, die in solchen (Beziehungs-)Konstellationen entsteht, ist sehr nachvollziehbar, denn ein Trauma ist etwas Überwältigendes. Etwas wird uns zu viel und muss eigentlich abgewehrt werden. Das unreife Nervensystem ist viel zu früh mit viel zu viel Stress durch Überflutung von starken Gefühlen allein gewesen. Ein Baby oder Kleinkind ist klein, hilflos und ohnmächtig allem ausgeliefert. Der Impuls, sich zur Wehr zu setzen, ist zwar da, er kann aber nicht ausgeführt werden. Die Energie, die der Körper für das eigene Überleben bereitgestellt hat, steckt somit weiterhin in unserem Nervensystem. In der körperorientierten Psychotherapie und auch in anderen Therapieformen wird heute davon ausgegangen, dass diese Vorgänge nicht selten körperliche und seelische Symptome verursachen und die aufgestaute Energie sich ihren Weg sucht. Der Körper sucht nach Wegen, um auf irgendeine Art und Weise eine innere (eigentlich ungute) Balance beizubehalten beziehungsweise immer wieder herzustellen. Das kann die meiste Zeit über gelingen. Wird jedoch der Stress zu hoch, kann es zu heftigen Ausbrüchen dieser im System verbliebenen Energie in Form einer Wutattacke kommen.

Oft sind diese frühen Verletzungen verdrängt oder vergessen, da sie auf die Dauer zu schmerzhaft sind – unsere Seele scheint hier eine Art Schutzmechanismus entwickelt zu haben. Wenn du das Gefühl hast, von diesem Aspekt betroffen zu sein, kann es sein, dass du Begleitung bei den Themen brauchst. Du kannst dir dann Unterstützung in Form von Beratung und/oder therapeutische Hilfe holen. Es ist nie zu spät für eine Aufarbeitung. Meine Erfahrung ist, dass es helfen kann, noch einmal einen Blick in die Vergangenheit zu werfen, um in der Gegenwart neue Wege gehen zu können. Häufig werden sehr schnell auch konkrete Veränderungen im Alltag sichtbar.

Die eigene Wut kennenlernen – mich selbst besser verstehen

Im Folgenden möchte ich mit dir das Gefühl Wut ergründen und dich zunächst ermutigen, genauer hinzuschauen und deine eigenen Auslöser zu finden. Wenn du diese kennst, bekommst du Hinweise darauf, worum es für dich in den Situationen wirklich geht und was du brauchst. So kannst du bewusst ganz anders für dich selbst sorgen. Wenn du deine eigene Wut auf diese Weise kennenlernst und herausfindest, was genau deine Wut so aktiviert, kannst du dich selbst besser verstehen. Und auch, wenn das alleine noch keine Lösungen für die Konflikte mit deinem Kind bringt, schafft es doch Orientierung und Sicherheit für dich und die Möglichkeit, in Stresssituationen mit deinem Kind neue Wege zu gehen.

Die Situationen, in denen Eltern wütend werden, sind vielfältig. Im Folgenden geht es darum, verschiedene Dynamiken, unbewusste Erwartungen und bisherige Überzeugungen bzw. tiefer liegende Glaubensätze sichtbarer zu machen. Dafür habe ich einige typische Konstellationen, Situationen und Momente zusammengetragen, die alle Eltern kennen und die mir immer wieder in meiner Arbeit mit Eltern begegnen. Welche davon kennst du und welche lassen dich wütend werden? Wir gehen dabei in zwei Schritten vor und werden zunächst den Fokus auf dich selbst richten, bevor wir auch auf dein Kind schauen.

Übung: Deine Wut im Alltag – wo verlierst du die innere Balance?

Gib bei den folgenden Aussagen eine Einschätzung auf einer Skala von 1–10 (1 = gar nicht / 10 = sehr viel). Bitte notiere dir die Fragen und deine entsprechende Einschätzung auf einem Blatt oder in deinem Notizbuch:

Ich werde wütend, wenn …

- ich müde bin
- ich überfordert bin
- ich hungrig oder durstig bin
- ich mich hilflos fühle
- ich angeschrien werde
- es um mich herum zu laut ist
- ich keinen Gedanken zu Ende führen kann
- es mir selbst nicht gut geht
- nicht gesehen wird, was ich leiste
- ich keine Unterstützung erhalte
- ich nicht gesehen werde
- ich zu wenig Zeit für mich habe
- ich meinen Plan ändern muss
- ich etwas ständig sage und niemand reagiert
- ich Zeit mit Personen verbringen muss, die mich anstrengen
- mein Mann / meine Frau mich nicht ernst nimmt
- mir die Worte verdreht werden
- man mich bewertet
- mir niemand zuhört
- jemand über mich bestimmt
- ich fremde Erwartungen erfüllen soll

Wechsle jetzt die Perspektive, und schau auf dein Kind.

Wut steigt in mir auf, wenn …

- mein Kind nicht reagiert, wenn ich mit ihm spreche,
- mein Kind mich als Reaktion schlägt oder beißt
- mein Kind meine Hilfe einfordert für Dinge, die es eigentlich alleine tun kann

- mein Kind sich nicht beruhigen lässt
- mein Kind Gegenstände zerstört oder wirft
- meine Kinder miteinander streiten und sich dabei verbal oder körperlich verletzen
- meine Kinder über mich lachen
- beide Kinder gleichzeitig etwas von mir wollen
- das ältere Kind dem jüngeren etwas wegnimmt
- mein Kind gar nicht von alleine auch mal unaufgefordert mithilft
- mein Kind mit Essen spielt
- mein Kind ständig meine Aufmerksamkeit einfordert
- mein Kind schweigt, obwohl ich wiederholt etwas frage
- mein Kind nicht hört
- mein Kind sich gegen das Einschlafen wehrt
- mein Kind ohne Grund Angst hat
- mein Kind laut ist
- mein Kind einfach unfreundlich ist

Nun hast du bereits erste Anhaltspunkte erhalten, welche Konstellationen, Situationen und Momente konkret bei dir zu Wut führen. Schau dir im Folgenden dein Bedürfnisglas genau an, und geh von oben nach unten.

Ordne so für dich deine Erkenntnisse einem oder mehreren Bedürfnissen zu. Zum Beispiel so:

Ich werde wütend, wenn mein Mann / meine Frau mich nicht ernst nimmt ...

... weil ich dann das Gefühl habe, in meinem **Anliegen nicht gesehen und verstanden** zu sein. Ich fühle mich dann schnell auch **weniger wertvoll** und werde **unsicher.**

Oder:

Ich werde wütend, wenn mein Kind mit Gegenständen wirft ...

... weil ich mich als Mutter dann nicht **selbstwirksam** erlebe. Ich tue alles, um mein Kind zu beruhigen. Ich scheine es nicht gut zu machen, denn es gelingt nicht, und ich fühle mich somit **weniger wertvoll** als Mutter. Außerdem möchte ich, dass es meinem Kind

gut geht und merke, dass da in diesem Moment eine Sehnsucht **nach Verbindung** zu meinem Kind ist. Stattdessen lässt es sich nicht beruhigen.
Schau dir dein Bedürfnisglas noch einmal an und reflektiere in Ruhe.

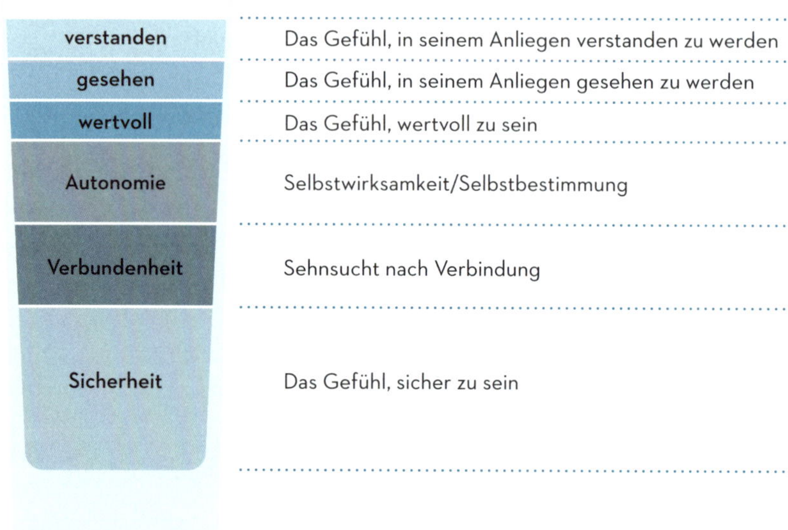

Das Bedürfnisglas: wesentliche Basis-Grundbedürfnisse nach Katia Saalfrank

Um mit deiner Wut besser umgehen zu können, sind einige persönliche (Entwicklungs-)Prozesse notwendig, die eher langfristig wirken und etwas Zeit brauchen. Auch Zeit und Geduld mit sich selbst. Mach diese Übung immer wieder und achte auch immer wieder im Alltag auf Situationen, in denen du die Verbindung zwischen deinem Gefühl und deinem ungestillten emotionalen Bedürfnis herstellen kannst. Versuche dabei, bei den Bausteinen zu bleiben, um grob einen Anhaltspunkt zu erhalten und damit erst einmal Worte für dich und dein Bedürfnis zu finden. Wesentlich ist, dass du die Mechanismen und Dynamiken und vor allem die Bedürfnisse, die hinter deinen Gefühlen und den damit verbundenen Handlungen liegen, verstehen und so Verknüpfungen immer besser herstellen kannst. Das ist der erste Schritt. Nicht nur die Perspektive zwischen dir und deinem Kind wechseln zu können, sondern auch umdenken und vor allem umfühlen zu können.

Die Spitze des Eisbergs bei der elterlichen Wut: Aggressionen

Wut kann sich in unterschiedlichen Formen von Aggressionen zeigen: Die sogenannte **heiße Aggression** (1) ist Teil von uns Menschen und zeigt sich in Form von Wutausbrüchen, Eskalationen, Schreien und einer wütenden Körpersprache. Menschen, die sich im Zustand der heißen Aggression befinden, wirken wie kurz vor dem Explodieren. Die Muskeln sind angespannt, und der gesamte Körper steht unter enormer Spannung. Der Blick ist auf den »Gegner« oder auf die vermeintlich bedrohliche Situation gerichtet. Die Atmung verändert sich, wird flacher und schneller.

Mara verliert die Fassung. Vor zehn Minuten wollte sie mit ihrer Tochter zum Arzt losgehen. Aber Mia wollte nicht mit dem Spielen aufhören, wollte sich die Schuhe nicht zumachen und hat sich schließlich auch noch geweigert, ihre Jacke anzuziehen. Mara schreit ihre Tochter an, packt sie am Arm und schüttelt sie ein paarmal grob, drückt dann wütend jeden Arm einzeln durch den Ärmel und steckt so das kreischende Kind in die Jacke. Sie verlässt wutschnaubend und atemlos das Haus mit ihrem Kind. Erst vor der Arztpraxis beruhigt sie sich wieder und bekommt ein furchtbar schlechtes Gewissen. Bin ich eine schlechte Mutter? Wie kann ich meine Aggressionen nur in den Griff bekommen?

Es fühlt sich an, als ob ein Knopf gedrückt oder ein Schalter umgelegt wird. Das System fährt in wenigen Sekunden von null auf hundert hoch. In der Folge laufen dann viele Reaktionen sehr schnell im Körper ab, die nicht (mehr) bewusst steuerbar sind. Eine Beruhigung kann längere Zeit brauchen, da der Körper intensiv involviert ist und neben einem erhöhten Puls auch das Gehirn verschiedene Prozesse verarbeitet und im Kampf- oder Fluchtmodus ist. Das Stammhirn (auch Reptilienhirn genannt, weil es sich um den ältesten Teil des Gehirns handelt) wird blitzschnell aktiv, und der Körper benötigt seine Zeit, um wieder herunterzufahren und zur Ruhe zu kommen.

Diese Form von Aggression zeigt sich, wenn wir uns bedroht fühlen, und sie ist tief evolutionär verankert. Natürlich erleben wir heute weniger situative Bedrohungen in unserem Alltag, und auch unser Leben ist nicht ständig akut in Gefahr. So sind die erlebten Bedrohungen emotional zu erklären und viel häufiger dort zu finden, wo es um subjektiv empfundene Angriffe auf unseren Selbstwert geht. Dort, wo wir uns nicht gesehen, nicht gehört, mit unseren Anliegen nicht gesehen und kritisiert fühlen. Wir werden uns mit dieser Form der Aggression noch intensiver beschäftigen.

In **passiv aggressiven** Mustern (2) tragen Menschen die Konflikte nicht offen aus, Ablehnung und Aggression zeigen sich eher unterschwellig. Häufig scheint oberflächlich alles okay, dann fallen jedoch spitze Bemerkungen, und kleinere Abwertungen finden statt. Ein Vater erzählt:

»Bei uns ist immer angespannte Stimmung. Ich gerate viel mit meinem siebenjährigen Sohn aneinander. Timo will immer und ständig mit mir rangeln und stupst und knufft mich dann, springt auf mich drauf und lässt mir keine Ruhe. Ich mag das in diesen Momenten oft nicht. Meine Frau versteht das nicht. Sie hat viel gelesen und möchte, dass wir unseren Sohn ohne Strafen und Konsequenzen erziehen. Sie hat den Kurs ›Sommerakademie Kinder Besser Verstehen‹ bei Katia gemacht und erzählt mir in einem fort davon. Sie meint, dass ich in alten Erziehungsmustern festhänge, und sagt, ich soll auch mitmachen. Bisher verweigere ich mich noch. Sie sagt auch, ich muss als Vater für Rangeleien mit meinem Sohn zur Verfügung stehen. Ich versuche dann auch immer erst mitzumachen, eigentlich will ich aber nicht. Mir ist alles zu viel, ich kann das aber irgendwie nicht sagen und reagiere dann genervt, werde innerlich wütend, mache fiese Bemerkungen und werde auch Timo gegenüber beleidigend. Mich nervt das alles. Ich weiß, dass das nicht gut ist, und es tut mir auch leid. Irgendwann werde ich dann ganz still und ziehe mich dann zurück.«

Es brodelt quasi dauerhaft innerlich. Diese passive Aggression zeigt sich bei Menschen, die sich oft ungerecht behandelt fühlen. Ursache können negative Denkmuster und Glaubenssätze sein, die tief sitzen und aufgrund selbst erfahrener Muster in der Kindheit entstanden sind. Menschen, die sich in diesen Mustern bewegen, haben nicht gelernt, Konflikte offen anzusprechen, oder wurden dafür bestraft, wenn sie sich positionieren wollten. Die Folge ist häufig, dass sich diese Menschen Konflikten entziehen, sie zu vermeiden versuchen und Prozesse damit blockieren.

Die sogenannte **kalte Aggression** (3) ist diejenige, die sich in herkömmlichen Erziehungsmustern wiederfindet. Eine Mutter erzählt:

»Leo (5 Jahre) war heute total aufgedreht, wild und ungestüm. Wir haben ihn von der Kita abgeholt, waren noch kurz einkaufen, was Leo schon nicht so gut fand, und kamen müde nach Hause. Er sollte sich wie immer hinsetzen und seine Schuhe ausziehen, meistens helfen wir ihm dabei, wenn er es möchte. Doch er rutschte von der Treppe runter, legte sich auf den Boden und trat wie wild gegen die Heizung. Einfach so! Wie bringen wir unserem Kind bei, dass so etwas nicht geht? Wir haben bestimmte Regeln. Wenn er sich nicht an sie hält, dann hat das Konsequenzen. Wir haben ihn also bestraft und ihm gesagt: ›Leo, du weißt ganz genau, dass du nicht gegen die Heizung treten oder hauen sollst, dafür gibt es jetzt keine Gutenachtgeschichte.‹ Leo ist dann erst recht ausgerastet. Er hat geschrien und getobt. Wollte sich dann nicht ausziehen lassen, wollte keinen Schlafanzug, wollte seine Zähne nicht putzen und natürlich auch nicht ins Bett. Eine Stunde hat er gewütet und war danach so erschöpft, dass er dann doch eingeschlafen ist. Eigentlich habe ich jetzt ein schlechtes Gewissen, und im Nachhinein hat er mir auch leid getan.«

Feste Regeln, ein klarer Rahmen und klare Konsequenzen, die machtvoll durchgesetzt werden, finden sich bis heute in Bildungssystemen wie Kita und Schule und halten sich hartnäckig. So wird Eltern immer wieder geraten, mit Macht auf Regeleinhaltung zu bestehen und Konsequenzen walten zu lassen, sollten Kinder und Jugendliche sich nicht an Regeln halten. Hier wird die Dynamik von ganzen Generationen gut »erzogener« Kinder deutlich.

Diese besteht daraus, dass, die heute Erwachsenen als kleinen Menschen innerlich nicht wachsen und keine guten Erfahrungen mit ihren Grundbedürfnissen machen konnten. Es konnte keine innere Verbindung zu emotionalen Bereichen entstehen und eigene innere Strategien, um mit starken Gefühlen umgehen zu können, entwickelt werden. Im Gegenteil. Kinder erleben dann seelischen Dauerschmerz, denn sie müssen ganz wichtige innere Verbindungen (Bedürfnisse, die sich in Emotionen äußern) zunächst unterdrücken und langfristig aufgeben und abspalten. Das hat beträchtliche Folgen:

So werden nämlich im Gehirn bei Demütigung, Ausschluss aus einer Gruppe, Beschimpfungen, Abwertungen, Missachtung, Enttäuschung (und ähnlich unangenehm empfundenen Zuständen) die gleichen Areale aktiviert wie bei körperlichem Schmerz. Da das als Dauerschmerz für die Seele nicht aushaltbar ist und viel zu viel Einsatz von Energie in uns bedeuteten würde, um diesen Schmerz dauerhaft zu ertragen und zu verarbeiten, reguliert das Gehirn mit der Zeit einen Teil des zuständigen Gefühlszentrums herunter beziehungsweise um. Das heißt, es registriert auf Dauer die Demütigung nicht mehr als Schmerz.

Dieses Herunterschalten geschieht jedoch zu einem hohen Preis. Denn Menschen büßen so gleichzeitig einen Teil ihrer Fähigkeit ein, wichtige Gefühle (Trauer, Schmerz und Mitgefühl) zu entwickeln – Schmerz bei sich selbst und auch bei anderen kann als solcher nicht (mehr) identifiziert, wahrgenommen und gefühlt werden. Man kann sagen, dass der Zugang zu den Arealen im Gehirn, der für diese Emotionen wesentlich zuständig ist, weniger ausgeformt und ausgebaut und dadurch weniger intensiv vernetzt wird. Ein wichtiger Teil der Gefühlspalette wird so schlicht »ausgeschaltet« und entkoppelt. Einfühlsamkeit und das Mitgefühl für sich selbst und für andere können sich nicht uneingeschränkt entwickeln.

Menschen verlieren so auf Dauer die emotionale Verbindung, die Anbindung an die eigenen inneren Anteile in sich selbst. Aus diesem

Blickwinkel betrachtet, könnte man sagen, dass dieser emotionale Bereich nicht vollumfänglich spürbar und nicht sichtbar für die Betreffenden ist und sie eine Form von »Gefühlsblindheit« entwickeln. Deshalb sagen Erwachsene auch so häufig: Es hat mir doch auch nicht geschadet. Doch. Es schadet. Immer. Dieser Satz liefert den Beweis: Denn es ist den Betreffenden nicht (mehr so) spürbar. Die emotionale Wärme, die Empathie und die Fähigkeit, mitzufühlen und sich einzufühlen, sind jedoch nicht mehr in dieser Weise vorhanden. Dafür ist eine bestimmte Kälte entstanden. Der Perspektivwechsel fällt schwer.

? Wenn du wertfrei auf deine eigenen Anteile von Aggression schaust, welchem Muster folgt deine Aggression am ehesten? Womit hängt das aus deiner Sicht zusammen?

Erinnerst du dich an das Ampelsystem, das ich anfangs erwähnt habe? Es scheint nur eine kleine »Maßnahme« zu sein, und doch transportiert es viel von dem, was die Erwachsenen selbst erlebt haben und nun für richtig empfinden. Und das mit weitreichenden Folgen: Dieser Umgang mit Kindern in der Anwendung von verhaltenspädagogischen und symptomorientierten Maßnahmen ist überhaupt nur möglich, weil die Erwachsenen, die sie durchführen, offensichtlich selbst einen Teil ihrer Empathie eingebüßt haben und die eigene Fähigkeit zur Einfühlung heruntergefahren und eingeschränkt ist. Wie fatal!

Denn wären wir im Mitgefühl, wären wir empathisch und im Perspektivwechsel, so würden wir den Schmerz fühlen können, den die Kinder in diesem Moment fühlen. Dabei weiß ich, dass Eltern sich gar nicht wohlfühlen, wenn sie Strafen und Konsequenzen verhängen (übrigens kommt es auch bei Lehrern und Erzieherinnen vermehrt zu Widerstand gegen diese Maßnahmen). Sie alle spüren, dass zwar im ersten Moment eine Entlastung einzutreten scheint, die Beziehungen langfristig jedoch belastet werden.

Je geübter du die Zusammenhänge zwischen deinem Verhalten und den darunterliegenden Gefühlen und Bedürfnissen herstellen und die Verbindung zwischen diesen Ebenen spüren und auch verbalisieren kannst, desto besser kannst du dich selbst verstehen lernen. In der folgenden Übung machst du dir die Zusammenhänge deutlich. In einem zweiten Schritt geht es dann darum, Handlungsalternativen für dich selbst zu entwickeln.

Übung: Eigenes Verhalten anhand des Eisbergmodells nachvollziehen

Ruf dir den Eisberg (s. S. 105) in Erinnerung und nimm dein eigenes Set zur Hand: Du kannst nun dein Verhalten in der emotionalen Kette (Verhalten – Gefühl – Bedürfnis) einordnen. Such dir eine Situation, in der du aggressiv reagiert hast, und komm deinem eigenen Gefühl und dem, was darunter an konkretem Bedürfnis liegt, so mehr auf die Spur. Gehe dabei in den folgenden Schritten vor:

1. Beschreibe für dich zunächst dein Verhalten auf der Eisbergspitze (oben) genauer (z. B. ich bin laut geworden, habe geschimpft, habe geschrien, mein Kind gezogen, am Arm gepackt o. Ä.).
2. Lass die Situation noch einmal wie einen Film vor deinen Augen ablaufen und spüre, welches Gefühl deinerseits diese Situation begleitet hat (z. B. ich bin ärgerlich / wütend geworden, also Wut; ich habe mir Sorgen gemacht; also Angst). Lass dir Zeit dabei und spüre nach.
3. Spür jetzt noch tiefer in dich hinein. Worum ging es gerade in dieser Situation? Welches Bedürfnis kannst du hinter dem Gefühl spüren? Hilfreich ist hier, deine Gedanken zu überprüfen: Was waren deine Gedanken? Wolltest du nicht zu spät kommen, wie Mara, die Mutter in unserem Beispiel, und warst du besorgt? Dann warst du vermutlich auf der Suche nach Sicherheit. Oder: Hast du dich nicht ernst genommen gefühlt? Nicht gesehen gefühlt mit deinem Anliegen? Vielleicht auch beides?

In einem letzten Schritt kannst du für dich die vollständige Kette in dein Eisbergmodell eintragen (z. B.):

Schreien (mein Verhalten)
Wut (mein Gefühl)
Sicherheit (mein Bedürfnis)

Bewerte die Situation nicht als »gut« oder »schlecht«, »richtig« oder »falsch«, lass alle verurteilenden Gedanken zur Seite und versuche nur, die Verbindung zwischen dem herzustellen, was sich ganz tief in dir als Bedürfnis gezeigt, sich in einem Gefühl in dir geregt und schließlich in deinem Verhalten offenbart hat.

Beziehungsmomente-Challenge #4

Versuche heute ganz bewusst in den verschiedenen Situationen deines Alltags, das Verhalten deines Kindes auf seine Basis-Grundbedürfnisse zurückzuführen, und finde Möglichkeiten, auf diese zu reagieren. So bleibst du mit deinem Kind in Kontakt.

Welche Grundbedürfnisse tauchen aus deiner Sicht besonders häufig auf? In welchen Situationen gelingt es dir, gut darauf zu reagieren? Welche Möglichkeiten findest du?

Verbindung zu deinen Gefühlen

Es ist jedoch möglich, dass wir unsere emotionale Ebene im Kontakt mit unseren Kindern neu kennenlernen. Manchmal kommt es bei Eltern, die neue Wege gehen und sich von Altem lösen, zu Orientierungslosigkeit und Fehlinterpretationen im Kontakt mit ihren Kindern. Das geschieht, weil wir selbst unsicher sind und unter Druck stehen.

Gefühle lösen sich jedoch nicht einfach auf. Sie sind da und sitzen »festgefroren« und unverbunden in unserem Nervensystem. Oft drängen diese Gefühle erst Jahrzehnte später wieder an die Oberfläche. Häufig ausgelöst durch (Lebens-)Krisen oder eben auch durch unsere

Kinder. Spätestens dann steigen sie (wieder) in uns auf, erinnern uns, überwältigen und geben uns auch die Chance, sie neu zu fühlen. Und wir brauchen Gefühle. Sie sind sinnvolle Hinweisgeber im Perspektivwechsel und im Erspüren, was im anderen vorgeht. Wir brauchen sie, um empathisch und mitfühlend zu sein.

Perspektivwechsel: Empathie und die Fähigkeit, sich in den anderen einzufühlen

Damit wir uns gut auf unsere Kinder einstellen und ihre Gefühle mitfühlen können, brauchen wir die Fähigkeit, durch die Augen des anderen zu sehen und auch durch das Herz des anderen zu fühlen. Kurz: die Fähigkeit dafür, die Perspektive zu wechseln und so die Welt des anderen vollumfänglich wahrzunehmen – und zwar unabhängig von unserem eigenen Blick. Die sogenannte Theory of Mind wird in diesem Zusammenhang oft genannt. Der Begriff kommt aus der Psychologie und bezeichnet die Fähigkeit, eine Annahme über Bewusstseinsvorgänge in anderen Personen vorzunehmen und diese in der eigenen Person zu erkennen – das heißt, Gefühle, Bedürfnisse, Ideen, Absichten, Erwartungen und Meinungen bei anderen zu vermuten. Die Gefühle, Bedürfnisse und Gedanken anderer zu erahnen und daraus auf ihre Vorhaben, Pläne und Absichten zu schließen ist eine wichtige soziale und emotionale Fähigkeit, die auch die Entwicklung von Empathie umfasst.

Empathie ist die emotionale Fähigkeit, sich in sein Gegenüber einzufühlen, und die Bereitschaft, Empfindungen, Emotionen, Gedanken, Motive und Persönlichkeitsmerkmale einer anderen Person zu erkennen, zu verstehen und nachzuempfinden. Empathie ist absolut wesentlich für jede Form von gelingender Beziehung und sozialem Miteinander.

Der Perspektivwechsel auf der Erwachsenenebene erscheint häufig schon als Herausforderung. Die Welt mit Kinderaugen zu sehen und zu fühlen scheint für viele jedoch noch schwieriger zu sein. Kinder kommen als fühlende Wesen auf die Welt. Sie suchen Berührung auf der emotionalen Ebene, nehmen Kontakt auf, wollen (und brauchen) Verbindung und wissen, wo wir stehen, was wir fühlen und denken.

Kinder sind emotional von uns abhängig. Sie begegnen uns offen und unvoreingenommen und lieben uns um unserer selbst willen. Die Erfahrung, bedingungslos um seiner selbst geliebt zu werden, ist eine, die viele Eltern als Kinder oft selbst nicht machen konnten, und somit häufig ganz neu. Damit können Kinder unsere besten Lehrer und »Entwicklungsbooster« sein – wenn wir sie lassen. So ist es aus meiner Sicht wesentlich, dass wir Gefühle nicht weiter unterdrücken und abwehren, sondern sie wahrnehmen, regulieren und integrieren lernen. Sie gehören zu uns und sie machen uns aus. Wir benötigen diesen Zugang unbedingt auch, um mit unseren Kindern gut in Verbindung zu kommen. Und wir können mit unseren Gefühlen insgesamt das Leben wieder bunt und den Lebensfluss wieder breiter wahrnehmen. Unser Handlungsspielraum wird so variabler und unser Leben wieder dynamischer. Ziel ist es, die Gefühle (wieder) als wichtige Begleiter und als Verbindung zu unseren eigenen Bedürfnissen wahrzunehmen, sie zuzulassen, sie liebevoll anzunehmen und zu spüren, dass sie als Wegweiser und innere Richtungsgeber sehr hilfreich sein können.

Neben Empathie sind Selbstmitgefühl und Selbstliebe wichtige Fähigkeiten. Mitunter ist das komplettes Neuland, und es benötigt etwas Zeit, es zu entdecken.

Selbstmitgefühl entwickeln

Bisher ging es darum, wie wichtig es ist, Zugang zu den eigenen Emotionen zu haben, Gefühle gut verarbeiten zu können und auch eigene emotionale Grundbedürfnisse (wieder) wahrzunehmen und sich erfüllen zu können. Es ist also ein Prozess auf verschiedenen Ebenen nötig. Ein Prozess, der Zeit und Geduld erfordert. Geduld aufzubringen ist oft nicht so leicht. Wir sind ja schon mit unseren Kindern oft ungeduldig, wie sollen wir dann mit uns selbst geduldig sein? Und wir haben in der Regel auch Eltern gehabt, die mit uns nicht geduldig waren. Umso wichtiger ist es, dass wir lernen, mit uns selbst geduldiger, weicher, liebevoller, wärmer, nachgiebiger und insgesamt freundlicher zu sein. Denn vor der Empathie für andere steht das Mitgefühl mit sich selbst. Sobald Eltern eine Art Mitgefühl mit sich selbst, Selbstempathie und ein Wissen darum, was sie als Kind erlebt haben, entwickeln, können sie (wieder) eine Verbindung zu sich und den bis dahin abgetrennten emotionalen Bereichen herstellen.

Es geschieht dann Folgendes:

- Sie beginnen den (früh und lang verdrängten) Schmerz zu fühlen, den ihr Gehirn quasi »abgeschaltet« hatte.
- Sie können auf diesem Weg Gefühle (wieder) intensiver wahrnehmen und nicht nur Empathie für sich selbst und das Erlebte entwickeln, sondern sich auch für ihre Kinder auf emotionaler Ebene voller Mitgefühl öffnen und so ganz neue Handlungsalternativen für sich entdecken.

Was passiert, ist, dass ein Teil des Selbst, der Bereich, der uns Empathie und Einfühlung möglich macht und der über viele Jahre »gekappt« und von uns abgetrennt war, wieder integriert und (neu) verbunden werden kann. Eltern bekommen so (wieder) eine Verbindung und einen Zugang zu lang abgespaltenen Gefühlen. Sie erkennen Zusammenhänge zwischen Bildern, Ereignissen und Vorgängen in der eigenen Biografie und beginnen mit sich selbst als Kind den erlittenen Schmerz mitzufühlen. So kann sich langfristig die Beziehung zu sich selbst verbessern, und auch die Verbindungen zu anderen – insbesondere zu den eigenen Kindern – kann intensiver werden.

Das ist ein lohnender selbstreflexiver Prozess. Er ist jedoch auch von einigen schmerzhaften Aspekten begleitet, denn viele empfinden Trauer und Schmerz über das, was ihnen als Kind widerfahren ist. Um diesen Prozess beschreiten zu können, dürfen wir unseren Körper noch einmal ganz neu kennen lernen.

Der Körper – dein Zuhause

Auf deiner Reise hast du schon erfahren, dass jedes Gefühl durch die Interpretation von körperlichen Empfindungen entstanden ist. Diese Empfindungen nehmen wir in unserem Körper wahr. Unser Körper ist ein Wunderwerk der Natur, eines der größten Geschenke, die wir in diesem Leben erhalten haben. Er hat keinen eigenen Willen und ist dennoch unser perfekter und treuester Diener. Er hält uns und ist quasi wie unser Haus. Und noch mehr: Er ist dein allerbester und treuester Freund. Und du hast nur den einen – es gibt keine zweite Ausführung. Wir sind uns dessen oft nicht bewusst, im Gegenteil: Wir sind oft sogar unzufrieden mit ihm, lehnen ihn ab und schauen ständig kritisch auf unser Spiegelbild. In den sozialen Medien steht der Körper so sehr wie nie im Zentrum des Interesses. Dabei geht es vor allem darum, vermeintlich »Falsches« an ihm zu »korrigieren«. Der Körper wird in unserer Gesellschaft häufig auf eine inhaltslose Hülle reduziert. Er soll »funktionieren«, soll perfekt und gut aussehen – was auch immer gerade als Schönheitsideal gilt. Da werden Haare transplantiert, Nasen gerichtet, Brüste vergrößert, Gesichter gestrafft und Lippen aufgespritzt. Und wofür?

Meine Erfahrung ist, dass es vor allem um emotionale Bedürfnisse geht, die Befriedigung suchen. Oft geht es darum, mehr Anerkennung zu finden. Eine fatale Entwicklung, denn dies alles sind Symptome dafür, wie abgespalten wir inzwischen von unserem körperlichen Sein sind. Und das Verhängnisvolle ist, dass wir – anstatt die Anzeichen für ein gestörtes Gleichgewicht wahrzunehmen – erfolgreich »gelernt« haben, diese zu ignorieren. Oft erlebe ich Menschen, die zwar mit ihrem Körper leben, jedoch wenig Verbundenheit zu ihm spüren, also quasi in ihm »wohnen«, ohne wirklich in ihm »beheimatet« zu sein. Je besser wir unseren Körper spüren, ihn als Heimat bewohnen und mit ihm verbunden sind, uns in ihm orientieren und mit seinen Reaktionen auskennen, umso präsenter sind wir im Moment und umso intensiver ist das Erleben.

Gefühle auf die körperliche Empfindungsebene zurückführen

Wie schon beschrieben, ist unser gesamter Körper ein Resonanzraum, über den wir das Leben, die Schwingungen und die Atmosphäre um uns herum insgesamt wahrnehmen. Dies geschieht vor allem über unsere eigenen Gefühle. Empathie ist nichts anderes als die Resonanz auf andere Menschen, die du in deinem Körper wahrnimmst. Wir können Emotionen nur über unseren Körper fühlen. Wenn wir nach langer Zeit des Nichtfühlens (wieder) in Verbindung zu unseren Gefühlen kommen, kann es schnell passieren, dass es durch die Wucht und die Intensität der tief gespeicherten und lang verdrängten Gefühle zu einer Überflutung des Systems kommt. Um sich dem nicht auszusetzen, ist es sinnvoll, sich der eigenen emotionalen Landkarte auch auf der Empfindungsebene im Körper zu nähern.

Gefühle können dann schnell zu groß werden und sich gefährlich, existenziell und unaushaltbar anfühlen. Das führt oft (wieder) zu innerer Abspaltung und eben nicht dazu, dass Gefühle neu integriert werden. Körperliche Empfindungen jedoch sind immer auszuhalten. Wie oben beschrieben, ist es möglich, ein und dieselbe Körperempfindung unterschiedlich zu deuten und damit auch zu bewerten. Das wiederum gibt uns die Möglichkeit, Gefühle wesentlich besser aushaltbar zu machen. Wenn wir ein Gefühl zunächst als rein körperliche Empfindung verstehen und spüren, können wir die Wucht aus dem Gefühl nehmen. Das System kann sich beruhigen, und wir können verbalisieren, was uns geschieht. So können wir uns ein Stück vom bereits entstandenen Gefühl distanzieren, es besser betrachten und das Gefühl anders verarbeiten.

Übung: Körperempfindungen wahrnehmen

Nimm dir etwas Zeit und setz dich still auf einen Stuhl oder auf dein Sofa. Komm zur Ruhe und leg deine Hände auf deinen Oberschenkeln ab. Lass sie dort liegen und tu nichts weiter. Beobachte nun, welche Empfindungen in deinem Körper auftauchen.
Beobachte: Was nimmst du wahr? Du kannst vielleicht deinen Herzschlag spüren oder auch, dass sich deine Brust beim Ein- und Ausatmen hebt und senkt. Und wenn du weiter in dich hineinspürst und nur beobachtest: Was tut sich in dir? Wo ist es fest, wo weich und entspannt? Nimm einfach wahr, ohne zu bewerten.

Zu den Empfindungen, die spürbar werden können, gehören Unruhe, Leichtigkeit, Schwere, Enge, Weite, Druck, Spannung, Leere, Brennen, Lebendigkeit, Kälte, Übelkeit, Wärme, Weichheit, Schwindel, Steifheit, Sprudeln; das kann sich fließend, kraftvoll, kribbelnd anfühlen, um nur einige Worte für das zu nennen, was wir wahrnehmen können. Es ist nicht so einfach, eigene Empfindungen wortreich zu beschreiben. Schau dir deshalb zu der obigen Übung auch die Liste der Körperempfindungen im Anhang an (s. S. 370 f.). Sie wird dir helfen, Wörter zu finden. Und bleib bei deinen Beobachtungen, werte nicht, und stell dir immer wieder selbst die Frage: Was tut sich noch?

Der erste Schritt ist, nur zu beobachten und ohne Bewertung wahrzunehmen, wo sich was tut. Das ist gar nicht so einfach. Nimm dir regelmäßig zehn Minuten, und wenn das zu lang ist, verkürze gern, zum Beispiel auf fünf Minuten. Beschreibe deine Beobachtungen detailliert für dich selbst, und nimm die Körperempfindungen so bewusster wahr: Wie fühlt es sich im Brustbereich an? Was tut sich im Nacken- und Schulterbereich? Was nimmst du im Kopf wahr und was im Rücken und im Bereich des Magens? Wie fühlt sich dein Gesäß an, und was tut sich in deinen Beinen? Was spürst du in den Füßen?

Versuche, die Wahrnehmungen nicht zu bewerten oder zu interpretieren. Deine Empfindungen dürfen einfach nur wahrgenommen werden. Zu Beginn kann es sein, dass du diese Zeit zwischen dir und deinem Körper schon nach wenigen Minuten als sehr anstrengend empfindest. Vielleicht spürst du Unruhe und den Drang, wieder aufzustehen und etwas anderes zu tun. Nimm auch das wahr und lass es da sein. Körperliche Empfindungen wieder spüren zu lernen ist einfach und auch wieder nicht so leicht. Du wirst merken, mit etwas Übung wird es leichter, die Unruhe zuzulassen und die Empfindung zu spüren, ohne sofort etwas tun zu müssen.

Starke Gefühle vom Rand aus betrachten

Hast du dies ein bisschen gelernt, so kannst du – sobald du zu starke und dich überflutende Gefühle hast – in deinen Körper gehen. Damit erdest du das Gefühl (wie du es in der vorherigen Übung geübt hast), es wird nicht zu intensiv und kann nicht so dramatisch werden. Hilfreich ist auch, wenn du dich nicht mit dem Gefühl identifizierst. Du bist nicht das Gefühl, du fühlst es nur. Es geht darum, das Gefühl wahrzunehmen, da sein zu lassen und gleichzeitig jedoch emotionale innere Überschwemmung zu verhindern und deshalb die Wucht und energetische Ladung aus dem aufgespeicherten Gefühl abzufangen. Stell dir bildlich vor, dass du eher am Rand des Gefühls bleibst, gerade so, dass du es wahrnimmst – du tauchst jedoch nicht voll ein und wirst so nicht innerlich überwältigt. Am Rand zu bleiben ist eine ganz wichtige Fähigkeit, weil dramatische Gefühle wie ein Strudel wirken. Du kannst das starke Gefühl so einfach vorbei- und durchziehen lassen. Unterstützend kannst du auch folgende Körperbewegung machen, um nicht von starken Gefühlen überrannt zu werden:

Übung: **Distanz von zu starken und überflutenden Gefühlen**

Nimm beide Hände mit den Handflächen nach außen gerichtet vor die Brust und fahre dann langsam die Arme nach vorn. So, als ob du einen Gegenstand oder etwas Unsichtbares, was dir zu nah ist, von dir selbst, von deinem Körper wegschiebst, bis die Arme vollständig gestreckt sind. Mach das ein paarmal und atme vorher ein und bei der Vorwärtsbewegung ganz bewusst und tief aus. Du kannst dir vorstellen, einen unsichtbaren Widerstand waagerecht aus deinem Bereich hinauszuschieben. Wichtig ist, dass du die Bewegung sorgfältig ausführst. Folge mit den Augen dabei deinen Händen, sodass du auch visuell die körperliche Bewegung und den Abstand, der entsteht, als Erfahrung wahrnimmst. So kannst du dir ganz bewusst mehr inneren Raum verschaffen und dich innerlich von deinem Gefühl distanzieren.

Lass deine Gedanken nicht unbeaufsichtigt

Wenn du dir das Eisbergmodell noch einmal anschaust, siehst du, dass wir uns die gesamte Zeit auf der emotionalen Ebene befinden, uns mit den Gefühlen beschäftigen. Das Eisbergmodell zeigt, dass unser Verhalten von Gefühlen und die Gefühle von den Bedürfnissen gespeist werden. Natürlich wird auch das Verhalten von Kindern von einem Gefühl motiviert. Bei Kindern ist es auch so, weil die kognitiven Bereiche noch nicht ausgereift sind. Bei Erwachsenen kommt genau diese Ebene dazu: die Ebene der Kognition, der Gedanken. Auch deine Gedanken erzeugen also Gefühle. So beeinflusst unser Denken nicht unwesentlich unser Gefühl. In der Kindheit gewonnene Überzeugungen und Denkmuster, bestimmte Einstellungen über die Dinge und Glaubenssätze gehören zu unserem Leben mit dazu.

So empfangen wir durch unsere Gedanken Signale aus dem Unbewussten (auch genannt somatische Marker), die eng mit wichtigen Lebenserfahrungen in unserer Vergangenheit zusammenhängen. Dabei handelt es sich um Gefühle, die an körperliche Empfindungen gekoppelt sind und die wir dann so »gespeichert« und miteinander verknüpft haben. Aufgrund unserer Erfahrungen werden sie im Folgenden immer wieder ähnlich reproduziert.

Unser emotionales Erfahrungsgedächtnis, das solche Verknüpfungen vornimmt und mit vergangenen Situationen vergleicht, speichert dieses Erfahrungswissen in Form von Körperempfindungen (später dann Gefühlen) ab, die uns signalisieren, ob wir eine Situation als positiv oder als negativ bewerten sollen.

Die Gehirnforschung sagt dazu: Das Gehirn speichert unsere Gefühle und Empfindungen zu einer bestimmten Erfahrung mit ab. Wenn wir uns beispielsweise als Kind im Mathematikunterricht gelangweilt haben, blamiert oder gehänselt wurden, haben wir uns unwohl gefühlt und körperliche Empfindungen, wie zum Beispiel einen verkrampften Magen, Enge in der Brust etc. empfunden und diese Situation als unangenehm bewertet. So wird eine bestimmte Empfindung zu einem unangenehmen Gefühl (z. B. Scham, Trauer) und diese mit dem Gegenstand »Mathematik« verbunden.

Da das Unbewusste keine Zeit kennt, wird dieses »schlechte Gefühl« (z. B. Scham) auch dann erzeugt, wenn man bereits erwachsen ist und es eigentlich keinen tatsächlichen Stress, Hänseleien oder Ähnliches mehr gibt. Als Erwachsener bemerkt man dann, dass man »Mathe nicht mag« und damit schlechte Gefühle verbindet. Um diese unbewussten Verkettungen besser zu verstehen, kann man sich den darunterliegenden Empfindungen nähern.

Du kannst hierzu folgende Übung in deinen Alltag integrieren:

Übung: Dein Körper als Hinweisgeber

Versuche, deine Gedanken, Gefühle und Bewertungen zurückzuverfolgen. Wenn also Gedanken oder Gefühle auftauchen und du dich zum Beispiel besonders ärgerst, freust, du etwas besonders magst, jemanden unsympathisch findest oder auch sympathisch, dann kannst du dir jedes Mal die Frage stellen: **Wie genau sagt und zeigt mir mein Körper das?**

Die Frage ist daher: Wie genau lässt dein Körper dich das wissen? Mögliche Antworten könnten sein: Leichtigkeit im Brustbereich, Kribbeln im Bauch, Unruhe in den Beinen usw.

Das scheinen banale Fragen zu sein, und doch können die Antworten und Erkenntnisse, die wir auf diese Weise über unseren Körper erhalten, interessanten Aufschluss geben und wirklich spannend sein. So kannst du unbewusste, sehr schnell ablaufende Prozesse verlangsamen, sie entschleunigen und für dich bewusster machen. Damit kannst du dich besser verstehen lernen. Wir kommen uns selbst so ein wenig mehr auf die Spur. Denn ganz oft haben wir ja keine Idee, warum wir jemanden oder etwas in einer bestimmten Weise bewerten oder wieso ein solches Gefühl aufkommt. Unser System folgt da automatisch einem ganz eigenen Plan, und meist liegen hinter diesen sehr schnell und unbewusst ablaufenden Prozessen der Einschätzung und Bewertung alte Erfahrungen, die sich in angenehmen oder unangenehmen Körperempfindungen äußern. Wir projizieren durch unbewusste Interpretation diese Empfindungen auf andere Situationen, auf Personen, Tätigkeiten und Momente. Ziel ist also, dass wir wieder einen bewussteren Zugang zu den Empfindungen, die unseren Gefühlen zugrunde liegen finden, damit wir uns in der Folge von der Projektion lösen und eine neue Bewertung und Einschätzung vornehmen können.

Unangenehme Empfindungen

Du wirst jetzt schon eine Vielzahl an Erfahrungen auf der körperlichen Ebene, auf deinem neuen »Planet Körper« gemacht haben. Vielleicht hast du bemerkt, dass es eine Menge an Spannungsempfindungen in deinem Körper gibt, die sich unangenehm anfühlen und bei denen du nicht lange verweilen möchtest. Diese Zustände lohnt es sich dennoch wahrzunehmen, sie zu bemerken und sich ihnen auch bewusster zu zuwenden.

Übung: Unangenehme Gefühle integrieren

Schritt 1: Atme dafür zunächst einmal tief ein und aus und lass dann für zwei bis drei Minuten den Atem einfach tief und sanft weiterfließen. Gehe dann mit deiner Aufmerksamkeit aus den Gedanken hinaus, vom Denken weg und lenke sie auf deinen Körper. Beobachte, wo im Körper sich etwas regt und sich unangenehm bemerkbar macht.

Schritt 2: Spüre zum Beispiel den Druck, der sich im Nacken, im Kopf, im Brustbereich oder woanders bemerkbar macht. Nimm diesen Druck einfach nur wahr. Atme bewusst in diese Stellen hinein, und öffne dich innerlich für diese Empfindung. Erlaube dir, diese Empfindungen da sein zu lassen und sie zu spüren. Konzentriere dich dann auf die Empfindung, die sich für dich im Moment am stärksten und intensivsten anfühlt.

Schritt 3: Lass jetzt ein inneres Bild für deine Empfindung entstehen, indem du assoziierst: »Die Schwere auf meinen Schultern fühlt sich so an, als ob …«
Hier wird umgehend ein inneres Bild in dir aufsteigen. Such bitte nicht aktiv, sondern warte, welches Bild sich in dir zeigt, und nimm das erstbeste, welches dir einfällt. Atme ein und lass den Druck und dein Bild dazu (z. B. ein Stein) da sein und werde dir gewahr, dass du die Gedanken selbst erschaffen hast (z. B. durch Druck erzeugende Gedanken wie ›Ich muss, ich sollte …‹). Wende dich in diesem Bewusstsein liebevoll der Empfindung zu, und nimm wahr, dass der Druck aus dem Körper heraus (als Antwort auf deine Gedanken) erzeugt ist, um dir wertvolle Signale für dein inneres Gleichgewicht zu senden. Vielleicht kannst du dankbar sein, dass dein Körper so wach und fürsorglich ist? So kannst du die Empfindung zunächst da sein lassen und dann annehmen.
Allein durch diesen grundlegenden **Perspektivwechsel,** eine Empfindung nicht abzulehnen, »wegmachen« zu wollen oder zu verdrängen, sondern dadurch, dass du innerlich die Blickrichtung änderst und in eine neue Haltung kommst, nämlich die Empfindung bejahend wahrnimmst, beginnt etwas in dir wieder in Bewegung zu kommen und sich zu verändern. Lange unterdrückte starke Gefühle kosten im Alltag sehr viel Energie und machen müde. Die Gefühle zu unterdrücken bedeutet, dass ein Teil deiner Lebenskraft gebunden ist – an diesen Vorgang des Verdrängens. Durch eine Veränderung in der Folge dieser Arbeit mit dir selbst kann dir mit der Zeit wieder mehr und mehr Lebenskraft zur Verfügung stehen. Sei gespannt, was für Erfahrungen du machen wirst.

Der Kontakt zu dir selbst und eine gute innere Selbstanbindung sind wesentlich, um auch dein Kind besser zu verstehen. Durch diese innere Arbeit lernen wir uns selbst besser kennen und erfahren, wodurch wir den Kontakt zu uns schnell verlieren und wie wir ihn dann wiedererlangen können. Zum anderen geht es auch hier um einen Perspektivwechsel, bei dem du dich deinem Kind zuwendest und seine Perspektive einnimmst, ohne dabei den Kontakt zu dir selbst zu verlieren.

Entscheidend
Mehrere Perspektiven (deine und die deines Kindes) gleichzeitig wahrzunehmen ist maßgeblich für eine konstruktive Beziehungsgestaltung und -begleitung.

Das bedeutet, dass deine Aufmerksamkeit sozusagen schwebend euch beiden gilt und einerseits bei dir und andererseits bei deinem Kind sein darf. Ich nenne das »die elterliche schwingende Aufmerksamkeit«. Wenn wir (wieder) lernen wollen, mehr Empathie zu entwickeln und mitfühlender mit unseren Kindern zu werden – gerade bei starken und intensiven Gefühlen (wie z. B. Wut), ist es wesentlich, dass wir das mit uns selbst auch können. Der Weg zu unseren Kindern führt also auch und vor allem über uns selbst. Dabei geht es darum, Prozesse, die bisher unbewusst (und sehr schnell) abgelaufen sind, bewusst zu machen; es geht um Achtsamkeit uns selbst und dem, was wir tun, gegenüber. Was wir tun können ist, diese Prozesse zu verlangsamen und sie so besser zu verstehen, damit wir sie bewusster wahrnehmen und so auch bewusst beeinflussen können.

Der Umgang mit eigener Wut – deine Wege

Gern möchte ich dir nun konkrete Anhaltspunkte auf unterschiedlichen Ebenen im Umgang mit dem starken Gefühl Wut geben. Die Übungen und Impulse im Folgenden sind mehrdimensional angelegt. Das heißt, es werden in dir alle wesentlichen Ebenen angesprochen, auf denen Veränderung und auch Entschleunigung beziehungsweise bewusste Verlangsamung von sonst sehr schnell impulsiv und instinktiv ablaufenden Prozessen möglich sind. Einige Hinweise umfassen grundsätzliche Erkenntnisse und Wissensaspekte darüber, wie wir mit starken Emotionen umgehen können. Andere kannst du in der Situation auf unterschiedlichen Ebenen konkret umsetzen und üben. All das kann kurzfristig, langfristig und vor allem nachhaltig zu einer maßgeblichen Veränderung bei dir im Umgang mit Wut führen. Sei geduldig mit dir selbst und erwarte nicht, dass ab jetzt »alles immer glatt« läuft. Vertrau darauf, dass du das Rüstzeug hast, die Veränderung zu erreichen.

Ich halte es für wesentlich, dass die Bereiche von Emotion, Kognition, und Körper, gerade wenn wir über starke Emotionen, wie zum Beispiel Wut, sprechen, nicht getrennt und isoliert voneinander behandelt, sondern in enger Verbindung zueinander gesehen werden. In rein verhaltensorientierten Ansätzen werden häufig ausschließlich die Handlungsmuster kognitiv durchdrungen und so zunächst unterbrochen. Neue Handlungen werden »eingeübt«. Die Berücksichtigung, dass unsere Handlungsmuster und die Handlungen an sich vor allem das Ende einer inneren Reaktionskette darstellen, halte ich für wesentlich. Es geht deshalb hier ausdrücklich nicht um Symptombehandlung, sondern darum, auch Ursachen und Zusammenhänge zu durchdringen und nachhaltig zu verändern. So sind emotionale Bewegungen und die Körperebene aus meiner Sicht entscheidend. Nur wenn alle Ebenen in Korrespondenz zueinander berücksichtigt werden, kann eine echte Selbstanbindung (wieder) gelingen und so zu einer langfristigen Veränderung in dir führen. Schauen wir uns also unter Berücksichtigung der verschiedenen Ebenen die starke Emotion Wut und die daraus resultierenden Handlungsmuster genauer an.

Da ist zum einen der **»Trigger-Wutanfall«** (1), der durch einen äußeren Auslöser sofort zu einer starken emotionalen Entladung führt. Etwas im Außen führt ganz plötzlich dazu, dass wir – eben noch in unserer Mitte und ganz entspannt – durch eine Sache so sehr »getriggert« werden, dass unser emotionales System von null auf hundert hochfährt, wir außer uns sind, uns sogleich mitten im Strudel von heftigen emotionalen Wallungen befinden, die sich anfallartig als eine Art Wutanfall zeigen. Eltern haben dann das Gefühl, gar nicht mehr bei sich zu sein.

Zum anderen gibt es auch emotionale Muster, in denen die **Wut** einen **längeren Vorlauf** hat (2), eine starke Emotion sich langsam anbahnt und stetig aufbaut. So kann schon der gesamte Tag von Stress und Ärger geprägt sein, und dann führt ein Tropfen dazu, dass das »Fass« überläuft. Beide Muster münden in den elterlichen Wutanfall, in dem die Wut dann oft ungefiltert ausbricht und die Erwachsenen schier zu überrollen scheint.

Schauen wir uns den Moment, in dem sich Wut entlädt, mal genauer unter dem Vergrößerungsglas und entschleunigt an. Was passiert genau, wenn die Wut da ist, wie geraten wir in den emotionalen Strudel und welche Abläufe finden in unserem Körper statt?

Von null auf hundert

Es wird allgemein angenommen, dass man besonders in starken Wutsituationen nicht mehr die Wahl habe, seine Reaktion zu wählen. Das stimmt genau genommen so nicht, auch wenn wir uns manchmal in solchen Situationen fühlen, als würden wir von einem Autopiloten gesteuert. In meiner Arbeit mit Eltern wird immer wieder deutlich, dass es wichtig ist, den richtigen Zeitpunkt für eine Unterbrechung der Situation zu finden beziehungsweise diesen dann auch zu nutzen. Oft haben wir jedoch das Gefühl, dass wir diese emotionale Kettenreaktion gar nicht stoppen können. Ich kann das Gefühl nachvollziehen, und doch weiß ich aus Erfahrung, dass es möglich ist. Oft ist es so, dass diese innere Reiz-Reaktions-Kette sehr schnell und unbewusst in unserem Inneren abläuft. Die Frage ist: Wie können wir den »richtigen« Zeitpunkt finden, diese Prozesse so verlangsamen, uns selbst gegenwärtig und stärker im Moment verankern, um so in der Folge eine bewusste Unterbrechung der emotionalen Kettenreaktion herbeizuführen und daraufhin anders als bisher in unserem emotionalen »Wutprogramm« zu handeln?

Das kann gelingen, indem wir durch bewusste sofortige Unterbrechung der emotionalen Abläufe eine Verzögerung schaffen und so die automatisch und unbewusst ablaufende Reaktionskette zwischen dem Auslöser (Reiz von außen) und der Bewertung des Erlebten (Reaktion) unterbrechen. So entsteht die Möglichkeit, weitere Handlungsstränge zu beeinflussen. Wir lernen, automatisch ablaufende und unbewusste Prozesse zu entschleunigen und ins Bewusstsein zu holen, und erhalten dadurch eine Wahlmöglichkeit für weitere Reaktionen.

Von magischen Räumen und goldenen Brücken – Die Welt zwischen Reiz und Reaktion

»Zwischen Reiz und Reaktion liegt ein Raum. In diesem Raum liegt unsere Macht zur Wahl unserer Reaktion. In unserer Reaktion liegen unsere Entwicklung und unsere Freiheit«, sagt der Neurologe und Psychiater Viktor Frankl. Ja, diesen magischen Raum gibt es. Er eröffnet sich uns zum Beispiel bei einem starken Gefühl wie Wut für eine Dauer von ungefähr 90 Sekunden. Wie kommt dieser »Zeit-Raum« zustande? Wir wissen aus der Emotionsforschung, dass jede emotionale Energie einen biochemischen Lebenszyklus von maximal 90 Sekunden hat. Die Hirnforscherin Jill Taylor hat herausgefunden, dass eine Emotion nachweisbar 90 Sekunden in unserem Körper verbleibt. Danach verschwindet die physische Reaktion. Mit diesem Abfließen flaut auch die Energie in uns ab. Wenn wir also von Wut erfasst werden, wird eine physiologische Reaktion im Gehirn ausgelöst und ein Mix an Chemikalien freigesetzt. Diese schießen in und durch unseren Organismus. Ein starker innerer Druck entsteht. Unser Gehirn ist in dieser Zeit auf allen Ebenen mit der Verarbeitung all dieser Prozesse beschäftigt und quasi »belegt« mit diesem Vorgang – der Zugang zu anderen Bereichen im Gehirn ist in diesem Moment gekappt und der Körper in hoher Erregung. So können wir in diesem Moment nicht gut auf kognitive Bereiche und alles, was wir dort gespeichert haben, zurückgreifen. Auch haben wir keinerlei weitere emotionale Kapazität, um uns entsprechend auf unser Kind einzulassen, uns konstruktiv zu verbinden, es bei eigenen starken Gefühlen zu begleiten oder auch ein Kontaktangebot des Kindes entsprechend zu beantworten. In unserem Körper entsteht in dieser Zeit durch den hohen Druck eine enorme Spannung, die kaum aushaltbar erscheint und die uns oft in impulshaftes Verhalten drängt. Wenn wir den inneren Druck nicht aushalten – nicht überbrücken – können, lassen wir uns von der Wucht fortreißen – aus unserer Mitte, aus dem

Moment, aus unserem Körper. Der innere Druck lässt dann zwar auch nach, durch den unregulierten Zustand sind im Außen jedoch oft Ergebnisse entstanden, die wir nicht wollen: Schreien, Schimpfen, Toben – und vielleicht haben wir unseren Druck sogar körperlich entladen.

Mir persönlich helfen symbolische Bilder immer sehr. Vielleicht hilft dir das Bild eines »Rettungsbootes«, welches dich über die 90 Sekunden bringt, oder du stellst dir ein Surfbrett vor, auf dem du die »biochemische Welle« nimmst, auf ihr »reitest«, ohne mitgerissen zu werden – vielleicht, wenn du etwas geübter bist und bewusster schon die Abläufe wahrnehmen kannst. So oder so: Du kannst diesen Raum nutzen und dir so etwas wie eine »goldene Brücke« über den reißenden emotionalen Fluss bauen. Es gibt nur zwei Möglichkeiten: Entweder du bleibst in deinem bisherigen Autopiloten hängen, dann reagierst du so wie immer, gerätst in die emotionale Rutsche und ergibst dich dem Strudel deiner Wut – oder du baust dir **deine** Brücke für die Zeit zwischen Reiz und Reaktion, um nicht mitgerissen zu werden. Eine Brücke, auf der du weißt, was zu tun ist, du für dich selbst sorgst und auf der du verharrst, während die Wut (physiologisch gesehen) quasi drunter hindurch- und vorbeifließt. Vielen Eltern hilft allein das Wissen darum, dass der Druck nach 90 Sekunden nachlässt und die stärkste Wut dann im Körper bereits wieder abflaut. Um in dieser Notsituation einen Plan zu haben und wirklich aus dem Wutprogramm, das in dir abläuft, aussteigen zu können, möchte ich dir den emotionalen USB-Stick mit einem entsprechenden neuen Programm vorstellen, mit dem du den Raum zwischen Reiz und Reaktion nutzen und so das bisherige »Wutprogramm« quasi »überschreiben« und schließlich nachhaltig verändern kannst.

Dein USB-Stick für den Ernstfall:
Wenn das Gefühl stark wird und die Wut kommt

Stell dir eine Situation vor, in der du von »null auf hundert« hochfährst. Dein Kind hat die Wand angemalt oder die Toilette geflutet. Oder du untersagst das Fußballspielen im Wohnzimmer, und der Ball fliegt dir an den Kopf und trifft dich schmerzhaft. Genau jetzt wird das »90-Sekunden-Programm« in deinem Kopf gestartet. Und genau jetzt brauchst du etwas, was dich durch diese Zeit der hohen Erregung bringt und dich diesen Raum zwischen Reiz und Reaktion sinnvoll nutzen lässt und dir vor allem Alternativen zu deinem bisherigen Handeln bietet. Genau dafür ist dieser symbolische USB-Stick gedacht. Auf ihm befindet sich dein 90-Sekunden-Sicherheitsprogramm. Das Programm besteht aus drei Leveln, die du durchlaufen kannst und die dich von oben (der Hundert) schrittweise nach unten (wieder in Richtung null) bringen. Es wird zunächst ein Handlungsmuster unterbrochen, um dich dann emotional neu in deinem Körper zu verankern.

Das Wichtigste ist deine innere Entscheidung, aus dem Kreislauf aussteigen zu wollen, entsprechende Vorbereitungen dafür zu treffen und den Raum, der dann entsteht, nutzen zu wollen. Danach sind es lediglich noch drei Schritte, die du dir einprägen und auf die du in Stresssituationen zurückgreifen kannst. Diese Schritte sind: »U« wie Unterbrechen, »S« wie Selbstanbindung und »B« wie Bewegung, USB. Im Folgenden möchte ich die einzelnen Schritte erläutern – jedoch nicht als direktive und »sture« Anweisung, sondern damit du ein Verständnis entwickeln und nachvollziehen kannst, welche emotionalen und physiologischen Vorgänge dahinterliegen.

Unterbrechen (Level 1)

Stopp! Innehalten! Stehen bleiben. Jetzt. Das ist die Aufgabe in Level 1. Wenn es dir möglich ist, halte umgehend und ruckartig körperlich inne. Dieser »Ruck« signalisiert dir auch körperlich, dass du anhältst und dass du nicht einfach in dieser gelernten und automatisierten Handlungskette durch- und weiterläufst, sondern sofort stoppst und aus deinem inneren Film und deinem automatischen Tun aussteigst. Du bist hier auf der Handlungsebene und unterbrichst diese bewusst. Ich weiß, dass das nicht leicht ist, und doch ist es notwendig, damit du Level 2 erreichen kannst.

Jetzt geh innerlich einen Schritt zurück. Atme. Das ist physiologisch wesentlich. Ein einziger wirklich tiefer und bewusster Atemzug reicht aus. Nutze diesen als Eingang für Level 2.

Selbstanbindung (Level 2)
Du hast das alte Programm gestoppt und bist damit auf Level 2 gelandet. Nun geht es darum, dich wieder mit dir selbst zu verbinden. Fokussiere dich in diesem Level deshalb bewusst auf deinen Atem, geh auf die körperliche Ebene und schicke deinen Atem tief in deine Mitte. Nimm ihn bewusst wahr. Ist er schnell und flach? Kann er fließen? Du kannst eine oder auch beide Hände nutzen und auf deinen Bauch legen und dir selbst so ein Signal als Unterstützung für deinen tiefen Atem geben. Dein Atem wird automatisch in die Richtung deiner Hand gehen. Schick ihn immer wieder noch einmal zurück in deinen Bauch. Du kannst dir auch einen Schwimmring um deinen unteren Bauch vorstellen, den du mit Atem füllst, spüre, wie er sich anfühlt. Atme tief durch die Nase ein. Und schicke die neue Energie in deinen Bauch. Atme langsam und bewusst und spüre, wie sich dein unterer Bauch ausdehnt.

Nun kannst du auf die Empfindungsebene gehen. Spüre deine Füße. Sind sie warm oder kalt? Stehen sie fest auf dem Boden? Kannst du den Boden spüren? Vielleicht hilft dir auch hier ein Bild? Du kannst dir ganz konkret vorstellen, wie du zum Beispiel von der Decke wieder herunter und zurück in deinen Körper kommst. Hol dich Stück für Stück zurück. Binde dich quasi wieder in dir selbst an und stell dir vor, wie du herunterschwebst und schließlich auf dem Boden und in dir wieder ankommst.

Bewegung (Level 3)
Nun bist du wieder mehr bei dir selbst angekommen. Orientiere dich nun im Raum. Wo bist du, wo sitzt du? Wer oder was ist noch da? Kannst du das Fenster wahrnehmen, das Sofa oder den Tisch sehen? Schau dich bewusst um. Durch die Bewegung des Kopfes kannst du dich nicht nur umfassend wieder im Raum orientieren und die Wahrnehmung erweitern, sondern auch deinen Vagusnerv aktivieren. Der Vagusnerv ist insbesondere für Beruhigung, Ruhe und Erholung zuständig und steuert Funktionen im Körper, die beim Regenerieren helfen.

Du bist wieder verbunden mit dir selbst, deinen inneren Anteilen und hast dadurch mehr Handlungsspielraum. Frage dich selbst: Was hat jetzt Priorität? Welche Entscheidung kannst du auf später verschieben? Welche Fragen und Aspekte kannst du jetzt erst einmal ignorieren? Und welche Anforderung kann dir vielleicht auch jemand abnehmen? Jetzt bist du auch wieder in der Lage, zu handeln. Ruhiger, mit Verstand und aus deinem Herzen heraus, denn auch deine Einfühlung und die Fähigkeit zum Perspektivwechsel kehren zurück. So kannst du nun in weitere Bewegung und ins Tun kommen.

So kommst du kurzfristig wieder in deine innere Präsenz

Langfristig wirst du immer besser mit starken Emotionen umgehen und sie regulieren können. Sie werden dich mit der Zeit auch nicht mehr plötzlich »überfallen« und überfluten. Denn das Ziel ist es, dein Gefühl zu fühlen, ohne dass es dich übermannt, es anzunehmen und dann bewusst weiterfließen zu lassen. Im Moment jedoch geht es erst einmal darum, in der konkreten Situation, aus diesem emotionalen Spannungszustand überhaupt wieder in eine präsente innere Haltung zu kommen. Also einerseits, dich selbst zu unterbrechen, und andererseits, diesen Zustand dann auch zu halten, um durch die erste Wucht der Emotion hindurchzukommen und so ins nächste Level gehen zu können. Hier sind verschiedene Strategien möglich, die ich dir im Folgenden zusammengestellt habe und die dir gut kurzfristig helfen können, aus dem Spannungszustand wieder stärker in deine Präsenz zu kommen:

- Du kannst die 5-4-3-2-1-Übung machen: Diese Übung ist eine effektive Stabilisierungstechnik, die ursprünglich auf Yvonne Dolan zurückgeht und dich ins Hier und Jetzt bringen und halten kann. Die Übung ist außenorientiert, das heißt, du zwingst dein Gehirn dazu, deine Wahrnehmung nach außen zu richten. Um das zu erreichen, werden ausschließlich konkrete Wahrnehmungen im Hier und Jetzt beschrieben. Die Übung besteht aus den folgenden Schritten:

Zunächst zählst du **fünf Dinge** auf, die du gerade **siehst.** Wenn du willst, zähl ruhig alles laut auf, andernfalls in Gedanken. Wenn du zum Beispiel in der Küche bist, kannst du sagen: »Ich sehe die Kaffeemaschine, den Küchentisch, ich sehe die Spüle, eine Schale mit Obst, den Mülleimer und eine Lampe.« Hast du fünf Dinge aufgezählt, die du sehen kannst, lenke deine ganze Aufmerksamkeit nun auf **fünf Geräusche,** die du **hören** kannst. In der Küche also: »Ich höre den Kühlschrank surren, ich höre unter dem Fenster jemanden vorbeigehen, ich höre im Flur eine klappende Tür, ich höre vorbeifahrende Autos, ich höre Lachen im Hinterhof.«
Hast du fünf Geräusche aufgezählt, die du hören kannst, lenke deinen Fokus nun auf **fünf Dinge,** die du **spüren** kannst: »Ich spüre meine Füße auf dem Boden, ich spüre meine Zehen in meinen Schuhen, ich spüre meine Hände warm und schwer auf meinen Oberschenkeln aufliegen, ich spüre meinen Rücken am Stuhl, ich spüre mein Gesäß auf dem Sitzkissen.«
Diese Schritte wiederholt man nun mit **vier Dingen,** die man **sieht, hört** und **spürt,** dann mit **drei Dingen, zwei Dingen** und zum Ende hin mit **nur einer Wahrnehmung.**

Bei der Umsetzung dieser Übung gibt es kein Richtig oder Falsch. Ziel ist lediglich, dass du dich nach außen orientierst und dein Gehirn auf die Wahrnehmung im Hier und Jetzt fokussierst. Alles, was dazu führt, dass das funktioniert, ist erlaubt. Wenn du zum Beispiel immer wieder die gleichen Dinge benennst, so ist genau das deine derzeitige Wahrnehmung. Die Übung eignet sich besonders gut, wenn du beim **Unterbrechen** immer mal wieder das Gefühl hast, den Boden unter den Füßen zu verlieren, und sie hilft dir dabei, von deinem inneren Erleben wegzukommen.

- Du kannst einen Gummiring am Handgelenk tragen und diesen schnippen lassen oder auch einen Igelball kneten, den du dir in Reichweite legst. Das bringt und hält dich im Hier und Jetzt, da der physiologische Reiz den psychischen überlagert.

- Du kannst auch andere Sinne nutzen und zum Beispiel ein scharfes Bonbon lutschen oder auch den Duft von Pfefferminzöl nutzen.
- Sprich mit dir: Du kannst zu dir selbst laut Stopp sagen. »Stopp! – Alles – ist – gut.« Sprich wirklich laut mit dir und führe hier keinen inneren Dialog. Wichtig ist, dass du dich und deine Stimme selbst gut hörst.
- Körperliche Betätigung: Du kannst dir etwas suchen, was kurzfristig richtig anstrengend ist und deine ganze Konzentration fordert. Vielleicht machst du Liegestütze – z. B. sehr langsam, etwa 10-mal.
- Du kannst dich auch mit der lockeren Faust oder der flachen Hand abklopfen. Bei der linken Schulter beginnend, klopfst du mit der rechten Hand an der Innenseite des linken Armes entlang hinunter und an der Außenseite entlang wieder hoch, auch mehrmals. Dann die andere Seite und runter an deinen Beinen außen und an den Innenseiten wieder nach oben. Du kannst dich auch schütteln oder hüpfen, wichtig ist, dass dein Körper so wieder präsenter wird.
- Du kannst hier auch wieder die Körperbewegung machen, die wir schon als Möglichkeit aus der Distanzierung von starken Gefühlen kennen: Nimm beide Hände mit den Handflächen nach außen gerichtet vor die Brust und fahre dann langsam die Arme nach vorne. Mach das ein paarmal und atme vorher ein und bei der Vorwärtsbewegung ganz bewusst aus! Du kannst den unsichtbaren Widerstand waagerecht aus deinem Bereich heraus oder auch schräg nach unten schieben. Folge mit den Augen dabei deinen Händen, sodass du auch visuell die körperliche Bewegung als Erfahrung wahrnimmst. So kannst du dir ganz bewusst deinen Raum verschaffen.
- Trinke Wasser: So unbedeutend es klingt, ein Glas Wasser kann das vegetative Nervensystem aktivieren und sich beruhigend auswirken. Der Vagusnerv, der für Beruhigung zuständig ist und von dem wir schon gehört haben, steuert auch Bereiche im Rachen

an. Das bedeutet, durchs Trinken, aber auch durch Gurgeln und Schlucken, können wir den Vagusnerv stimulieren.

- Du kannst singen: So komisch es klingt, das »Ooommmm« kann dich wirklich beruhigen, denn es stimuliert ebenfalls den Vagusnerv. Stephen Porges schreibt in seinem Buch *Die Polyvagal-Theorie*, dass langes Atmen mit ausdrucksstarker Vokalisation im mittleren Frequenzbereich den Vagusnerv stimuliert. Das funktioniert beim berühmten »Ooommm« oder auch beim Singen von Wiegenliedern, wie z. B. »Der Mond ist aufgegangen«.

Vielleicht wirken die Möglichkeiten auf dich banal, und nicht alles wird sich für dich bewähren. Du darfst natürlich ausprobieren und experimentieren, was gut zu dir passt und hilfreich ist.

Was du langfristig für dich tun kannst

Um langfristig mit deiner starken Wut nicht mehr in eine emotionale Notsituation zu kommen, kannst du im Alltag insgesamt mehr **Achtsamkeit und Bewusstsein** auf deine inneren und äußeren oft unbewusst und schnell ablaufenden Prozesse legen und dich so darin üben, grundsätzlich mehr Präsenz zu erlangen. Spüre Spannungszustände in deinem Körper, die unentdeckt blieben, wenn du sie nicht bewusst, achtsam und aufmerksam aufspüren würdest. Achte zum Beispiel auf deine Zunge. Sie ist meistens in Bewegung und angespannt. Beim Reden, Schlucken oder Husten sind die Zunge und die umliegenden Muskeln maßgeblich beteiligt. Und auch wenn nur die Gedanken kreisen, liegt die Zunge nicht auf dem Zungengrund, sondern ist in irgendeiner Form angespannt. Achte auf deine Waden und dein Becken, spüre in deinen Nacken und geh mit der Aufmerksamkeit auch öfter in deine Schultern. Können sie locker nach unten fallen? Nimm ganz bewusst im Alltag auf dieser Ebene Kontakt zu deinem Körper auf und ihn als reichhaltigen Hinweisgeber auf innere Zustände wahr. Bewerte deine Empfindungen nicht, atme in diese Stellen bewusst hinein, lass los und spüre, welche Veränderungen sich in deinem Körper zeigen.

Der **wohlwollende Beobachter,** der alles in den Blick nimmt: Installiere einen wohlwollenden und freundlichen inneren Beobachter in dir. Dieser Beobachter weist uns auf Zustände auf allen Ebenen hin (Wie geht es dir gerade? Aha, ich ärgere mich. Worüber denn?) und begleitet uns gedanklich in allen Situationen. Er gibt uns Hinweise, wertet aber nicht. Um diese Form von Eigenbeobachtung deutlicher umsetzen und spüren zu können, braucht es etwas Zeit und Übung. Das erste Ziel beim inneren Beobachten ist eine Art »schwebende Aufmerksamkeit« für sich selbst, Handlungsabläufe im Außen und die dahinterliegenden inneren Abläufe zu erlangen und so eine größere Bewusstheit für sich zu entwickeln. Außerdem kann man mit Distanz innere und äußere Abläufe besser wahrnehmen, anschauen und beobachten, statt reflexhaft zu bewerten, um dann bewusster und klarer reagieren zu können.

Das **innere Stressbarometer:** Für mich sehr wirkungsvoll und effektiv in der Beratungspraxis erprobt ist das Bild des inneren Stressbarometers. Situativer oder auch Dauerstress bringt uns stärker in die Überforderung und somit auch unbewusster und unreguliert in das Gefühl, zum Beispiel die Wut, hinein. Wir können zusätzlich zum inneren Beobachter ein »inneres Stressbarometer« installieren, um uns die Signale im Körper noch bewusster zu machen.

Der innere Stress steigt meist unbewusst an. Wir beachten die körperlichen Signale, die das Barometer anzeigt, nicht, und so geraten wir sehr schnell in Grenzbereiche hinein, ohne dass wir es merken. Du kannst dir vorstellen, du stehst auf einer kleinen Anhöhe und blickst über das Tal. Der Wald liegt unter dir, der Himmel ist blau und wolkenfrei. Und dann ziehen auf einmal kleine, weiße Wolken am Himmel auf. Du beachtest sie aber gar nicht. Du ignorierst sie und merkst nicht, dass die kleinen Wölkchen auf einmal zu einer großen, grauen, schweren Gewitterwolke geworden sind. Das bemerkst du erst, als sich der Regenschauer über dich ergießt und das Gewitter donnert und grollt. Du bist vom Gewitter überrascht, obwohl es sich angekündigt hat. Deine Aufmerksamkeit lag nur woanders und nicht bei den Wolken und dem Himmel, an dem sich etwas zusammengebraut hat. So

Ausgleich schaffen: das innere Stressbarometer nach Katia Saalfrank

ist es auch mit deinem Stresssystem. Dein Körper gibt dir wertvolle Hinweise auf deine Ruhe- und Erregungszustände, und das Barometer hilft dir, die Aufmerksamkeit auf diese Veränderungen zu fokussieren. Das Ziel ist, dass du schon »kleine Wölkchen« am »emotionalen Himmel« wahrnehmen und dadurch früher und leichter regulieren kannst. Dass du deinen inneren Stress schon in der jeweiligen Situation spüren und gleich reagieren kannst und eben nicht mehr einfach unversehens in ein »Gewitter« und damit in deinen emotionalen Ausnahmezustand gerätst.

So kannst du dir klarmachen, dass es bestimmte innere Zustände gibt, auf die dein Körper dir konkrete Hinweise gibt, auf die du dann entsprechend reagieren kannst. Das Stressbarometer ist grob in drei

Bereiche (dunkel-, mittel- und hellblau) eingeteilt und gibt dir Anhaltspunkte für dein Stresslevel. So kannst du nachspüren, wie sich Übergänge zum Beispiel vom hellblauen Bereich in den mittelblauen körperlich auswirken.

Du kannst das Barometer nutzen, um immer wieder deinen eigenen Stresszustand wahrzunehmen und dich dann entsprechend selbst wieder zu regulieren. Das heißt: Spüre immer wieder in dich hinein und berichte dir selbst, wie es dir geht und was dein Stressbarometer gerade anzeigt. Bitte nutze die bereits bekannte Atemübung, wenn du spürst, dass du in den mittelblauen Bereich kommst:

Übung: Beruhigende Atmung

- Atme ein und zähle innerlich bis 4.
- Halte den Atem kurz an und zähle 1 und 2.
- Atme dann aus – ein bisschen länger, als du eingeatmet hast (zähle bis 6).

Sie hilft dir, wieder in den hellblauen Bereich »hineinzuatmen«.

♥ Beziehungsmomente-Challenge #5

Versuche, einen ganzen Tag lang deinem Kind gegenüber nicht laut zu werden.

In welchen Situationen steigt der innere Druck bei dir besonders an? Gibt dir dein inneres Stressbarometer Hinweise darauf? Wie sehen diese Hinweise aus?

Überprüfe auch immer wieder deine Gedanken: Was denkst du über dich, wenn du wütend bist? Wir wissen, dass unsere Gedanken auch Einfluss haben auf das, was wir fühlen. Deshalb versuch mal, deine Gedanken bewusst zu filtern, und vermeide dabei, dich selbst ständig »niederzumachen«. Werte das, was du fühlst, nicht ab, sondern geh mit dir in innere Prozesse und nutze diese Übungen, um dich mit deinen Gefühlen auf neue Art und Weise zu verbinden: Versuch mal, eine Woche lang nichts Schlechtes über dich zu denken. Keine Kritik, kein Nörgeln mit dir selbst. Stattdessen schreibst du jeden Tag auf, was du an diesem Tag an dir und deinem Verhalten mochtest. Sei freundlich zu dir und mit dir. Beobachte, was die neue Haltung zu dir selbst mit dir macht und was es verändert. Was dann besser gelingen kann: Wir dürfen uns erst einmal selbst ganz wertfrei zuschauen. Welches Gefühl kommt und wie ist es, wenn wir uns mit diesem Gefühl nicht identifizieren, es nicht annehmen und zu unserem eigenen machen, nicht in die »emotionale Rutsche« einsteigen, sondern die Wut »nur« anschauen und vorbeiziehen lassen?

Es kann als ergänzende Maßnahme auch sinnvoll sein, die Energie, die sich im Körper aufgestaut hat, durch regelmäßige körperliche Aktivität abzubauen. So kann eine langfristige und in den Alltag eingebundene körperliche Aktivität (Laufen, Work-out oder andere Sportarten, die Energien freisetzen) helfen, einen guten Ausgleich herzustellen. Dieser Energieabbau ist wirklich rein ergänzend zu den anderen Hinweisen. Die körperliche Aktivität an sich wird nicht dazu führen, dass sich tief sitzende Energien und Muster lösen.

Hab Mut zur Veränderung

Ich weiß, es scheint nicht einfach, seinen Umgang mit Wut zu verändern, sich mit all den unterschiedlichen Ebenen und tief liegenden Mustern zu beschäftigen und andere Handlungsalternativen zu entwickeln, und ja, manchmal geht es nicht ohne eine prozessbegleitende Unterstützung von außen. Es kann also sein – je nachdem, wie tief bestimmte Muster verankert sind –, dass eine Beratung oder auch eine Therapie notwendig wird, um die individuell entstandenen Bindungs- und Beziehungsmuster besser zu verstehen und durch eine neue konstruktive und professionelle Beziehungserfahrung (durch einen Berater/Therapeuten) aufzuarbeiten. Bitte scheue dich nicht, dich in diesem Fall an entsprechende Fachleute zu wenden. Ich möchte dich ausdrücklich bestärken, denn sich an Berater zu wenden ist kein Eingeständnis einer vermeintlichen Schwäche, sondern eine Stärke und eine besondere Fähigkeit. Die Fähigkeit nämlich, sich Hilfe zu suchen und Unterstützung anzunehmen, wenn wir sie brauchen. Wenn Eltern selbst in ihrer Kindheit (entwicklungs- oder auch andere) traumatische Erfahrungen gemacht haben, dürfen sie zuversichtlich sein. Gerade die Anlagen im Entwicklungspotenzial des menschlichen Gehirns, die frühe Ablehnung, Demütigung und Abwertung so verheerend werden lassen können, bieten gleichzeitig gute Chancen, die bei der Bewältigung der Muster genutzt werden können. Hierbei kann die Wut unserer Kinder eine wichtige Rolle spielen, denn sie führt uns Eltern nicht selten an eigene »eingefrorene« aggressive Anteile, denen wir sonst in dieser Form vielleicht gar nicht (mehr) begegnen beziehungsweise die wir schlicht vermeiden würden. Von einem Partner beispielsweise, mit dem es immer wieder zu Konflikten kommt, können wir uns trennen – von unserem Kind nicht. So können unsere Kinder ein Anlass sein, dass wir uns auf den Weg machen. Wir können die Kinder und ihre Wut als Chance für unsere eigene Persönlichkeitsentwicklung begreifen und für die Möglichkeit, uns selbst ein Stück »heiler« zu machen.

Eine aus meiner Sicht wichtige und gute Botschaft aus der Neurobiologie soll dich bestärken und dir Mut machen. So sagt der Hirnforscher Gerald Hüther: »Das menschliche Gehirn ist plastischer, in seiner inneren Struktur veränderbarer, als bisher angenommen. Zeitlebens können die zu früheren Zeitpunkten entstandenen neuronalen Netzwerke und synaptischen Verschaltungsmuster durch neue Nutzungsmuster umgeformt und überformt werden.«

N
W
O
S

Etappe 4: Die emotionale Landkarte von Kindern – wenn Gefühle erwachen

Im Folgenden möchte ich mich mit der emotionalen Landkarte deines Kindes beschäftigen. Wesentlich bei der emotionalen Entwicklung unsere Kinder ist, sie so zu begleiten, dass sie ihre eigene »emotionale Landkarte« kennenlernen können. Quasi so, dass sie die Verbindung zu sich selbst und ihren Gefühlen herstellen und sich zukünftig so zunehmend sicher auf ihr orientieren können. Dabei sind Experimentieren und das Benennen dessen, was sie empfinden, wesentlich, damit sie mit jeder neuen Situation eine gute Erfahrung machen können und ihre emotionale Entwicklung fortschreiten kann. Um die Landkarte besser zu verstehen, möchte ich zunächst die gesamte emotionale Entwicklung von Kindern in den Blick nehmen. Denn Gefühle entwickeln sich nicht einzeln und unabhängig voneinander, sondern insgesamt in einem fortschreitenden Prozess.

Was stresst dich mit deinem Kind am meisten? Welche Gefühle stehen bei deinem Kind momentan im Vordergrund?

Die emotionale Entwicklung

Mithilfe von Direkt- und Videobeobachtungen und faszinierenden Experimenten in der natürlichen Umgebung des Neugeborenen hat die Säuglingsforschung in den letzten Jahrzehnten unglaubliche Erkenntnisse gewonnen und das Bild des Säuglings revolutioniert. Daraus ist die Vorstellung des »kompetenten Säuglings« entstanden. Der Säugling ist eben nicht gefühllos und diffus in seiner Wahrnehmung, wie man früher dachte, sondern kommt als kompetenter kleiner Mensch auf die Welt. Mit kompetent ist gemeint, dass wir uns von Anfang an einem beziehungsfähigen, initiativen, differenzierten, sensiblen Wesen gegenübersehen, das bereits mit unterschiedlichen Gefühlen ausgestattet ist und seine Entwicklung aktiv wählend in Verbindung und Kontakt mitgestaltet.

Unmittelbar nach der Geburt kann das Neugeborene bereits die Stimme seiner Mutter von anderen Stimmen unterscheiden und schon sehr früh verschiedene Sinneseindrücke koordinieren. Es kann somit ein einheitliches Bild der Mutter erlangen, indem es eine Verbindung zwischen ihrer Stimme und ihrem Gesicht herstellt. Und nicht nur die Wahrnehmungs-, sondern auch die Gefühlswelt eines Säuglings ist komplex. Mehr noch, diese Welten sind eng miteinander verknüpft. Die sogenannten Primäraffekte, die in allen Kulturen der Welt einheitlich angeboren sind und nicht gelernt werden, können Säuglinge bereits mimisch zum Ausdruck bringen, sie dienen somit der Kommunikation mit ihren Bindungspersonen. Wir haben von diesen Basisemotionen schon gehört: Interesse, Überraschung, Ekel, Freude, Ärger, Traurigkeit und Furcht sind die Empfindungen, die die Mutter im Gesicht ihres Kindes erkennen kann, sodass sie feinfühlig auf dessen Vorlieben, Abneigungen und Grenzen reagieren kann. Feinfühligkeit meint, dass die Signale des Kindes von der Bezugsperson wahrgenommen und im Sinne des Kindes interpretiert und angemessen befriedigt werden. Die wechselseitige Kommunikation zwischen den Bezugspersonen und dem Säugling ist maßgeblich, denn sie hilft dem Kind, die eigenen Affekte zu regulieren.

Wenn Kinder sich aufrichten, die ersten Schritte machen und sprechen lernen, aber spätestens zum Ende des ersten Lebensjahres, werden die Bedürfnisse nach Autonomie und Selbstständigkeit und der Drang nach Selbstwirksamkeit stärker – eines der drei wesentlichen emotionalen Basis-Grundbedürfnisse und dementsprechend auf unserem Eisberg ganz unten verortet. Sobald also kleine Kinder körperlich aktiver werden, laufen und sich so auch unabhängiger von ihren Eltern bewegen können, beginnt ein neuer Lebensabschnitt. Es ist der Beginn einer tief greifenden emotionalen Entwicklung der Kinder: die Autonomiephase.

Eine Mutter beschreibt eine typische Situation:

»Meine Tochter Greta ist eineinhalb Jahre alt. Sie ist ein Sonnenschein, und wir haben sie bisher immer ausgeglichen und zufrieden wahrgenommen. In letzter Zeit jedoch kommt es immer wieder zu starken Gefühlsausbrüchen, die mich erschrecken und mich ganz hilflos machen. Aus ganz kleinen Situationen heraus entwickelt sich ein riesiges Geschrei. Gestern zum Beispiel durfte sie zwei kleine Minigummibärchen essen. Sie liebt diese und bekommt ab und zu für jede Hand eines. Sie freut sich dann immer sehr, zeigt sie ganz stolz und verspeist sie genüsslich. Eigentlich ist sie dann auch zufrieden. Diesmal nicht. Kaum hatte sie alles aufgegessen, wollte sie noch weitere Süßigkeiten. Als ich verneinte, fing sie erst an zu jammern, stampfte mit den Füßen, ruderte heftig mit den Armen und warf sich dann schreiend und strampelnd auf den Boden. Ich wollte das eigentlich ignorieren, aber sie hat nicht aufgehört. Ganz ruhig und freundlich habe ich ihr zunächst zu erklären versucht, warum ich ihr keine Gummibärchen mehr geben möchte, aber sie wurde immer lauter. Sie hat sich so in die Wut reingesteigert, dass mir das richtig unheimlich wurde. Ich habe weiter versucht, ruhig zu bleiben, sie zu trösten und sie auf den Arm zu nehmen. Aber sie hörte gar nicht und war wie »weggebeamt« auf einen anderen Planeten und gar nicht ansprechbar. Ich war dann so hilflos und hab mich richtig überflüssig gefühlt, weil ich nichts machen konnte. Es dauerte ewig, bis sie sich beruhigt hatte und aufgehört hat.«

Die kindliche Wut

Da ist sie: die kindliche Wut. Wenn dein Kind das erste Lebensjahr schon hinter sich gelassen hat, dann wirst du diese Situationen auch kennen. Ganz banale Alltagssituationen, die früher gar kein Problem darstellten, können nun völlig aus dem Ruder laufen. Ob man den Becher mit der falschen Farbe erwischt hat oder die Schuhe nicht die richtigen sind. In dieser Zeit scheint an jeder Ecke ein Wutanfall zu lauern, und wir fühlen uns wie auf »rohen Eiern«. Eine Kleinigkeit, die nicht so läuft, wie das Kind es sich vorstellt – und alles ist vorbei. Um dein Kind besser zu verstehen und zu begreifen, warum die kindliche Wut in dieser Form Ausdruck auf der »Eisbergspitze« findet und wieso die Wut ständig und auch so heftig auftritt, möchte ich gern entwicklungspsychologisch-emotionale und hirnorganische Prozesse beleuchten:

In dieser Phase sind drei Aspekte maßgeblich:

1. Die Gefühle der Kinder entwickeln sich rasant und in hoher Intensität. Das heißt für dein Kind, dass es ständigen heftigen inneren Gefühlswallungen ausgesetzt ist und von diesen in einer vorher nie wahrgenommen Wucht und Stärke übermannt wird. Das Kind ist in dieser Zeit mit dem Bewältigen seiner emotionalen Entwicklung, das heißt dem plötzlichen Aufkommen und Verarbeiten dieser mächtigen Gefühlswellen, intensiv beschäftigt. Das ist ziemlich anstrengend und auch etwas »ungünstig«, denn:
2. Gleichzeitig nimmt eines der wesentlichen drei Grundbedürfnisse, das nach Autonomie, zu, wird immer stärker und prägt sich in vielen Bereichen intensiv aus. Das Kind strebt also auf unterschiedlichen Ebenen (motorisch, sprachlich, emotional) immer mehr nach Autonomie, es will selbst wirksam werden und entwickelt einen eigenen Willen. Entwicklungspsychologisch gesehen geht es dabei auch darum, sich weiter aus der Verschmelzung mit den Eltern (vor allem der Mutter) zu lösen. Lösen zu dürfen. Das klingt nach einem aufregenden Schritt für das Kind. Ist es auch. Wäre da nicht ein weiterer hirnorganischer Entwicklungszustand, der all das vor allem anstrengend macht.
3. Kinder können noch nicht antizipieren (Situationen voraussehen), noch nicht assoziieren (Verknüpfungen herstellen) und auch noch nicht abstrahieren (Ableitungen vornehmen). Das sind kognitive Fähigkeiten, die uns Menschen das Planen und Umplanen nicht nur erleichtern, sondern ermöglichen. Mit dieser kognitiven Entwicklung ist das Kind noch ganz am Anfang. Das heißt, es kann

noch nicht spontan »umplanen«, sich umorientieren und auf etwas anderes einlassen als das, was es jetzt in diesem Moment für sich selbst geplant hat. So ist das Kind in diesen Konfliktsituationen extrem starr auf ein bestimmtes Ziel fixiert, kann sich nicht unvermittelt davon lösen und hat schlicht keine alternativen Handlungsmöglichkeiten. Die von Eltern angebotenen Handlungsstrategien kann das Kind oft erst später in der Entwicklung annehmen, weil ihm zunächst der Drang nach Selbstwirksamkeit und Autonomie dazwischenkommt. Das heißt auch: Ich will entscheiden.

Dadurch, dass Kinder in dieser Zeit zum einen mutiger, neugieriger und autonomer in die Welt gehen (wollen) und sie andererseits bei ihren Handlungen mit natürlichen Grenzen (der Keks ist zerbrochen) konfrontiert werden, sehen sie sich zunehmend und überproportional häufig Enttäuschungen, Frustration und den daraus resultierenden Gefühlen von Ärger, Wut, Trauer, Schmerz und starker Unsicherheit ausgeliefert. Die ständige Frustration aus dieser Kombination führt zu vielen großen und kleine Wutanfällen im Alltag: Funkt ihnen nun zum Beispiel ein Erwachsener dazwischen, indem er eine bestimmte Handlungsabsicht unterbricht (Nein, es gibt kein Gummibärchen mehr!) oder das Ziel umdefiniert (Morgen wieder), so weiß das Kind in diesem Moment nicht mehr ein noch aus. Es ist emotional völlig überfordert (Greta jammert, strampelt, stampft und rudert mit den Armen) und kann sich alleine nicht aus diesem Zustand befreien. Es ist in dieser Phase nicht mehr in der Lage, die Situation zu überblicken oder zu kontrollieren, und gerät darum völlig aus den Fugen (Greta schmeißt sich auf den Boden). Das Kind wird jetzt von Wut und Ärger gepackt und von diesen Gefühlen in bisher unbekannter Vehemenz komplett überflutet und letztlich überwältigt. Es ist wie gesagt emotional total überfordert und in großer innerer Not. Aus dieser Überforderung heraus gerät es nun in einen merkwürdigen Zustand und fällt in eine innere Starre. Es ist handlungsunfähig. Es kommt zu einem »emotionalen Kurzschluss«, einer Art »innerem Systemzusammenbruch«. Nichts geht mehr. Man kann diesen Zustand durchaus mit einer Form von »Nervenzusammenbruch« vergleichen.

Spüre nach, ob du ähnliche Situationen kennst. Wann war ein solcher Moment? Kannst du die Frustration deines Kindes, wenn etwas nicht gelingt oder/und sich (plötzlich) anders darstellt, als du es dir vorgestellt hast, nachfühlen?

Da Kinder in diesem Alter Zusammenhänge noch nicht im Einzelnen verknüpfen, ihre Gefühle und Bedürfnisse auch noch gar nicht gut kennen und somit weder die Vorstellung noch Worte dafür und für diese innerseelischen Vorgänge haben und auch diesen sprachlich noch nicht differenziert Ausdruck verleihen können, sehen wir auf der »Eisbergspitze« oft verzweifeltes Verhalten, was sich körperlich oft heftig und auch über einen längeren Zeitraum entlädt. Da das Nichterreichen eines Zieles für dein Kind eine große Frustration und eine emotionale Überforderung und in der Folge dann emotionale Unsicherheit darstellt, kann es diesem daraus resultierenden Gefühlszustand zunächst nur mit Weinen, Schreien und Sich-auf-den-Boden-Werfen begegnen. Die Reaktionskette auf unserem Eisberg lässt sich also folgendermaßen lesen:

Bedürfnisebene (untere Ebene des Eisbergs): Autonomiebestreben und Verlust von Sicherheit

Gefühlsebene (mittlere Ebene): zunächst plötzliche starke Wut und später Traurigkeit, Schmerz

Verhaltensebene (Eisbergspitze): jammern, weinen, schreien und sich auf den Boden werfen

Wie fühlt es sich für dich an, wenn du etwas anderes geplant hast? Welche Gefühle entstehen bei dir in diesen Momenten? Was tust du dann, und wie löst du deinen Unmut und solche Situationen?

Das Kind kann seinen Ärger (noch) nicht anders ausdrücken. Es ist entwicklungsbedingt auf eine innerliche Starre zurückgeworfen und wird gleichzeitig von intensiven Gefühlen wie Wut und Ärger überwältigt, die ihm völlig neu sind und die es emotional total überfluten. Dein Kind fällt in eine tiefe innere Not, aus der es sich alleine noch nicht befreien kann. Es sendet folgende Botschaften:

- Hilfe, irgendwas passiert hier gerade mit mir. Ich weiß nicht, was es ist. Ich hab keine Worte dafür.
- Was ist das in mir? Ich habe die Orientierung verloren und fühle mich völlig hilflos.
- Bitte wende dich mir zu. Ich brauche Halt und Sicherheit.

? Wie geht es dir, wenn du das liest? Kannst du in Resonanz mitschwingen? Welches Gefühl kannst du mitfühlen, und welches Gefühl empfindest du für dein Kind in diesem Moment?

Wenn Kinder Wutanfälle zeigen, geraten Eltern schnell in Hilflosigkeit und beginnen dann häufig, Sanktionen einzusetzen und ihre Kinder zu strafen.

Was Strafen bewirken

Allen Formen von Gewalt ist gemeinsam, dass sie die Grenzen des Kindes verletzen und das Kind so lernt, keine Grenzen haben zu dürfen. Kinder können dann kein Gespür dafür entwickeln, was Grenzen überhaupt sind. Auch in ihrem späteren Leben werden sie wahrscheinlich immer wieder die Erfahrung machen, dass andere Menschen ihre Grenzen überschreiten, da sie nicht gelernt haben, Stopp zu sagen.

Übung: Strafen & Konsequenzen

Was war deine schlimmste Strafe in der Kindheit? Erinnere dich an eine Situation, in der du dich richtig be- und gestraft gefühlt hast.

Vielleicht magst du es sogar schriftlich festhalten.

Wie ist es dir mit dieser Strafe gegangen? Wie hast du dich gefühlt? Was hast du empfunden?

Was hättest du dir stattdessen gewünscht?

Welche Konsequenzen verhängst du in deiner Familie für deine Kinder, wenn Regeln nicht eingehalten werden?

Ein liebevoller, gewaltfreier Umgang, der von Wertschätzung und Achtsamkeit geprägt ist, ist die Grundlage für ein gesundes Selbstwertgefühl. Kinder, die nie gelernt haben, dass sie es wert sind, gut behandelt und beschützt zu werden, können zu Erwachsenen werden, die nicht in der Lage sind, sich abzugrenzen, für sich zu sorgen oder ihre eigenen Bedürfnisse überhaupt nur zu erkennen. Sie haben die Erfahrung gemacht, selbst keine Kontrolle zu haben, und werden im späteren Leben häufig zu Menschen, welchen Kontrolle sehr wichtig ist, um der Ohnmacht, der Hilflosigkeit und dem Ausgeliefertsein von früher nie wieder begegnen zu müssen. Oder es kann auch das Gegenteil passieren: Sie lassen weiterhin Grenzüberschreitungen zu, lassen sich von anderen abwerten und demütigen.

Manchmal verdrängen Betroffene die erlittenen Demütigungen auch und glauben, sich an eine gute Kindheit zu erinnern. Dennoch bringen genau diese verdrängten Erfahrungen die Menschen später dazu, eben jene Gewalt, die sie selbst erfahren haben, als Erziehungsmittel einzusetzen. Alice Miller hat schon 1980 aus psychoanalytischer Sicht eindrucksvoll gezeigt, dass selbst die oft so harmlos wirkenden »Klapse« die kindliche Entwicklung aus verschiedenen Gründen und auf verschiedenen Ebenen verletzen und beschädigen:

- Sie bringen dem Kind Gewalt bei. Die Eltern fungieren dabei als Vorbild.
- Sie zerstören die Sicherheit, geliebt zu werden. Das Urvertrauen wird beschädigt.

- Sie erzeugen Ängste: Die Erwartung der nächsten Strafe ist immer präsent. Die Beziehung ist also nicht von Liebe und Vertrauen, sondern von Angst geprägt.
- Sie zerstören das Mitgefühl und die Sensibilität für andere und für sich selbst. Desensibilisierung ist die Folge. Die Fähigkeit, sich einzufühlen, Empathie zu entwickeln, ist nicht gegeben oder wird zerstört. Ein inneres Wachstum ist nicht möglich, und die Entwicklung des Kindes wird beeinträchtigt.
- Sie produzieren Ärger, Wut und den vorerst noch unterdrückten Wunsch nach »Rache«. Das kann sich dann auch gegen Geschwister oder gegen andere Personen richten. Oft finden diese unterdrückten Wutgefühle erst im Erwachsenenalter ihren destruktiven Ausdruck, dann aber heftig.
- Sie erhalten eine Lüge aufrecht, indem vorgegeben wird, erzieherisch zu wirken.
- Sie »programmieren« das Kind, unlogische Argumente zu akzeptieren: »Wenn ich dir wehtue, geschieht es zu deinem Besten.« So wird das Kind darauf programmiert, den Schmerz der Demütigung als nicht schmerzhaft zu registrieren (Desensibilisierung).

Um gute und gesunde Beziehungen eingehen zu können, brauchen Kinder klare Vorbilder und Signale, die für eine sichere Bindung sprechen. Wenn dieselben Menschen, die vorgeben, dass sie einen lieben, auch die sind, die schlagen, beleidigen oder missbrauchen, dann wird entweder die eigene Wahrnehmung infrage gestellt, oder Liebe wird mit Gewalt gleichgesetzt. Vertrauen und wirkliches Sicheinlassen sind nach Gewalterfahrungen eine echte Herausforderung. Häufig sind Überlebende von sexualisierter Gewalt gar nicht in der Lage, Liebesbeziehungen einzugehen. Oder aber sie begeben sich in Beziehungen, deren Struktur genauso ungesund ist wie die Beziehungsstruktur ihrer Kindheit.

Die schlimmsten zwei Zustände, die ein Kind erlebt, das Gewalt ausgesetzt ist, sind Ohnmacht und Einsamkeit in Situationen, die sich existenziell bedrohlich anfühlen und es häufig auch sind. Die Welt ist kein sicherer Ort, an dem Urvertrauen entwickelt werden kann. Und wann immer es im späteren Leben eine Situation geben wird – und sei sie noch so klein (ein verlorenes Fußballspiel, eine schlechte Schulnote), in der dieses Gefühl von Ohnmacht oder von Einsamkeit wieder auftaucht, werden dieselben neuronalen Netze im Gehirn aktiv, und das Gefühl von existenzieller Bedrohung ist wieder ganz präsent. Darauf reagieren wir mit Flucht und Kampf.

Jede Form von Gewalt ist eine starke emotionale Erfahrung, und die Folgen von Gewalt sind groß und lang anhaltend, sodass es nicht selten sogar zu psychischen Erkrankungen kommt. Wenn wir unsere Kinder und deren Kinder vor diesem massiven Verlust an Lebensqualität schützen wollen, ist es absolut notwendig, dass wir ihnen nicht mit Gewalt begegnen, indem wir sie strafen, abwerten, ausschließen und demütigen, sondern mit Respekt, Wertschätzung, Achtsamkeit und Liebe.

Psychische Strafen

Auch Worte und nonverbales Verhalten können verletzen. Neben den körperlichen Strafen gibt es die psychischen Strafen. Hierzu gehören: ein schlechtes Gewissen machen, psychisch verletzen beziehungsweise kränken, auslachen, anklagen, ironisieren, herabsetzen, drohen, gehässig kritisieren, triumphierend provozieren, Vorwürfe machen, ausschimpfen, ein leidendes Gesicht machen, sich zurückziehen, ignorieren und schweigen, Liebesentzug, Vernachlässigung, Beleidigungen und Sätze wie »Du bist doch nichts wert«, »Du kannst aber auch nichts richtig machen!«, »Nimm dich nicht so wichtig!«, »Du bist zu dumm für die Schule!«, »Aus dir wird nie was!« oder sogenannte »Double Binds«.

Double Binds sind paradoxe Botschaften, bei denen das Gesagte nicht mit der Mimik, Körperhaltung oder Stimmlage übereinstimmt. Das Kind weiß nicht, welchem Teil der Botschaft es glauben soll: dem Inhalt des Gesagten oder dem, was über Mimik, Gestik, Stimme und Körpersprache bei ihm ankommt. Seine Wahrnehmung wird so auf die Probe gestellt, und es lernt, sich selbst und seiner Wahrnehmung nicht mehr zu vertrauen. Psychische Strafen sind in der Beziehungsatmosphäre (oft auch subtil) spürbar und wirken stark – viel stärker, als wir denken – auf der emotional-seelischen Ebene; sie können Bindungsmuster langfristig beeinflussen.

Oft reagieren Eltern nicht nur auf das »Fehlverhalten« der Kinder mit Vorwürfen und Drohungen, sondern schimpfen und kritisieren sie auch noch wegen der folgenden Tränen. Dies stellt eine weitere Kränkung des Kindes dar. Es empfängt folgende Botschaft: Nicht nur mein Verhalten war verkehrt und hat die Mutter oder den Vater gekränkt, auch mein Gefühl, die aufkommende Trauer, ist falsch und wird negativ bewertet. Wenn Eltern ihre Kinder nach einem Vorfall ignorieren oder in Schweigen verfallen, findet ein Kontaktabbruch zwischen ihnen und ihrem Kind statt. Das Kind bleibt mit seinen Gefühlen allein und verfällt in eine tiefe Einsamkeit. Es erlebt neben starken Gefühlen eine Trennung von seinen wichtigsten Bezugspersonen. Schmerz, Angst und Wut werden gespeichert. Diese innerpsychischen Vorgänge sind nicht sichtbar, jedoch spürbar. Das Kind lernt: In tiefster Not bin ich einsam und alleine. Ich erfahre keine Verbindung und muss mit meinen Gefühlen allein zurechtkommen. Oft werden Schweigen und Ignoranz von kalten und abschätzigen Blicken begleitet.

Die durch psychische Gewalt verursachten Verletzungen und Kränkungen zeigen sich später in eigenen Bindungs- und Beziehungsmustern in der Partnerschaft oder auch in der Beziehung zu den eigenen Kindern. Nicht selten treffe ich in der Beratung auf Eltern, die selbst als Kinder tief getroffen wurden und jetzt im Kontakt mit ihren Kindern die Chance nutzen, an ihre eigenen frühen Verletzungen heranzukommen und diese auch zu bearbeiten. Denn sie wollen die eigenen seelischen Verletzungen nicht an ihre Kinder weitergeben.

Wir sind unseren Erfahrungen nicht hilflos ausgeliefert. Kommen ein innerer Prozess der Selbsterkenntnis und der Wille, unsere gelernten Mechanismen zu durchbrechen, in Gang, haben wir die Chance, diese Muster zu unterbrechen.

Wir Eltern können uns im Alltag
mit unseren Kindern immer wieder fragen: Gehe ich achtsam mit den Bedürfnissen und Grenzen meines Kindes um? Berücksichtige ich genügend seine emotionale Entwicklung und begleite ich diese feinfühlig? Wenn das Kind sich verweigert, können wir uns fragen: Warum kann mein Kind gerade nicht kooperieren, und wie kann ich mein Kind wertschätzend im Alltag führen, ohne seine Grenzen zu überschreiten?

Abschließend ist festzuhalten, dass durch sanktionierenden Umgang in der Kindheit Menschen im Erwachsenenalter einen Teil ihrer intensiven Gefühle tief in sich gespeichert tragen und diese durch Reize im Außen, zum Beispiel durch das Verhalten der eigenen Kinder, impulsartig an die Oberfläche geraten und sich oft ungefiltert entladen. Außerdem haben diese Erfahrungen dazu geführt, dass die Fähigkeit, Empathie empfinden zu können, eingeschränkt ist und erst wieder erlangt werden muss. Wenn wir uns klarmachen, dass bei Demütigung im Gehirn die gleichen Areale wie bei körperlichem Schmerz aktiviert werden und der Organismus auf Dauer runterschalten muss und so die Verschaltungen weniger werden, wird deutlich, wie verhängnisvoll dieser Mechanismus ist. Denn diese Bereiche sind auch für Gefühl, Empathie und Einfühlung für sich selbst und andere zuständig. Diese sind dann nicht mehr so verschaltet und aktiv, sodass langfristig eine Desensibilisierung erfolgt. Empathie für sich selbst und andere geht zurück oder ist nicht (mehr) möglich. Die Demütigung wird nicht mehr als solche registriert, die wichtige Anbindung an sich selbst ist stark eingeschränkt. Ein Perspektivwechsel ist nicht mehr möglich oder wird zumindest erschwert.

Interessant
Kinder lernen Empathie und Einfühlung, wenn ihre eigenen Bindungs- und Bezugspersonen empathisch und einfühlsam mit ihnen umgehen – auch und gerade dann, wenn Konflikte entstehen. Empathie und Einfühlung können also nur erfahren und nicht im klassischen Sinne »gelernt« werden.

Scham und Beschämung

Wenn Kinder in der Autonomiephase sind, gehören Wutanfälle mit dazu. Wenn diese dann noch in der Öffentlichkeit stattfinden, kann das für uns Eltern zur doppelten Herausforderung werden. Nicht selten schämen wir uns in Grund und Boden, wenn etwas nicht so läuft, wie es soll, und unsere Kinder uns an Grenzen bringen.

Ein oft unterschätzter Auslöser für Scham (und nicht selten mischt sich dann auch Wut in den Gefühlscocktail) ist Stress. Und häufig ist unsere eigene Scham der Grund dafür, dass wir in diesen Stresssituationen Kinder beschämen. Deshalb möchte ich dich im Folgenden bitten, dass du eine kleine Selbsteinschätzung vornimmst.

Übung: Selbsteinschätzung Stress

Nimm dafür bei den folgenden Fragen bitte eine Einordnung auf einer Skala von 1–10 vor (1 = gar nicht / 10 = sehr viel). Bitte notiere dir die Fragen und deine entsprechende Einschätzung auf einem Blatt oder in deinem Notizbuch:

Druck:
Wie sehr fühlst du dich unter Druck von außen, wenn du wütend wirst?
Wie sehr setzt du dich selbst unter Druck?
Wie sehr hast du das Gefühl, du machst vieles falsch?
Wie oft hast du das Gefühl, von anderen verurteilt zu werden?

Wie sehr machst du dir Gedanken darüber, was andere denken könnten oder von dir als Mutter / Vater halten?
Wie sehr machst du dich selbst fertig, indem du dir sagst, was du für ein schlechter Vater / eine schlechte Mutter bist?
Wie oft hast du Schuldgefühle, wenn du meinst, dass du deinem Kind gegenüber nicht gut reagiert hast?

Es ist dein Leben, nicht das der anderen! Wie viel Macht möchtest du anderen über dein Leben geben? Wie sehr stresst es dich, wenn du den Eindruck hast, dass andere schlecht über dich denken? Achte mal bewusst auf dein inneres Stressbarometer (s. S. 147).

Wie fühlt es sich an, wenn du versuchst, dir selbst Verständnis und Liebe entgegenzubringen? Du machst vieles so wunderbar, und in anderen Aspekten kannst du neue Erfahrungen machen und sie in dein Handeln integrieren. Vergiss nicht: Es gibt keine Fehler, es gibt nur Umwege – und diese erhöhen die Ortskenntnis.

Scham ist ein schmerzhaftes Gefühl, über das nicht viel gesprochen wird. Es ist eng an körperlich-vegetative Reaktionen wie das Senken des Blicks oder Erröten gekoppelt. Scham kann enormen Einfluss darauf haben, wie jemand die Welt, sich selbst und andere wahrnimmt. Das Gefühl birgt konstruktive und destruktive Aspekte in sich und hat somit zwei verschiedene Wirkungsweisen.

Zunächst hat Scham eine sehr gesunde Funktion, sie schützt gewissermaßen unsere persönlichen Grenzen und reguliert unser Selbstwertgefühl in Kontakt und Beziehungen zu anderen. Viele Bereiche unseres sozialen Verhaltens werden über Scham geregelt.

In der emotionalen Entwicklung entsteht das Gefühl von Scham zeitgleich mit der Autonomie – spätestens zu Beginn des zweiten Lebensjahres, wenn Kinder körperlich autonomer werden und mit dem Krabbeln oder auch Laufen beginnen. Scham entwickelt sich wesentlich in der Interaktion zwischen Kind und Bindungs- und Bezugsperson und hier über eine nonverbale Kommunikation, die vor allem über Blickkontakt, Tonfall der Äußerungen und Körpergesten läuft. Eltern beginnen in dieser Zeit häufig, diese Art der Kommunikation (z. B. strenger Blick, erhobener Zeigefinger, langgezogenes »Neeeeeeein«) als eine Art Beziehungs-»Regler« einzusetzen, um Kinder zum Beispiel daran zu hindern, etwas zu tun, was sie nicht sollten. Kinder entdecken die Autonomie und die Selbstwirksamkeit. Sie gehen auf neugierige Entdeckungsreise, fassen alles an, stecken ihre Finger in Steckdosen, bedienen Lichtschalter, erforschen die Blumenerde der Zimmerpflanzen, ziehen sich an der Stehlampe hoch, räumen alles aus und haben einen unglaublichen Forscherdrang und Freude an der neu gewonnenen Selbstwirksamkeit.

Wenn aber Eltern in einem bestimmten Ton »Hör auf!« oder »Lass das!« kommunizieren, stellen die meisten Kinder ihre Aktivität sofort ein. Dieser Beziehungsregler hat biologisch gesehen eine wesentliche (Überlebens-)Funktion, zum Beispiel wenn die Eltern ihr Kind vor einer Gefahr warnen. Dafür scheint die Natur diesen inneren Reflex in Form eines Kollapses in uns eingeprägt zu haben. Aus diesem »Kollaps«, diesem inneren Reflex, entsteht später Scham. Denn das Kind, das zum Beispiel gerade eine Steckdose entdeckt hat und diese erkundet, erwartet tief in sich einen freudigen, unterstützenden Blick seiner Eltern als Anerkennung für diese großartige Leistung. Doch die Augenbrauen der Mutter sind zusammengezogen, die Stirn liegt in Falten, und die Stimme ist fest. Die Verwirrung darüber irritiert das Kind und bringt es innerlich in einen Minikollaps. Dieser hindert es dann daran, Sachen zu tun, die nicht gut für es sind. Wenn sich das Gefühl Scham entwickelt, ist der Blick der liebsten Bindungs- und Beziehungspersonen entscheidend, denn der kleine Mensch verinnerlicht die Qualität dieser Beziehungsatmosphäre.

Wenn Eltern nun langfristig in dieser Entwicklung versäumen, das innere Gleichgewicht des Kindes wiederherzustellen, indem sie das Kind (wieder) liebevoll anschauen und die emotionalen Bedürfnisse nach Geborgenheit und Zugehörigkeit erfüllen, dann verbleibt es gewissermaßen in diesem inneren Kollaps. Es kann passieren, dass Kinder dann nicht mehr freudig und neugierig ihr Umfeld zu entdecken wagen. Eltern können also auf entsprechende Signale achten und auf sie reagieren, in dem sie einen entsprechenden Ausgleich herstellen.

Wenn das Kind jedoch in seinen frühen Bedürfnissen von seinen Bezugspersonen Zurückweisung erfährt, Grenzüberschreitungen stattfinden oder es demütigende und beschämende Sätze zu hören bekommt, dann entsteht eine andere Wirkungsweise, die nicht mehr konstruktiv ist: die ungesunde Scham, die vor allem mit Schmerz und Angst verbunden ist und die gesamte Entwicklung des Selbstwertgefühls beeinträchtigt. Die ungesunde Scham vermittelt uns das Gefühl, dass wir nichts richtig machen, nichts wiedergutmachen oder korrigieren können. Das Einzige, was bleibt, ist, sich zurückzuziehen und unsichtbar zu werden.

So kann weder ein gesunder Selbstwert wachsen noch ein positives Selbstbild entstehen. Die Menschen sind unsicher und stets auf eine Rückmeldung von außen angewiesen. Ich erlebe das häufig, vor allem bei Müttern. Und wenn wir dann im Gespräch auf die Frage kommen, ob sie die genannten Aspekte (Zurückweisung, Missachtung, Abwertung) aus ihrer Herkunftsfamilie kennen, können oft Zusammenhänge hergestellt werden.

So ist gar nicht so sehr der Druck von außen entscheidend, sondern vielmehr die Frage, wie wir mit dem Druck umgehen. Je selbstbewusster und klarer wir sein können, desto besser können wir in diesen Situationen mit unseren kleinen Kindern umgehen und für sie da sein. Empfinden wir jedoch selbst Scham und eigenen inneren Druck, unbedingt alles »gut« und »richtig« machen zu wollen, aus Angst, sonst Ablehnung und Zurückweisung zu erfahren, ist uns das im Weg. Sich diese Wirkungsweise klarzumachen, sich Menschen zu suchen, die einen bestärken, kann dazu führen, dass wir langfristig weniger schnell in Stress geraten und in späteren Situationen zunehmend (selbst)bewusster agieren können.

Wesentlich
Keine Beschämung bei Kindern! Oft werden Kinder in ihrer Freude über etwas von uns beschämt. Hast du schon mal erlebt, dass du dein Kind ausgeschimpft hast und es dich als Reaktion »angelacht« hat? Das ist keine Freude - auch, wenn es so aussieht. Das ist häufig die Reaktion auf Beschämung. Denn Lachen ist oft einfacher als Weinen.

Woran merkst du, dass dein Kind sich schämt oder beschämt ist? Wie reagierst du dann? Gibt es etwas, was du nach diesen Erkenntnissen in der Beziehung zu deinem Kind anders machen möchtest? Wenn ja, was ist das?

Wie wir unsere Kinder gut begleiten können

Das Verhalten der Kinder in ihrer Wut verstehen wir Eltern häufig gegen uns selbst gerichtet und nehmen es persönlich. Dabei ist nichts, was Kinder besonders in dieser Phase tun, gegen uns Erwachsene gerichtet. Wenn wir diesem Trugschluss erliegen, beginnt ein (Macht-) Kampf zwischen Eltern und Kind, der im Ergebnis nicht das mit sich bringt, was das Kind eigentlich braucht. Es geht für das Kind in diesen Momenten zum einen darum, sich selbst wirksam zu erleben und zu lernen, mit Frustration umzugehen und sprachliche Ausdrucksmittel für sein inneres Erleben zu erlangen. Die Autonomiephase ist somit eng an die Sprachentwicklung des Kindes gekoppelt. Eltern können also in dieser Zeit beide Aspekte (Autonomie und emotionale Entwicklung) gleichermaßen berücksichtigen und der Überforderung ihres Kindes begegnen,

1. indem sie dem Kind Raum für eigene Entscheidungen bereits vorausschauend (ohne dass das Kind diese konkret einfordert) zur Verfügung stellen und diese Momente im Alltag bewusst gestalten (Berücksichtigung des Strebens nach Selbstwirksamkeit durch Mitbestimmung),

2. indem sie echt mitfühlend die starken Gefühle des Kindes spiegeln und zu Beginn der Autonomiephase benennen, mit aushalten und »stiller Zeuge« der intensiven Emotionen sind; den Kindern in diesen Situationen tröstend und haltend zur Seite stehen. Hierdurch lernt das Kind, seinen Gefühlen immer differenzierter Ausdruck zu verleihen, Sprache und Worte für inneres Erleben zu finden. Es kann so immer mehr selbst auch Gefühle intern regeln, und die als Trotz wahrgenommenen Überforderungssituationen nehmen ab.

Kinder wollen in der Zeit der Hochphase ihrer neuen Autonomie zwischen dem ersten und dem fünften oder sechsten Lebensjahr viel selbst ausprobieren und brauchen die Möglichkeit zur eigenen Entscheidung. Auch das ist ein Teil der Autonomieentwicklung. Dieses Wissen kann Eltern vieles erleichtern.

Lisa (4 Jahre) gerät immer wieder mit ihrer Mutter morgens beim Anziehen in Streit. Ihre Mutter hat bereits etwas zum Anziehen herausgesucht. Lisa jedoch möchte sich selbst entscheiden und zieht zielsicher ein Kleidungstück aus dem Schrank. »Nein, das können wir nicht anziehen, Lisa«, sagt ihre Mutter, »es ist draußen viel zu kalt für das Top.« »Oh, ich will aber«, ruft Lisa, verschränkt entschlossen die Arme vor der Brust. »Schluss jetzt mit dem Theater, jetzt wird das angezogen, was ich dir rausgesucht habe.« Lisa beginnt zu schreien und schmeißt sich vor den offenen Kleiderschrank.

Mit eigener Entscheidung ist nicht gemeint, dass Kinder eigenständig jede oder auch wesentliche Entscheidungen treffen. Auch nicht, dass Eltern hier Kinder mit Entscheidungen alleine lassen. Im Gegenteil. Es geht darum, dass wir Kinder nicht belehren, bevormunden, sie drücken und schieben und sie so durch ihren eigenen Alltag durchschleusen. Das führt unweigerlich zu dem starken Gefühl der Fremdbestimmung. Sondern, dass wir ihnen Möglichkeiten einräumen und viele Chancen geben, sich selbst für eine Sache zu entscheiden.

Perspektivwechsel

Stell dir vor, dein Partner bestimmt plötzlich ständig und alles: Wann du aufstehst, wann und wie du dir die Zähne putzt. Was du anziehst, wann du das Haus verlässt, wann du wiederkommst und wann du schlafen gehst. Wie geht es dir damit, wie fühlt es sich an? Spür auch in deinen Körper und nimm wahr, was sich tut bei dem Gedanken.

Kinder sind auf ganzer Linie von uns abhängig. In der Autonomiephase befreien sie sich ein Stück weit daraus. Sie wollen sich zunehmend innerlich auch gern selbst für einen Weg entscheiden. Vielleicht ist es sogar der gleiche, den du gehen würdest, der Unterschied ist nur: Es ist ihre eigene Entscheidung.

Eine Lösung ist, dass du für dich als Vater/Mutter selbst mindestens zwei alternative Wege zum Ziel suchst und diese in den konkreten Situationen anbietest. Lisas Mutter probiert es nun anders: Sie hat entsprechende Kleidung schon am Abend mit Lisa gemeinsam ausgesucht, und sie haben diese zwei Varianten auf den kleinen Stuhl neben dem Bett gelegt.

»Nein«, schreit Lisa, »ich will das nicht anziehen!« »Wir haben zwei ausgesucht. Welches magst du?« Lisa schaut unentschlossen und grimmig auf die vorhandene Kleiderauswahl. »Such dir eines aus, und wenn du beim Anziehen Hilfe brauchst, dann ruf mich gern« sagt ihre Mutter und verlässt das Zimmer. »Ich nehm das mit dem Pony drauf, Mama«, ruft Lisa nach einigen Minuten über den Flur. »Wie schön«, sagt Lisas Mutter und stellt gleich noch einen weiteren Raum für eine eigene Entscheidung zur Verfügung: »Willst du, dass ich dich in ein paar Minuten zum Frühstück abhole oder kommst du gleich selbstständig zum Frühstück, wenn du fertig bist?« »Ich komme gleich selbst rüber«, ruft Lisa fröhlich, »wartest du auf mich?« »Ja«, sagt Lisas Mutter, »ich warte auf dich.«

Dieser Minidialog enthält gerade am Ende so viele gute Botschaften und wertvolle emotionale Nährstoffe für die Basis-Grundbedürfnisse: So wird das Streben nach Selbstwirksamkeit und Mitbestimmung intensiv genährt, indem mehrere Räume zur eigenen Entscheidung eröffnet werden. Außerdem stellt die Mutter Verbindung her, indem sie anbietet, ihre Tochter zum Frühstück abzuholen. Der Drang nach Autonomie und Selbstmachen ist jedoch stärker. Das wird über die Antwort von Lisa »Ich komm gleich selbst rüber« deutlich. So hat die Mutter nicht nur einen Raum für Mitbestimmung auf der Handlungsebene geschaffen, sondern auch einen emotionalen Raum für Selbstbestimmung geöffnet: »Willst du Verbindung zu mir, ich bin dafür offen – oder möchtest du Autonomie?« Und am Ende braucht Lisa kurz eine Rückversicherung: »Mama, du wartest auf mich?« »Ja, ich warte auf dich.« Hier wird die emotionale Sicherheit stark genährt: »Du bist wertvoll und wichtig für mich.« Du siehst, die Bedürfnisse werden nicht immer in großen Ausnahmesituationen und ausschließlich durch intensive, exklusive Zuwendung zueinander gestillt, sondern auch und vor allem in der Beziehung und der Verbindung, die wir im Alltag zueinander haben. Viele kleine Verbindungs- und Beziehungsmomente und möglichst viele im oben genannten Sinne zugewandte Bindungs- und Beziehungspersonen in dieser Zeit vermitteln ganz viel Erfahrung mit Zufriedenheit und das wunderbare satte Gefühl, angenommen und geliebt zu sein, so wie man ist.

Gefühle kennenlernen

Wenn wir unseren Alltag auf Verbindung und konstruktive Beziehung hin gestalten, ist das Familienleben nicht mit Regelungen im Straßenverkehr vergleichbar. Es ist nicht über einen Regelkatalog und durch die Ahndung von Grenzüberschreitungen und Regelbrüchen zu steuern. In der Familie sind die Beziehungen nah und warm. Es geht darum, sich auszutauschen, miteinander zu lachen und auch Konflikte zu lösen.

Dein Kind darf seine Gefühle in einer wertschätzenden Begleitung durch dich als wichtige Bindungsperson kennenlernen. Wichtig ist, die Gefühle nicht wegzudrücken, sondern zum Beispiel Ärger zu erkennen, ihn wahrzunehmen und ihn dann zu regulieren – damit die Überforderung und die Überflutung weniger werden und das Kind sich später differenziert über innere Vorgänge, Gedanken und Gefühle äußern kann. Ziel ist es auch, die Gefühle erleben und ausdrücken zu können, also einen angemessenen Ausdruck zu finden und eigene Gefühle verbalisieren zu können. Ein weiteres Ziel ist, dass Menschen die Gefühle anderer erkennen und verstehen und dass sie lernen, Gefühle zuzulassen. Damit das alles passieren kann, ist es wichtig, dass Eltern in dieser Zeit vor allem die Gefühle, die beim Kind aufkommen, nachempfinden, sie benennen und so einen Raum für das Gefühl schaffen. Gleichzeitig sollten Eltern ihr Kind co-regulieren, also das starke Gefühl nicht noch größer werden lassen und die Sicherheit vermitteln, dass es mit diesen starken Gefühlen nicht alleine, sondern gehalten ist. Dabei sind folgende Aspekte grundsätzlich entscheidend:

- Der Perspektivwechsel ist zunächst die Grundlage für alles: Du kannst von der Verhaltensebene auf die Gefühlsebene gehen und dort das Gefühl ansprechen – das muss nicht immer mit Worten sein. Wir fühlen auch zwischen den Zeilen über Mimik und Gesten, wenn uns jemand versteht (Gefühlsebene, mittlere Ebene Eisberg).
- Ein Verständnis für das Gefühl entwickeln (in Resonanz und Verbindung mit dir selbst gehen).
- Das emotionale Mitschwingen: In der Resonanz mit dir weiterhin authentisch bleiben und einfühlsam im Kontakt/in Verbindung zum Kind bleiben (zweigeteilte Aufmerksamkeit).
- Erinnere dich daran, dass es um die Grundbedürfnisse von Sicherheit und Autonomie geht. Du kannst diese Aspekte in möglichen Reaktionen ganz bewusst berücksichtigen (Bedürfnisebene, untere Ebene Eisberg)
- Du darfst Geduld mit dir selbst und deinem Kind haben.

Stell dir eine Situation vor, in der du mit deinem Kind (ca. 4 Jahre) an einer Eisdiele vorbeikommst: Das Kind besteht auf einem Eis – du willst nicht! Dein Kind kann noch nicht sicher umplanen. Es schmeißt sich auf den Boden oder wird zumindest »ausfallend« und wird deutlich von der Intensität seiner Gefühle (Wut, Ärger, Unverständnis, Hilflosigkeit) überwältigt. Das kannst du jetzt gut lesen. Lass uns die Schritte konkret durchgehen.

? Erinnere dich bitte bewusst an die Wahrnehmung deines inneren »Stressbarometers«: Wie geht es dir damit? Hilft dir die Selbstbeobachtung und kannst du Stress selbst rausnehmen und reduzieren? Wenn ja, wie gelingt dir das?

Zunächst ist wesentlich, dass du dich vom Verhalten (und sei es noch so anstrengend) auf der Spitze des Eisberges nicht ablenken lässt, sondern dich öffnest und dich darauf fokussierst, was das Verhalten motiviert. Versuch bewusst, die Perspektive zu wechseln und von der Verhaltensebene auf die Gefühlsebene zu gehen. Dort kannst du das Gefühl ansprechen (Gefühlsebene, mittlere Ebene Eisberg) und Worte mit folgenden Botschaften finden:

- Ich sehe, dass du dich ärgerst.
- Ich kann verstehen, dass du traurig bist.
- Das ärgert mich auch. Es tut mir leid.

Oder auch: Oh nein … doof … wie ärgerlich. Oder mitfühlend und zurückhaltend an seiner Seite bleiben, falls dein Kind eine aktive Spiegelung mit zunehmender Wut beantwortet.

Also: Kontakt und wertschätzende Beziehung anbieten und so signalisieren: Ich bin da, ich höre, sehe und verstehe dich mit deinen Anliegen! Das heißt nicht, dass ich meine Haltung ändere, aber ich habe Verständnis dafür, dass du so fühlst, wie du fühlst.

Hier wird das Gefühl des Kindes angesprochen! Das Kind bekommt so Informationen darüber, was in ihm vorgeht. Es erfährt im Kontakt zu den Eltern / Bezugspersonen, wie wir das Gefühl nennen und wie wir das Gefühl ausdrücken können. Ziel ist, dass das Kind lernt, sich in seiner Gefühlswelt zurechtzufinden und seine Emotionen später selbst benennen zu können, zum Beispiel:

- Ich bin enttäuscht.
- Ich bin ärgerlich.
- Ich bin verzweifelt.
- Ich bin traurig.

Sobald wir innere Vorgänge in uns benennen und uns und unsere Gefühle artikulieren können, werden die Ohnmacht und die Überflutung weniger und können wir innere Vorgänge besser sortieren und einordnen. Das nennt man Co-Regulation, und ich werde diesen Vorgang am Ende dieses Kapitels noch ausführlich darstellen.

? Woran merkst du, dass deine Co-Regulation wirksam ist? Was sind deine Erwartungen? Beobachte dich selbst in diesen Situationen: Sprichst du viel und redest du vielleicht sogar mit Erklärungen auf dein Kind ein?

Ziel ist nicht, dass das Kind sich sofort beruhigt und aufhört zu weinen, nicht mehr wütend ist oder dass es umgehend weniger Wutanfälle haben wird. Das ist eher ein langfristiges Ziel der Co-Regulation. Starke Gefühle begleiten Kinder die gesamte Kindheit über, und die Integration dauert bis ins Erwachsenenalter hinein. Die emotionale Überforderung des Kindes lässt erst nach und nach (!) mit jeder guten Erfahrung und Begleitung etwas nach, und Gefühle können integriert werden. Die Wirksamkeit der Co-Regulation kannst du vor allem langfristig und dadurch wahrnehmen, dass dein Kind mit zunehmender Sprachfähigkeit von seinen Gefühlen berichten und ihr euch auch differenzierter darüber austauschen könnt, was in seinem Inneren vorgeht.

Warum Erklärungen für unser Kind nicht hilfreich sind

Unser Gehirn besteht aus vielen verschiedenen Arealen und Bereichen. Wenn Menschen auf die Welt kommen, ist das Gehirn schon vollständig angelegt, allerdings noch nicht ausgereift. Die Reifung geschieht durch die Stabilisierung und den Ausbau neuronaler Vernetzungen. Dies wiederum ist ein Prozess, der durch Erfahrungen angeregt wird.

Wenn wir davon ausgehen, dass es einen Bereich für die Emotion (limbisches System) und einen für die Kognition (Teile des Neokortex) gibt, dann können wir Folgendes verstehen: Die emotionalen Hirnbereiche, die für einfache und überlebensnotwendige emotionale Reaktionen (Wut, Freude, Trauer, Schmerz) verantwortlich sind, reifen früher und deutlich vor den kognitiven Bereichen. Das heißt, bei Babys und Kleinkindern dominiert das emotionale Gehirn noch sehr stark. Die Hirnregionen, die für die Verarbeitung von kognitiven Inhalten (kognitives Verständnis, Vernunft) maßgeblich sind, reifen erst sehr viel später. Zwar vernetzen sich die neuronalen Verbindungen auch im kognitiven Bereich rasant, trotzdem sind Kinder erst einmal viel stärker mit der emotionalen Entwicklung beschäftigt und intensiv in ihren Gefühlen verhaftet. Wir können sie also grundsätzlich eher über das Gefühl als über die Vernunft erreichen.

Eine wichtige Erkenntnis, wie ich finde, denn unser Bestreben, sie auf der kognitiven Vernunftebene zu erreichen, ist deshalb tatsächlich oft vergeblich. Das kindliche Gehirn kann diese Anforderung noch nicht erfüllen und die Informationen nicht entsprechend verarbeiten.

Wir dürfen also getrost die Erwartung aufgeben, dass Kinder Einsicht und Verständnis für unsere Position aufbringen können. Hirnorganisch gesehen ist es eine überhöhte Erwartung, dass das Kind diese komplexen kognitiven Prozesse, wie Einsicht und vorausschauendes, flexibles Verhalten, leisten kann, denn dies wird erst gelingen, wenn die entsprechenden Hirnareale einigermaßen gereift sind.

Einladung an dich als Mutter: Achte in den nächsten Situationen besonders auf dich und darauf, wie du spiegelst und auch wie viel du dabei sprichst.

Es ist wichtig, das Spiegeln nicht als »Technik« anzuwenden, sondern wirklich mitzufühlen und die Perspektive zu wechseln. Versuche, in echte Resonanz zu gehen. Dein Kind weint und tobt, weil der Keks zerbrochen ist. Welches Gefühl spürst du bei ihm? Wut, Trauer? Kannst du den Schmerz fühlen, wenn man etwas akzeptieren muss, weil es irreparabel und unumkehrbar ist? Perspektivwechsel: Stell dir vor, du hast Urlaub gebucht und verpasst den Flug direkt am Gate stehend … Was geht in dir vor? Enttäuschung, Trauer, Schmerz?

Es ist wichtig, das Gefühl da sein zu lassen, es nicht zuzudecken, eben nicht zu viel zu sprechen und das Kind nicht »zu bespiegeln«. Es passiert sonst leicht, dass es zum einen unauthentisch und künstlich wird. Es kann auch passieren, dass du das Kind damit emotional zu sehr bedrängst und ihm damit den Raum für das Gefühl wieder nimmst, ihm auch zu nahe trittst – Gefühle sind höchstpersönlich und hochemotional, und wenn du das Gefühl benennst, kann sich dein Kind »getroffen« fühlen im Sinne von »Das ist mein Gefühl und du sollst es nicht aussprechen« und abweisend, vielleicht sogar wütend oder beschämt reagieren. Nimm zur Kenntnis, dass du »ins Schwarze getroffen« hast, und reduziere dann deinen sprachlichen Kontakt. Sei einfach da und spiegle quasi passiv und nicht mehr aktiv. Weniger ist hier mehr. Diese Form von Verbindung braucht nicht unbedingt viel Sprache. Eigentlich gar keine. Verbindung entsteht auch, indem du einfach darum weißt, was der andere gerade fühlt, und mitfühlst. Vergiss nicht: Es geht nicht darum, dass das Kind aufhört zu weinen. Es geht darum, dass es mit seinem Gefühl nicht alleine ist.

Einladung an dich als Vater: Achte in den nächsten Situationen besonders auf dich und darauf, dass du bewusst auf die Gefühlsebene (Eisberg mittlere Ebene) wechselst und wirklich Raum für die Emotion entsteht.

Es ist wesentlich, auf der emotionalen Ebene zu reagieren und nicht auf der logischen Sachebene auf das Verhalten einzugehen. Dein Kind weint, schreit und stampft: »Papa, ich gehe heute nicht in den Kindergarten. Ich will zu Hause bei dir bleiben.«

Variante 1 (Verhaltensebene/Kognition): »Aber du musst in die Kita gehen. Ich habe keine Zeit für dich. Papa muss arbeiten, sonst haben wir kein Geld.«

Variante 2 (emotionale Ebene): »So lieb hast du mich, dass du gar nicht wegwillst? Ich habe dich auch sehr lieb.«

Wenn wir innerlich in Stress geraten, ist es nicht leicht, auf der emotionalen Ebene zu reagieren. Erinnere dich, dass mit dem Hochfahren des Stresssystems der bewusste Zugriff auf unser Handlungsrepertoire eingeschränkt wird. Versuche, bewusst ruhig und »bei dir« zu bleiben und intern nicht in Stress zu geraten. Deinem sowieso schon wütenden Kind zu erklären, dass du keine Zeit hast, Geld verdienen musst und es deshalb jedenfalls in die Kita gehen muss, ist wenig konstruktiv – es sagt mehr über dich aus. Nämlich, dass du unbedingt willst, dass dein Kind in die Kita geht. Dieser Druck kommt jedenfalls bei deinem Kind an. Manchmal geht dann gar nichts mehr. Denk außerdem daran, dass kognitive Erklärungen für dein Kind in dieser Situation nicht hilfreich sind. Es kann mit ihnen nichts anfangen, da die Hirnregionen, die für die Verarbeitung von kognitiven Inhalten zuständig sind, noch nicht ausgereift sind. Dein Kind ist also gerade stark mit der emotionalen Entwicklung beschäftigt und intensiv in seinen Gefühlen verhaftet. Du kannst es eher über das Gefühl als über die Vernunft erreichen.

So wechsle die Ebenen ganz bewusst und geh vom Kopf in dein Herz. Kannst du den Ärger nachvollziehen, wie es ist, wenn man etwas tun muss, für das man sich nicht selbst entschieden hat? Und auch, wie es ist, wenn man sich trennen muss und eigentlich nicht will?

Perspektivwechsel

Stell dir vor, dein Chef entscheidet für dich, dass ein Urlaubstag bei dir wegfallen muss, weil du Vertretung für einen Kollegen machen musst. Was fühlst du?

Stell dir vor, du bist frisch verliebt, musst dich trennen und weißt nicht, wann ihr euch wiederseht. Was fühlst du?

Und noch etwas: Kannst du die Liebeserklärung deines Kindes hinter der Verweigerung spüren? Dein Kind schenkt dir sein Herz – zugegeben in Form einer Verweigerung. Es will nicht weg, weil du ihm so wertvoll bist.

Es geht jetzt nicht darum, dass du selbst umplanst und dein Kind zu Hause bleibt, statt in die Kita zu gehen. Es geht darum, dass du keine Angst hast, dem Gefühl von Trauer und Wut entsprechend Raum zu geben. Ob ihr dann noch einen Tee trinkt: »Wir trinken jetzt noch einen Tee und dann bring ich dich. Ich freu mich, wenn wir uns heute Nachmittag wiedersehen.« Oder ob ihr noch eine Kuscheleinheit auf dem Sofa macht. Alles Weitere ergibt sich dann.

Gute emotionale Botschaften, die Verbindung schaffen

In diesem Sinne nährst du die emotionalen Basis-Grundbedürfnisse wertvoll zu sein und sich gehört, gesehen und verstanden zu fühlen (siehe Eisberg untere Ebene). Dein Kind erfährt auf der emotionalen Ebene Verbindung zu dir und hört:

- Ich sehe dich in deinem Gefühl und nehme es wahr.
- Du bist gesehen und anerkannt mit deinem Gefühl.
- Ich nehme dich an mit deinem Gefühl und deiner Ohnmacht, deiner Hilflosigkeit.
- Du kannst dich auf mich verlassen, du bist damit nicht alleine!
- Wir dürfen unterschiedlicher Meinung sein. Deine ist genauso viel wert wie meine.

Im Gegensatz zu:

- Hör jetzt auf!
- Stell dich nicht so an!
- Das haben wir doch besprochen!
- Wieso führst du dich so auf?
- Was soll denn das?
- Reiß dich jetzt zusammen!
- Ich hab dir doch erklärt, dass wir …

Hier wird ausschließlich das Verhalten (Eisbergspitze) des Kindes angesprochen. Das Kind bekommt die Information, dass sein Verhalten nicht in Ordnung ist und als »schlecht« bewertet wird. Da das emotionale Gehirn auf Empfang »geschaltet« ist, erhält das Kind dennoch Botschaften auch auf dieser Ebene:

- Ich lehne dich und dein Gefühl (zum Beispiel deine Wut) ab.
- Dein Gefühl und du seid in dieser Form unerwünscht.
- Ich lasse dich mit deinem Gefühl alleine.

Langfristig wird das Kind sich so ein Stück von seinen Gefühlen trennen müssen. Es wird versuchen, auf der Verhaltensebene zu kooperieren. Das von der Umwelt als schwierig und widerständig wahrgenommene Verhalten mildert sich mit zunehmender Sprach- und Handlungskompetenz. Das Kind erlangt emotionale Kompetenz und verinnerlicht zunehmend selbstverständlich, dass es über sein Gefühl Auskunft geben darf.

Die Folge von Wut – kindliche Aggressionen

Wenn Kinder wütend sind, spiegelt sich das in ihrem Verhalten auch über Aggressionen wider. Sie treten, hauen, beißen, kratzen, schreien und können sich oft nur schwer beruhigen. Eltern reagieren dann auf dieses Verhalten oft erschrocken und hilflos und wollen die Aggression »in den Griff« bekommen. Das hat damit zu tun, dass sie häufig Bilder aus unserer Erwachsenenwelt assoziieren. Gewalt, Krieg und Terror haben jedoch mit Aggression, die wir bei Kindern sehen, nichts zu tun.

? Was denkst du über Aggressionen? Wie geht es dir, wenn dein Kind Aggressionen zeigt? Was geht in dir vor? Wie reagierst du?

Aggressives Verhalten ist in unserer Gesellschaft ein unerwünschtes Verhalten. Dabei sind Aggressionen wichtig für uns. »Aber Menschen können ihre Aggressionen doch nicht einfach ungefiltert ausagieren – das müssen doch kleine Kinder schon lernen! Sonst wird es später schwierig!«, wird der eine oder andere vielleicht einwenden. Schauen wir genauer hin, was Aggressionen eigentlich sind und was sie für eine Bedeutung haben:

Der Begriff »Aggression« ist von dem lateinischen Wort für »herangehen, angreifen« abgeleitet. Aggressionen an sich sind wichtig. Sie bringen uns nach vorne und zu Hochleistungen, etwa im Sport. Wer beispielsweise bei der Olympiade die Sportler im Fernsehen genau beobachtet, kann erkennen, wie sich Aggressivität in den Gesichtern spiegelt und in diese unglaubliche Energie verwandelt, die den Athleten nach vorne bringt. Aggression ist Lebensenergie, und wir alle brauchen unsere Aggressionen, um uns zu bewegen, zu lernen, um uns zu wehren, um uns durchzusetzen und um uns weiterzuentwickeln. Wir brauchen diese Energie auch, um »Nein« zu sagen, um eigene Wege zu gehen, destruktive Beziehungen zu beenden und so für uns zu sorgen, also auch um unser Leben zu bewältigen und Entscheidungen zu treffen und uns zu positionieren.

Kindliche Aggression ist entwicklungsgerechtes Verhalten

Das scheint nach wie vor in der tagtäglichen Erziehungspraxis nicht angekommen zu sein. Hier ein aktuelles Beispiel aus meiner Beratungspraxis:

»Wir haben ein Problem mit unserem vierjährigen Sohn Mik. Er besucht seit zwei Jahren die Kita in unserem Ort. Gestern hat mich die Erzieherin angesprochen und mir mitgeteilt, dass unser Sohn aus der Gruppe ausgeschlossen werden müsse. Das Problem: Er sei aggressiv und habe sich nicht unter Kontrolle. Er gehe auf andere Kinder los und störe so die Gruppe und den Ablauf bei gemeinsamen Aktivitäten. Wir wissen, dass Mik sich manchmal ärgert. Vor ein paar Monaten kam es zum Streit mit seinem besten Freund. Dabei ist er gestürzt und hat sich selbst in der folgenden Rangelei die Nase aufgeschlagen, was ihn wohl sehr wütend gemacht hat. Denn dann gab es mit einem anderen Jungen Ärger, sie haben sich gestritten und am Boden gebalgt. Die Mütter dieser beiden Jungen finden das nicht toll, das ist klar. Würde ich auch nicht. Allerdings es sind andere Mütter aus der Gruppe, die jetzt für Aufruhr sorgen. Ich will unseren Sohn nicht in den Himmel loben, aber er ist ein herzensguter, lustiger kleiner Mensch. Das sagt selbst die Erzieherin. Es ist alles so widersprüchlich. Aber wie bekommt man das aus ihm raus? Die Erzieherin meinte, wir müssten zum Arzt, und Mik brauche eine Anti-Aggressions-Therapie. Wir sollen die Aggression aus ihm rausbekommen, sonst habe er in der Schule später nur Probleme. Und die geht ja auch schon bald los. Hast du einen Tipp, was wir machen können? Ich bin so ratlos und mache mir große Sorgen. Das macht mich alles so fertig.«

Diese Geschichte ist ein typisches Beispiel dafür, dass entwicklungsgerechtes Verhalten von Kindern etwa von Erziehern nicht erkannt wird und deshalb nicht konstruktiv darauf reagiert werden kann. Deutlich wird hier die Haltung der Erwachsenen: Diese starken Gefühle darf ein Kind nicht haben; und wenn doch, dann nicht hier!

Es ist ein weitverbreiteter Irrtum, Aggressivität führe unweigerlich zu Gewalt. Deshalb meint man, Kinder sollten schon frühzeitig lernen, Konflikte ausschließlich verbal zu klären. Nicht nur in Kita und Schule herrscht Unwissen und daraus resultierende Hilflosigkeit in Bezug auf Aggressionen. Auch in unserem medizinischen System ist der Blick auf Aggressionen zwiespältig. Zwar werden Kindern mit aggressivem Verhalten entwicklungsgerechte Anteile zugestanden, dennoch werden sie mit diesem Verhalten schnell verurteilt, als stark verhaltensauffällig diagnostiziert und somit in ihrem entwicklungsgerechten Verhalten pathologisiert und falsch bewertet. Wir sprechen hier nicht von Erwachsenen, sondern von Kindern, die noch keine sicheren Strategien zur Verarbeitung ihrer starken Gefühle haben und diese im Kontakt mit ihren Eltern (und anderer Bezugspersonen) erst mit der Zeit über viele Jahre hinweg entwickeln dürfen.

Warum Testungen und Therapien gut bedacht sein sollten

Stell dir einmal vor, dein Kind ist ein Fisch im Wasser. Er gedeiht gut und wächst gesund und fröhlich heran. Dies kann der Fisch nur, wenn das Wasser (also seine Umgebung) in einem ökologischen Gleichgewicht ist: Das Wasser hat die richtige Temperatur, die Lichtverhältnisse stimmen, und es enthält alle notwendigen Nährstoffe, die der Fisch braucht, um zu wachsen, gesund zu bleiben und sich gut zu entwickeln. Die Atmosphäre um den Fisch hat Einfluss auf seine Entwicklung und sein Wachstum.

Übertragen wir dieses Bild nun konkret auf dein Kind: So wie bei Fischen, die ihre Nährstoffe aus dem Wasser aufnehmen und eine bestimmte Wasserqualität benötigen, um gut zu gedeihen, braucht auch dein Kind ausgewählte emotionale Nährstoffe in seiner Atmosphäre, die es umgibt. In unserer Gesellschaft ist es jedoch häufig so, dass wir weniger die Umgebung betrachten als vielmehr die Fische, also die Kinder selbst, »behandeln«. Nicht selten landen dann verunsicherte Eltern bei Kinderärzten, Psychiatern und Psychologen; die Kinder müssen sich Tests unterziehen, man stellt ihnen Diagnosen, sie werden therapiert und häufig medikamentiert. Ihre Symptome werden behandelt. Sie werden als auffällige, schwierige Kinder eingeordnet, ausschließlich mit ihren vermeintlichen Defiziten bewertet, aber nicht in ihrer emotionalen Not gesehen und mit ihren Anliegen verstanden. Oft werden sehr früh Therapien und Fördermaßnahmen für immer kleinere Kinder angesetzt. Und das meist, ohne zu berücksichtigen, dass bestimmte emotionale »Nährstoffe« in den entsprechenden Beziehungen, wie zum Beispiel Geborgenheit, Wärme, Anerkennung, Sicherheit in der Umwelt gerade zu wenig vorhanden sind. Dies kann passieren, wenn Eltern durch Kita oder Schule unter Druck geraten, unsicher werden und diesen Druck an die Kinder weitergeben. Bei den Kindern kommt dann an: Ich bin nur okay, wenn ich auch »funktioniere«.

Wir sollten uns daher überlegen, ob wir nicht zunächst das emotionale Beziehungsklima in der Umgebung (Kita, Schule) und die Qualität der Beziehungen zu Hause unter die Lupe nehmen. Was nutzen Testungen und Therapien, bei denen das Kind isoliert mit seinen vermeintlichen Defiziten im Mittelpunkt steht, wenn es in seiner Umwelt keine Anerkennung, Wertschätzung und Achtsamkeit erfährt? Deshalb ist die Qualität der Beziehung zu deinem Kind so wichtig und auch die

Form der Gestaltung der Beziehung. Wenn dein Kind also Verhalten zeigt, das auffällig ist, dann lass dich nicht verunsichern. Du kannst dich fragen, ob sich dein Kind in Kita und Schule rundum wohlfühlt und für dich überlegen, welcher emotionale Nährstoff deinem Kind wohl gerade fehlt, neu ansetzen und die Atmosphäre gestalten.

»Emotionale Nährstoffe« sind zum Beispiel Liebe, Geborgenheit, Nähe, Raum für eigene Entscheidungen, Schutz, Sicherheit, Achtsamkeit, Orientierung, Führung, Klarheit, Wärme, Bestärkung, Verbundenheit, Unterstützung, Wertschätzung. Welche »emotionalen Nährstoffe« scheint dein Kind im Moment besonders zu benötigen?

Dieser nach wie vor tief verankerte defizitär-bewertende Blick auf Kinder und im Speziellen auf kindliche Aggression ist es, der Eltern unter Druck setzt, Stress und Verunsicherung auslöst, die dann zu Verlust von emotionaler Sicherheit führen. Eltern verlieren die Sicherheit, dass ihr Kind okay ist. Sie geraten unter Druck und entwickeln Sorgen und Ängste. Sie suchen Rat beim Kinderarzt, der wiederum zum Kinder- und Jugendpsychiater überweist. Und so beginnt ein bitterer Kreislauf. Denn das, worum es wirklich geht, bleibt unentdeckt.

Kindliche Aggressionen begleiten

Die ausschließlich verbale und kognitive Form der Konfliktlösung bedeutet für Kinder häufig eine absolute Überforderung. Für eine solche Konfliktlösung müssten sie sehr früh schon eine intellektuelle Leistung erbringen, die ja oft auch uns Erwachsenen schwerfällt.

Wir denken und handeln so jedoch nur aus der absurden Befürchtung heraus, dass aus einem aggressiven vierjährigen Jungen mal ein gewalttätiger Jugendlicher wird. Die Kausalkette so zu knüpfen beruht auf einem Fehlschluss. Denn nicht das aggressive Verhalten in der Kindheit ist ursächlich für die spätere Gewalttätigkeit von Jugendlichen. Vielmehr, das zeigen zahlreiche Untersuchungen, haben gewalttätige Jugendliche fast ausnahmslos in ihren Familien psychische oder physische Gewalterfahrungen gemacht und waren selbst Opfer.

Perspektivwechsel
Reflektiere, was hinter deinen Handlungsmustern in Bezug auf Aggressionen bei deinem Kind liegt: Überlege als Erstes, wie du auf Aggressionen deines Kindes reagierst. Setze in einem zweiten Schritt dein Verhalten auf der Eisbergspitze ein, zum Beispiel »Schimpfen« oder auch Konfliktvermeidung. Geh dann auf die emotionale Ebene darunter und spüre in dich hinein, welches Gefühl dazu führt, dass du so agierst. Geh dann noch eine Etage weiter hinunter. Wonach strebst du tief in dir, und was motiviert dein Gefühl auf der Bedürfnisebene? Suchst du nach Sicherheit, weil du Angst hast? Schau dir deine eigene Eisbergkette an, und beginne, dich so besser zu verstehen.

Es ist wichtig, dass wir uns selbst hinterfragen und unsere Handlungsmuster verstehen, denn Kinder brauchen Unterstützung, diese Energie in konstruktive Strategien zu verwandeln. Wenn du jedoch in deinen eigenen Mustern gefangen bist, wird es nicht leicht sein, die Aggression deines Kindes zu unterstützen.

Dies gelingt aus meiner Erfahrung gut, wenn wir uns selbst besser verstehen. Wir können uns dann zunehmend besser orientieren, gewinnen Sicherheit und entwickeln bessere Strategien, um Kinder dabei zu begleiten, Worte für das zu finden, was sie fühlen.

Auf dem Spielplatz: Kaum betritt Maya (2,5 Jahre) das Gelände, hat sie auch schon ein anderes Kind an der Rutsche erspäht. Sie reißt sich von der Hand ihres Vaters los und stürzt sich entschlossen auf das fremde Mädchen. Sie reißt sie an den Haaren und schubst sie ärgerlich weg. Alle Umstehenden sind erstaunt und auch erschrocken. Das andere Mädchen hat doch gar nichts gemacht! Nur an der Rutsche gestanden. Was geht in Maya vor, dass sie so vehement auf das Kind zugeht?
Tom (2 Jahre) spielt friedlich mit seinem Bagger im Sandkasten, als ein anderes Kind auf ihn zukommt, ihn anstrahlt und ihm mehrfach kräftig seine

Schaufel auf den Kopf haut. Tom beginnt zu weinen und versteht die Welt nicht mehr.

Was ist passiert? Wenn Kinder in diesem Alter Aggressionen zeigen, dann entweder, weil sie sich abgrenzen wollen/müssen (du erinnerst dich: weg von etwas, was vermeintlich schadet) oder weil sie Kontakt suchen (erinnere dich: hin zu etwas, was wir brauchen).

Wir können dieses aggressive Verhalten also immer erst einmal als Abgrenzung oder als Kontaktaufnahme interpretieren:

1. Abgrenzung: im Sinne von NEIN! HALT! STOPP! Bis hierher und nicht weiter. Anhalten. Aufhören. Etwas wird mir zu viel. Etwas kommt mir zu schnell, zu nah. Ich fühle mich bedroht in meinen Grenzen, mein Selbstwert ist in Gefahr. Hier geht es um das Basis-Grundbedürfnis der Sicherheit. Je mehr sich ein Mensch bedroht fühlt, desto stärker die Abgrenzung.
2. Suche nach Kontakt und Verbindung: im Sinne von HALLO hier bin ich. Schau mich an, nimm mich wahr.

Perspektivwechsel

Überlege, wann du das letzte Mal einen Angriff auf deine persönliche Integrität erfahren hast. In Freundschaften, in deiner Partnerschaft oder in beruflichen Zusammenhängen. Wie hast du reagiert? Wie teilst du anderen dein STOPP mit, welche Strategien hast du entwickelt?

So sucht das Kind, welches Tom mit der Schippe zur Begrüßung erst einmal ordentlich auf den Kopf haut, vermutlich Verbindung. Zugegeben, die Kontaktaufnahme selbst ist zwar zunächst gelungen, jedoch sicher nicht geglückt, denn die Verbindung kommt wahrscheinlich nicht zustande. Kindern in diesem Alter passiert es öfter, dass die Kontaktaufnahme so misslingt. Sie haben noch keine adäquaten Strategien entwickelt, auf andere zuzugehen. Folgendes ist in solchen Situationen wesentlich:

1. Wir dürfen uns immer wieder klarmachen, dass es sich um Kleinkinder handelt. Es geht nicht um gewaltvolles und feindseliges Miteinander. Dein Kind wird kein »Schläger« werden. Es grenzt sich ab und/oder sucht Kontakt und hat noch keine anderen Wege.
2. Die Interpretationsmöglichkeiten dienen dir zunächst als erste Orientierung. Du benötigst nur eine ungefähre Richtung, um deine Unterstützung daran auszurichten.
3. Nutze dieses Wissen nun, um dein Kind entsprechend zu begleiten. Finde Worte für das, was in deinem Kind vorgehen könnte beziehungsweise was du denkst, was dein Kind gerade bewegt und nicht anders als ausdrücken kann.
4. Dafür brauchst du deinen Resonanzraum: Was kommt bei dir an? Was könnte dein Kind bewegen? Will es mitspielen oder fühlt es sich bedroht? Achte dabei auf Körperhaltung und Mimik deines Kindes. Du wirst so noch mehr Hinweise über die Intention deines Kindes erhalten.

Eine verbale Begleitung für die beiden Kinder könnte also jeweils folgendermaßen aussehen, und gute Botschaften sind:

Zu Maya: »Oha, das Mädchen kennst du gar nicht, stimmt's? Es steht einfach hier an der Rutsche. Jetzt hast du dich geärgert, weil du nicht willst, dass es hier an deiner Rutsche steht? Puuh. So sehr hast du dich geärgert.«
Zu Tom: »Oh nein. Das ist ärgerlich. Der Junge hat dich gehauen. Das tut weh. Ich tröste dich. Ich denke, das Kind findet deinen Bagger ziemlich interessant. Vielleicht wollte er mit dir spielen.«

Ich weiß, dass ein Großteil der Pädagogen und Fachleute Eltern rät, das »unerwünschte Verhalten« auch anzusprechen und sich so zu positionieren. Ich verzichte hier allerdings ganz bewusst auf die Ermahnung des Verhaltens und damit auf die Botschaft, dass das »Hauen nicht in Ordnung« war. Meine Erfahrung ist, dass wir Eltern unseren Kindern das schon sehr oft (viel zu oft) gesagt haben und Kinder durchaus Bescheid wissen. Sie erhalten somit keine neue Information. Vielmehr führen solche Maßregelungen dazu, dass die emotionale Verbindung schwächer wird und das Kind sich noch hilfloser fühlt. Denn könnte dein Kind anders handeln, dann würde es das tun. Diese Form von Abgrenzung und/oder Kontaktaufnahme wählt das Kind nicht bewusst, es hat (noch) keine anderen Strategien.

Lass dich also nicht verunsichern von Außenstehenden, die das Verhalten deines Kindes bewerten, einordnen und vielleicht auch verurteilen. Lass dich nicht verunsichern, wenn dir dazu geraten wird, etwas zu tun oder etwas zu lassen. Denk an den Eisberg, und beginne zunächst, dein Kind besser zu verstehen:

Du weißt, dass Aggressionen die Folge von starken Gefühlen sind und von der emotionalen Ebene motiviert werden. Du weißt auch, dass mit zunehmendem Alter die Gefühle stärker und intensiver erlebt und auch differenzierter werden. Das heißt, du kannst das Verhalten (Treten, Hauen etc.) auf der Eisbergspitze oben für dich eintragen und differenzierter in der Interpretationskette vorgehen.

Du kannst dir noch einmal bewusst machen, dass Aggressionen Reaktionen auf Angst, Wut, Trauer und Schmerz sind. Und dass wir Menschen vor allem die drei Basis-Grundbedürfnisse (Sicherheit, Verbindung und Autonomiebestreben) in uns tragen. Wenn Verbindung gelingt und wir uns als selbstwirksam erleben, hat das auch erfüllenden Einfluss auf das wichtigste Grundbedürfnis, unsere (Selbst-)Sicherheit. Verbindung und Autonomie nähren auch Sicherheit und umgekehrt: Wenn wir uns sicher fühlen in dieser Welt, können wir gut in Verbindung gehen und wachsen mit Leichtigkeit über uns hinaus.

Dein Kind hat diese Möglichkeit (noch) nicht. Es ist ständig auf der Suche nach der Antwort auf die Frage: Wie wertvoll bin ich für dich, Papa? Wie wertvoll bin ich für dich, Mama? Wenn dein Kind im Alltag Sicherheit verliert, dann gelingt – so wie bei dir als Erwachsenem auch – Verbindung nicht gut. Das heißt, wenn diese Grundbedürfnisse nicht oder nur teilweise erfüllt werden, dann entstehen Angst, Schmerz oder/und Wut. Kindern stehen (noch) keine Verarbeitungsmöglichkeiten für diese Gefühle zur Verfügung und sie fallen deshalb in eine Art »Notfallprogramm«, die ungefilterte Aggression zurück, weil sie auf nichts anderes aktiv zurückgreifen können.

Perspektivwechsel

Stell dir vor, du zweifelst, ob dein Chef mit deiner Arbeit zufrieden ist. Diese Unsicherheit vertieft sich. Die Folge: Du bist gehemmt (in der Verbindung) und kannst deine Arbeit nicht mehr gut ausführen (Autonomie/Selbstwirksamkeit sind eingeschränkt). Als Erwachsener verfügst du rein kognitiv bereits über die Fähigkeiten, zu antizipieren, zu assoziieren und zu abstrahieren. Du hast die Sprache zur Verfügung und bereits verschiedene Strategien in deinem Leben erproben können, die dir helfen, durch solche emotionalen Krisen im Alltag hindurchzukommen. Indem du das Gespräch mit deinem Chef suchst und nachfragst, kannst du wieder sicher werden. Sobald die Unstimmigkeiten ausgeräumt sind, wird euer Kontakt wieder besser, und du kannst dich unbefangen um deine Arbeit kümmern.

Aggressionen im Geschwisterkonflikt

Dieser Konflikt ist einer der häufigsten Anlässe für lang anhaltende und intensive Spannungen in der Familienatmosphäre und ein gutes Beispiel für die oben beschriebene Dynamik. Wenn weitere Kinder in eine Familie geboren werden, verändert dies die gesamte Konstellation, und alle Familienmitglieder müssen sich neu sortieren. Gerade ältere Geschwister erleben auf der emotionalen Ebene eine extreme Erschütterung, die nicht nur wenige Wochen oder Monate, sondern prozesshaft über Jahre andauern und mal mehr, mal weniger spürbar für Eltern werden kann. So empfinden Geschwisterkinder immer wieder schmerzhafte Verlustgefühle. Während sich alle Familienmitglieder und das Umfeld von Freunden und Bekannten über das neue Baby freuen und dieses schnell in die Familie integriert haben, spürt das ältere Kind vor allem den Verlust von exklusiven Beziehungen, insbesondere zu seiner Mutter, aber auch zum Vater.

Perspektivwechsel

Stell dir vor, dein Partner kommt nach Hause und eröffnet dir, dass er jemand Netten kennengelernt hat und ihr ab nächster Woche zu dritt leben und alles miteinander teilen werdet. Es tritt also auf einmal jemand in dein Leben, der emotional und körperlich genauso nah oder sogar näher an deinem Partner sein darf als du. Bisher gibt es vermutlich die Verabredung, dass deine Beziehung zu deinem Partner eine Exklusivität hat. Diese Verabredung hebt dein Partner einseitig auf. Wie geht es dir mit diesem Gedanken und der Vorstellung, dass jemand Drittes in eure Exklusivität »hineinplatzt«? Spür auch in deinen Körper und nimm wahr, was sich bei dieser Vorstellung verändert. Bitte denk immer an diesen Perspektivwechsel, wenn dir das Verständnis für dein Kind abhandenkommt.

Als Erwachsene können wir uns dafür oder auch dagegen entscheiden. Wir könnten die Beziehung zu unserem Partner beenden und sagen: So habe ich mir das nicht vorgestellt. Ein Kind kann das nicht – und will es auch nicht. Es liebt seine Eltern und ist dieser Entwicklung quasi ausgeliefert. Das Verlustgefühl ist jedoch da, und die Trauer ist stark und schmerzhaft. Und noch etwas: Kein anderer fühlt diesen Verlust – so ist das Kind mit seinem Gefühl ganz allein und stürzt in ein Gefühlschaos; es fragt sich nun: Wie wertvoll bin ich eigentlich für meine Eltern? Auf der Suche nach der Antwort auf diese Frage können viele verschiedene Verhaltensweisen entstehen. Manche älteren Kinder werden sehr anhänglich und fordern so als Rückversicherung ihres Wertvollseins intensive Versorgung, Zuwendung und Kontakt ein. Wieder andere werden aggressiv. Sie grenzen sich (wie oben erwähnt) einerseits ab, indem sie hauen, treten und/oder schimpfen und damit deutlich machen: »Das Baby soll weg«, um ihre eigene Sicherheit – »Das ist meine Mama« – zu nähren, und stillen oft auch gleichzeitig die Sehnsucht nach Verbindung. Denn in dem Hauen und Treten steckt auch ein »Hallo, siehst du mich eigentlich, Mama?«. Allein diese Erkenntnis kann schon Entlastung für Eltern schaffen und dabei helfen, in den Perspektivwechsel zu kommen und Mitgefühl mit dem eigenen Kind zu haben.

Schauen wir uns die kindliche Aggression mithilfe der Eisbergkette noch einmal genauer an:

1. Verhalten als Hinweis auf ungestilltes Grundbedürfnis
2. Verhalten als Strategie zur Erfüllung
3. Kind weist so auf emotionale »Notsituation« hin

Aggressionen besser verstehen: das Eisbergmodell nach Katia Saalfrank

Erinnere dich: Es gibt nie nur ein Gefühl, das Verhalten motiviert. Es gibt immer verschiedene Mischungen. Oft ist das Gefühl der Wut nur der Schaum des Cocktails. Die Mischung insgesamt ist dann häufig eine ganz andere.

Der Gefühlscocktail bei Aggressionen – eine bittere Mischung

Die sichtbare Reaktion deines Kindes auf Wut – die Aggression – wird motiviert durch einen emotionalen Cocktail aus Trauer, Schmerz, Wut und Angst sowie durch das Gefühl, nicht wertvoll zu sein.

Dein Kind gibt dir mit seinem aggressiven Verhalten einen Hinweis auf das, was in ihm vorgeht. Das Verhalten ist ein Signal, und dein Kind sendet folgende Botschaften:

- Hier mit mir und/oder in meiner Umgebung stimmt etwas nicht.
- Ich weiß nicht, was es ist, und zudem habe ich keine Wörter dafür.
- So bitte ich dich: Schau mich an, wende dich mir zu, frage mich, was mich so wütend macht, erforsche mit mir gemeinsam die Ursachen und hilf mir.

Die Bewertung des aggressiven Verhaltens (auf der Eisbergspitze) durch uns Erwachsene: »Das darfst du nicht tun und so ist man aber nicht!«, ist für das Kind nicht hilfreich, denn sie birgt keine neuen konstruktiven und alternativen Bewältigungsstrategien.

Wir dürfen also unsere Kinder in ihrem emotionalen Ausdruck wahrnehmen und »lesen lernen« und nicht unsererseits mit Aggressionen, Maßregelungen, Strafen oder Bevormundung in Form von Belehrungen begegnen, sondern die Liebe zu unseren Kindern auch in liebevolles Handeln übersetzen.

Wir könnten fragen:

- Was ist mit dir los?
- Was macht dich so wütend?
- Was brauchst du von mir?
- Gibt es etwas, was ich tun kann?

Wir dürfen unsere Kinder ernst nehmen und verstehen, dass ihr aggressives Verhalten Ausdruck eines emotionalen Bedürfnisses ist. Wir können versuchen, uns einzufühlen und das Verhalten nicht zu bewerten, sondern das dahinterliegende Bedürfnis wahrzunehmen, seine Signale zu lesen, starke Gefühle zu regulieren und in einem wertschätzenden Kontakt Handlungsalternativen aufzuzeigen (z. B. im Kontakt mit dem Kind Verbalisieren / Spiegeln des Ärgers oder uns auch mal mit ärgern, indem wir aufstampfen, die Empörung des Kindes mitfühlen und selbst ausdrücken, indem wir ihr »angemessen« und lebendig Ausdruck verleihen).

Wenn Aggressionen weggedrückt werden

Ziel der emotionalen Entwicklung ist es auch, mit unangenehmen Empfindungen, sogenannten »negativen« Gefühlen, umgehen zu können, diese zu regulieren. Drei dieser Grundemotionen sind Wut, Angst und Schmerz.

Aggressionen sind eine Reaktion auf gefühlten Schmerz, eine Wut und / oder eine entstandene Angst. Doch Menschen haben die Möglichkeit, mit ihren unangenehmen Gefühlen umzugehen und diese entsprechend zu verarbeiten und zu regulieren. Dafür braucht es Ausdrucksmöglichkeiten. Werden Aggressionen verboten, müssen Kinder ihre Gefühle unterdrücken. Dadurch lösen sich die Gefühle jedoch nicht auf, sondern im Gegenteil: Sie stauen sich auf und werden dann irgendwann übermächtig. Es entsteht ein innerer Druck.

Die drei negativen Grundgefühle funktionieren wie in einem System, in dem Wasser gleichmäßig durch Leitungen gepumpt wird und durch drei unterschiedliche Düsen nach draußen gelangt. Ist allerdings eine Öffnung »verstopft« oder wird sie zugehalten, verlagert sich der Druck, und das Wasser spritzt aus den beiden übrigen Düsen umso heftiger. Wird zum Beispiel ein Schmerz unterdrückt, werden Wut und Angst übermächtig. Wird Wut unterdrückt, werden Angst und Schmerz übermächtig.

Dieser Mechanismus äußert sich dann in Symptomen, die – werden sie nicht ernst genommen – oft auch erst später, im Erwachsenenleben, zu Erkrankungen wie Depressionen, Angststörungen, Burn-out und Beziehungsstörungen führen. Deshalb ist es so wichtig, dass wir Kinder in der emotionalen Entwicklung unterstützen und ihnen auch dabei helfen, ihre unangenehmen Gefühle kennenzulernen. Mit unserer Hilfe können sie dann lernen, diese zu regulieren.

Was bedeutet Co-Regulation und wie funktioniert sie?

Kinder sind in den ersten Lebensjahren sehr eng mit dem Nervensystem ihrer wichtigsten Bezugspersonen gekoppelt und auf Co-Regulation angewiesen. Da das autonome Nervensystem bei Säuglingen und Kleinkindern noch nicht vollständig ausgebildet ist, können sie sich bei Erregungs- und Stresszuständen noch nicht selbst regulieren. Deshalb benötigen sie bei der Regulation Hilfe und Unterstützung von außen. Bist du also selbst in einem hohen Erregungszustand, ist es für dein Kind noch schwieriger, sich zu beruhigen. Kinder brauchen Bezugspersonen, die sie in hohen Erregungszuständen (Angst, Schmerz, Trauer, Wut, Freude) co-regulieren und eine beruhigende Atmosphäre schaffen sowie Halt, Sicherheit und Geborgenheit vermitteln können.

Co-Regulation bedeutet, dass Kinder ihr eigenes System kennen und »fahren« lernen und mit der Zeit immer mehr Verantwortung übernehmen können. Irgendwann sitzen sie selbst am »Steuer«, weil alle Instrumente gut erreichbar sind und auch ohne viel Erfahrung bedient werden können. Eltern sind quasi in der Rolle eines »Emotionscoachs« oder auch in der Rolle eines »Fahrlehrers«, der gut aufpasst, dass die Kinder nicht »an den Baum fahren« und größere »emotionale Unfälle« geschehen. Sie können Gefahrenstellen kommen sehen oder wieder alles beruhigen, wenn die Kinder »ins Schleudern« gekommen sind. Zusammen mit den Kindern können sie anschließend neue Strategien für die nächste »Kurve« entwickeln.

Ähnlich wie Gas und Bremse besteht auch unser autonomes Nervensystem aus zwei Komponenten, die in einem dynamischen Zwischenspiel miteinander sind: Erregungszustand (Gas) & Erholungs- und Ruhezustand (Bremse).

1. Gas/Sympathikus (hohe Erregung im System)
Das sympathische Nervensystem bringt Energie ins System. Wir brauchen es für Freude, Neugier, Lust, Kraft, Verliebtsein etc.

2. Bremse/Parasympathikus (Beruhigung und Ruhezustand)
Das parasympathische Nervensystem drosselt das Energielevel. Wir brauchen es für Ruhe, Entspannung, Innenschau, Konzentration etc.

Das Nervensystem unterliegt grundsätzlich einem ständigen Regulierungsprozess. Regulierung gelingt effektiv und bereichernd, wenn eine feinere Dosierung zwischen den beiden »Gegenspielern« möglich wird. Dafür ist es nötig, dass wir Kinder auf ihrem Weg zu einem reifen Nervensystem co-regulieren. Das bedeutet, dass wir Kinder, die mit Vollgas fahren (also in hoher Erregung sind), nicht alleinlassen, sondern ihnen beim »Steuern« ihres Systems behilflich sind, indem wir spiegeln, innere Zustände benennen, auf diese Weise schnell ablaufende Prozesse entschleunigen, Überblick und Sicherheit geben. So geben wir Informationen über alle Aspekte, die das Kind jetzt gerade nicht benennen und sortieren kann. Gleichzeitig sprechen wir in dieser Form der Co-Regulation automatisch den Bereich im Gehirn an, der Ruhe und Beruhigung bringt. Ziel der Co-Regulation ist nicht, dass die Kinder sich sofort beruhigen, sondern dass sie mit ihren hohen Erregungszuständen nicht allein sind. Außerdem erfahren sie über diese Art des Kontakts in einer inneren Notsituation Sicherheit (ich bin nicht allein), Orientierung und Überblick. Und zwar dadurch, dass nicht transparente Vorgänge eine Sprache erhalten, schnell ablaufende Prozesse entschleunigt werden und für das Kind nicht Fassbares fassbar und sichtbar gemacht wird.

So können Kinder (mit wachsender Hirnreifung) selbst auch Strategien entwickeln und ihr System selbstständiger steuern. Sich regulieren zu lernen ist ein langfristiger Prozess, und es geht darum, dass unsere Kinder im Laufe ihrer Kindheit bis ins Erwachsenenalter immer wieder (möglichst viele) gute Erfahrungen mit dem Steuern ihrer Emotionen machen können.

Interessant

Kinder benötigen übrigens ihre gesamte Kindheit für diese Entwicklung, um sich dann im Erwachsenenalter auch selbst regulieren zu können.

Und auch erwachsene Menschen benötigen Co-Regulation. Wann? Stell dir vor, es ist etwas Schlimmes passiert. Wen rufst du an? Deinen Partner oder irgendeinen anderen Menschen, dem du vertraust und der dir Trost spendet und dich so wieder beruhigt?

Umarmung und Körperkontakt können für Co-Regulation hilfreich sein. Wenn wir jemanden umarmen, regt der Kontakt Druckrezeptoren auf der Haut an, und diese senden sofort Signale an den Vagusnerv, der als Teil des Parasympathikus für Beruhigung in unserem Nervensystem zuständig ist. Der Parasympathikus reguliert, wie wir bereits wissen, unsere Körperfunktionen in Stresssituationen und sorgt wie eine natürliche »Handbremse« dafür, dass etwa Stressreaktionen in unserem Körper nicht zu stark werden. Der Effekt ist sofort spürbar, da der Vagusnerv direkt mit verschiedenen Nervenfasern verbunden ist, die entscheidende Körperfunktionen regulieren. Die körperliche Reaktion auf eine Umarmung besteht in der Absenkung des erhöhten Blutdrucks und des beschleunigten Herzschlags. In stressigen Situationen kann eine Umarmung somit ein äußerst schnell wirkendes »Medikament« sein, um sich rasch entspannen zu können.

Übung: **Bewusste Co-Regulation durch deine Partnerin oder deinen Partner**

Sucht euch einen gemütlichen Ort (Sofa oder Kuschelecke): Ihr setzt euch hintereinander, das heißt, dein Partner setzt sich hinter dich, und du lehnst dich mit deinem Rücken an seine Brust/Oberkörper, sodass dein Körper ganz vom Körper deines Partners umschlossen ist und ihr euch mit dem Oberkörper und an den Beinen berührt. In dieser Übung geht es darum, sich bewusst halten zu lassen und dabei genau zu beobachten. Du kannst dich während dieser Übung leicht bewegen und deine Position verändern – bleib jedoch für einige Zeit in dieser Haltung. Beobachte dich und deinen Körper und versuche, ganz loszulassen und den Halt deines Partners zu spüren. Versuche, dich mehr und mehr in den Kontakt zu deinem Partner zu versenken. Achte dabei auf deine Atmung und stell dir vor, dass du dich mit dem Ausatmen immer noch einmal tiefer am Körper deines Partners entspannst und noch schwerer wirst. Spüre mal, wie es sich anfühlt, wenn es gerade nichts zu tun gibt, du loslassen darfst und nur du gehalten wirst. Das kann ein sehr berührender Moment zwischen euch sein. Nimm es wahr und lass dich berühren. Spüre auch, wo du verspannt bist. Atme dort bewusst hin und lass ganz los. Bleib für mindestens 20 Minuten in dieser haltenden Position und Umarmung. Ihr könnt auch tauschen und dann über eure Erfahrungen sprechen.

Deshalb: Die Art und Weise, *wie* wir Kinder begleiten, ist entscheidend. Es ist wichtig, zu wissen, dass Kinder (je jünger sie sind, desto intensiver) in unserem Nervensystem verhaftet sind. Das heißt, Erwachsene haben nicht nur die Möglichkeit, über Stimme, Sprache, Gesten und Spiegelung zu regulieren, sondern auch über ihr eigenes Nervensystem das System ihrer Kinder zu beruhigen und damit zu co-regulieren (z. B. in dem sie atmen und sich selbst in einen besonders ruhigen Zustand versetzen).

Die folgenden Darstellungen zeigen unterschiedliche hirnorganische Zustände (Regulationssystem im reifen und unreifen Zustand) und verdeutlichen noch einmal bildlich die Vorgänge der Co-Regulation:

Wenn Eltern selbst wütend werden, quasi in einen unreifen und unregulierten Zustand zurückfallen und von großen Emotionen überrollt werden, gleicht sich das hirnorganische Bild dem des Kindes an. Der Unterschied ist, dass das Kind schlicht aus entwicklungsgerechten Zusammenhängen heraus in diesem dysregulierten Zustand ist, während der Erwachsene ein ausgereiftes Nervensystem hat, welches in Dysregulation gerät. Das heißt, die Erwachsenen sind hirnorganisch dazu in der Lage, sich selbst zu regulieren – das Kind (noch) nicht. Es ist auf den Erwachsenen und die Co-Regulation angewiesen.

Wenn Eltern in diesem hohen Erregungsstand sind, ist die Verbindung zur Kognition unterbrochen. Eltern können in diesem Zustand durch die Überflutung der Emotion dann auf Bereiche der Vernunft und Kognition, wo das erlangte Wissen gespeichert ist, nicht zurückgreifen. Es können also keine sinnvolle, zielführende Co-Regulation und keine Beruhigung erfolgen. Um die Verbindung zur Kognition wiederherstellen zu können, ist es wichtig, die »Kupplung« zu aktivieren, nämlich die Atmung. Die Atmung aktiviert den Vagusnerv, der

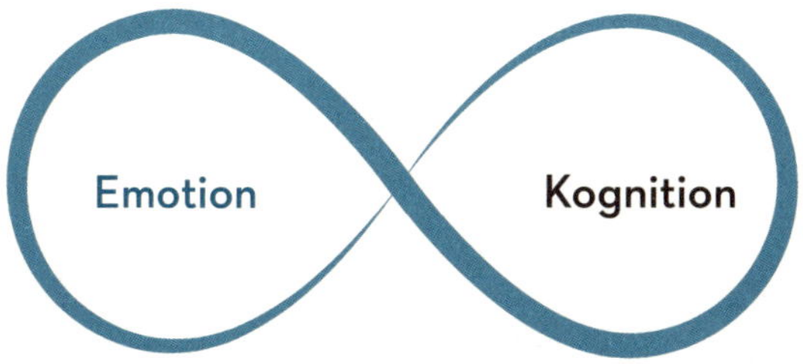

Das reife (Stress-)Regulationssystem in reguliertem Zustand (Erwachsene)

Das unreife (Stress-)Regulationssystem in entwicklungsgerechtem Zustand (Kind)

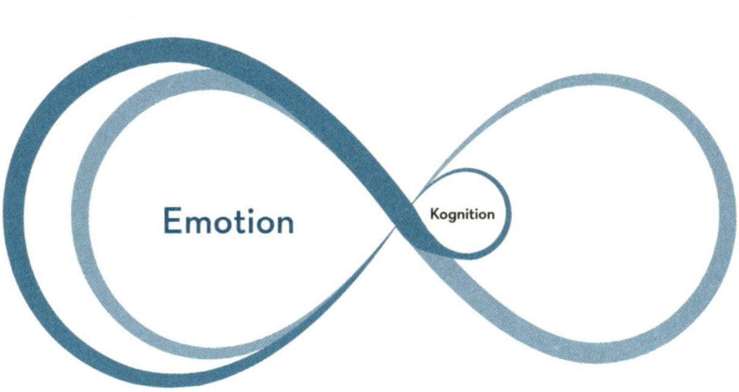

Das reife (Stress-)Regulationssystem in unreguliertem Zustand (Erwachsene)

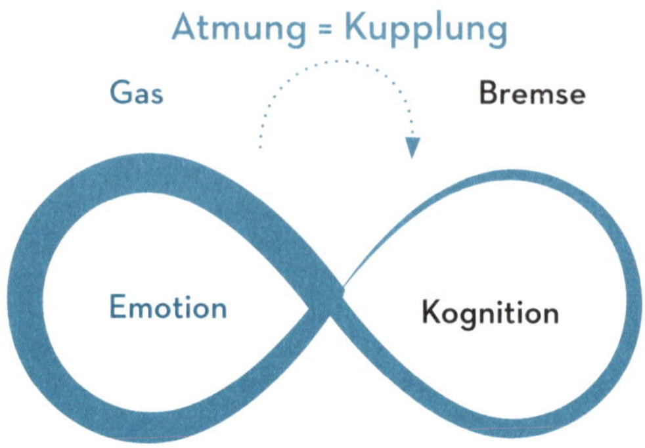

Das Zusammenspiel von Sympathikus und Parasympathikus

dann zur Beruhigung beiträgt und den Rückgriff auf die Kognition ermöglicht. Erinnere dich an den USB-Stick: Unterbrechung, Selbstanbindung und Bewegung sind die »Zauberwörter«, um selbst wieder runterzufahren. Das Programm USB startet mit der Atmung.

So ist es entscheidend, dass wir unsere Kinder co-regulieren und die vielfältigen Gefühle, die sie haben, gut begleiten können.

? Wie drückt dein Kind seinen Ärger aus? Woran merkst du, dass aus Ärger Wut wird? Denke über diesen Übergang genauer nach und notiere für dich die Merkmale. Woran merkst du, dass dein Kind Angst hat? Was tut dein Kind, wenn es ängstlich ist? Wie drückt dein Kind Trauer und Schmerz aus? Woran merkst du, dass dein Kind Trost und Sicherheit braucht?

Emotionale Vitaminpillen mit Depotwirkung

Die »emotionalen Vitaminpillen« sind Verbindungsgesten und Beziehungsmomente, die wir auch sprachlich ausdrücken können. Kinder müssen hören dürfen, dass

- wir sie vermisst haben, wenn sie in der Kita oder Schule oder bei Opa und Oma etc. waren,

- wir uns freuen, dass sie da sind (ohne besonderen Grund), einfach so! Weil sie sind und sie uns wichtig sind,
- wir die Dinge, die wir gerade gemeinsam tun, besonders gern gerade jetzt und vor allem mit ihnen tun,
- wir sie lieb haben und alles, was sie sagen, für uns Gewicht und Bedeutung hat.

Was du tun kannst, um das Gleichgewicht wiederherzustellen ist, dankbar für dein Kind zu sein und es das in jedem Moment authentisch und voller Liebe ganz intensiv spüren zu lassen.

Perspektivwechsel

Stell dir vor, du bist verunsichert auf deiner Arbeitsstelle. Eine Kollegin scheint ständig erfolgreicher und beliebter zu sein. Du fühlst dich infolgedessen etwas unwohl und hast das Gefühl, deine Arbeit weniger gut zu machen und deshalb weniger wertvoll und unwichtig zu sein. Wie gut, wenn du einen Vorgesetzten hast, mit dem du sprechen kannst oder der das sogar von sich aus bemerkt. In den nächsten Wochen signalisiert er dir deutlich, dass er deine Arbeit schätzt und bezieht dich intensiv in die Prozesse ein.

Es geht also darum, dass dein Kind spürt, dass es wertvoll für dich ist.

Woran merkt dein Kind im Alltag, dass es wertvoll für dich ist? Lass den Alltag mit deinem Kind mal im Perspektivwechsel wie einen Film vor deinem inneren Auge ablaufen. Du bist dein Kind und erlebst den Tag mit dir als Mutter / Vater. Wo im Alltag erlebst du jetzt, dass ablehnende und abwertende Botschaften ankommen? Bewerte das nicht. Nimm es nur wahr. Achte in den folgenden Tagen im Kontakt mit deinem Kind darauf, diese Botschaften in »emotionale Vitaminpillen« umzuwandeln.

Du kannst über den Tag hinweg in Verbindung mit deinem Kind immer wieder »emotionale Vitaminpillen mit Depotwirkung« verteilen. Das sind kleine und größere positive Verbindungsmomente, die du bewusst schaffst, und gute Botschaften, die dein Kind nähren. Die Wirkung der »emotionalen Vitamine« sind vielfältig. Sie wirken in deiner Beziehung sowohl unmittelbar wie auch langfristig: Sie stärken das Selbst deines Kindes, lassen dein Kind an den eigenen Wert aus sich selbst heraus glauben und festigen das satte, gute Gefühl der Zuversicht und Zufriedenheit: Ich bin okay, so wie ich bin. »Emotionale Vitaminpillen« können Sätze, Blicke und Körperkontakt sein:

Sätze:
- »Ich freue mich, dass du da bist.«
- »Ich finde es schön, dass wir zusammen sind.«
- »Schön, dass wir uns haben.«

Blicke:
- liebevoll anschauen
- interessiert im Kontakt sein

Körperkontakt:
- Hand nehmen,
- über den Kopf streicheln, Rücken etc.

Gesten:
- Auf Bitten reagieren oder auch Angebote machen, wie
- an die Hand nehmen,
- beim Aufräumen helfen,
- beim Umziehen behilflich sein – nicht, weil das Kind es nicht selbst kann, sondern weil es schön ist, in Kontakt zu sein.

Welche persönlichen »emotionalen Vitaminpillen mit Depotwirkung« könnten es für dein Kind sein? Welche wirken, und welche wirken auch besonders gut? Vorsicht: Die Pillen verlieren ihre Wirkung, wenn wir in Konfliktsituationen strafen.

Beziehungsmomente-Challenge #6

Schenke deinem Kind heute mindestens 15 Minuten deine ungeteilte Aufmerksamkeit!

Und jetzt habe ich noch eine ganz besondere Frage: Woran merkst du eigentlich, dass dein Kind fröhlich ist, dass es Freude und Begeisterung empfindet? Erinnere dich (gern detailliert) an eine solche Situation.

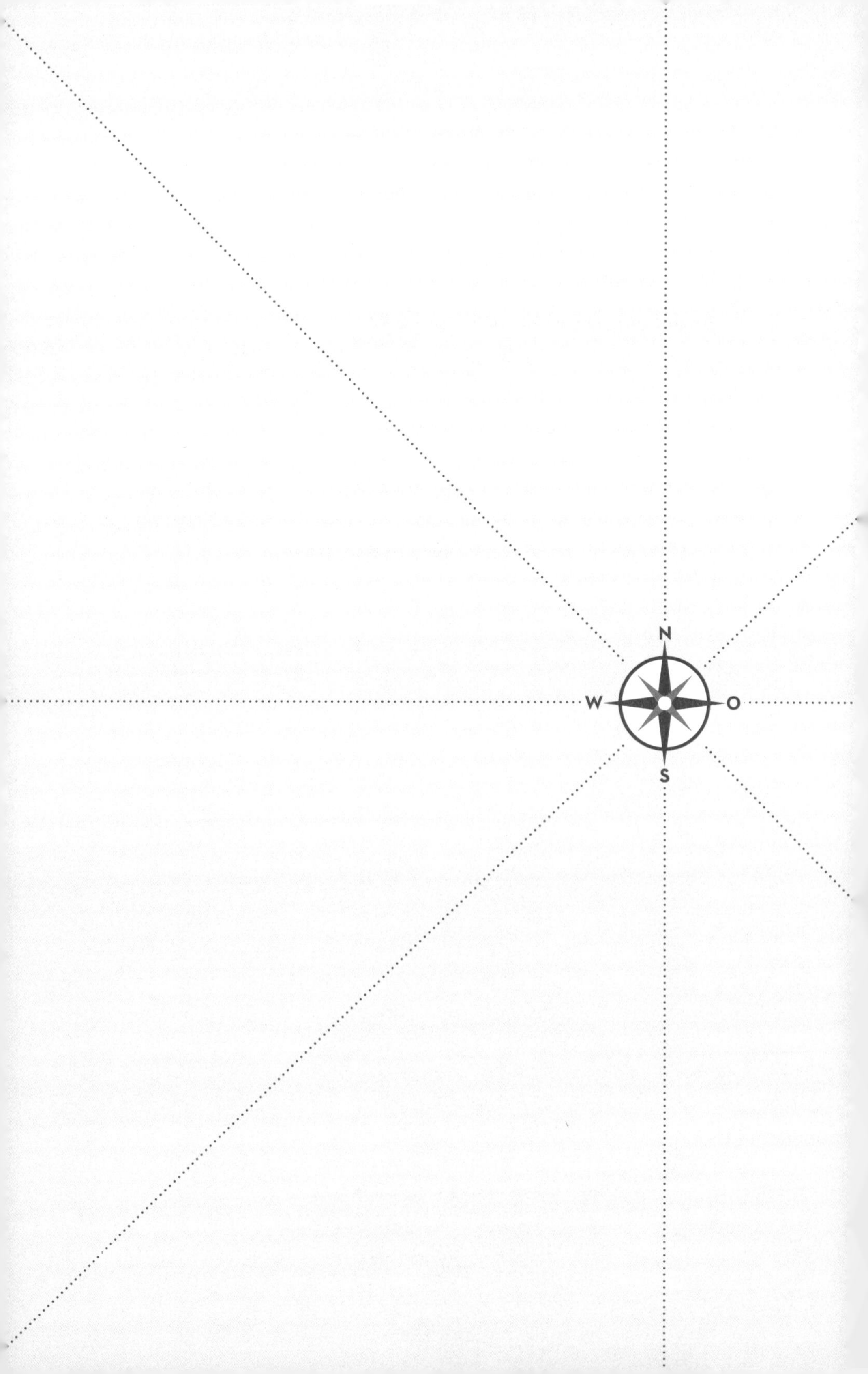
N
W
O
S

Etappe 5: Wo komme ich her? Eigene Muster besser verstehen

Wenn Kinder in unser Leben kommen, tragen wir auf einmal Verantwortung für weiteres Leben. Dies ist eine besondere Herausforderung, die uns eine Chance zur persönlichen Weiterentwicklung bietet. Viele Eltern ergreifen sie, und auch du bist hier und befindest dich auf der Reise zu dir selbst. Das Wunderbare am Elternsein ist, dass wir durch unsere Kinder die Möglichkeit haben, an frühe Verletzungen heranzukommen und uns ihnen zu stellen, anstatt diese unreflektiert weiterzugeben. »Hurt people hurt people.« Verletzte Menschen verletzen Menschen. Frühe Zurückweisungen, erlebte Enttäuschungen, Gefühle von Scham und Trauer darüber, nicht zu genügen, und das Gefühl, nicht wertvoll und anerkannt zu sein, haben in uns als Kind emotionale Wunden hinterlassen, die wir bis heute in uns tragen. Die Ereignisse sind zwar schon lange vergangen, und doch schmerzt Altes manchmal so, als sei es erst gestern gewesen – wenn wir uns den Wunden nicht zuwenden und uns befreien aus dem, was war. Spätestens, wenn wir eigene Kinder bekommen, die emotional von uns abhängig sind, ist das notwendig. Denn alle schmerzhaften Erfahrungen in unserer Kindheit machen uns anfällig dafür, selbst Schmerz weiterzugeben und damit wieder zu verletzen – und oft eben auch und vor allem die, die wir lieben. Weil wir persönlich betroffen sind im wahrsten Sinne des Wortes. Weil wir unseren Schmerz in die Beziehungen hineintragen, statt uns der eigentlichen Wunde zuzuwenden und sie heilen zu lassen.

So haben wir die Chance, durch unsere Kinder auf uns selbst zu schauen und uns selbst besser zu verstehen, indem wir den Blick nach innen richten und wachsen. Während der Anlass, sich mit Persönlichkeitsentwicklung zu beschäftigen, bei vielen anderen Menschen aus einer Lebenskrise oder einem tiefen inneren Konflikt heraus notwendig wird, ist der Anlass für inneres Wachstum für dich dein Kind beziehungsweise dein Elternsein. Denn dein Kind holt dich aus deiner Komfortzone und wirft dich zurück auf deine eigenen Bindungs- und Beziehungsmuster. Es will wissen, wo du stehst, was du denkst und fühlst, es will wissen, wer du bist und warum du so handelst, wie du handelst. Dein Kind sucht dich, sodass du dich auf den Weg machen und dich erst einmal selbst finden darfst. Genau genommen zwingen uns unsere Kinder so, sehr liebevoll – jedes auf seine Weise –, uns mit uns selbst und mit bisher unbewussten Denk- und Verhaltensmustern auseinanderzusetzen.

Die Auseinandersetzung dient vor allem dazu, Unbewusstes bewusster zu machen und neue Verknüpfungen herzustellen. Denn all unser Handeln ist an Erlebtes und an damit verknüpfte Gefühle gekoppelt. Jede Erfahrung ist im Gehirn mit einer bestimmten Emotion verbunden. Diese Emotion wird gespeichert und mit bestimmten Handlungsmustern verknüpft. Sobald wir in eine Situation geraten, die dieser Erfahrung entspricht oder nahe kommt, wird auch die mit ihr verbundene Emotion wieder abgerufen und die mit ihr verknüpften Reaktions- und Handlungsmuster können wieder in Kraft treten. Dies geschieht oft unbewusst, wenn wir Eltern werden. So lohnt es sich, auf unserem Weg auch ein Stück in die Vergangenheit zu schauen. Nicht, um darin »hängen zu bleiben«, sondern um zu verstehen, woher wir kommen, und auch, um uns mit unseren bisherigen Überzeugungen, Ansichten, Denk- und Verhaltensweisen intensiv und auch kritisch auseinanderzusetzen. Dabei geht es nicht nur darum, kognitiv die Perspektive zu wechseln und umzudenken, sondern es geht auch und vor allem darum, einen emotionalen Zugang zu sich selbst (wieder) zu finden und Verbindung zwischen Emotion, Kognition und Körper (wieder)herzustellen. Sich also selbst mit seinen eigenen Mustern zu verstehen, »umzufühlen« und diese Prozesse auch im Körper zu verankern.

Wir haben so viele Erkenntnisse gewonnen und wissen ganz viel – in der Theorie. Das Wissen allein jedoch bringt uns nicht weiter. Sich Wissen anzueignen ist zwar gut, um sich unbewusste Prozesse ins Bewusstsein zu bringen. Wirklich nachhaltige Veränderung und Entwicklung jedoch entstehen vor allem durch (neue) Erfahrungen mit sich selbst und anderen. Deshalb bitte ich dich im Folgenden, nicht nur meine Gedanken zu den unterschiedlichen Aspekten zu lesen, sondern dich auch mit den Übungen und Hördateien zu beschäftigen. Es geht in diesem Prozess darum, eigenen inneren Konflikten zu begegnen, sich selbst zu hinterfragen und sich so besser kennenzulernen. Und es geht auch darum, innere Kriege zu beenden und so Frieden zu schließen mit sich selbst und dem, was war. Auch hier ist es wieder sinnvoll, regelmäßig Atemübungen in deinen Alltag einzubauen. Du findest im Folgenden eine weitere Atemübung, um dich wieder neu mit dir zu verbinden, Kraft zu schöpfen und zu entspannen.

Atemübung

Schritt 1: Suche dir einen gemütlichen Platz und setze dich so hin, dass du eine bequeme Position für dich einnimmst, die du einige Zeit halten kannst.

Schritt 2: Atme tief ein und tief aus. Mach das zweimal, um einen Rhythmus für dich zu finden. Ab dem dritten Mal begleite dein Atmen mit dem Gedanken: Lass los. Beim Einatmen denkst du »lass« und beim Ausatmen entsprechend »los«.

Schritt 3: Mach das, solange du möchtest, und lass deinen Atem fließen. Versuche dabei, beim Ausatmen alle Anspannung aus dir fließen zu lassen.

Um deine Beziehungen erfüllend gestalten zu können, brauchst du eine gute Verbindung zu dir. Und so machen wir uns nun auf den Weg zu dir selbst. Denn wenn du ganz bewusst und langfristig aus alten

Mustern »aussteigen« möchtest, kann das nur durch einen inneren Prozess und eigene innerliche Arbeit gelingen, bei denen der Fokus auf dir selbst liegt. Ziel ist es, mit dir hier innere Prozesse anzustoßen und zu durchlaufen, sodass über Selbstreflexion und innere Bewegung eine neue Perspektive und damit andere Handlungsmuster und Haltungen entstehen, die an neue Gefühle gekoppelt sein können.

♥ Beziehungsmomente-Challenge #7

Achte heute mal auf dich selbst. Gönne dir eine kleine Sache, die dir besonders guttut und die dir hilft, die Verbindung zu dir selbst wieder herzustellen.

Was für kleine Dinge fallen dir hier für dich ein, und wie geht es dir damit? Was fällt dir bei der Umsetzung leicht, was vielleicht auch schwerer?

Kinder haben, Eltern werden – eine Reise zu dir selbst

Wir werden nicht als Eltern geboren, und doch liegt alles, was wir zum Elternsein brauchen, bereits in uns. So werden wir noch einmal ein Stück in deine Vergangenheit schauen. Denn um in der Gegenwart, im Hier und Jetzt, frei und erfüllt leben zu können, braucht es zunächst auch den Blick zurück. Eine Auseinandersetzung mit dem, was gewesen ist. Um das, was war, auch loslassen zu können und einen liebevollen Blick auf sich selbst zu finden. Sich mit sich selbst und anderen zu versöhnen und so innere Ruhe zu finden. Wenn du bereit bist, das Gestern loszulassen und im Heute zu leben, kann Beziehung im Hier und Jetzt gelingen.

Perspektivwechsel

Du kannst deine Vergangenheit nicht ändern, aber du kannst ändern, was du über sie denkst und fühlst, sodass sie deine Gegenwart nicht länger bestimmt. Das heißt, du kannst deine Perspektive wechseln und deine Vergangenheit neu betrachten, sie anders bewerten und so mit dem neuen Blick auf das, was war, Einfluss auf deine Gegenwart nehmen und deine Zukunft verändern.

Wir wissen bereits, dass bei Kindern die Gefühle das Verhalten motivieren. Das hat damit zu tun, dass Kinder und Jugendliche entwicklungsbedingt vorwiegend ihren Emotionen verhaftet sind und sich die kognitiven Bereiche erst nach und nach ausbilden. Wir haben das anhand des Eisbergmodells genau betrachtet.

Wie ist es aber bei dir? Deine emotionale und körperliche Entwicklung ist bereits seit Längerem vollständig abgeschlossen. Was motiviert also dein Handeln?

Du kannst dein Verhalten in folgender Weise interpretieren:

1. als Hinweis auf gelernte Denk- und Handlungsmuster, die auf deine emotionale Ebene wirken
2. als Ergebnis gelernter Regulationsstrategien
3. als ein Signal für unerfüllte emotionale Basis-Grundbedürfnisse

Dein Verhalten und Handeln (Eisbergspitze) kann dir also auch Indizien dafür liefern, was in deinem Inneren vorgeht.

Perspektivwechsel

Auch deine Handlungen sind in Verbindung mit deinen Bedürfnissen zu sehen und können auf eigene innere Notsituationen hinweisen. Je nach Verhalten auf der Eisbergspitze lohnt es sich deshalb, eigene Strategien zu hinterfragen.

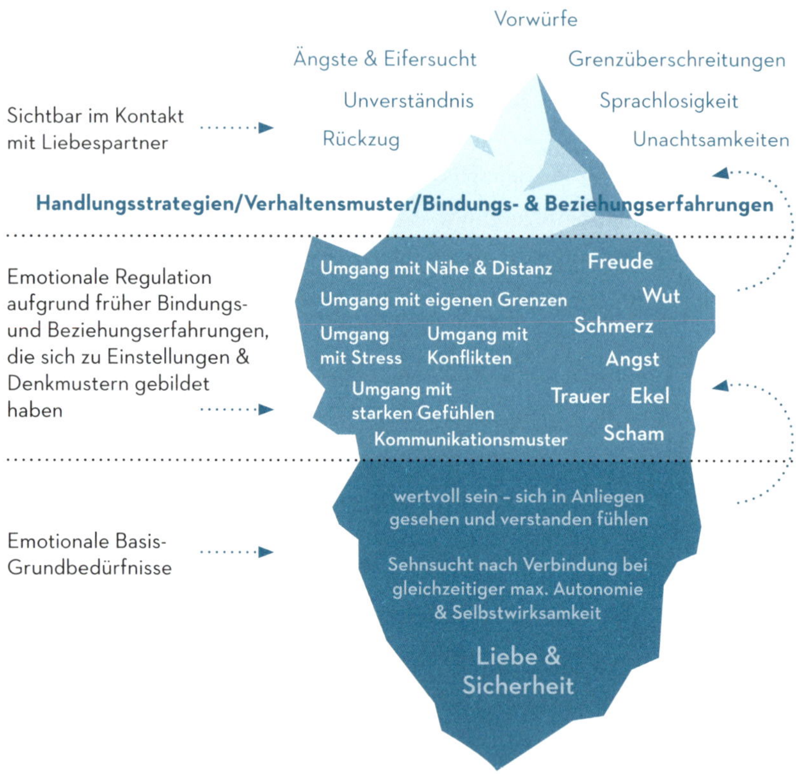

1. Verhalten als Hinweis auf gelernte Denk- und Handlungsmuster
2. Verhalten ist Ergebnis gelernter Regulationsstrategien
3. Verhalten als Hinweis auf emotionale Basis-Grundbedürfnisse
4. Verhalten also auch Ausdruck von Strategie zur Erfüllung
5. Auch Erwachsene weisen so auf emotionale »Notsituationen« hin

Das Eisbergmodel nach Katia Saalfrank: Das erwachsene menschliche Handeln besser verstehen

Denn zunächst ist dein Handeln Ausdruck verschiedener, von dir etablierter Strategien zur Erfüllung deiner Basis-Grundbedürfnisse, zum Beispiel emotionaler Sicherheit. So strebst du auch als Erwachsener danach, dich wertvoll und in deinen Anliegen gehört, gesehen und verstanden zu fühlen. Wenn wir hier aus unserer eigenen Kindheit einen Mangel mitbringen und nicht gelernt haben, uns aus uns selbst heraus wertvoll zu fühlen, geraten wir in große Not, wenn unsere Kinder dies scheinbar infrage stellen und zum Beispiel »nicht auf uns hören«. Kinder sind jedoch nicht zuständig dafür, unsere Grundbedürfnisse zu erfüllen. Dafür, dass du dich emotional füllst, dich wertvoll und anerkannt fühlst, bist nur du als Erwachsener zuständig. Es ist deine Verantwortung. Anders als bei Kindern. Sie können das noch nicht selbst und sind darauf angewiesen, dass ihre Eltern diese Atmosphäre gestalten.

Auch die Sehnsucht danach, in Verbindung zu sein, und das Streben, dich selbstwirksam zu erleben, werden über die Art und Weise, wie du dich in Beziehungen verhältst, sichtbar. Vielleicht kannst du zum Beispiel Kontrolle schwer abgeben und bist dadurch immer der »Macher«, oft ist dir aber alles zu viel? Oder du bemerkst, dass es dir schwerfällt, »Nein« zu sagen, und dass du es immer allen recht machen willst? Oft beruhen letztere Handlungsmuster auf der frühen Erfahrung, dass eigener Wille und Sichabgrenzen dazu führen, auf der anderen Seite Liebe zu verlieren. Es gibt viele verschiedene unbewusste Handlungsmuster, denen wir folgen. Die Art und Weise, wie du dich verhältst, und die von dir dabei genutzten Strategien weisen also auf eigene frühe Bindungs- und Beziehungserfahrungen hin. Die Erfahrung im Umgang mit:

- Nähe und Distanz
- eigenen Grenzen
- mit Konflikten
- mit innerem Stress
- mit starken Gefühlen

Alle diese Erfahrungen haben sich zu bewussten und unbewussten Einstellungen, Denk- und Kommunikationsmustern herausgebildet, innerhalb deren Rahmen wir uns als Erwachsene dann bewegen.

Was heißt das nun für unseren Eisberg? Wir haben bereits mithilfe des Modells deine eigene Handlungskette angeschaut. Dabei wird nun deutlich, dass das Verhalten von uns Erwachsenen vor allem von unserem Denken und unseren Gedanken bestimmt wird. Wenn du als Mutter oder Vater zum Beispiel denkst, dass du es »nicht gut genug machst«, dann verlierst du an Sicherheit, und es kommen Gefühle von Angst und Schmerz, vielleicht auch Trauer in dir auf. Diese motivieren dann dein Handeln. Viel zu oft denken wir leider schlecht über uns. Und das, was wir über uns selbst denken, ist oft zu tiefem Glauben und inneren Überzeugungen geworden.

Woher kommt es, dass wir so schlecht von uns denken? Wenn wir Eltern hatten, die sich selbst nicht so mochten und uns als Kinder auch nur unter bestimmten Bedingungen angenommen haben, ist es nicht so einfach, sich heute selbst zu mögen, sich anzunehmen und zu lieben. Denn:

- so, wie wir als Kinder angeschaut wurden, blicken wir selbst heute auch auf uns,
- so, wie unsere Eltern mit uns sprachen, sprechen wir auch heute mit uns selbst,
- die Botschaften, die wir von unseren Eltern empfangen haben, haben wir übernommen und heute tief verinnerlicht.

So setzen wir heute das fort, was wir oft als Kind erlitten haben. Es geht also darum, dass wir diese Gedanken aufspüren, wandeln und neue Überzeugungen für uns finden. Es ist daher sinnvoll, diese Bereiche insgesamt zu durchleuchten, sich mit sich selbst zu beschäftigen und sich zu fragen: Wo komme ich her?

Aus der Vergangenheit die Zukunft neu gestalten

Du hast die Chance, aus den Erfahrungen der Vergangenheit zu profitieren, zu wachsen und kleine und größere Verletzungen und schwierige, vielleicht sogar traumatische Erinnerungen in deiner Entwicklung zu bearbeiten.

Das Wort Trauma kommt aus dem Griechischen und bedeutet »Verletzung«. In der Entwicklung eines Kindes können durch konstante kleine und große Bindungsabbrüche frühe Verletzungen entstehen, sodass man von Entwicklungstrauma spricht. Lass dich bitte von diesem Wort nicht abschrecken. Trauma ist ein großes Wort. In der Traumatherapie wird zwischen dem sogenannten Schocktrauma (ein isoliertes Ereignis, z. B. ein Unfall) und dem Bindungs- und Entwicklungstrauma (frühe Erfahrungen in unseren ersten Bindungs- und Bezugsbeziehungen) unterschieden. Ich möchte mich hier mit Letzterem beschäftigen. Für mich bedeutet Trauma (in beiden Fällen) die Beschreibung eines Bruchs im Kontakt zu anderen Menschen, zu sich selbst und zu den eigenen Empfindungen/Gefühlen. Dieser Bruch entsteht, weil bei Überreizung des Nervensystems das natürliche Reaktionsmuster von Orientierung, Flucht, Kampf und Erstarrung zwar abgerufen, aber nicht oder nur unvollständig vollzogen werden kann. Nicht jedes dieser traumatischen Ereignisse in frühen Beziehungen führt zwangsläufig auf der Bindungs- und Entwicklungsebene zu Traumatisierung. Das heißt, nicht jedes Mal, wenn wir Verbindungsabbruch erlebt haben, führt das unweigerlich dazu, dass wir langfristig traumatisch betroffen sind. Ein Trauma entsteht in dieser Definition durch Überflutung beziehungsweise wenn im Moment der Überwältigung nicht genügend Ressourcen vorhanden sind, die Überflutung im Nachhinein angemessen zu verarbeiten. Eine entsprechende traumatische Reaktion entsteht dann in der Folge, wenn der Körper langfristig kein Signal erhält, dass das Ereignis, das zur Überflutung geführt hat, vorbei ist. Das heißt, der Zustand der Überflutung löst sich nicht von selbst auf, das Stresssystem fährt nicht runter, sondern verbleibt in der hohen inneren Erregung des Stressmoments. Somit kann keine Normalisierung im System erfolgen und wieder Entspannung einsetzen. Ursachen von Traumata müssen auch nicht zwangsläufig schwerwiegende Ereignisse gewesen sein. Auch weniger bedeutende Begebenheiten können zu dieser Form des Traumas führen, besonders wenn das Kind diese Erfahrungen regelmäßig gemacht hat. Frühe Erfahrungen müssen nicht zwingend lebensbedrohlich oder gewalttätig gewesen sein, um tiefe Spuren in uns zu hinterlassen.

Biografiearbeit – Ein Einstieg

Es geht nun darum, dich und deine Vergangenheit in einem neuen Licht zu sehen. Sich mit sich selbst und dem, was gewesen ist, zu beschäftigen kann sich manchmal schwer anfühlen. Gern möchte ich dich deshalb zu Beginn zu einer Übung in Bezug auf deine Biografie einladen, die dir einen Überblick und so auch Orientierung über deine ganz persönliche Lebenslinie gibt. Deine Biografie ist mehr als nur dein Lebenslauf und umfasst deine gesamte Lebensgeschichte. Sie schließt Einstellungen und Werte genauso mit ein wie Bedeutungen, die man bestimmten Ereignissen beimisst. So besteht unsere persönliche Geschichte aus vielen kleinen Geschichten. Diese Geschichten etwas zu entflechten, sie zu reflektieren und Zusammenhänge dabei besser zu verstehen ist ein Ziel der Biografiearbeit. Der Blick zurück in unsere Biografie kann also wichtige Aufschlüsse für Gegenwart und Zukunft geben. Das Ziel sind die Stärkung deiner Kompetenzen, das bessere Verstehen von Zusammenhängen und die Integration von Ereignissen. Eigene Lebenslinien nachzuzeichnen ist eine wunderbare Möglichkeit, um dich selbst besser zu verstehen. Du kannst so deine eigene Vergangenheit reflektieren, deine persönliche Geschichte neu verstehen und bewerten und auch herausfiltern, was dich bisher motiviert hat und worin du besonders erfolgreich warst.

Übung: Die eigene Lebenslinie im Überblick

Schritt 1: Du benötigst ein etwa 1,5 m langes Papier. Du kannst Malpapier von der Rolle nehmen oder auch Butterbrotpapier nutzen.
Schritt 2: Lege das Papier quer vor dich hin und ziehe in der Mitte des Papiers einen langen, waagerechten Strich. Das ist nun deine Lebenslinie (von Geburt bis heute).
Schritt 3: Zeichne nun an den Beginn deiner Lebenslinie einen vertikalen Strich von oben (positiv) nach unten (negativ), sodass eine Achse entsteht. Hier kannst du angenehme (positive oben) und unangenehme (negative unten) Gefühle und Empfindungen

eintragen und die Ereignisse auf der Lebenslinie so als emotional belastend oder auch wunderbar einordnen.

Schritt 4: Zeichne auf dieser horizontalen Lebenszeitachse nun alle Geschehnisse/Ereignisse, die dir einfallen, vom Zeitpunkt deiner Geburt bis jetzt ein. Begebenheiten, die dich geprägt haben, die dir in Erinnerung geblieben sind und die für dich wichtig waren (positive und negative). Achte bitte darauf, dass du wirklich beide Perspektiven auf deiner Lebenslinie berücksichtigst. Nimm dir Zeit dafür.

Schritt 5: Geh dann in Ruhe alles durch, und schließe bei jedem Ereignis kurz die Augen. Versetze dich zurück in diesen Moment: Wie hast du dich gefühlt (gut, mittel, schlecht)? Setze je nach Befinden/Gefühl/Empfindung den jeweiligen Punkt zu dem jeweiligen Ereignis auf der vertikalen Gefühlsachse.

Schritt 6: Verbinde nun die Punkte miteinander zu einer Gesamtlinie.

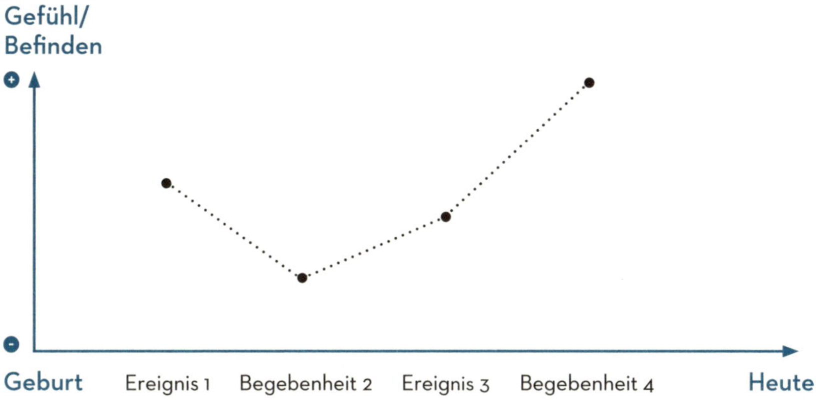

Die Lebenslinie

Die folgenden Fragen sollen dir helfen, deine persönliche Lebenslinie für dich zu interpretieren und besser zu verstehen. Deine Gedanken und Reflexionen dazu sind sehr hilfreich und wertvoll. Daher ist es gut, diese schriftlich zu notieren.

Schau dir zunächst deine persönliche Lebenslinie an:
Wie geht es dir insgesamt mit dieser Übung und dem, was entstanden ist? Welche Erkenntnisse gewinnst du für dich?
Welche Wirkung hat deine eigene Lebenslinie auf dich?
Suche dir dann auf deiner Lebenslinie das erste Ereignis aus, bei dem du dich einsam und alleine, klein, angstvoll und / oder verletzt gefühlt hast, und schreibe es für dich auf.
Frage dich dann selbst: Was hast du über dich selbst in dieser Situation gedacht? Was hast du über die anderen Menschen gedacht?
Bitte nimm deine Gedanken, Empfindungen und Gefühle hierzu erst einmal nur wahr. Lass sie zu und schreibe sie auf. Erinnere dich daran, dass du bei starken Gefühlen die Möglichkeit hast, dein Gefühl auf die Körperempfindungsebene zurückzuführen. Vielleicht fühlt sich das gut oder auch nicht so gut an. Auch das darfst du erst einmal nur wahrnehmen und dein Gefühl / deine Empfindung als einen Hinweis darauf verstehen, dass du an eine alte Verletzung gekommen bist, die Zuwendung braucht.
Wähle nun drei Begebenheiten / Ereignisse aus (eine positive Erfahrung, eine gemeisterte Herausforderung, etwas richtig gut Gelungenes):
Wie genau hast du die Herausforderungen gemeistert?
Welche Fähigkeit und welche Kenntnisse, welche Charaktereigenschaft haben dir besonders geholfen?
Welche Lösungsstrategie konntest du erfolgreich anwenden?

Du erfährst durch diese Übung viel über dich, und es kann sein, dass dich das über eine längere Zeit beschäftigt. Es wäre gut, wenn du dich dann auch mit jemandem austauschen kannst, vielleicht sogar mit jemandem, der diese Übung ebenfalls gemacht hat. Das kann deine Partnerin oder dein Partner sein, aber auch ein guter Freund oder eine gute Freundin sind hilfreich.

Vielleicht schaust du noch einmal auf deine Notizen. Dann blick dir deine gesamte Lebenslinie an und resümiere: Wie bist du insgesamt mit schwierigen Ereignissen und Situationen umgegangen? Was hat dir stets geholfen, um weiterzukommen? Fokussiere dich nochmals neu und schreibe die für dich wesentlichsten Eigenschaften und Erfolgsstrategien gern noch einmal auf. Mach dir erneut bewusst, welche Kenntnisse und Fertigkeiten dir konkret geholfen haben, und »packe« sie ganz nach oben in deinen Rucksack. So sind sie präsent auf deinem Weg, und du kannst jederzeit auf sie zurückgreifen.

Die Bedeutung deines Selbstbildes

Um etwas zu verändern, können wir uns zunächst genau anschauen, wie die Situation im Moment ist. Denn nur, wenn wir uns dessen bewusst sind und genau hinschauen, können wir in Bewegung kommen und kann Neues entstehen – Neuerungen, die im Innen und Außen wahrnehmbar sind:

Übung: Mein Selbstbild – eine Selbsteinschätzung

Gib bei den folgenden Fragen eine Einschätzung auf einer Skala von 1–10. Bitte notiere dir die Fragen und deine entsprechende Einschätzung auf einem Blatt oder in deinem Notizbuch:
Wie sehr mag ich mich selbst?
Wie sehr mag ich meinen Körper?
Wie gut empfinde ich mich als Mutter / Vater?
Wie glücklich bin ich mit meinem Leben insgesamt?
Wie glücklich bin ich mit meinen Beziehungen zu meinen Kindern?
Wie glücklich bin ich mit meinen Beziehungen im Erwachsenenleben?

Durch die Beantwortung der Fragen kann etwas in uns in Bewegung kommen. Du kannst diese Frageübung in größeren Abständen wiederholen und wirst sehen, dass die Antworten sich verändern. Diese Reflexion und auch die Gedanken im Folgenden können durch eine intensivere Selbstbeobachtung ergänzt werden. So kannst du dich über einige Tage hinweg intensiver beobachten, bewusster wahrnehmen, wie es dir geht, und beispielsweise abends aufschreiben, wie du dich am Tag gefühlt hast. Ich möchte dich ermutigen, das eine Zeit lang zu tun, während du dieses Buch hier liest und auch darüber hinaus. Es kann so viel in deiner Eigenwahrnehmung bewirken.

Vielleicht hast du auch schon Zusammenhänge zwischen Bildern, Ereignissen und Vorgängen in deiner Biografie erkennen und Veränderungen bei dir bemerken können. Langfristig kann sich dadurch die Beziehung zu dir selbst verbessern, und die Bindungen zu anderen – insbesondere die zu deinem eigenen Kind – können intensiver werden.

Unter Selbstbild versteht man das Bild, das du von dir selbst in dir trägst. Es besteht aus mehreren Dimensionen und umfasst, wie du dich äußerlich wahrnimmst, was du denkst, welche Überzeugungen du vertrittst und aus welchen Anteilen sich deine Persönlichkeit zusammensetzt. Oftmals pflegen wir ein Selbstimage, also ein Bild davon, wie wir gern von außen gesehen und erlebt werden möchten. Manche Menschen pflegen dieses Image mehr als ihre echte Persönlichkeit, und mit der Zeit entsteht eine immer größere Lücke zwischen dem, wie man sich nach außen gibt, und dem, wie man sich tatsächlich fühlt.

Unser Selbstbild kreiert sich in erster Linie über den frühen Kontakt und den Umgang unserer Eltern in der Kindheit mit uns. Als Kinder sind wir emotional abhängig von unseren Eltern. Wir sind hochloyal, und kooperieren mit den bewussten und auch den unbewussten Vorstellungen und Erwartungen unserer Eltern. So entwickelt sich über die Kindheit ein Bild von uns selbst, indem Eltern Erwartungen an uns herantragen und Aussagen über uns treffen. Diese übernehmen wir zunächst ungeprüft. Zusätzlich bilden wir im Laufe der Zeit auch innere Überzeugungen über uns. So hat das Bild, das wir von uns selbst entwickelt haben, weitgehend Einfluss auf unser Handeln und Verhalten.

Kinder brauchen Spiegelung der Eltern und gute emotionale Botschaften. Spür mal nach, ob und, wenn ja, in welcher Form du diese Botschaften erhalten hast:

- Du bist okay so, wie du bist.
- Du bist geliebt, immer.
- Du bist willkommen.
- Du bist anerkannt mit allem, was du mitbringst.
- Ich sehe dich mit all dem, was du bist und liebe dich.
- Du bist um deiner selbst willen geliebt, ohne eine Leistung vollbringen zu müssen.

Jeder Mensch hat emotionale Basis-Grundbedürfnisse, die ich schon beschrieben habe (s. S. 48 ff.). Du kannst dir auch statt einem Bedürfnisglas mehrere Gläser vorstellen. Für jedes emotionale Grundbedürfnis, zum Beispiel sich verbunden und zugehörig, anerkannt und wertvoll zu fühlen, gibt es jeweils ein Gefäß, ein Bedürfnisglas.

In jeder guten Beziehungssituation, in der emotionale Botschaften im obigen Sinne gespiegelt werden, werden diese Gefäße mit dem gespeist, was aus der Befriedigung erwächst. So ist das entsprechende Bedürfnis satt und erfüllt, zum Beispiel durch Zuwendung, eine Umarmung und Körperkontakt, eine liebevolle Geste oder freundliche und wertschätzende Worte von lieben Menschen. Kurz gesagt, werden unsere emotionalen Bedürfnisgläser über Bindungs- und Beziehungsaspekte mit anderen Menschen gefüllt und genährt. Ein guter und tief verankerter Selbstwert kann entstehen. Ein wirklich guter Zustand ist dann hergestellt, wenn diese Gläser möglichst gefüllt sind und wir uns dann als Erwachsene entsprechende »Quellen« mit guten Strategien suchen und füllen können.

Beschämung in der Kindheit prägt unser Selbstbild im Erwachsenenalter

Wenn jedoch das Kind in seinen frühen Bedürfnissen von seinen Bezugspersonen Zurückweisung erfährt, Grenzüberschreitungen stattfinden oder es demütigende und beschämende Sätze zu hören bekommt, dann entsteht so etwas wie emotionales Gift, welches auf unseren Selbstwert wirkt. Man spricht dann von toxischer Scham. Wir haben uns bereits mit dem Gefühl Scham beschäftigt und festgestellt, dass Scham an sich eine sehr gesunde Emotion ist und als eine der wichtigsten sozialen Emotionen das Zusammenleben und ein soziales Miteinander möglich macht. Die toxische Scham hingegen ist nicht förderlich, sondern behindert uns letztlich in der Verbindung zu anderen und zu uns selbst. Diese Form giftiger Scham entsteht durch Zurück- und Abweisungen, Kleinmachen, Vorführen, Verachtung und Demütigung in der Kindheit. So erhalten wir die emotional vergiftete Botschaft, dass wir nicht liebenswert sind.

- Du bist nicht okay so, wie du bist.
- Du bist falsch so, wie du bist.
- Du verstellst dich gut, wenn die anderen nur wüssten …
- … wie schlecht und falsch du wirklich bist.

Diese emotionalen Botschaften haben großen Einfluss auf die Entwicklung des Selbstwerts und unser Selbstbild. Statt eines gesunden Selbstwerts entwickeln Menschen dann ein starkes Minderwertigkeitsgefühl. Die Folge davon kann sein, dass stets eine künstliche Erhöhung des eigenen Selbst notwendig wird, um die tiefe Scham auszuhalten und auszugleichen. Daraus entwickelt sich ein schwacher oberflächlicher Selbstwert, der von äußerer Rückmeldung abhängig ist und sich nicht tief im Selbst verankert. Im Gegenteil, so eine unechte Erhöhung kann auch auf Kosten anderer gehen. Das passiert zum Beispiel beim Mobbing.

Auch ist ungesunde Scham vor allem mit Schmerz und Angst verbunden. Sie vermittelt uns das Gefühl, dass wir nichts richtig machen, nichts wiedergutmachen oder korrigieren können. In der Folge bleibt dann nur die Option, sich zurückzuziehen und unsichtbar zu werden. So kann weder ein gesunder Selbstwert wachsen noch ein positives Selbstbild entstehen. Die Menschen sind unsicher und stets auf eine Rückmeldung von außen angewiesen. Ich erlebe das häufig, vor allem bei Müttern. Und wenn wir dann im Gespräch auf die Frage kommen, ob sie die genannten Aspekte (Zurückweisung, Missachtung, Abwertung) aus ihrer Herkunftsfamilie kennen, dann können oft Zusammenhänge hergestellt werden.

Nimm dir etwas Zeit, dich an Situationen aus deiner Kindheit zu erinnern. Welche Botschaften hast du empfangen? Wie haben dich deine Eltern unterstützt? Kennst du das Gefühl, der Beschämung aus deiner Kindheit?

Perspektivwechsel: Wie ist es heute: Wofür ist deine Scham heute gut? Wovor schützt sie dich? Was will das Gefühl für dich verhindern? Was genau ist deine Befürchtung, wovor hast du Angst?

Insgesamt wirkt unser Selbstbild natürlich auf andere, nur manches Mal auf eine andere Art und Weise, als du es dir vielleicht gewünscht hast. Manchmal wundern wir uns, warum wir eine andere Reaktion bekommen als die, die wir erwartet haben. Dein Selbstbild stimmt nicht mehr mit dem Fremdbild überein.

Je nachdem, wie wir uns selbst sehen und was wir über uns denken, interpretieren wir auch, was andere sagen. Es ist wie eine Brille, durch die wir die Welt sehen. Das kann zwar von Tag zu Tag ein wenig variieren, aber oft tragen wir ein vorherrschendes Bild von uns in die Welt. Und das bestimmt in vielen Fällen, wie wir das interpretieren, was an uns herangetragen wird.

Bestimmt ist dir auch schon einmal aufgefallen, dass du an einem Tag, an dem es dir selbst nicht gut geht, viel empfindlicher bist – zum Beispiel gegenüber Kritik an deiner Person. Auch mit deinem Kind ist das so: Wenn es dir gut geht, dann bist du belastbarer und nicht so empfindlich in Bezug auf dein Kind. Geht es dir hingegen selbst nicht so gut, bist du belastet und angestrengt, kritisch mit dir selbst, dann bist du auch dem gegenüber, was dein Kind tut, empfindlicher.

Je nachdem, wie du dich gerade wahrnimmst, nimmst du auch die Welt um dich herum wahr. Deshalb ist es so wichtig für dich, zu wissen, wie du über dich selbst denkst. Und deine Gedanken auch weiterhin zu beobachten. So lade ich dich im Folgenden zur Selbstbeobachtung ein:

? Was magst du an dir, wofür schätzt du dich (Eigenschaften, Persönlichkeitsmerkmale)? Was genau magst du an deinem Körper (Merkmale, Stellen, Körperteile)?

Der Dialog mit uns selbst ist die Sendefrequenz, auf der wir innerlich schwingen

Wenn wir mit Grenzüberschreitungen, Abwertungen und Demütigungen aufgewachsen sind – uns also Gewalt angetan wurde, egal in welcher Form –, bilden wir eine negative Sicht auf uns aus. Wir lernen, dass Liebe und Gewalt miteinander vereinbar sind, und denken, wir seien es nicht wert, dass jemand liebevoll mit uns umgeht. Es ist nicht leicht, diese frühen negativen Spiegelungen aufzuspüren und bewusst zu verändern, denn häufig sind wir stark mit ihnen identifiziert. Das führt auch dazu, dass unsere innere Stimme ständig aus dieser Perspektive Rückmeldungen über uns selbst gibt, sodass wir entsprechend handeln und fühlen.

? Wie klingt deine innere Stimme? Welche Grundstimmung hat sie, und was sagst du dir ständig selbst?

Wenn du eine Stimme in dir hast, die nicht gerade freundlich mit dir redet, dann kannst du davon ausgehen, dass das nicht deine wirkliche Stimme ist, sondern dass diese Worte von jemand anderem stammen, zum Beispiel deinen Eltern. Es ist die Stimme eines anderen, die heute in dir widerhallt und die du zu deiner eigenen gemacht hast. Du hast quasi die »Stimmführung« selbst übernommen und führst damit das weiter, was in deiner Kindheit jemand anderes begonnen hat.

Der Dialog mit uns selbst ist wie eine Art Sendefrequenz, auf der wir innerlich schwingen. Wirkliche Stille kennen wir eigentlich nicht. Wenn wir in Stress geraten, also Veränderung, Verunsicherung, Ängste oder Zweifel spüren, wird der Dialog manchmal richtig hässlich. So beginnen wir, uns selbst zu sabotieren und zu boykottieren. Meist ist es eine innere Stimme, die uns warnt, heftig kritisiert, uns gleichzeitig abwertet und möglicherweise auch noch übel beschimpft:

- »Was machst du denn da schon wieder?«
- »Wieso bist du nur so blöd?«
- »Wie kann dir das nur passieren, so was darf nicht passieren?«
- »Kannst du eh nicht!«
- »Lass es doch gleich!«
- »Hast du wieder nicht gut gemacht!«
- »War doch klar! Schon wieder versagt!«

So vermiesen wir uns durch den eigenen inneren Kritiker manchmal sogar schöne Ereignisse und tun uns eigentlich selbst (unbewusst) weh. Das alles hat Einfluss auf uns und unser psychisches Gleichgewicht und Wohlbefinden. Da das allerdings alles sehr schnell und unbewusst ablaufende Prozesse sind, verstehen wir nicht, was mit uns passiert und warum wir uns latent so mangelhaft und schlecht fühlen. Es kann helfen, diesen inneren Dialog genauer zu beobachten.

Übung: Welche Gedanken bestimmen deinen inneren Dialog?

Beobachte dich in Alltagssituationen: Welche drei Sätze, welche Gedanken kommen in deinem inneren Dialog hauptsächlich vor? Bist du dir selbst gegenüber sehr kritisch? Wenn ja, woran merkst du das? Welche kritischen Sätze sagst du konkret über dich selbst?

Der inneren Stimme auf die Spur kommen

Du kannst dieser inneren Stimme auf die Spur kommen und sie zuallererst wieder bewusst dorthin verlegen, wo sie herkommt – ins Außen. Sie kommt nicht von dir, sondern ist eine frühe und beständige Rückmeldung eines anderen Menschen. So kannst du sie für dich externalisieren und begreifen: »Das ist nicht meine Stimme! Das bin nicht ich!«

Ein wesentlicher Teil, um dich von dieser alten Stimme zu lösen, ist, zu verstehen, dass diese Einstellung über dich zum anderen und nicht zu dir gehört. Du hast diese Einstellung nur unreflektiert übernommen. Vielmehr warst du gezwungen, sie zu übernehmen, weil du damals keine andere Wahl als diese Spiegelung hattest. So hast du die Abwertung des anderen zu einem Teil deiner selbst gemacht.

Es ist wesentlich, dass du nicht mehr unbewusst diesem inneren Leitbild folgst, denn je länger du diesem Bild in dir folgst, desto tiefer verankern sich die damit verbundenen negativen Überzeugungen über dich selbst. Wenn du selbst glaubst, dass du nichts wert bist, dann behandelst du dich selbst auch genauso. Und du lässt auch zu, dass du in dieser Weise von anderen behandelt wirst.

Die Abwertung der elterlichen Rolle

Oft ziehen sich solche Muster bis ins Erwachsenenalter. So erlebe ich immer wieder, dass Eltern sich von den eigenen Eltern oder Schwiegereltern (auch von Nachbarn, Freunden etc.) durch ungebetene »Ratschläge«, Kritik und Bemerkungen in Bezug auf ihre Elternschaft abgewertet fühlen. Die betroffenen Eltern fühlen sich dann beschämt, kritisiert und nicht anerkannt und haben das Gefühl, sich rechtfertigen zu müssen. Die Abgrenzung fällt schwer. Warum ist das so? Genau in solchen Momenten werden »alte Programme« aktiviert. So lodern alte Gefühle in uns auf, die Stimme der frühen Spiegelung in uns wird lauter und öffnet damit die Tür für »schlechte« Gedanken, die eigene Selbstabwertung wird wieder präsenter. Meine Erfahrung ist, dass Eltern unterschiedliche Strategien im Umgang damit entwickeln. Gerade Mütter geraten sehr schnell in die Selbstabwertungsspirale und werden innerlich aktiviert, während Väter sich vor allem zurückziehen und innerlich abschalten. Beides sind Schutzstrategien, die in der Kindheit dazu geführt haben, dass wir die Situationen aushalten und somit »überleben« konnten.

Versuche herauszufinden,
was deine Strategie war und vielleicht noch ist. Gehst du in den Zweifel und letztlich in die Selbstabwertung? Oder »schaltest« du innerlich ab? Mach dir bewusst, dass diese Strategie dir als Kind einen sinnvollen (wenn auch keinen gesunden) Dienst erwiesen hat. In deinen Erwachsenenbeziehungen jedoch behindert sie dich. Sie ist nicht mehr hilfreich. Du darfst dich von ihr verabschieden. Sie hat dir gute Dienste geleistet und darf nun gehen, damit du eine neue gesunde für dich entwickeln kannst.

Als Kinder haben viele von uns oft gelernt, dass wir dafür zuständig sind, dass es unseren Eltern gut geht. Doch das ist ein Irrtum. Jeder Erwachsene ist für sein Gefühl selbst verantwortlich, und kein Kind der Welt ist »schuld« an den Gefühlen der Erwachsenen. Du weißt das heute bei deinem Kind und unterstützt dein Kind dabei, keine Verantwortung für dich zu übernehmen.

Auch in deinen Erwachsenenbeziehungen bist du nicht dafür verantwortlich, was andere denken, wie sie sich fühlen und dass alles um dich herum harmonisch ist und bleibt. Also erlaube dir, die Perspektive zu wechseln, und spüre, dass du nichts tun musst. Nur du bist für dein Gefühl verantwortlich, kein anderer. Lass nicht zu, dass ein anderer dir Verantwortung überträgt. Erinnere dich: Du musst nicht weiter zuhören und aushalten. Du darfst liebevoll mit dir sein, bei dir bleiben, dich abgrenzen und dich so selbst in Schutz nehmen. Um das tun zu können, ist es wesentlich, den Raum zwischen Reiz und Reaktion (den du ja bereits gut kennst) zu nutzen, um nicht auf alte Pfade zu geraten und »verkehrt abzubiegen«. Denn so würde ja das bisherige Programm in dir ablaufen.

Erinnere dich an dein neues Unterbrechungs-»Programm« auf deinem symbolischen »USB-Stick«, der dir hilft, wieder mehr in die Selbstanbindung zu kommen. Unterbrich die Situation für dich selbst, indem du deine eigenen Gedanken bemerkst, sie nicht annimmst, sondern vorbeiziehen lässt. Komm wieder in deine Selbstanbindung, indem du dich bewusst in deinen Körper zurückholst, atmest und orientierst. Löse dich, geh los, weg aus der Situation, indem du den Raum verlässt, oder wechsle bewusst das Thema. Grenze dich verbal ab, zum Beispiel so: »Danke, ich habe gehört, was du gesagt hast.« Rechtfertige dich nicht, atme und belasse es bei diesem einen Satz. Selbst wenn es eintönig klingt. Um auch im Gespräch wieder in Bewegung zu kommen, kannst du vorschlagen: »Lass uns gern über etwas anderes sprechen.«

Perspektivwechsel

Was wäre, wenn es bei dieser Form von Kommunikation im Grunde gar nicht um dich und deine Rolle als Mutter oder Vater geht? Was, wenn es auch gar nicht wirklich um das Wohl deines Kindes, sondern vor allem um den anderen ginge? Er erzählt etwas über sich selbst und nicht über dich. Nimm dir kurz Zeit, und gib diesem Gedanken Raum: Wie fühlt sich das an? Spüre in dich hinein, und nimm wahr, was in dir passiert.

Meine Erfahrung ist, dass der andere mit Abwertung und Kritik vor allem für sich selbst sorgt. Er wertet quasi seine eigene Person und/oder sein eigenes Wertesystem auf und bringt damit zum Ausdruck, wie unsicher er selbst ist. Je vehementer die Kritik, je abwertender die Rückmeldung, desto tiefer die Verunsicherung desjenigen, der sie äußert. Wenn du dir das klarmachst, kannst du den USB-Stick ganz gelassen für dich »nutzen«. Vielleicht klärst du auch für die Zukunft weiter ab, mit welchen Menschen du dich umgibst (umgeben musst?).

Hier sind einige Impulse, was du für deine Veränderung tun kannst:

- Mach die Inhalte von Rückmeldungen der anderen nicht zu deinen. Die Stimme der anderen ist nicht deine.
- Nimm Rückmeldungen nicht mehr ungefragt an, und grenze dich ab.

- Schau genau hin, von wem du dir eine Rückmeldung geben lassen möchtest und worum es wirklich geht.
- Suche dir konkret Rückmeldungen von Menschen, die ernsthaft an dir interessiert und wohlwollend im Kontakt mit dir sind.
- Übe den Einsatz des »USB-Sticks« immer wieder auch im Alltag, damit du Prozesse im Außen und in dir bewusst anhalten kannst, bevor »alte Programm« ins Laufen kommen und du dir damit selbst Schaden zufügst.
- Überprüfe Aussagen über dich selbst und hinterfrage auch immer die Motivation des Gegenübers.
- »Programmiere« langfristig deine innere Stimme um, indem du dir gute Gedanken gibst (z. B. über Affirmationen). So kannst du wesentliche gute Botschaften für dein Selbst tief in dir verankern.
- Schenke dir selbst öfter am Tag ein Lächeln – es darf auch ein inneres Lächeln sein.
- Sei geduldig mit dir selbst.
- Lerne auch, (wieder) freundlicher, liebevoller und wohlwollender mit dir selbst zu sein.

Selbstmitgefühl entwickeln

Selbstmitgefühl heißt, Verbindung zu sich aufzunehmen, statt abgetrennt vom Gefühl zu sein. Empathie für sich und sein eigenes Tun und die daraus resultierenden Folgen aufbringen zu können. Es heißt, mit sich selbst mitzufühlen und wohlwollend auf sich und das zu schauen, was nicht so gut gelungen ist. Es heißt auch, Schmerz zu bejahen und die damit verbundenen Gefühle wie Trauer und Angst zuzulassen. Oft haben wir unbewusste Strategien entwickelt, Schmerz zu verhindern, indem wir kognitive Erklärungen für unser Tun vorbringen oder auch Schuldzuweisungen vornehmen. Beim Selbstmitgefühl geht es darum, vom Kopf ins Herz zu kommen, sich für die Emotionen zu öffnen und zu fühlen, was da ist. Gern bewegen wir uns auch an dieser Stelle lieber auf der Eisbergspitze und beschäftigen uns mit der Bewertung als mit der Folge unseres Tuns auf der Gefühlsebene. Denn da wartet der Schmerz, der gefühlt werden will. Dieser ist allerdings oft so groß, dass er sich bedrohlich anfühlt und wir alles tun, um ihn zu verleugnen, wegzudrücken und nicht fühlen zu müssen. Mitgefühl mit sich selbst zu haben heißt allerdings, den Schmerz wahrzunehmen, sich zu ihm zu bekennen und liebevoll mit sich umzugehen.

Ja, es ist ein Prozess, und dieser kann auch schmerzlich sein. Und doch lohnt es sich so sehr, denn du öffnest dein Herz und verbindest dich neu mit dem, was bereits in dir ist und sich früh abspalten musste. Du kannst begleitend zu diesem Prozess die Audiodatei zum Thema Selbstmitgefühl hören. Sobald du eine Art Mitgefühl für dich selbst, Empathie und möglicherweise auch ein Wissen darum, was du selbst als Kind erlebt hast, gewonnen hast, kannst du (wieder) eine innere Verbindung zu dir selbst herstellen.

Selbstmitgefühl

So werden zwei wesentliche Prozesse angestoßen, die für dich und deine Beziehungen bahnbrechend sein können:

- Du beginnst den (früh und oft lang verdrängten) Schmerz zu fühlen, den du als Kind selbst jahrelang verdrängen musstest und den dein Gehirn quasi »abgeschaltet« hat (das ist ein guter Schutzmechanismus deiner Psyche).
- Du kannst auf diesem Weg Gefühle insgesamt (wieder) intensiver wahrnehmen und nicht nur Empathie für dich selbst und das Erlebte entwickeln, sondern du wirst dich zunehmend auch für dein Kind auf emotionaler Ebene voller Mitgefühl öffnen können. Du wirst mitfühlender sein und kannst so ganz neue Verbindung zu deinem Kind herstellen und neue Handlungsalternativen für dich entdecken.

Was also passiert, ist, dass ein Teil unseres Selbst, der Bereich, der uns Empathie und Einfühlung möglich macht und der über viele Jahre »gekappt« und von uns abgetrennt war, wieder integriert und (neu) verbunden werden kann. Wir bekommen so (wieder) eine Verbindung und einen Zugang zur emotionalen Ebene und dort zu in der Vergangenheit abgespaltenen Gefühlen.

Durch die Entwicklung von Selbstmitgefühl kannst du beginnen, liebevoller auf dich schauen, dich selbst zu akzeptieren mit allen Macken, Ecken und Kanten, und dich anzunehmen mit dem, was du bist.

Die folgende Spiegelübung ist geeignet, um für sich selbst (wieder) ein positives Gefühl zu entwickeln und das Selbstmitgefühl zu aktivieren. Auch eignet sie sich, um Antworten auf die Frage zu finden, wie sehr wir uns mögen. Sie klingt harmlos und hat es doch ganz schön in sich. Sie gibt uns innerhalb weniger Minuten Aufschluss darüber, wie wir uns selbst anschauen, wie es uns mit uns selbst geht und wo wir in Bezug auf unsere Selbstliebe stehen. Geh behutsam in einzelnen Schritten vor. Auch hier kann ein Aufschreiben der Antworten viel bewirken.

Spiegelübung: Sich selbst liebevoll anschauen lernen

Schritt 1: Schau in den Spiegel und nimm dir dafür etwas Zeit. Betrachte dich aufmerksam, so, als würdest du einem lieben Menschen begegnen. Was siehst du? Und wie schaust du dich selbst an? Neugierig und offen oder eher skeptisch und prüfend?
Nun spüre vorsichtig nach: Wie fühlst du dich? Was kannst du in deinem Körper wahrnehmen?
Körperempfindungen wahrzunehmen kann ungewohnt sein, deshalb hier einige Worte, die vielleicht helfen, auszudrücken, was du wahrnimmst: kribbelig, freudig, blockiert, gedrückt, taub, ruhig, sanft, fröstelnd, nervös, atemlos, zart, verbunden, wackelig, stark. Nutze gern die Liste der Körperempfindungen im Anhang des Buches, um Worte für das, was du wahrnimmst, zu finden.
Bleibe bei dieser Form der Übung so lange, bis du das Gefühl hast, einen Schritt weiter gehen zu können.
Schritt 2: Schau in den Spiegel, schau dich selbst wohlwollend und freundlich an und nimm Blickkontakt mit dir selbst auf: Blicke dir

warm und liebevoll in die Augen und sprich dich nun zunächst in Gedanken selbst beim Vornamen an: *Name*, ich mag dich! In einem nächsten Schritt sprich auch: *Name*, ich liebe dich!
Nun spüre wieder vorsichtig nach, was mit dir passiert. Fällt es dir schwer? Was macht dieser Satz, den du zu dir selbst sagst? Kannst du liebevoll und freundlich mit dir selbst sprechen?
Welche Gefühle spürst du? Traurigkeit, Scham, Schmerz oder auch Freude und Leichtigkeit? Sortiere die Gefühle etwas und spüre weiter: Was kannst du in deinem Körper wahrnehmen? Spürst du deinen Magen? Wie geht es deinen Beinen? Wie fühlt sich deine Atmung an?
Schritt 3: Schau wieder in den Spiegel, schau dich selbst wohlwollend und freundlich an und nimm Blickkontakt mit dir selbst auf: Blicke dir warm und liebevoll in die Augen und sage nun laut zu dir selbst: *Name*, ich mag dich! In einem nächsten Schritt sprich auch: *Name*, ich liebe dich! Nun spüre wie im 2. Schritt wieder vorsichtig nach, was passiert mit dir?

Verbindung zu dir selbst – die eigenen inneren Anteile

Erwachsene tragen viele Beziehungsmomente aus ihrer eigenen Kindheit in sich. Viele davon sind positiv und stärken uns. Manche jedoch beinhalten auch frühe Verletzungen, die bis heute in unsere Beziehungen wirken. Durch unsere Kinder wird unser eigener kindlicher Anteil angerührt und aktiviert. Dadurch haben wir die Chance, auf früh Erlebtes neu zu schauen und uns mit unserer Geschichte zu beschäftigen. Im Folgenden möchte ich mit dir genau diesen Anteil besonders intensiv und liebevoll ansehen. Er ist schon immer da, und du trägst ihn tief in dir. Vielleicht hat er schon lang nicht mehr – vielleicht sogar noch nie so wirklich – Hinwendung erfahren. Wir sprechen von deinem inneren Kind.

Das innere Kind

Das Symbol des inneren Kindes gehört zu einer modellhaften Betrachtungsweise, die durch Bücher von John Bradshaw sowie Erika Chopich und Margaret Paul bekannt wurde. Wenn man die erwachsene Psyche vereinfacht betrachtet, gibt es sowohl kindliche als auch erwachsene Anteile in uns. Außerdem gibt es eine bewusste und eine unbewusste Ebene unserer Psyche. Das innere Kind »wohnt« auf der Bedürfnisebene unseres Eisbergmodells, wird für uns jedoch spürbar auf der zweiten Ebene und ist somit besonders an unserem Gefühlsleben beteiligt.

In meiner Arbeit mit Eltern spielt dieser innere (unbewusste) Anteil eine wesentliche Rolle. Jeder Mensch trägt sein eigenes inneres Kind in sich. Es repräsentiert den kindlichen Aspekt deines Unterbewusstseins und sitzt tief in deiner Seele, genauer gesagt natürlich in deinem Gehirn. Dieses innere Kind trägt die gesamte kindliche Erlebniswelt und alle frühkindlichen Erfahrungen in sich. Das können schöne und freudvolle Erinnerungen sein, es hat jedoch auch unterdrückte Gefühle, vernachlässigte oder ungestillte Bedürfnisse aus deiner Kindheit gespeichert. Dazu gehört auch das gesamte Spektrum intensiver Gefühle wie unbändige Freude, abgrundtiefer Schmerz, Glück und Traurigkeit, Schmerz, Gefühle von Verlassenheit, Angst und Wut. Das innere Kind beziehungsweise dieser Anteil unserer Seele ist uns oft wenig bis gar nicht bewusst. Dennoch begegnet es uns im Alltag immer wieder und funkt uns Eltern, gerade in Konflikten mit den Kindern, unbewusst dazwischen.

Während sich Mütter mit dem Bild des inneren Kindes, also den eigenen kindlichen Anteilen in sich, oft unvoreingenommen verbinden und in Kontakt kommen können, ist meine Erfahrung mit Vätern so, dass es manchmal etwas Zeit braucht und eine eher kognitive Herangehensweise hilfreich ist, um zu diesem Bereich unserer Psyche einen Zugang zu schaffen. Natürlich ist das nur eine Tendenz aus meiner Arbeit, und ich habe auch schon Mütter erlebt, die eher einen pragmatischen Zugang bevorzugen, oder Väter, die sofort einen sehr bildhaften und emotionalen Zugang finden konnten. Ich bemerke das vor allem, weil mir wichtig ist, dass du dich vom Bild des inneren Kindes nicht abschrecken lässt. Im Gegenteil wünsche ich mir, dass du dich neugierig und interessiert mit den folgenden Übungen auseinandersetzen kannst.

Das Ziel ist es, eine annehmende, achtsame Beziehung zu dir selbst neu zu knüpfen und damit auch die Möglichkeit für den Perspektivwechsel noch besser zu ermöglichen. Es geht um eine neue Beziehungserfahrung mit dir selbst und darum, den »inneren Kritiker« mit all seinen Glaubens- und Überzeugungssätzen in dir zu beobachten und zu entschärfen. Dabei ist es hilfreich, den »inneren Kritiker« als ursprünglich schützende Energie zu verstehen, die dich damals als Kind vor möglicher Außenkritik bewahrt und dir so die lebensnotwendige Anerkennung verschafft hat. Dieser Anteil in dir hatte in deiner Kindheit eine schützende Funktion und wird sich als »dein Wächter« vielleicht erst einmal lautstark melden, wenn es um Veränderung geht.

Durch die Arbeit mit dem inneren Kind wird insgesamt (wieder) ein besserer Zugang zu deinen Gefühlen möglich. In der Folge ist es dann auch leichter, im Alltag und in Konflikten mit großen und kleinen Menschen besser zu agieren und schneller zu sortieren, welche Anteile in dir gerade erwachen und »dazwischen« kommen. Das gleichzeitige, klare Doppelbewusstsein in der Arbeit mit deinem inneren Kind, also das Vorhandensein von Kind und Erwachsenem zugleich, ermöglicht es, alte, vielleicht schmerzhafte Erfahrungen aus einem Abstand heraus noch einmal zu erleben, sich nachträglich zu nähren und damit in das eigene Selbst zu integrieren. Unbewusstes wird sichtbar, schnell ablaufende Prozesse werden entschleunigt und dadurch verstehbar und auch veränderbar. Du kannst dann mit diesen kindlichen Anteilen in dir selbst arbeiten und deinem eigenen Kind mit deinem erwachsenen, reifen Anteil begegnen. So kannst du deinem Kind in Momenten, in denen es in seiner Entwicklung selbst haltlos und unsicher ist, Halt und Sicherheit geben, Verantwortung für es übernehmen und es sicher durch Gefühlsstürme navigieren.

Zu Beginn geht es erst einmal darum, einen Zugang zu diesem kindlichen Anteil in dir zu finden. Dafür bitte ich dich im Folgenden, dich zu erinnern:

Einstiegsübung (a): **Erinnern an die Kindheit**

Nimm dir Zettel und Stift und such dir einen ruhigen Ort. Schließe für einen Moment die Augen und denke intensiv an deine Kindheit zurück:
Welche Bilder steigen in dir auf?
Wie fühlst du dich?
Welche Ereignisse kommen dir in den Kopf?
Was erinnerst du als besonders schön?
Wann hast du dich auch traurig und allein gefühlt, wann wütend?
Gibt es traumatische Erlebnisse, die auch dazugehören?
Fallen dir Sätze ein, die du dir immer wieder anhören musstest?
Schreibe alles auf, was dir einfällt.

Ein weiterer erster lebendiger Zugang kann auch das »Interview zur Kindheit« oder die Selbstbefragung sein. Inspiriert durch die Psychotherapeutin Sybille Ebert-Wittlich nutze ich diese Übung in der Beratung für Elternpaare. Meine Erfahrung ist, dass es sehr verbindend und berührend zwischen Paaren sein kann, sich in dieser Weise an die jeweiligen inneren Kinder anzunähern und sich gegenseitig behutsam zu inneren Bildern, Erinnerungen, Begebenheiten, Präferenzen und Sinneseindrücken zu befragen und auszutauschen. Du kannst also die Übung auch mit deinem Partner machen. Nehmt euch dann bitte jeweils etwas Zeit (ca. 30–45 Minuten pro Interview).

Einstiegsübung (b): **Interview zu deiner Kindheit**

Führe mit dir selbst ein kleines schriftliches Interview und beginne auf deinem Zettel mit:
»Erzähl mir von …«

- einem Tier, das du gern mochtest
- deinem schönsten Kindergeburtstag
- einem Luftballon
- deinem liebsten Buch / deiner liebsten Geschichte
- einer Sandburg oder Kontakt mit dem Meer
- einem Kleidungsstück, das du (nicht oder besonders gern) mochtest
- etwas, was du dir für dein Taschengeld gekauft hast
- einem Erwachsenen, dem du viel verdankst, der dich positiv geprägt hat
- einer Lieblingssendung im Fernsehen

Wo war deine Lieblingsstelle in der Natur?
Wie schmeckte dein Lieblingsbonbon / Eis?
Was hast du am liebsten gespielt?
Was hatten deine Sinne als Kind gern?
Wie hast du als Kind die Jahreszeiten erlebt?

Durch dieses Interview (oder Selbstbefragung, wenn du die Übung für dich machst) entsteht ein erster Raum und somit auch die Möglichkeit zum Kontakt mit der Erlebenswelt deines inneren Kindes, zu deinen Ressourcen, einfachen kindlichen Erfahrungen und Freuden.

Wenn frühe Strategien im Alltag die Führung übernehmen

Ich habe schon erwähnt, dass die eigene Kindheit in der Verbindung zu unseren Kindern oft unbewusst eine wesentliche Rolle einnimmt. Das hat damit zu tun, dass sich in unserem erwachsenen Körper, in unseren Gedanken und Gefühlen noch Erinnerungsspuren der damaligen Empfindungen und Erlebnisse des kleinen Kindes finden. All das ist tief in uns gespeichert. So zeigen sich in unseren Beziehungsmustern Strukturen, die wir aus unserer Kindheit mitgebracht haben. Und es passiert, dass wir als Eltern in manchen Situationen gar nicht »reif« und erwachsen reagieren, sondern innerhalb dieser Strukturen agieren. Der Ausdruck von unreifem Verhalten zeigt sich unter anderem in:

- Verweigerung
- Überheblichkeit
- Vorwürfen
- Schuldzuweisungen
- Gehässigkeit
- Kontrolle
- passiver Aggressivität
- Rechthaberei
- Sarkasmus
- Beschämung
- Überfürsorge

Auch wenn sich diese »Unreife« unterschiedlich zeigt, kann man dieses Verhalten doch grundsätzlich als Rückzug oder als Angriff deuten. Schauen wir uns zunächst den Angriff an:

Timo (5 Jahre) spielt mit seinem Ball im Flur der Wohnung. Seine Mutter kommt hinzu, nimmt den Ball und legt ihn auf den Schrank.
Mutter: »Ich hab dir so oft gesagt, dass du in der Wohnung nicht mit dem Ball spielen sollst.«
Timo: »Mann! Doofe Mama. Du hast mir einfach den Ball weggenommen.«
Mutter: »So nicht. Der Ball liegt auf dem Schrank. Da, wo du nicht drankommst. Ich bin nicht doof.«
Timo: »Doch.«
Mutter: »Nein.«
Timo: »Doch.«
Mutter: »Nein.«
Timo: »Doch bist du.«
Mutter: »Nein, bin ich nicht.«
Timo tritt mit dem Fuß gegen die Flurkommode: »Blöde Mama!«
Mutter rollt mit den Augen und zieht eine Grimasse: »Selber blöd.«

Wenn wir in eine Situation kommen, die uns in emotionalen Stress versetzt, greift unser Gehirn auf alte Erfahrungen aus unserer Kindheit zurück. In solchen emotionalen Stresssituationen stehen uns teilweise nur die Wahrnehmungsfilter und Handlungsmuster zur Verfügung, die wir im Alter zwischen einem und etwa acht Jahren als Kinder gelernt haben, und wir »kippen« in Strategien, die zu unserem kindlichen Anteil von früher gehören. Wenn wir als Kinder zum Beispiel stark darum kämpfen mussten, auf unsere Bedürfnisse aufmerksam zu machen, haben wir gelernt, zu kämpfen. Und so passiert es, dass Timos Mutter in der obigen Situation wie auf Knopfdruck in den Kampfring springt, ihr Schwert zieht und zu kämpfen beginnt. Im Grunde jedoch springt nicht die Erwachsene hier ins Gefecht, sondern das kleine innere Kind übernimmt die Verteidigung. Es springt voller Sorge um die eigenen Grenzen empört auf, gerät in helle Aufregung und stürzt sich in den Kampf. Es setzt den Kampf von damals in der Situation von heute fort.

»Die Reife beginnt sich zu zeigen, wenn wir spüren, dass unsere Sorge um andere größer ist als um uns selbst.« Dieses Zitat von Albert Einstein bringt es für mich auf den Punkt. Timos Mutter agiert nicht in der aktuellen Situation und handelt nicht als Erwachsene, sondern fühlt sich selbst bedroht und nutzt (unbewusst) Strategien, die aus einer Zeit stammen, in der sie selbst für sich sorgen musste. Mir ist wichtig, diese Strategien nicht abzuwerten, sondern ihre Funktion zu beleuchten und mit dir gemeinsam zu verstehen, wofür sie für dich als Kind gut und wichtig waren. Denn alle Strategien, die wir in der Kindheit entwickelt haben, hatten ihren Sinn – damals. Es waren Notstrategien, oft sogar Formen von Überlebensstrategien, und in unserer Kindheit haben sie eine schützende Funktion besessen. Sie haben dazu gedient, auf wichtige Bedürfnisse aufmerksam zu machen. Sie haben für uns »gearbeitet« und ein Stück für uns gesorgt, weil es sonst keiner tat.

Im Erwachsenenalter jedoch sind sie unangemessen und letztlich auch überflüssig. Sie haben »ausgedient«, und wir haben Fürsorge für andere Menschen übernommen, die nun wieder von uns abhängig sind. Wir können sortieren, uns diesen frühen Strategien noch einmal bewusst zuwenden, um sie dann zu verabschieden und abzulegen und neue erwachsene Handlungsalternativen finden. Das kann in einem

Prozess mit dir selbst gelingen, indem du mit deinem inneren Kind behutsam in Kontakt kommst und dich ihm noch einmal zuwendest.

Übung: Eigenes Kinderfoto beschreiben

Schritt 1: Wähle eines deiner liebsten Fotos von dir als Kind aus und lege es vor dich hin.

Schritt 2: Stell dir vor, du willst das Bild jemandem beschreiben, der es nicht kennt. Was ist zu sehen? Welchen Gesichtsausdruck hast du? Wie bist du angezogen? Wie ist die Körperhaltung? Wie alt bist du auf dem Foto? Was passiert auf dem Foto? Wo und in welcher Situation ist es entstanden?

Schritt 3: Schreibe für dich auf und erzähle, wer du als Kind warst: Was hast du gern getan, was macht dich aus, was liebst du besonders an dir als Kind?

Weil du jetzt selbst Mutter oder Vater bist, schaust du dich selbst nicht nur aus der Position des heutigen Erwachsenen an, sondern mit den elterlichen Gefühlen für dein Kind. So kommen vielleicht noch weitere Erinnerungen und auch Mutter- oder Vatergefühle in dir hoch, wenn du diesem Kind (also dir) auf dem Foto in die Augen blickst.

Schritt 4: Beschäftige dich im Folgenden mit diesen Fragen und nähere dich so deinem emotionalen Erleben als Kind an. Nimm dir Zeit, die Fragen und deine Gedanken auf dich wirken zu lassen.

Sich dem emotionalen Erleben nähern

In welcher Umgebung wächst dieses Kind auf?
Was denkt und fühlt es?
Wer kümmert sich um dieses Kind?
Wer erzieht / begleitet es?
Wer gibt ihm Geborgenheit, Wärme und Liebe?
Wer handelt mit ihm Regelungen aus?
Wer verletzt es?
Was vermisst dieses Kind?

Mit welchen Erwartungen ist dieses Kind konfrontiert?
Welche angenehmen und unangenehmen »Erziehungssätze« hört das Kind?
Welche unerfüllten Wünsche hat es?
Wer fordert und wer fördert es?
Wer verwöhnt es?
Wer bringt ihm Verständnis entgegen?
Darf es Kind sein oder muss es sich schon wie ein kleiner Erwachsener benehmen?
Welche weiteren Gedanken und Gefühle löst dieses Bild in dir aus?
Schritt 5: Wie geht es dir damit? Welche Gefühle nimmst du in dir wahr, wenn du über dich als Kind in dieser Form denkst und schreibst?

Wenn Strategien von damals heute nicht mehr hilfreich sind

Wenn du dich auf diese Weise mit deinem inneren Kind verbunden hast, woran erinnerst du dich? Wie ging es dem Kind?

? Wenn du dir das Glas mit dem emotionalen Bedürfnismix ansiehst (s. S. 49), nach welchem Bedürfnis hat das Kind aus deiner heutigen Sicht besonders gestrebt? Sicherheit? Selbstwirksamkeit? Verbindung? Das Gefühl, wertvoll zu sein? Das Gefühl, mit deinen Anliegen gesehen, verstanden und gehört zu sein? Vielleicht erinnerst du dich an eine konkrete Begebenheit?

Nimm nun in einem weiteren Schritt noch eine besondere Form von Beziehung zu dir selbst auf:

Übung: Antworten des eigenen inneren Kindes an das erwachsene Ich

Schau dir dein Foto an, schließe die Augen und versuche, eine Verbindung zum inneren Kind herzustellen. Was denkst du: Wie ist es ihm damals ergangen, was hat es gefühlt, was war gut, was weniger, was hätte es sich gewünscht, was war sein größtes Sehnen?
Höre in dich hinein und formuliere Antworten deines inneren Kindes für dein heutiges, erwachsenes Ich. Beginne mit den hier vorgedruckten Worten und ergänze deinen Namen und den weiteren Text:
Liebe/r Erwachsene/r,
wie schön, dass wir in Verbindung kommen. Ich danke dir, dass du mir Raum gibst und ich dir schreiben darf.
Wie ich mich gefühlt habe, willst du wissen?
Du fragst mich, was gut war und weniger gut war?
Was mir gefehlt hat und was ich mir gewünscht hätte?
...

Welche Strategien stehen dir heute zur Verfügung? Was tust du, wenn du dich unsicher fühlst? Wie machst du dich sicher? Wie nimmst du Verbindung zu anderen auf? Wo lebst du deine persönliche Autonomie aus?

Wenn wir für uns sortieren können, uns selbst besser verstehen und den kindlichen Anteilen in uns Raum geben, indem wir sie wahrnehmen und befrieden, wird es möglich, von »unreifem« Verhalten in eine »reife« Reaktion zu kommen:

Timo (5 Jahre) spielt mit seinem Ball im Flur der Wohnung. Seine Mutter kommt hinzu:
Mutter: »Timo, bitte hör mit dem Ballspielen hier in der Wohnung auf und leg den Ball vor die Tür. Es ist hier zu gefährlich.«

Timo: »Ich will aber hier spielen.«
Mutter: »Das versteh ich, und bitte leg den Ball weg. Wir gehen nachher raus, dann nehmen wir ihn mit.« *[Perspektivwechsel und eigene Position – gleichzeitige Aufmerksamkeit]*
Timo: »Ach Mann … doofe Mama.«
Mutter: »Ja, und nachher gehen wir gemeinsam auf den Fußballplatz.« *[Liebevolle Beharrlichkeit und neue Perspektiven eröffnen]*
Timo: »Nein, da hab ich dann keine Lust mehr zum Spielen.«
Mutter: »Oh, wie schade. Schauen wir mal. Legst du den Ball raus, oder soll ich?« *[Räume zur Autonomie]*
Timo: »Ich mach ja schon. Aber dann zieh ich auch nachher die Fußballschuhe an.«
Mutter: »Ja klar. Du kannst sie schon mal raussuchen. Ich möchte noch das Gemüse für das Abendessen schnippeln, danach gehen wir auch schon los.« *[Verbindungsangebot]*
Timo flitzt los: »Okay Mama, und kann ich mitschnippeln?«
Mutter: »Oh gerne, ich freu mich, wenn wir das zusammen machen.« *[Bedürfnis proaktiv nähren: Du bist wertvoll]*

Timos Mutter hat hier »reif« und zugewandt reagieren können. Sie konnte dynamisch zwischen ihrer eigenen und Timos Perspektive schwingen und empathisch würdigen, was Timo wichtig ist, und gleichzeitig bei sich selbst bleiben. So konnte sie liebevoll auf dem bestehen, was für sie wichtig ist, und gleichzeitig für Timo einen Ausblick schaffen: Wenn er jetzt hier nicht Fußball spielen kann, wann und wo kann er es dann? Wir erinnern uns (Eisberg tiefste Ebene): Zu den wichtigsten emotionalen Basis-Grundbedürfnissen gehören Verbindung und Autonomie. So suchen Kinder in ihrer Entwicklung immer Kontakt zu uns und streben gleichzeitig nach Selbstwirksamkeit. Timos Mutter konnte Räume für Autonomie (Ball weglegen, du oder ich) anbieten und gleichzeitig auch Verbindungsangebote (Fußballplatz/Gemüse schnippeln) machen, sodass Timo sich gut darauf einlassen konnte. Das heißt nicht, dass Kinder nie widersprechen oder Konflikte gar nicht erst entstehen. Im Gegenteil. Konflikte wird es immer wieder geben.

Es bedeutet vor allem, dass wir uns in diesen Momenten selbst bewusst sind, angemessen und reif reagieren können und nicht unserem inneren Kind das Ruder überlassen und damit in alte Muster fallen.

Reifes Verhalten zeigt sich durch:

- Verantwortungsübernahme
- Akzeptanz
- grenzwahrenden Umgang
- verbindende Haltung
- Selbstreflexion
- Dialogfähigkeit
- Fürsorglichkeit
- liebevolle Begleitung
- wertschätzende Positionierung
- verantwortungsvollen Umgang mit elterlicher Macht
- Vertrauen
- raumgebende Haltung

Erinnere dich an den 7-Werte-Kompass und unsere sieben großen, leuchtenden Leitsterne am »Himmel der Beziehung«. Besonders hell leuchtet dabei der Leitstern der **Verantwortung**. Denn wir Eltern tragen selbst die gesamte Verantwortung. Du als Vater oder Mutter trägst Verantwortung für dein Handeln und Verhalten, für deine Gedanken und auch deine Gefühle. Es ist unsere Aufgabe, die Beziehung zu unseren Kindern zu gestalten – sie selbst wären hier völlig überfordert. Kinder verursachen (mit ihrem nicht an unsere Vorstellungen angepassten Verhalten) allenfalls eine für uns subjektiv wahrgenommene Belastung. Die Verantwortung, damit entsprechend gut umzugehen und für eine gelingende Beziehung zu sorgen, liegt in unseren Händen. Das heißt auch: Die Verantwortung dafür, dass die Beziehung zu unseren Kindern gelingt, liegt ausschließlich beim Erwachsenen.

So brauchen Kinder Eltern, die insgesamt Verantwortung übernehmen. Verantwortung für die Qualität der Eltern-Kind-Beziehung und auch dafür, dass Kinder in einer Umgebung aufwachsen, die für sie gute Bedingungen zum Aufwachsen birgt. Und wir dürfen zuversichtlich sein, dass der Kampf dann endet. Denn erinnere dich auch an die wesentliche Grundannahme aus der Entwicklungspsychologie: Dein Kind tut nichts gegen dich – auch wenn es sich manchmal so anfühlt. Es tut immer etwas *für* sich. Kinder sind Teamworker, sodass wir darauf vertrauen dürfen, dass – wenn wir nicht in den Kampfring springen – sie auch zur Kooperation bereit sind und sich immer wieder dazu entschließen, mit uns zusammenzuwirken.

Im Folgenden möchte ich auf eine weitere wesentliche Strategie aus der frühen Kindheit eingehen – die erlernte Hilflosigkeit. Wenn wir emotional involviert sind, dann passiert es, dass sich frühere Anteile (das innere Kind) in uns melden und in Beziehung mit anderen – insbesondere im Kontakt mit unseren eigenen Kindern – mitmischen:

Leo (4 Jahre) spielt Rennauto und tobt dabei aufgedreht durch die Wohnung. Vor der Tür des elterlichen Schlafzimmers macht er kurz halt und stürzt dann hinein. Er weiß, dass er dort auf dem Bett nicht herumspringen darf. Er schwingt sich selbst hinauf und hüpft schließlich wild – seine Autos in der Hand – auf dem Bett auf und ab. Seine Mutter kommt eilig dazu und bittet ihn zunächst freundlich, dass er das nicht tun soll. Als Leo immer weiterspringt, versucht sie zwar, weiterhin ruhig zu bleiben, wird dann aber doch laut: »Leo, es reicht jetzt!«, ruft sie hilflos und lässt die Schultern hängen. »Leo bitte«, fleht sie ihn an, »was soll ich denn noch machen?« Unentschlossen steht sie vor ihrem Sohn: »Dann musst du eben in dein Zimmer gehen!« Hilflos hebt sie die Arme. Leo hingegen scheint voller Energie, sein Gesicht ist rot von der Toberei, und er schreit laut. Er lässt sich auf die Federbetten fallen, steht wieder auf, lacht, schreit wieder und hüpft wild weiter. Leos Mutter nimmt alle Kraft zusammen und schreit: »Hast du nicht gehört, Leo! Ich meine es ernst! Geh jetzt vom Bett runter!« Leo scheint seine Mutter zu ignorieren. »Willst du mich ärgern? Das lass ich mir von dir nicht bieten!« Sie rennt hinter Leo her, der jetzt vom Bett gesprungen ist, sie schnappt nach ihm, verfehlt ihn jedoch knapp, und Leo entwischt ins nächste Zimmer. »Mensch, Leo!«, ruft sie erschöpft. »Du kannst wiederkommen, wenn du dich beruhigt hast!«

Was geschieht hier? Leos Mutter wiederholt sich, weil sie das Gefühl hat, ihr Sohn hört nicht zu und nimmt sie nicht ernst. Sie fühlt sich in ihrer Rolle als Mutter infrage gestellt. Dadurch, dass Leo einfach weiterspringt, das Gesagte ignoriert und nicht das tut, was sie von ihm verlangt, entsteht zunächst ein Gefühl von Hilflosigkeit bei Leos Mutter, das dann zu Frustration führt. Aus diesen Gefühlen heraus wird sie zunächst immer lauter, erschöpft sich und resigniert dann schließlich ganz.

Konflikte entstehen, wenn gegensätzliche Bedürfnisse vorhanden sind. Das gehört mit zum Familienleben und lässt sich nicht vermeiden. Die Mutter hat hier das Bedürfnis nach Sicherheit, in dem sie sich Ruhe und Ordnung wünscht. Das ist ihre Strategie, sich ihr Bedürfnis zu erfüllen, während ihr Sohn das intensive Bedürfnis nach Autonomie und Verbindung zu sich selbst erfüllt, in dem er die Strategie Bewegung wählt. Du kannst sehen, dass hier sehr unterschiedliche Bedürfnisse aufeinanderprallen. Wie kann es passieren, dass Eltern in solchen Situationen ihre Führungsrolle aufgeben und ihrer Hilflosigkeit ausgeliefert sind?

Hier gibt es im Grunde nicht die eine Antwort, sondern unterschiedliche Aspekte:

1. erlernte Strategien in der Kindheit
2. Verunsicherung durch die Suche nach neuen Wegen – Beziehung statt Erziehung

1. Erlernte Hilflosigkeit

Der amerikanische Psychologe Martin E. P. Seligman hat den Begriff »erlernte Hilflosigkeit« geprägt, um die Überzeugung einer Person, bestimmte Zustände oder Sachverhalte nicht verändern zu können, zu beschreiben. Die Person ist dann der festen Ansicht, keine Kontrolle über die Situation ausüben und sie nicht selbstwirksam beeinflussen zu können. Dadurch kann sie nur eingeschränkt agieren, sie ist nicht in der Lage, einen Zustand, den sie als unangenehm erlebt, aus eigener Kraft abzustellen. Diese erlernte Hilflosigkeit führt häufig zu Passivität. Seligman führt diese Form der Hilflosigkeit auf frühere Erfahrungen von Ohnmacht und tatsächlicher Hilflosigkeit zurück.

Im Gespräch mit Leos Mutter erfuhr ich, dass sie sich als Kind häufig in ihren Bedürfnissen übergangen und nicht gesehen gefühlt hatte. In vielen Situationen war sie mit ihren Wünschen bei ihren Eltern abgeprallt. Als wir diesen »Link« in ihre Vergangenheit fanden, wurde Leos Mutter sehr traurig. Sie empfand Schmerz und konnte die Hilflosigkeit spüren, die ihre Kindheit geprägt hatte. Sie konnte reflektieren, dass Leo ihre »alten« Gefühle ausgelöst und sie sich genau wie früher als kleines Mädchen gefühlt hatte: hilflos und ohnmächtig. Aus diesen Gefühlen heraus war sie nicht in der Lage, »erwachsene« Entscheidungen zu treffen. Ihr eigenes »inneres kleines Mädchen« wurde in diesem Augenblick sichtbar, es war verletzlich, verunsichert, hilflos und voller Sehnsucht danach, gehört und mit seinem Anliegen ernst genommen zu werden.

So wurde ihr bewusst, was sie als kleines Mädchen gebraucht hätte und dass es schwer auszuhalten war, dies alles nicht bekommen zu haben. Mit diesem Wissen konnte sie erkennen, was für ihren Sohn heute wichtig ist und dass sie die Verantwortung für ihn trägt. Dass sie erwachsen, autonom und handlungsfähig und nicht mehr das kleine hilflose abhängige Mädchen ist.

Um diese beiden Anteile in uns deutlicher zu machen und unsere Position als Erwachsene zu stärken, kann es hilfreich sein, stärker mit uns selbst und unserem inneren Kind in Verbindung zu treten.

Die folgende Übung hat sich in meiner Praxis sehr bewährt und lehnt sich an das Arbeitsbuch zur Aussöhnung mit dem inneren Kind von Erika J. Chopich und Margaret Paul an. Es handelt sich um eine Visualisierungsübung, um eine erste Begegnung mit dem inneren Kind herzustellen.

Übung: Eine erste Begegnung mit dem eigenen inneren Kind

Die Übung kann man zu Hause selbst machen, indem man sie still für sich liest. Man kann auch jemanden bitten, sie langsam vorzulesen. Du kannst auch die Audiodatei nutzen.

🔊 Übung inneres Kind

Setz dich bequem auf einen Stuhl und schließe die Augen. Nimm einige tiefe, entspannende Atemzüge. Lass beim Ausatmen alle Anspannung los. Achte darauf, in welchem Körperteil die Verspannung am stärksten ist – Beine, Brustkorb, Schultern, Stirn?
Atme in diesen Körperteil bewusst hinein, und lass ihn dann einfach los. Lass auch die Schultern fallen, entspann deinen Kiefer. Dein Körper wird nun völlig vom Stuhl getragen, gestatte deinem Körper, sich ganz zu entspannen.
Kehr nun in Gedanken zurück in die Vergangenheit, zu einem besonders schönen Kindheitserlebnis, zu einer Zeit und hier zu einem Moment, als du dich wunderbar und gut gefühlt hast. Vielleicht erinnerst du dich an ein bestimmtes Ereignis, wie du beispielsweise ein Eis gegessen oder auf einer Wiese im Freien gewesen bist, einen Spielmoment oder einen Augenblick, als du von einem Elternteil getröstet und dich ganz sicher und zufrieden gefühlt hast. Sieh dich selbst als Kind genau in diesem Moment. Lass alle guten Gefühle noch einmal in dir aufsteigen. Genieße es und schau dem kleinen Kind zu, das sich so gut fühlt.
Schau nun, wie du als Erwachsener, der du jetzt bist, den Raum betrittst. Stell dich dem Kind (dem kleinen Mädchen / dem kleinen Jungen) vor. Sieh dich selbst als Kind (als Mädchen / als Junge), wie du staunend auf dich als Erwachsenen blickst. Setz dich neben dein eigenes Kind, und werde zu dem liebevollsten Erwachsenen, den du dir vorstellen kannst – nimm Kontakt zu deinem Kind auf, schau es liebevoll und freundlich an. Wenn du magst, nimm es in den Arm, streichele ihm über den Kopf, nimm seine Hand und teile die guten Gefühle, die gerade da sind.
Lass dein Kind wissen, dass du dich freust. Und dass du immer für es da sein wirst. Ja, es gab Zeiten, da war das Kind alleine, hilflos und angstvoll. Diese Zeiten sind jedoch jetzt vorbei. Lass dein Kind wissen, dass du jetzt da bist und für es sorgen wirst, dass ihm das nie mehr passieren wird. Dass du da sein wirst und es ab

jetzt immer beschützen und behüten wirst. Streichele deinem Kind noch einmal über den Kopf und nimm es fest in den Arm, mit all seinen Gefühlen, seiner Lebendigkeit, seiner Leidenschaft, seiner Intelligenz, seiner Frische, seiner Güte, vielleicht auch mit seinem Schmerz, seiner Angst, seiner Wut und seiner Freude, die du im Moment (mit)empfindest – spür dein Kind in dir und genieße diesen Moment, in dem du für es da bist und es im Arm hältst. Nimm dir die Zeit, die du brauchst.

Nun nimm einige Atemzüge, und kehre in die Gegenwart zurück. Bring dein inneres Kind und alle Gefühle mit – sie sind okay und gehören zu dir. Und genieße die Verbundenheit mit deinem inneren Kind. Wenn du magst, kannst du zu einem von dir bestimmten Zeitpunkt die Augen wieder öffnen und dich langsam orientieren. Schau dich im Raum um und komm in deiner eigenen Geschwindigkeit wieder ins Hier und Jetzt. Nimm dir deine Zeit.

Versuche in den nächsten Tagen, ab und zu an diese Übung zurückzudenken. Spüre nach und schaue, ob sich in der Verbindung zu dir selbst, zu deinem Partner oder zu deinem Kind etwas verändert hat.

Bitte schreib auf: Wie ist es dir mit der Begegnung ergangen?

Während dieser Visualisierung war es berührend, zu sehen, wie Leos Mutter eine andere Haltung (innere und auch äußere Körperhaltung) annehmen und für ihr eigenes inneres Kind da sein konnte. Sie konnte sich selbst positiv begegnen und erzählte, dass sie diese unterschiedlichen Anteile in sich deutlicher spüren und nun besser wahrnehmen könne. So wurde für sie in den nächsten Konfliktsituationen mit Leo stärker und schneller fühlbar, dass es gar nicht um den Konflikt mit ihrem Sohn, sondern vielmehr um eine frühe Beziehungserfahrung in ihrer Kindheit geht, die in der Auseinandersetzung mit Leo angerührt wird.

2. Verunsicherung durch die Suche nach neuen Wegen

Eltern wollen es heute oft anders machen, sind unsicher und unentschlossen und geraten so in die Defensive. Verunsicherung halte ich grundsätzlich für nichts Verwerfliches. Sie gehört sogar unbedingt zum Elternsein dazu. Solche Empfindungen machen es überhaupt erst möglich, dass wir uns auf unsere Kinder einstellen, dass wir dynamisch und beweglich bleiben.

Wie also hätte Leos Mutter in der Situation agieren können? Hier gibt es verschiedene Möglichkeiten, ich habe mal drei Alternativen formuliert:

- **Räume zur Autonomie** (1) geben: »Leo, komm bitte vom Bett runter.« (Sie streckt ihre Hände aus) »Darf ich dir helfen oder magst du selbst herunterkommen?« Sie wartet ein wenig und steht entschlossen vor dem Bett. Leo schaut sie an, dann nimmt er die ausgestreckten Hände an, geht leicht in die Hocke und springt in hohem Bogen vom Bett.
- **Kontakt anbieten** und einen **Übergang in die nächste Situation** schaffen (2): »Leo, lass mich mal an das Bett, ich möchte es ordentlich machen, und schau, hier liegt unser Buch. Ich würde es gern im Wohnzimmer auf unserem Kuschelsessel mit dir weiterlesen. Magst du schon mal vorgehen, ich komm sofort nach?« Leo lässt sich mit dem Po auf die Bettkante fallen und wippt noch ein wenig. Seine Mutter setzt sich neben ihn, umarmt ihn und reicht ihm dann das Buch. Leo nimmt das Buch und verlässt das Schlafzimmer Richtung Wohnzimmer.
- **Beziehung herstellen** und **lösungsoffen Kontakt** (3) aufnehmen: »Leo, du bist ja ein Wilder heute. Das ist mir viel zu viel gerade, ich bin so erschöpft und würde gern etwas Pause machen auf dem Sofa. Was machen wir denn da?« Leo hüpft noch eine Weile weiter. Seine Mutter streckt ihre Arme aus, und Leo springt ihr entgegen. Hand in Hand verlassen sie zusammen das Schlafzimmer Richtung Wohnzimmer und gehen gemeinsam zum Sofa. »Bist du müde, Mama?«, fragt Leo. »Ja«, sagt seine Mutter. »Arme Mama«,

sagt Leo, springt auf, rennt in sein Zimmer und kommt mit seinem Kuschelkissen wieder zurück: »Hier Mama!«, sagt er und gibt ihr sein Kissen »Jetzt machen wir erst mal Pause.«

Kontakt – Verbindung – Beziehung. Es kommt vor allem auf deine innere Haltung und eine Form von Beharrlichkeit und Entschlossenheit an. Vertrau auf dich selbst, und verharre nicht in deiner Hilflosigkeit, wenn sie mal kommt. Du darfst Entscheidungen treffen und Orientierung geben. Dein Kind sucht danach. Und auch hier gilt: Kinder sind Teamworker. Sie wollen mit uns kooperieren, und bieten wir ihnen diese Chance mit offener, klarer Haltung, nehmen sie diese in der Regel dankbar an.

Die oben genannten Möglichkeiten können auch miteinander kombiniert werden. Eltern dürfen experimentieren und schauen, welche Form des Kontakts in diesem Moment ankommt und was das Kind annehmen kann. In Verbindung kommen und Kontakt herstellen, das sind die Schlüssel zur Beziehung. Und Kinder sind immer auf der Suche nach Kontakt und Zuwendung. Wenn wir es schaffen, diese wertschätzend und klar herzustellen, können viele Eskalationen vermieden werden. Das heißt nicht zwangsläufig, dass Leo sofort mit dem Springen aufhört, er spürt jedoch deutlich, was die Haltung und der Wunsch seiner Mutter ist, und er wird dankbar die eine oder andere Möglichkeit annehmen, wenn er die Wahl hat und selbst entscheiden kann. Gib deinem Kind in solchen Momenten auch ein wenig Zeit und nenne die eine oder andere Alternative, zum Beispiel: »Magst du in meinen Arm springen oder soll ich dich runterheben?« Wichtig ist, dass Eltern in eine Führungsrolle kommen und für ihre Kinder mit dem, was sie wollen, sichtbar und wahrnehmbar sind und nicht ihrer Hilflosigkeit ausgeliefert bleiben. Wenn Eltern die Führung verlieren und Kinder dann führungslos sind, haben sie keine andere Chance, als selbst die Führung zu übernehmen, was sie in eine Überforderungssituation bringt und letztlich zur Eskalation führen kann.

Versöhnung mit sich selbst

Nachdem du dich jetzt nun mit deinem kindlichen Anteil in dir verbunden hast und dein Verhalten so jetzt schon viel besser verstehst, geht es nun um weitere Schritte. Es geht darum, den Weg frei zu machen für eine von deiner Vergangenheit unbelastete Beziehung zu deinem Kind. Es geht um innere Heilungsprozesse, indem du die Verletzungen, die entstanden sind, wahrnimmst, sie anerkennst, dich versöhnst mit dem, was war, und so wieder selbst mehr ins Reine kommst. Das ist notwendig, damit die inneren Verletzungen heilen können, du auch emotional loslassen kannst und frei und offen für die Gestaltung deines Lebens bist.

Wenn ich hier davon spreche, dass etwas in uns heilen darf, dann meine ich nicht, dass wir damit etwas loswerden, auch wenn ich verstehe, dass sich der Gedanke erstrebenswert anhört. Wir werden jedoch unsere Vergangenheit nicht ändern und sie auch nicht einfach von uns abspalten können. Mein Gedanke ist eher das Gegenteil: Es darf sich etwas (neu) zusammenfügen, etwas einfügen ins große Ganze. Das heißt, es geht um Integration dessen, was gewesen ist. Integration bedeutet nicht, dass das Ereignis verschwindet, dass wir etwas löschen, vergessen oder verdrängen. Integration bedeutet, dass der Schmerz weniger werden kann, wenn wir uns den Ereignissen, die leidvoll waren, zunächst zuwenden und ihnen dann eine Sinnhaftigkeit innerhalb unserer (Lebens-)Geschichte geben.

Du kannst deine Vergangenheit
nicht ändern, aber du kannst ändern, was du über sie denkst und fühlst. Das heißt, du kannst deine Perspektive wechseln und das, was gewesen ist, transformieren in etwas Kraftgebendes, es neu betrachten und eine andere Bewertung vornehmen. Der Beginn deines Lebens ist unveränderbar. Dein Leben heute ist es nicht. Es ist das, was du daraus machst.

Anerkennen, was war

Die folgende Übung kann einen ersten Schritt zur Anerkennung dessen, was gewesen ist, in der Beziehung zu dir selbst darstellen. Nimm dir dafür etwas Zeit.

Übung: Brief an das innere Kind

Nimm einige tiefe Atemzüge und betrachte dein Foto noch einmal in Ruhe, mit Einfühlung, Wohlwollen und einem inneren liebevollen Lächeln. Stell dir vor, dass du gleich einen Brief an dein inneres Kind schreiben wirst.

Beginne nun, einen Brief an dein inneres Kind aus deiner heutigen erwachsenen und reifen Perspektive zu schreiben. Dabei sind folgende Punkte wesentlich:

Anerkennung: Erkenne an, was dein inneres Kind alles erlebt hat, und auch, was es für Strategien in diesen Notsituationen entwickelt hat, um für dich zu sorgen. Bedanke dich bei deinem inneren Kind. Du könntest konkret schreiben: Danke, dass du diese Möglichkeiten gefunden hast. Danke, dass du mich beschützt hast. Danke, dass du gekämpft hast. Damals!

Übernahme: Lass dein inneres Kind wissen, dass der Kampf nun vorbei ist, dass es zur Ruhe kommen darf. Lass es wissen, dass du nun übernimmst, dass du es beschützt und dass es nie mehr kämpfen muss, dass es nun loslassen und an dich abgeben darf.

Versprechen: Versprich ihm, ab jetzt immer für es da zu sein, ihm all die Liebe und Geborgenheit, Förderung und Unterstützung, Respekt und Verständnis und alles andere, was dein inneres Kind von dir als seinem erwachsenen Begleiter benötigt, zu geben.

Achtsamkeit im Alltag: Versuche in den nächsten Tagen, ab und zu an diese Übung zurückzudenken, vielleicht liest du den Brief noch einmal. Spür nach und schau, ob sich in der Verbindung zu dir selbst, zu deinem Partner oder zu deinem Kind etwas verändert hat.

🔊 Neue Verbindung mit dem inneren Kind

Ergänzend zu dieser Übung findest du eine Hördatei, die ich dir sehr ans Herz legen möchte. Du kannst damit die Verbindung zu dir stärken und erneuern.

Ja, es ist nie zu spät für eine glückliche Kindheit! Davon bin ich überzeugt. Die Folgen seelischer Verletzungen in der Kindheit sind bis in die Zellebene hinein wirksam und blockieren unser inneres Wachstum. Oft werden die belastenden Gefühlsmuster der Generationen vor uns einfach weitervererbt. Deshalb ist es so lohnend, als Erwachsener zum inneren Kind Kontakt aufzunehmen, sich mit den Anteilen, die uns in der Kindheit Schmerz zugefügt haben, zu verbinden und sich zu versöhnen.

Mit sich selbst ins Reine kommen

Neben hohen Ansprüchen erlebe ich auch immer wieder, dass Eltern Schuldgefühle entwickeln. Eltern scheinen wahre Weltmeister darin zu sein. Diese kommen immer aus der Vergangenheit. Sie verfärben unser Erleben in der Gegenwart und lähmen uns für die Zukunft. Sie halten so das Vergangene lebendig und schwächen unser Leben im Hier und Jetzt und belasten so auch unsere heutigen Beziehungen. Aber welche Dynamiken führen eigentlich zu diesen Empfindungen, und wo genau liegen die Ursachen?

Ich möchte hier zunächst ein wenig sortieren, bevor wir uns möglichen Wegen zuwenden, die zum Lösen dieser Schuldgefühle führen. Der Psychologe Jürg Kollbrunner unterscheidet zwei Gruppen von Schuldgefühlen: Zum einen die **authentischen und berechtigten Schuldgefühle**. Diese entstehen, wenn wir jemand anderen oder uns selbst schädigen. Sie sind eine Folge von gesunder Scham. Wir haben uns dieser Form der Scham schon zugewandt, und auf der emotionalen Landkarte ist vermerkt, dass uns Scham einen Hinweis darauf gibt, dass wir etwas »nicht gut gemacht« haben. Aus dieser Emotion entstehen Schuldgefühle. Diese sind schmerzhaft, doch lösbar, wenn wir die dahinterliegende »Schuld« verstehen und Verantwortung für unser Handeln übernehmen können. So wird es möglich, dass wir nicht nur unser »Verschulden« bedauern, uns entschuldigen, um Verzeihung bitten und uns um Wiedergutmachung bemühen können. Wir machen darüber hinaus eine sozial-emotionale Beziehungserfahrung, verbinden uns neu und konstruktiv miteinander und können so auch lernen, in der Zukunft anders miteinander umzugehen, achtsamer zu sein und dann auch anders zu handeln.

Die zweite Gruppe sind die **sozial gelernten, ungerechtfertigten Schuldgefühle**. Sie sind das Ergebnis von Konditionierung. In diese Gruppe fallen vermehrt die Schuldgefühle, die Mütter und Väter für sich entwickeln. Wir haben sie im Laufe unseres Lebens von unseren Eltern, Lehrern und nahen Bezugspersonen, aber auch von der Gesellschaft übernommen und verinnerlicht. »Sie sind das Ergebnis von Dressur, wie wir sie von Tieren her kennen«, sagt Kollbrunner und geht davon aus, dass wir durch Erfahrungen innerhalb der Gesellschaft und deren Normen konditioniert werden. So wird uns Schuld eingeredet, um uns dazu zu bringen, uns auf eine bestimmte Art zu verhalten. Tun wir das nicht, droht Ausgrenzung und/oder Beziehungs- und Liebesverlust. Davor fürchten wir uns. Den Hinweis von Kollbrunner, dass uns diese Form von Schuldgefühlen auf eine möglicherweise noch zu starke Abhängigkeit von frühen Autoritätspersonen hinweist, finde ich sehr wertvoll. Denn wenn wir diese Form von Schuldgefühlen identifizieren und die dahinterliegenden unbewusst übernommenen Überzeugungen reflektieren, können wir erkennen, dass diese uns heute unter Umständen nicht mehr dienen. Viele Eltern sind genau deshalb auf dem Weg. Sie brechen aus. Ich nehme an, dass auch du deshalb dieses Buch in den Händen hältst und nach neuen wertschätzenden Wegen für dich und dein Kind suchst.

Ich möchte einige Dynamiken der zweiten Gruppen von Schuldgefühlen gern noch genauer ansehen und mich differenzierter den Gefühlen von ungerechtfertigter Schuld zuwenden.

Emotional tief verankerte und nicht gerechtfertigte Schuldgefühle

Als Kinder empfangen wir unterschiedliche emotionale Botschaften von unseren ersten Bindungspersonen. Gute und weniger gute. Die guten bestärken uns, machen die Basis-Grundbedürfnisse satt und füllen den Selbstwert. Diese empfangen wir in Momenten, in denen wir uns von unseren Eltern anerkannt, sicher und geliebt fühlen.

Es gibt jedoch auch Botschaften, die uns zwischen den Zeilen erreichen, die einen anklagenden Charakter haben und Schuld suggerieren. Ich möchte im Folgenden drei verschiedene Bereiche dieser emotionalen Verankerungsprozesse aufzeigen. Diese haben ihre Wurzeln in der frühen Kindheit. Wir Kinder entwickeln durch das gelebte Wertesystem, welches unsere Eltern bewusst und unbewusst vermitteln, bereits in den ersten Lebensjahren eine grundlegende Loyalität zu unseren Bindungspersonen. Überzeugungen, Normen und Werte werden ungefiltert aufgenommen. Kinder hinterfragen die Reaktions- und Verhaltensweisen ihrer Eltern nicht.

So kann eine **rigide Erziehungshaltung**, bei der unerwünschtes Verhalten stark sanktioniert, verboten oder auch »nur« abgewertet wurde, als ein Bereich genannt werden. Wir empfangen innerhalb der Beziehung zu unseren Eltern dann ungute Botschaften wie:

- Du bist so, wie du bist, nicht okay.
- Dein Gefühl und du, ihr seid verkehrt.
- Du bist falsch.

Wenn diese emotionalen Botschaften dauerhaft Teil eines Familienklimas sind, verankert sich diese tief in unserem Selbst und kann das später zu Schuldgefühlen führen.

In einen weiteren Bereich fallen **biografische Ereignisse**, wie **Trennung** und Scheidung der Eltern, auch **frühe Verluste** durch Tod etc., die es im Verlauf unserer Kindheit geben kann. Diese können dazu führen, dass wir uns als Kinder schwere Selbstvorwürfe machen und uns und unser Verhalten und Sosein als Ursache für die geschehenen

Ereignisse interpretieren. So fühlen wir uns bewusst oder unbewusst schuldig und sagen uns dann selbst:

- Du bist schuld, dass alles so ist.
- Wenn du nicht so wärst, wie du bist, wäre es nicht passiert.
- Deinetwegen ist alles so schwierig.
- Weil du so bist, wie du bist, geht es mir / uns schlecht.

Bei Trennungserfahrungen durch die eigenen Eltern werden diese (Fehl-)Interpretationen nicht selten durch das Verhalten der Bindungspersonen noch zusätzlich (unbewusst) befeuert. Kinder geben sich die Schuld dafür, dass ihre Eltern sich trennen. Dabei können Kinder die Bedeutung der Partnerbeziehung noch nicht beurteilen und das eigentliche Zerwürfnis der Eltern kaum oder gar nicht erfassen. Diese frühen Erfahrungen können auch dazu führen, dass Kinder grundsätzlich die Annahme entwickeln, für das Leid anderer eine (Mit-)Verantwortung zu tragen.

Ein weiterer Bereich, in dem emotional tief verankerte, nicht gerechtfertigte Schuldgefühle bei Kindern entstehen können, ist, wenn sie als Kinder nicht gewollt und / oder ihre eigenen Eltern unglücklich, selbst bedürftig, psychisch dauerhaft stark belastet, überfordert oder auch chronisch krank sind. Das Beziehungsklima ist dann insgesamt geprägt von: Alles ist zu viel. Da Kinder noch nicht abstrahieren und die Geschehnisse nicht genügend differenzieren können und deshalb alles, was um sie herum geschieht, auf sich selbst beziehen, kann die Atmosphäre von »Alles ist zu viel« als emotionale Botschaft »Du bist zu viel« ankommen.

Schon dieser Gedanke kann bei Kindern ganz früh Schuldgefühle auslösen. Es berührt die Frage: Bin ich willkommen auf dieser Welt? Und Kinder spüren schon sehr früh, ob sie erwünscht sind oder eher nicht. Wenn Eltern dauerhaft seelisch stark belastet bleiben, kann sich in der Folge die Rollenverteilung ändern. So übernehmen Kinder die emotionale Fürsorge für ihre Eltern. Sie übernehmen dann viel zu früh viel zu viel Verantwortung in der Familie – in allen Bereichen. Sie spüren jedoch schon früh, dass sie die Rolle nicht voll ausfüllen können, und geraten selbst in eine emotionale Dauerüberforderung. Sie empfangen die Botschaften:

- Du bist verantwortlich dafür, wie es mir geht.
- Wenn du dich genug anstrengst, dann wird alles gut.

So werden innere Überzeugungen aus diesen frühen Erfahrungen gewonnen, aus denen sich dann tiefe Glaubenssätze bilden können:

- Ich muss immer dafür sorgen, dass es allen immer gut geht
- Ich muss mich immer anstrengen.
- Wenn etwas nicht klappt, dann hat das immer was mit mir zu tun. Ich habe mich nicht genügend angestrengt. Ich bin nicht genug.

Die Kinder »ackern« und bemühen sich, um allem gerecht zu werden und um die Liebe der Eltern nicht zu verlieren. Doch sie können das Leben und die Emotionen nicht allein regeln, schon gar nicht für die Erwachsenen mit. Und so laufen die Kinder »leer«, denn die selbstauferlegte beziehungsweise von den eigenen Eltern unbewusst übertragene Verantwortung kann nie vollständig erfüllt werden. Das führt meist dazu, dass davon betroffene Kinder rastlos, frustriert und selbst früh erschöpft sind. Oft ziehen sie sich entweder verunsichert zurück oder zeigen aggressive Verhaltensweisen und gehen in den »Dauerkampf«.

Diese Dynamik kann ein (Lebens-)Gefühl hinterlassen, Situationen nie ganz gewachsen zu sein und grundsätzlich nicht genug zu sein. In meiner Praxis begegne ich häufig Müttern, die genau diesen Glaubenssatz »Ich bin nicht genug« tief verinnerlicht haben. Sie geben alles für ihre Familie, stehen rund um die Uhr für ihre Kinder zur Verfügung und haben doch das Gefühl, es »reicht« nie. Sie fühlen sich stets mangelhaft und zweifeln daran, ob das, was sie mitbringen, genug ist. Ob sie selbst genug sind und ob sie alles gut und richtig machen.

Denn auch hier gilt wieder: Kinder sind Teamworker, und sie kooperieren auf allen Ebenen mit ihren Eltern. Sie lieben ihre Eltern bedingungslos und suchen die Gründe für deren Unglück immer bei sich selbst. Schließlich versuchen sie unablässig, die Situation zu verbessern. So kommt es dazu, dass Kinder ganz unbewusst Schuldgefühle und Selbstvorwürfe entwickeln, ohne dass eine reale und konkrete Schuld vorliegt. Wiederkehrende Schuldgefühle ohne reale Schuld sind also Ausdruck eines hohen und nicht erfüllbaren Anspruches an sich selbst, der aus der eigenen Kindheit herrührt.

? Wie geht es dir mit dem oben Gelesenen, wenn du nun deine Eltern-Kind-Beziehung in den Blick nimmst? Sollten Gefühle in dir sein, die mit Schuld zusammenhängen, bitte ich dich, dir aufzuschreiben, was du als Fehler empfindest, und diese Notizen mit in das kommende Kapitel zum Thema »Selbstvergebung« zu nehmen.

Selbstvergebung

Das »Sich-selbst-verzeihen-Können« ist keine einmalige Sache, sondern ein lebenslanger dynamischer Prozess. Selbstvergebung ist eng mit dem Thema Schuld verknüpft, und es ist die beste Form der Selbstliebe.

Wir kennen den Begriff der Schuld aus den verschiedenen Religionen und im juristischen Kontext. Da ich selbst aus einem Pfarrhaus komme, habe ich mich sehr bewusst damit auseinandergesetzt und mich schon immer daran gestört, dass die christliche Religion davon ausgeht, dass Menschen grundsätzlich als Sünder und damit schuldig auf die Welt kommen. Auch Vergebung ist ein Begriff, der religiös besetzt ist. Deshalb fällt es vielleicht auch nicht religiösen Menschen oft nicht leicht, sich diesem in einer anderen Form zuzuwenden.

Gedankenexperiment

Das Wort »Schuld« wird oft im Kontext von Kirche und Religion, im juristischen Bereich und auch in Beziehungen verwendet. Dabei vergiftet Schuld die Atmosphäre in persönlichen Beziehungen. Ich lade dich deshalb zu einem Gedankenexperiment ein: Was wäre, wenn du dir erlaubst, den Begriff »Schuld« aus dem Beziehungskontext herauszulösen? Erlaube dir in einem ersten Schritt, Schuld als Begriff aus deinem persönlichen Wortschatz zu nehmen. In einem zweiten Schritt möchte ich dich bitten, an diese Stelle für dich den Begriff »Verantwortung« zu setzen. **Du bist nicht »schuld«:** Schuld führt zu Schwere, Verantwortung verleiht Kraft. Du übernimmst persönliche Verantwortung für dich, deine Gedanken, deine Worte, deine Gefühle und dein Handeln. Insgesamt für dein Wohlergehen. Mach dir klar: Keine Freiheit ohne Verantwortung.

Entscheide dich, persönliche Verantwortung für dich und dein Handeln zu übernehmen. Du wirst mit diesem Schritt gleichzeitig auch ganz viel Freiheit für dich selbst erlangen. Denn nur so gestaltest du dein Leben selbst. Das ist die maximale Erfüllung deines Basis-Grundbedürfnisses nach Selbstwirksamkeit, die du dir selbst schenken kannst. Und in dieser Haltung kannst du auch Verantwortung für dich und dein Handeln in Beziehungen übernehmen. Wenn du das Gefühl hast, einem anderen zu nahe getreten zu sein, eine persönliche Grenze überschritten zu haben oder jemandem Unrecht getan zu haben – übernimm Verantwortung! Sei warm und wohlwollend mit dir selbst. Verurteile dich nicht dafür. Es ist menschlich. Menschen begegnen sich in Beziehungsräumen, und manchmal passiert es, dass persönliche Grenzen innerhalb dieser Begegnungen übertreten werden; es geschehen Grenzverletzungen, aus denen dann Kränkungen entstehen. Das passiert und ist menschlich. Wesentlich ist, dass du es bemerkst und nach Möglichkeiten der Wiedergutmachung suchst.

Beobachte dich und deine Gedanken immer wieder, und wenn du negative Gedanken dir selbst oder anderen gegenüber wahrnimmst, kannst du bewusst stoppen und deine Gedanken unterbrechen. Lenke deine Aufmerksamkeit auf hilfreiche Affirmationen. Steige aus dem Gedankenkarussell aus. Wechsle bewusst die Perspektive, und komm in deinen erwachsenen Anteil, umarme dein inneres Kind. Sei für es da, ohne Bewertung, sondern mit Wohlwollen, Geborgenheit, Mitgefühl und Verständnis. Du bist liebenswert, so wie du bist. Auch und mit deinen Verfehlungen. Und es ist wichtig, dass du dir selbst verzeihst – das ist übrigens auch die Voraussetzung dafür, mit anderen milde zu sein und ihnen ihre Fehler nicht nachzutragen.

ÜBUNG: Selbstvergebung

Schritt 1: Lokalisiere den Selbstvorwurf und stell dir eine Situation vor, mit der du bis heute haderst. Lass diese noch einmal vor deinem inneren Auge verlangsamt ablaufen. Was genau wirfst du dir selbst vor?

Schritt 2: Geh bewusst in einen Perspektivwechsel und frage dich, was wäre, wenn du für dich die Perspektive einnimmst, dass du es damals für dich bestmöglich gelöst hast? Spüre in dich hinein.

Schritt 3: Erlaube dir, an dieser Perspektive festzuhalten und dich zu fragen, ob es nicht zu deinem Besten wäre, an dieser Stelle den Vorwurf gegen dich selbst zur Seite zu stellen und fallen zu lassen?

Schritt 4: Reflektiere für dich: Was konntest du aus dieser Situation mitnehmen, was war deine Erfahrung, was hast du vielleicht sogar rückblickend gewonnen? Schreibe diese Gedanken auf.

Schritt 5: Spüre, was sich verändert und ob du den Vorwurf jetzt aufgeben kannst? Atme und spüre bewusst in dich hinein: Was wärst du ohne diesen Vorwurf? Was ist dann möglich? Was denkst du und was fühlst du dazu? Notiere deine Gedanken dazu.

Du kannst die Übung nun in einem liebevollen Dialog mit dir selbst abschließen und entweder eigene Worte für dich finden oder dir selbst folgende Zeilen sagen:

Wichtige Sätze für dich – vergib dir selbst!

Ich vergebe mir selbst, stelle den Selbstvorwurf zur Seite, löse ihn auf und stimme der Erfahrung, die ich gemacht habe, zu. Ich konnte wichtige Dinge durch diese Situation erfahren und über mich selbst lernen. Ich konnte noch einmal mehr herausfinden, wer ich bin und wer ich sein möchte. So bin ich dankbar für diese Erfahrung. Ich erkenne, dass ich mich selbst gebremst und belastet habe. Nun kann ich weitergehen mit dieser kraftvollen Erfahrung. Danke.

Vermutlich wird sich die Zuwendung zu dir selbst in dieser Form zunächst ungewohnt anfühlen. Ich möchte dich dennoch ermutigen, es auszuprobieren. Am wirkungsvollsten ist diese Übung, wenn du sie vor dem Spiegel machst und dich selbst anschaust. Wie ist es dir damit ergangen?

Unsere inneren Glaubensmuster

Glaubenssätze sind keine »religiösen Überzeugungen«, sondern allgemeine und konkrete innere Überzeugungen und Annahmen über die Welt und uns, die wir in der Kindheit über den Kontakt mit unseren ersten Bindungs- und Beziehungspartnern erlangen und die wir nicht (mehr) hinterfragen. Sie sind tief in unserem Unterbewusstsein verankert und führen zu einem bestimmten Verhalten in unserem Leben, in unseren Beziehungen zu anderen und zu uns selbst.

Glaubenssätze bieten uns auch hilfreiche Bewertungssysteme. Die Art, wie wir auf bestimmte Situationen reagieren, hängt von der Art unserer Glaubenssätze ab. Es sind positive oder negative Gedanken, die wir ständig denken, ob bewusst oder unbewusst. Automatische Gedanken tauchen auf, mit denen wir Ereignisse im Außen und innerlich bewerten. Jede neue Erfahrung durchläuft unser Bewertungssystem, ein Geflecht aus erworbenen Gedankenmustern. Die Gesamtheit der Glaubenssätze hilft uns, uns innerlich zu orientieren und Erfahrungen besser deuten und einordnen zu können.

Je nachdem, was wir an Botschaften aus unseren ersten und frühen Beziehungen empfangen und für uns als Glaubensmuster und Überzeugungen verankert haben, setzt sich diese innere Landkarte aus positiven oder auch negativen Glaubenssätzen zusammen. Ein positiver Glaubenssatz ist zum Beispiel: »Ich bin geliebt und sicher.« Negative

Glaubenssätze hindern uns häufig am Wachstum, blockieren und lassen uns zweifeln, zum Beispiel: »Ich bin nicht wertvoll.«

Glaubenssätze entwickeln sich in der Zeit zwischen dem ersten und achten beziehungsweise neunten Lebensjahr, und du kannst sie dir wie Wurzeln vorstellen, die tief in unser Selbst hineinwachsen. Aus diesen Wurzeln bildet sich ein tiefes inneres Gedankengeflecht, welches unbewusste Einstellungen, Überzeugungen und Annahmen für uns filtert. Du kannst dir einen Glaubenssatz in diesem Geflecht gleichzeitig wie einen einzelnen Code vorstellen. Einen Code, der deinen Blick darauf, wie du die Welt wahrnimmst, mitbestimmt. Viele dieser kleinen Codes »programmieren« gemeinsam eine Art Filter, durch den du auf deine Umwelt blickst und »deine« Welt und »deine« Wahrheit wahrnimmst. Wir hinterfragen diesen Blick nicht mehr, dabei lohnt es sich so sehr. Denn oft können wir die Dinge nicht verändern – wohl aber unseren Blick auf die Dinge und damit unsere Haltung.

Da Glaubenssätze sich in Form eines solchen Musters in uns gebildet haben, ist es wesentlich, zur Ursache dieser Grundannahmen vorzustoßen, um nicht oberflächlich nur irgendeinen Satz zu bearbeiten, der sich vielleicht am schnellsten zeigt. Wenn wir an den Kernglaubenssatz kommen, können sich alle darüberliegenden Glaubenssätze von selbst auflösen. So kannst du dich im Folgenden mit deinen inneren Glaubenssätzen beschäftigen, hinderliche Überzeugungen suchen und neue Wahrheiten für dich finden.

Dabei ist es hilfreich, wenn wir frühere Einstellungen, die wir heute nicht mehr teilen, nicht abwerten. Im Gegenteil. Ich glaube fest daran, dass wir innere Überzeugungen erst wirklich loslassen und durch neue ersetzen können, wenn wir begreifen, wofür sie wichtig waren. Glaubenssätze haben immer auch eine Form von Schutzfunktion für uns übernommen und waren deshalb wichtig. So dürfen wir sie auch anerkennen und verstehen, dass sie zu einer bestimmten Zeit auch nützlich dafür waren, uns zu beschützen – sie haben uns also auch gedient, um eine Art innere Sicherheit zu erhalten.

Es geht daher im Folgenden darum, innere Glaubenssätze zu lokalisieren, zu erkennen und auf ihre Wirksamkeit hin zu überprüfen.

Solltest du feststellen, dass der Glaubenssatz für dich heute nicht mehr hilfreich, vielleicht sogar schädlich ist, dann gilt es, ihn durch neue kraftvolle Überzeugungen für dich in deinem Leben zu ersetzen.

So bringen viele Eltern, die ich in der Praxis erlebe, die emotionale Überzeugung aus ihrer Kindheit mit, »nicht gut genug«, »nicht okay« und »nicht liebenswert« zu sein. Weitere Beispiele für negative innere Überzeugungen sind:

- Ich muss etwas leisten, um geliebt zu werden.
- Ich bin unwichtig.
- Ich kann das nicht/Ich schaffe das nicht.
- Ich bin nicht klug genug.
- Ich habe immer Angst.

Du kannst hemmende und negative Glaubenssätze finden, indem du dich selbst beobachtest. Wenn du dich nicht gut fühlst, setz dich hin und schreib auf: Wie genau fühlst du dich? Bist du genervt, sauer, ärgerlich, traurig? Was genau ist gerade dein Problem, was stört dich?

Reflexion

Wenn du dich mit negativen Überzeugungen auseinandersetzen willst, dann ist es wichtig, dass du offen bist und nicht denkst: Ich hab doch gar keine negativen Gedanken! Und umgekehrt gilt: Lass dich nicht von deinen eigenen negativen Gedanken überwältigen, indem du denkst: Ich habe sooo viele, wo fang ich bloß an? Such dir dann einen Satz. Du musst dich nicht mit allen Sätzen auf einmal beschäftigen.

Was aber können wir tun, um alte negative innere Überzeugungen für uns ins Positive zu wandeln?

1. **Glaubensmuster bewusst hinterfragen und den eigenen inneren Kreislauf unterbrechen**

Der erste Schritt ist es, Kontakt mit deiner inneren Welt aufzunehmen. Der nächste ist, innere Überzeugung und Glaubenssätze wahrzunehmen. Wir können uns darüber **bewusst werden**, dass wir einem **eigenen inneren Kreislauf**, einem bestimmten Gedankenmuster folgen und selbst auch viel dafür tun, dass sich nichts verändert, indem wir an dem Kreislauf festhalten und uns so immer wieder selbst in den negativen Glaubenssätzen bestätigen. Das tun wir, in dem wir bestimmte Gedanken über uns selbst denken. Aus den Gedanken folgen Gefühle und daraus wiederum Entscheidungen, Handlungen und Verhalten. Daraus entstehen bestimmte Erfahrungen, die uns dann innerhalb unseres Glaubensmusters wieder selbst bestätigen.

Bitte nimm dir das Eisbergmodell noch einmal zur Hand. Nehmen wir an, dein Glaubenssatz ist »Ich bin unwichtig«. Aus dem Gefühl von Trauer und Schmerz entsteht nun dein Verhalten: Du ziehst dich zurück, nimmst Einladungen und Angebote deiner Umwelt nicht mal wahr und wirst auch selbst nicht tätig. Damit hast du deinen Gedanken wunderbar selbst bestätigt: »Ich bin unwichtig.« So war dein gesamtes System in einer Form von Überlebensmodus, welches auf Verletzungen, Angst und Mangel (aller Grundbedürfnisse) basierte. Doch das alles war früher. Dieses Früher wird durch dich und deinen Gedanken, die Bilder und Emotionen aus dieser Zeit präsent halten, wach. Dabei ist die Situation, in der sich der Gedanke etabliert und sich der Glaubenssatz gebildet hat, längst vorbei. Er existiert nur noch in deinem Kopf, durch deinen Gedanken.

2. **Akzeptieren und Anerkennen**

Worum es jetzt in einem zweiten Schritt geht, ist, dass du diesen alten inneren Kreislauf verlässt. Das schaffst du, indem du diesen (alten) Gedanken zunächst **akzeptierst und anerkennst** und verstehst, dass dieser Gedanke in einer Zeit entstanden ist, wo du bestimmte Überlebensstrategien für dich entwickeln musstest. Dieser Satz hat dir (damals) gedient. Er war wichtig und hat dich entweder beschützt oder dir als

Kind auch Erklärungen geliefert, um die Welt damals um dich herum besser einordnen zu können. Das war erst einmal gut. Du wusstest es nicht besser und hast deine eigenen Schlüsse ziehen müssen.

Reflexion
Es ist ein Prozess, sich an dieser Stelle auch selbst zu verzeihen, dass man sich über so lange Zeit verbogen hat. Solltest du an dieser Stelle hadern, überprüfe, ob du den Glaubenssatz von damals wirklich als früher hilfreich und wichtig für dich selbst anerkennen kannst oder ob sich da vielleicht ein (versteckter) Selbstvorwurf im vorgenannten Sinne verbirgt. Wenn du dich selbst abwertetest dafür, dass du immer wieder um Liebe gerungen hast, dann wäre es gut, wenn du noch einmal ein Kapitel zurückgehst und dich konkret mit der Selbstvergebung auseinandersetzt.

3. Gedanken mit Gefühl verknüpfen und über das Fühlen Verbindung herstellen

Suche jetzt eine entsprechende Situation zu dem Gedanken, zum Beispiel »Ich bin unwichtig«. Lass das Gefühl hochkommen. Schmerz, Angst, Trauer, Wut? Was fühlst du? Es ist wesentlich, dass du hier **Verbindung** herstellst. Du kannst dir zwar rational Zusammenhänge erklären. Dadurch wird sich dein Gefühl nicht verändern. Es geht wirklich darum, zu fühlen und dich selbst (wieder) zu spüren. Es fühlt sich vielleicht mächtig für dich an, und du kannst dir immer wieder klarmachen, dass die Situation vorbei ist. Du bist jetzt sicher und geborgen. Und auch, wenn Tränen fließen, darf das sein. Vielleicht hast du viel Energie darauf verwandt, dich »zusammenzuhalten«, etwas in dir zu halten. So sind die Tränen jetzt ein Ausdruck davon, dass sich etwas löst, dass etwas losgelassen werden darf. Natürlich kannst du dir für diesen Schritt auch Begleitung suchen, sollten die Gefühle zu stark sein. Wenn du es für dich machst: Lass dich nicht von den Gefühlen überfluten. Bleib so weit am Rand, dass es dich nicht hineinzieht, sollte die Emotion stark sein. Spür hinein, dass da vielleicht Traurigkeit und Schmerz sind. Versuche, nur für einen kurzen Moment anzuerkennen, dass da diese Gefühle sind. Geh auch auf die Empfindungsebene und nimm deinen Körper dazu: Was passiert in dir, wenn du den Gedanken bewusst denkst: »Ich bin unwichtig, ich bin nicht wertvoll.« Wie fühlt es sich in dir an? Nimm Veränderungen wahr: steigenden Puls? Verspannungen, Verkrampfungen? Engegefühl? Gibt es vielleicht sogar Bereiche, die schmerzen, Bauch, Brust? Lass alles da sein und atme tief in diese Stellen hinein.

4. Neue Verbindungen zu dir selbst knüpfen

Du darfst nun eine Neubewertung vornehmen und **spüren, dass du wichtig und richtig und wertvoll bist.** Du bist offen und unvoreingenommen, voller Sicherheit und Zuversicht auf diese Welt gekommen. Erlaube dir innerlich, in diesen Ursprungszustand zurückzugehen. Nimm hier gern die entsprechende Hördatei zur Unterstützung und reise zu deinem Ursprung zurück, als es noch keine Bewertungen gab und du in völliger Geborgenheit, Sicherheit, Liebe und Freude warst.

Wichtig

Wenn du die Audiodatei zur Unterstützung nimmst und in Gedanken zu deinem Ursprung reist, dann darf das eine ganz positive Reise für dich sein. Es wird auf dieser Reise nicht um deine eigene »reale« Beziehung zu deiner Mutter gehen, sondern darum, den Fokus auf diesen schützenden ursprünglichen Raum zu legen, der voller Liebe, Geborgenheit, Sicherheit und Freude für dich war, in dem du herangereift bist und der dich schützend gehalten hat.

🔊 Reise zum Ursprung

Du wirst erkennen, dass deine alte Überzeugung »nur« ein Gedanke ist. Der Gedanke, dass du nicht wichtig und wertvoll bist, ist nur ein

Gedanke, den du denkst. Du bist nicht der Gedanke, du denkst ihn nur. Und nun mach ein Gedankenexperiment: Wer bist du ohne diesen Gedanken? Lass auch die Situation von eben noch einmal aufsteigen. Was passiert, und wen siehst du, wenn du alles ohne diesen Gedanken vor deinem geistigen Auge ablaufen lässt? Spür auch in deinen Körper hinein, wie es sich anfühlt? Beschreibe für dich, wer du ohne diesen Gedanken bist.

5. Integration neuer Gedanken und Erfahrungen

Du kannst in einem letzten Schritt nun den negativen Gedanken bewusst (vorläufig) auflösen, indem du den Satz ins Gegenteil umdrehst: »Ich bin wichtig. Ich bin wertvoll!« Wie kann dieser Gedanke wahr sein? Was gibt es für Beispiele dafür, dass ich wertvoll bin? Woran merkst du es in deinem Leben? Mach dich auf die Suche nach Momenten:

- Meine Kollegen/Freunde fragen mich, wenn sie Rat suchen oder nicht weiterwissen.
- Mein Partner zeigt mir in kleinen Gesten, dass er mich liebt.
- Mein Kind umarmt mich, will viel Kontakt zu mir.
- weitere Verbindungsmomente/Beziehungsinseln

Dein Verstand ist kritisch und hinterfragt, er zweifelt und gleicht ab. Das ist völlig okay. Veränderung ist nicht leicht und braucht Zeit. Kurzfristig gesehen, ist es für dein System am energiesparendsten und bequemsten, wenn du deine alten Überzeugungen behältst. Deshalb braucht es Zeit dafür. Hab Geduld mit dir selbst. Sei offen und experimentierfreudig. Bleib neugierig. Welche Umkehrung sagt dir etwas, welche wäre gut für dich?

Nachdem du deinen Glaubenssatz nun auf verschiedene Weisen umgedreht hast, frag dich selbst: Wie fühlst du dich? Erinnere dich noch einmal an den Ausgangsgedanken, mit dem du gestartet bist. Dann lies deine umgedrehten Versionen des Gedankens. Welche fühlt sich jetzt am wahrsten für dich an? Hab Geduld mit dir. Manche Glaubenssätze kannst du umgehend verändern, andere wiederum lassen dich vielleicht noch ganz lange nicht los. Es ist ein vielschichtiger Prozess, der dich auf mehreren Ebenen beschäftigen darf, und keine isolierte Übung, die eine längerfristige Entwicklung abkürzt.

Mach dir klar: Es gibt einen Unterschied zwischen deinem Denken und dem, was du glaubst. Hab also nicht die Erwartung, dass du keine solchen Gedanken mehr haben wirst. Der Gedanke an sich ist nur ein Gedanke und für sich genommen harmlos. Schmerzhaft kann es erst werden, wenn du einen negativen Gedanken glaubst. Du darfst alles denken – nur nicht all deinen Gedanken Glauben schenken. Byron Katie sagt dazu: Glaube nicht alles, was du denkst!

Anderen vergeben – ein Neubeginn

Wir haben uns bereits mit Selbstvergebung beschäftigt. Nun wollen wir uns dem Prozess zuwenden, der hilfreich ist, um anderen Menschen, die uns gekränkt und Verletzungen zugefügt haben, zu vergeben.

Es gibt viele Missverständnisse in Bezug auf diesen Prozess. Deshalb ist es mir zunächst wichtig, zu sagen, dass Vergeben nicht bedeutet, dass wir das, was passiert ist, als richtig erklären oder eine andere Person von etwas freisprechen. Vergebung ist eine Möglichkeit, innerlich loszulassen und wieder zu eigener Kraft zu kommen. Ich möchte jedoch auch sagen, dass Vergebung Teil eines persönlichen Prozesses ist und dass dieser Teil aus meiner Sicht eher am Ende der Bewältigung steht. Manchmal kann ein zu frühes Verzeihen und Loslassenwollen dazu führen, dass sich die mit der Verletzung einhergehenden Gefühle gegen einen selbst richten. Deshalb darfst du dich selbst beobachten und wahrnehmen, wie es dir geht und wann der Zeitpunkt für dich gekommen ist.

Bei dieser Art des Vergebens geht es oft um uns nahestehende Menschen. Um Eltern, Geschwister oder andere Familienangehörige. Aber es kann auch Menschen aus unserem Erwachsenenleben betreffen, also Freunde, Bekannte, Arbeitskollegen. Gerade wenn es um unsere Eltern geht, ist es kein leichter Prozess, denn die Verletzungen und Kränkungen, die wir erlitten haben, liegen tief in uns, und der Schmerz ist oft kaum aushaltbar. Manchmal ist er so stark, dass er uns sogar im Leben beeinträchtigt und daran hindert, unbeschwert in andere Beziehungen zu gehen. Dann sind Paarbeziehungen stark belastet, oder die Eltern-Kind-Beziehung rührt an diesen alten Schmerz.

Vergeben ist etwas, was du vor allem für dich selbst tust. Es ist eine Form der Selbstliebe, denn du befreist dich damit selbst aktiv von etwas, was dich festhält, dich lähmt und nicht frei sein lässt und was du dir nicht ausgesucht hast. Vergebung bedeutet in diesem Sinne vor allem die Beendigung der Ohnmacht des eigenen »Opferseins«, der eigenen Hilflosigkeit und des Ausgeliefertseins durch den freien, aktiven und eigenen Akt der Vergebung. Es ist also eine eigene innere Arbeit, bei der der andere, der mir etwas angetan hat, keinen realen, aktiven Part übernimmt. Du kommst so aus deiner Position der Ohnmacht und Hilflosigkeit heraus, hin in eine neue Position der Ermächtigung und des Loslassens. Das griechische Wort, mit dem »Vergebung« übersetzt wird, bedeutet wörtlich »fortgehen lassen«.

Bei der Vergebung geht es einzig und alleine um dich – um niemand anderen. Es geht darum, dass du deine eigene emotionale, mentale und energetische Freiheit zurückbekommst, indem du in einem bestimmten Prozess bewusst Gefühle und alles das loslässt, was dich festhält. »Wut festhalten ist wie Gift trinken und darauf warten, dass der andere daran stirbt«, soll Buddha einmal gesagt haben.

Ich möchte dich ermutigen, dich mit Vergebungsarbeit zu beschäftigen. Denn solange du dich nicht dem Alten zuwendest und dem, was dich belastet, Hinwendung schenkst, hält es dich fest, und du bleibst im Mangel. Du verharrst emotional, kognitiv und auch physisch in der Vergangenheit. Eigentlich ist Vergebung und Loslassen dessen, was gewesen ist, das größte Geschenk, das du dir selbst machen kannst: Denn du kommst damit vollumfänglich in die Selbstverantwortung und lässt nicht zu, dass jemand anderes für dich deine Geschichte bewertet.

Perspektivwechsel

Bei den Verletzungen und Kränkungen, die dir zugefügt wurden, geht es meist nicht um dich. Auch da geht es meist um den anderen. Menschen verletzen andere Menschen, weil sie selbst verletzt sind. Erinnere dich: Hurt people hurt people – und Menschen, die geliebt werden, lieben wieder.

Gerade wenn es um unsere eigenen Eltern geht, fühlen wir uns oft in einem Dilemma. Denn wir fühlen als Kinder eine große Loyalität zu unseren Eltern, die immer wieder dazu führen kann, dass wir uns selbst verraten, uns nicht lossagen und hin und her gerissen sind zwischen dem Verständnis für die Geschichte unserer Eltern und dem Bedürfnis der Abgrenzung und der Anerkennung des Unrechts, das uns als Kindern geschehen ist.

Reflexion

Verständnis haben heißt nicht, einig sein müssen. Du kannst ein Verständnis dafür entwickeln, dass der andere so gehandelt hat. Das heißt nicht, dass du dem, was er getan hat, zustimmen musst. Du musst nicht gutheißen, was geschehen ist. Du darfst für dich sorgen und bei dir und deinem Gefühl bleiben. Bevor du vergeben kannst, steht auch hier die Anerkennung dessen, was dir passiert ist.

Du denkst vielleicht, dass der andere so schlimme Dinge getan hat, dass er es nicht verdient hat, dass du ihm vergibst und davon loslässt? Du denkst, dass das Unrecht, das dir geschehen ist, dann vergessen wird? Auch das ist nachvollziehbar. Deshalb nimm den Widerstand wahr und lass ihn da sein. Vielleicht helfen dir diese Gedanken:

- Vergeben heißt nicht vergessen.
- Verzeihen heißt nicht, dass das, was der andere getan hat, weniger schlimm ist.
- Vergeben heißt nicht, dass ich den anderen freispreche oder das, was er getan hat, für richtig erkläre.
- Vergeben heißt nicht, dass ich wieder mit der Person befreundet und zusammen sein muss.

In dem Film »Die Hütte« geht es um einen intensiven Vergebungsprozess. Vielleicht kennst du den Film? Wenn nicht, kann ich ihn dir sehr ans Herz legen. Dort hat ein Vater seine kleine Tochter durch ein schweres Verbrechen verloren. Das ist wohl eines der schlimmsten Dinge, die uns im Leben passieren können. Sehr eindrucksvoll findet dieser Film symbolische Bilder für die inneren Prozesse des Vergebens. Unter anderem den Garten des Herzens. Stell dir vor, dein Herz ist ein Garten. Darin wachsen die Pflanzen deiner Gedanken und Gefühle. Was blüht in deinem Garten? Sind es wundervolle, bunte prachtvolle Blumen und ist dein innerer Herzensgarten gepflegt? Bereitest du den Boden für weitere Blumen und Pflanzen und hältst du dich dort gern auf? Oder ist der Grund verdorrt und trocken, nicht gejätet? Wächst dort vielleicht auch viel Unkraut, Disteln und Dornen und magst du dich dort nicht so gern aufhalten? Du kannst jetzt in dich reinfühlen: Wie sieht es in deinem Herzensgarten aus? Welche Blumen hättest du dort gern? Welche Blumen in deinem Herzensgarten helfen dir, dich wohlzufühlen, und schaffst du es, das Unkraut zu jäten?

? Überlege, wo deine persönliche Vergebensarbeit ansetzen könnte. Wem solltest du vergeben (Vater, Mutter, Bruder, Schwester ... Freund etc.)? Wo liegen für dich Kränkungen, wo sind Konflikte offen? Schreibe die Begebenheit auf, die dich verletzt und gekränkt hat.

Übung: Entlaste dein Herz und schaffe Raum für Neues

Schreibe einen Brief an die Person und schreibe dort alles auf, was du an Kränkungen, Verletzungen und Vorwürfen in dir trägst. Schick den Brief nicht ab. Du kannst dir ein Verabschiedungsritual überlegen und ihn zum Beispiel vergraben oder ihn in viele kleine Schnipsel zerreißen und in ein Feuer geben. So kann dieses Feuer für deinen Neuanfang stehen.
Unterstützend kannst du die Meditation anhören und so auch weitere innere Arbeit anstoßen.

🔊 Vergebung und Loslassen

Du darfst dich auf den Weg machen und dabei geduldig mit dir sein. Manchmal braucht es Zeit. Nimm dir die Zeit, die du brauchst, und erlaube dir, immer wieder achtsam auf dich und deinen eigenen Herzgarten zu schauen.

N
W
O
S

Etappe 6: Den Alltag mit Freude, Gelassenheit und im Miteinander gestalten

Das Leben mit Kindern ist beglückend und hält wunderbare Momente für uns Eltern bereit. Und doch gibt es Momente und Zeiten, da fühlt sich der Alltag auch zäh und überfordernd an. Kinder ins Leben zu begleiten ist eine Herausforderung, das ist gar keine Frage: wunderbar herausfordernd und manchmal auch überfordernd. Die Überforderung wird uns nicht erspart bleiben. Sie gehört dazu und ist nicht verwerflich. Für mich stellt sich deshalb vor allem die Frage, wie wir mit dieser Überforderung umgehen. Wenn wir in der Überforderung hängen bleiben, wird es sich schwer und anstrengend anfühlen. Schaffen wir es jedoch, gute Möglichkeiten und Strategien für die Bewältigung von Stress und Überforderung zu entwickeln, ist es durchaus möglich, die Herausforderung nicht nur irgendwie zu meistern, sondern den Alltag mit Kindern in Leichtigkeit und Freude zu gestalten.

So geht es im Folgenden um konkrete Phänomene unseres Alltags und darum, all das, was wir an Wissen, Werkzeugen und Orientierung gewonnen haben, nun praktisch zu leben. Leichtigkeit ist dabei erst einmal nichts, was durch äußere Umstände und sofort dauerhaft entsteht. Natürlich können wir unser Außen gestalten und es uns leichter machen, und doch entsteht Leichtigkeit vor allem in dir selbst. Sie beschreibt eine innere Haltung und Einstellung, ein inneres Gleichgewicht, das uns die Möglichkeit gibt, in Selbstanbindung flexibel und offen mit mehr Gelassenheit auf die dynamischen Prozesse in unserem Familienalltag zu reagieren.

Die Rückbindung an deinen Körper

Wenn wir nun unseren Alltag mit Kindern achtsamer und bewusster und müheloser gestalten wollen, dann ist es gut, Strategien zu nutzen, um in unserer Mitte zu bleiben oder, wenn wir aus dem Gleichgewicht kommen, Möglichkeiten zu finden, wieder in unsere innere Balance zu kommen. Hierfür möchte ich auf den so wichtigen Aspekt der Rückbindung an deinen Körper zurückkommen. Wenn du die körperliche Dimension bewusster berücksichtigst, wirst du die vielen gemeinsamen positiven Momente mit deinem Kind im Alltag intensiver wahrnehmen. Diese sind so auch nachhaltiger in dir abgespeichert, und es entstehen dann spürbar mehr Augenblicke der Leichtigkeit und Freude. Du wirst sehen, dass sich der Alltag mit deinem Kind rasant verändert, wenn du grundsätzlich eine Verbindung zu deinem Körper aufnehmen kannst und dieser Rückanbindung an körperliche Empfindungen eine Bedeutung in deinem Alltag zukommen lässt. So wirst du quasi eine schwebende, ständige Aufmerksamkeit dafür entwickeln, welche Empfindungen (angenehme und unangenehme) du in dir wahrnehmen kannst. Das ist wesentlich, auch um zu bemerken, wo die Verbindung zu dir selbst dünn wird. Du kannst dir immer die Frage stellen: Wie sagt mir mein Körper das? Wie lässt mich mein Körper wissen, wenn ich zum Beispiel in meinen kritischen Bereich des Stressbarometers hineingerate und somit an die Grenze komme? Nur wenn du mit deinem Körper auf diese Weise in Verbindung bleibst, kannst du das persönliche Stressbarometer als eine Art »Frühwarnsystem« integrieren, welches bei Stress in Gang kommt und dir wichtige Hinweise gibt. Und das, bevor du etwa innerlich verloren gehst und es dir nicht mehr möglich ist, für dich selbst und auch für dein Kind gut da zu sein.

Welche Anzeichen genau nimmst du dafür frühzeitig auf der Körperebene wahr? Und wie kommst du dann wieder in einen Zustand der inneren Sicherheit und in einen guten Selbstkontakt? Erinnere dich: Unser Gehirn ist bei extremem innerem Stress nicht mehr in der Lage, kreative Lösungen zu entwickeln. Wir können auf wichtige kognitive Bereiche für Problemlösungen nur bedingt oder gar nicht mehr zurückgreifen. Deshalb ist es erst einmal wichtig, die Voraussetzungen wiederherzustellen und das Gehirn wieder in die Lage zu versetzen, sich mit diesen Bereichen zu verknüpfen und wieder in dir, bei dir selbst anzukommen. Das geschieht über die Rückbindung an deinen Körper, indem du dich quasi wieder selbst mit deinen Anteilen verbindest. Das heißt, du wirst im Alltag das »Programm« auf deinem »USB-Stick«, also die Schritte Unterbrechen, Selbstanbindung, Bewegung, hier auch immer wieder anwenden und nutzen können.

Planung und Fokus im Alltag

Neben unserer eigenen Konstitution ist es außerdem hilfreich, wenn wir uns mit der Planung unseres Alltags und unseren Vorstellungen dazu intensiver auseinandersetzen. Hierbei ist es sinnvoll, den Alltag mit Kindern mit all seinen oft sehr schnell und unbewusst ablaufenden Prozessen genau und konkret unter dem Vergrößerungsglas anzuschauen, ihn zu entschleunigen und den Fokus auf bestimmte Abläufe zu legen. Das ist aus meiner Erfahrung hilfreich, um einerseits natürliche »Knotenpunkte« (z. B. die Abendrunde) und eigens in den Weg gelegte »Stolpersteine« für sich selbst ausfindig zu machen und neue Strategien für die Bewältigung zu entwickeln.

Wir werden daher im Folgenden den eigenen inneren Kompass neu justieren und darauf ausrichten, was dir wichtig im Alltag ist. So kannst du dir eure familiären Rhythmen bewusst werden lassen, Rituale und Routinen finden und gleichzeitig das, was sich bereits bewährt hat, bewahren und in eurem Alltag manifestieren.

Von Rhythmus, Routinen und Ritualen

Ich habe erstaunlich oft mit Eltern zu tun, die sich vehement gegen den Gedanken wehren, dass es sinnvoll sein kann, im Laufe des Tages einer bestimmten, selbst gestalteten Struktur zu folgen. Sie haben die Idee, dass Struktur hinderlich und einengend sei und dass sie sich im Leben mit Kindern mit einer selbst auferlegten Struktur nur einschränken. Sie wollen sich und ihren Kindern keine Vorgaben machen, nicht getaktet, sondern frei sein, nicht auf die Uhr schauen müssen und nicht dogmatisch durch den Alltag gehen.

Was denkst du über Struktur im Alltag? Habt ihr als Familie eine bestimmte Gestaltung eures Tages?

Ich kann die Gedanken nachvollziehen, und doch habe ich, nicht zuletzt auch als Mutter von vier Kindern, eine gänzlich andere Einstellung gewonnen. Ohne einen gewissen Rahmen, unseren Rhythmus, bestimmte Routinen und die vielen großen und kleinen Rituale wären wir als Familie völlig aufgeschmissen gewesen. Eine bestimmte Gestaltung des Tages durch sinnvolle Routinen und allgemeine und persönliche Rituale erleichtert uns nicht nur den Alltag ungemein, sie liegen auch in unserer Natur. Mein Freund André Stern hat sich tief gehend mit den Rhythmen und Ritualen unserer Kinder in seinem gleichnamigen Buch auseinandergesetzt. Er beschreibt diese ganz berührend als »Reichtum, der von innen kommt« und zeigt, dass uns ein bestimmter Rhythmus bereits innewohnt und dass wir uns als Kinder schon in eigenen Ritualen durch den Tag bewegen.

Schon unser Herz schlägt ja in einem bestimmten Rhythmus, und wenn es aus dem Takt gerät, kommen wir schnell ins Stolpern. Jeder, der Kinder beobachtet, kann sehen, dass sie eigenen Rhythmen folgen und sogar selbstständig eigene Rituale entwickeln. Ob das der Weg zur Kita ist, der immer gleich sein muss, weil man an einem bestimmten Geschäft vorbeikommt, oder ob es »noch dreimal rutschen« als Abschiedsritual auf dem Spielplatz ist, Kinder inszenieren aus sich heraus Strukturen der ständigen Wiederholung. Sie schaffen damit für sich Wiederkehrendes und Erwartbares, begreifen so die Welt und schaffen sich einen Rahmen, in dem sie handeln. Rituale und Routinen in einem bestimmten Rhythmus zu leben verhilft uns zu Orientierung, schafft Klarheit. Das wiederum gibt Sicherheit und erfüllt damit das Basis-Grundbedürfnis unseres Lebens. Dass Erwachsene damit Eintönigkeit und Langeweile verbinden, hat aus meiner Sicht mit der Idee zu tun, dass nur Abwechslung und ständige Variation erfüllend seien. Eltern, die mit mir darüber sprechen, begründen dies damit, frei sein und eine bestimmte Form von Autonomie in ihrem Tagesablauf behalten zu wollen – auch wieder ein Basis-Grundbedürfnis. Das ist nachvollziehbar, andererseits geschieht dies zu einem hohen Preis, der vielleicht nicht so absehbar ist.

Denn der Alltag mit Kindern birgt von sich aus schon ständig Unerwartetes: Elternsein bedeutet, sich immer wieder kurzfristig und oft unerwartet auf neue Veränderungen einzustellen und blitzschnell verantwortungsvoll zu reagieren, schnelle Entscheidungen zu treffen und situationsangemessen umzuplanen. Ob das emotionale Ausbrüche unserer Kinder betrifft, die uns unter Zeitdruck bringen, weil wir nicht pünktlich von A nach B kommen, oder besondere Vorkommnisse sind, wie zum Beispiel kleinere Unfälle, die uns einerseits in Angst und Sorge versetzen und anderseits erforderlich machen, dass wir alles stehen und liegen lassen und mit Kind und Kegel einen Arzt aufsuchen. All das gehört zum Leben mit Kindern dazu und hinterlässt bei uns Eltern mitunter ein Gefühl der Fremdbestimmung und immer wieder auch der Überforderung. Somit kann ich (auch als Mutter) gut nachvollziehen, dass das Bedürfnis nach Autonomie und Selbstwirksamkeit bei Eltern besonders ausgeprägt ist, allerdings ist das aus meiner Sicht nur eine vermeintlich sinnvolle und kurzgedachte Strategie, um sich Freiheit zu bewahren. Denn wenn diese plötzlichen Ereignisse innerhalb eines bestimmten Rahmens und einer Sicherheit gebenden Struktur stattfinden, besteht die Möglichkeit, auf »Störungen« zu reagieren und dann wieder dort anzuknüpfen, wo die Unterbrechung stattgefunden hat.

Wie sehen eure Tage aus? **Was** habt ihr gestern, vorgestern oder letzte Woche gemacht? Und **wie** habt ihr es gemacht? Ist es mühelos und führt es zu Leichtigkeit, Freude und einem innigen Miteinander? Wenn ja – wunderbar! Wenn nicht oder nicht immer, dann kannst du es ändern, das ist deine Freiheit. Und ja, nur du kannst es verändern, es ist deine Entscheidung.

Meines Erachtens liegt die Freiheit also nicht darin, dass wir uns möglichst alles offenhalten, um bei Abläufen spontan reagieren zu können und Übergänge immer wieder neu zu finden, sondern darin, sich für etwas zu entscheiden, einen entsprechenden Rahmen zu schaffen und innerhalb dieses Rahmens bestimmte Routinen und Rituale zu etablieren, die unserem Familienrhythmus entsprechen. Dabei geht es nicht um Zwang oder etwas, was wir uns selbst einschränkend »auferlegen«.

? Schau auf deine Morgenroutine: Wie stehst du wann auf? Wie kommst du in den Tag? Ist es ein guter Start? Bist du eingestellt auf das, was kommt? Was hast du persönlich für eine (innere) Routine, um dann auch für deine Familie, dein Kind eine Routine leben zu können und zu etablieren?

Starte aus der Fülle in deinen Tag: Hast du ein kleines Dankbarkeitsritual? Machst du dir eine Dankbarkeitsnotiz, führst du ein Tagebuch oder meditierst du? Ich weiß, dass das mit Kindern oft unmöglich erscheint, und doch ist meine Erfahrung, dass schon wenige Minuten helfen können, um die wichtige Verbindung mit uns selbst schon morgens aufzunehmen. Es ist so wesentlich, aus welcher Perspektive heraus wir in den Tag gehen. Haben wir Sorgen und Stress, dann agieren wir aus diesem Mangel heraus. Können wir aus einem Gefühl der Fülle in den Tag starten, dann haben wir eine ganz andere Energie, die uns durch den Tag begleitet.

Dankbarkeit zu empfinden ist einer der wichtigsten Schlüssel, um Freude und Momente des Glücks wahrnehmen zu können. Da wir eher auf das schauen, was nicht da ist, als das, was bereits vorhanden ist, braucht das immer wieder bewusste Erinnerung und auch ein wenig Übung. Wir dürfen uns also darin üben, dankbar zu sein und dies auch bewusst zu formulieren. So möchte ich dich an dieser Stelle noch einmal ermutigen, Dankbarkeit als Routine in deinen morgendlichen Ablauf zu integrieren. Du kannst die Audiodatei dafür nutzen. Sie geht nur über ein paar Minuten, und du kannst sie noch im Bett für dich anhören. Wenn du Dankbarkeit als Ritual in deinem Tag einen sicheren Platz einräumst, wirst du sofort Veränderungen merken. Wesentlich ist, dass du Dankbarkeit nicht nur »denkst«, sondern dass du sie wirklich spürst, in deinem Körper. Vielleicht nutzt du die Meditation oder hast andere Möglichkeiten gefunden, das Gefühl von Dankbarkeit in deinem Körper als Gefühl zu verankern. Es lohnt sich sehr: Wer dankbar sein kann, wird positive Erfahrungen deutlicher wahrnehmen und intensiver genießen. Das Gute ist: Man kann nicht erfüllt und dankbar und gleichzeitig unglücklich und gestresst sein.

Gute Routinen etablieren sich, weil sie uns gut durch den Tag bringen, und persönliche und gemeinschaftlich verbindende Rituale entstehen dabei aus uns selbst heraus. Wir folgen ihnen, weil sie uns wichtig sind und uns einen Rhythmus, eine Struktur, einen Halt und einen Rahmen geben, innerhalb dessen dann wieder Freiheit entstehen kann. Dafür ist es hilfreich, sowohl persönliche Routinen zu finden, die für dich als »Führungsperson« hilfreich sind, als auch gemeinsame Routinen für Abläufe innerhalb unserer kleinen »Familiengruppe«.

Rituale

sind eine Form emotionaler Rückbindung an uns selbst, unsere innere Welt und an das, was uns in Gruppen verbindet – unsere Familie und die Bedeutung des gemeinsamen Erlebens. Es gibt persönliche, allgemeine und gemeinschaftliche sowie tägliche und jahreszeitlich bedingte Rituale. Rituale sind bewusste Handlungen, sie geben uns Sicherheit und emotionalen Halt. Sie helfen uns bei Übergängen (z. B. vor dem Essen oder auch vom Tag in die Nacht). Emotionale Rituale in unserer Familie knüpfen an Emotionen und Erlebtes an und vermitteln das Gefühl der Zugehörigkeit. Im Ritual erleben wir Verbundenheit, Miteinander und Gemeinsamkeit. Es ist gut, wenn wir mit unseren Kindern Rituale entwickeln (Vorlesen, bestimmte Speisen) und diese miteinander leben können. Rituale miteinander zu leben ist deshalb nicht nur für kleine, sondern auch für ältere Kinder und auch Erwachsene wesentlich. Sie kennzeichnen uns als Gruppe, steigern die Zufriedenheit und geben emotionale Sicherheit.

Welche persönlichen Rituale, zum Beispiel vor dem Schlafengehen, hast du für dich etabliert? Welche persönlichen Rituale sind deinem Kind im Moment besonders wichtig? Welche Rituale lebt ihr gemeinsam in eurer Familie?

Wenn wir uns bewusst einen Alltag voller Leichtigkeit und Freude erschaffen wollen, ist es gut, ein Bewusstsein für den Ist-Zustand zu entwickeln und eine Vorstellung davon zu erlangen, wo es hingehen soll:

- Wie ist mein Alltag im Moment beschaffen?
- Wie gehe ich mit der grundsätzlichen Überforderung im Alltag um?
- Wo entstehen potenzielle »Überforderungsbeschleuniger« und welche »Stolpersteine« kann ich selbst beseitigen?
- Wie geht es mir selbst im Laufe des Tages?
- Was braucht mein Kind in seiner Tagesstruktur besonders, welche »emotionalen Vitaminpillen« sind im Moment wesentlich, und wie kann ich verantwortungsvoll elterliche Führung übernehmen?

Es ist hilfreich, sich die wesentlichen Bestandteile, die für ein gelungenes Miteinander wesentlich sind, genauer anzuschauen: Im Folgenden beschreibe ich, was ich damit genau meine, wobei ich die Ausführungen als Impulse und nicht als »Gesetze« für deinen Alltag verstanden wissen möchte. Du findest ab und zu zwischen den Impulsen auch Reflexionen und Körperübungen, die dich wieder in deine Körpermitte und so in Verbindung mit dir selbst bringen.

Wesentliche Aspekte für deinen Familienalltag

Prioritäten für sich selbst ausfindig zu machen und zu setzen ist in zweierlei Hinsicht wesentlich. Zum einen, um langfristig einen klaren Fokus dafür zu entwickeln, was dir und deiner Familie wichtig ist und die Richtung beizubehalten. Zum anderen ist es auch im Alltag mit deinem Kind zentral, immer wieder Prioritäten zu setzen, um kurzfristig gute Entscheidungen treffen und auch in stressigen Situationen eine möglichst sichere Führung übernehmen zu können. Dafür ist es wichtig, dass wir uns nicht ablenken lassen und, ja, Prioritäten setzen. Uns nicht ablenken zu lassen von dem, was uns immer wieder ablenken möchte. Wir leben in einer »Ablenkungsgesellschaft«, alles läuft gleichzeitig, parallel und dringt oft ungefiltert in unser Leben, wenn wir uns nicht selbst achtsam abgrenzen und bewusst mit unserem Fokus umgehen. Wenn du keine Prioritäten setzt, wird es dir schwerfallen, zu entscheiden, was jetzt im Moment wirklich relevant ist. Wenn alles gleichbedeutend dringlich erscheint, wird es besonders an stressigen Tagen schwierig, und du wirst dann schnell das Gefühl haben, dass dir alles über den Kopf wächst.

? Beobachte, welche Prioritäten du im Alltag setzt, und werde dir bewusst, wie konstruktiv deine Prioritäten sind. Passe hier gegebenenfalls noch etwas an und schreibe auch auf, was sich dadurch verändert.

Präsenz zu entwickeln und zu behalten heißt, im Hier und Jetzt im Moment präsent, also voll anwesend sein. Das klingt erst einmal nicht so kompliziert. Und doch ist es eine Herausforderung im Familienalltag. Denn zu oft lassen wir uns in die Welt der elektronischen Geräte ziehen, lassen im Alltag immer wieder zu, dass wir aus der Verbindung zu unseren Kindern gleiten. Das passiert oft unbewusst, zum Beispiel durch Telefonate oder Nachrichten auf dem Smartphone. Wie intensiv stecken wir mit unserem Kopf woanders und wie stark kreisen die Gedanken in Parallelwelten, zum Beispiel in der Blase der sozialen Netzwerke, anstatt dass wir ganzheitlich mit unserem Geist, unserem Herzen und den Füßen fest auf dem Boden im tatsächlichen Sein vor Ort präsent bei unserem Kind sind? So verlieren wir schnell innere Balance und die so wichtige Selbstanbindung und können nur noch eine Beziehung »auf Sparflamme« mit unseren Kindern leben. Wir geraten auch viel schneller in Stress, was dazu führen kann, dass wir in »alte Muster« zurückfallen. Wir sollten uns also klarmachen, dass wir nicht auf mehreren Ebenen parallel mit ein und derselben Präsenz agieren können.

Präsent im Augenblick zu bleiben hilft, Situationen neu zu strukturieren und einen Schritt nach dem anderen zu planen. Es hilft dir, den Fokus für das zu finden, was gegenwärtig wichtig ist. Präsenz im Moment hilft dir, in deiner Mitte zu sein und zu bleiben, in dir zu ruhen und in zweigeteilter Aufmerksamkeit auch in Verbindung zu deinem Kind sein zu können. So kannst du aus dir selbst heraus wirksam Energie für den Alltag schöpfen und besonnener Lösungswege bei kleinen und größeren Krisen finden.

Erinnere dich immer
wieder aktiv an deinen selbst installierten wohlwollenden inneren Beobachter. Aktiviere ihn bewusst und lasse ihn immer wieder in dir zu Wort kommen. Das heißt: Spüre immer wieder in dich hinein, verbinde dich bewusst mit dir und berichte dir selbst, was sich gerade tut und wie es dir geht. Nimmt wahr, was dein inneres Stressbarometer gerade anzeigt. Damit kannst du den Verlust von innerer Ruhe und Sicherheit bemerken, wenn die Verbundenheit zu dir selbst weniger wird. Nutze diese Momente, um durch einige tiefe, ruhige Atemzüge wieder in einen ruhigeren Zustand zu kommen, um so wieder Sicherheit und Verbundenheit herzustellen.

Bausteine für den Alltag mit Kindern zu etablieren erfordert zunächst ein Bewusstsein dafür, was am Tag alles geschieht, welche »Stationen« erreicht werden sollen und welche Abläufe dafür entscheidend sind. Die wesentlichen Elemente im Tag sind Aufstehen, Frühstück, Mittagessen und Zubettgehen. Drum herum gibt es kleinere Bausteine, die notwendig sind, um zum Beispiel das Frühstück überhaupt zu erreichen (aus dem Bett und in Bewegung kommen, Morgentoilette und Anziehen etc.). Wie kommen wir von einem Baustein zum anderen, und sind die Stationen vom Ablauf her wirklich sinnvoll? Ist es sinnvoll, die Station »Anziehen« vor dem Frühstück einzubauen, oder ist es danach vielleicht auch für dein Kind leichter? Das wiederum hängt auch von verschiedenen weiteren Dingen ab. Gibt es Geschwister, um die man sich gleichzeitig kümmern muss, bist du alleine mit dem Vorbereiten des Frühstücks, seid ihr zu zweit? Sich solche und andere Fragen zu stellen ist gut, um herauszufinden, welche Bausteine wo sinnvoll ihren Platz finden. Schwierig wird es, wenn Bausteine und die Stationen dazwischen eher zu Stolpersteinen werden. Nicht alles muss jeden Tag »gleich« sein – für dich eine passende Abfolge der Bausteine im Tag zu etablieren kann langfristig viel Ruhe in den Tag bringen, Abläufe sicherer machen und so Leichtigkeit und Freude ermöglichen.

Wie sieht dein Tag und wie sehen eure Abläufe zurzeit aus? Schreib es für dich selbst auf, und nimm dir dafür ruhig etwas Zeit. Würdest du sagen, dass euer Start in den Tag, eure Routinen, deine Prioritäten und Präsenz und auch die Bausteine ein sinnvolles Zusammenspiel ergeben? Oder gibt es Momente, in denen Unklarheit herrscht? Wenn ja, wo?

Selbstdisziplin klingt hier vielleicht erst einmal etwas ungewöhnlich, bedeutet jedoch nichts anderes, als aus sich selbst heraus eine Klarheit zu entwickeln und danach konsistent im Sinne und zum Wohle deiner Planung für die Gesamtsituation zu handeln. Das gelingt dir, indem du antizipierst (also voraussiehst), dass zum Beispiel das Telefonat mit deiner Schwiegermutter, das du kurz vor der Abendrunde annimmst, die Routine stören und Unruhe in deine Abläufe bringen wird. Das wiederum kann dazu führen, dass deine komplette Planung durcheinandergerät und der gesamte Abend der Kinder – mit Essen, Zur-Ruhekommen und Zubettgehen – gestört wird. Demzufolge wäre es klug, das Telefon zur Seite zu legen und keine sonstigen Ablenkungen zuzulassen. Das erfordert Selbstdisziplin. Es erfordert auch, dass du bei dir bist. Dass du immer wieder in zweifacher Aufmerksamkeit bei dir und bei deinem Kind bist.

Wie gelingt es dir, dich selbst ernst zu nehmen und deine Selbstdisziplin zu leben? Wo fällt es dir schwer? Was brauchst du, um in deinem Alltag mit Kindern die Ziele zu erreichen, die du gern erreichen möchtest?

Emotionale Atmosphäre beschreibt das Klima zwischen dir und deinem Kind. Der Alltag von Familien ist immer wieder von Veränderungen geprägt. Diese können im Außen (z. B. Kitaeingewöhnung, Schuleintritt) liegen oder auch aus der Familie selbst kommen (Geschwisterkind, Umzug). Oft nehmen wir die Veränderungen hin, nehmen jedoch die emotionalen Folgen für die Kinder weniger wahr. Diese Bewegungen des Lebens machen etwas mit deinem Kind, und du kannst immer wieder in Resonanz mit dir selbst spüren, wie es deinem Kind geht. Du darfst dich für die Qualität eurer Beziehungen und die emotionale Atmosphäre verantwortlich fühlen.

Fühlen sich alle in ausreichendem Maß sicher (geliebt und wertvoll), und kann jeder gut deiner Führung im Tag folgen? Ist dein Kind ausgelassen und unbeschwert, oder wirkt es belastet? Wie angespannt ist euer Alltag, und macht ihr es euch auch immer wieder miteinander schön (wenn ja, wie genau macht ihr das)? Oder stürzt ihr gestresst von Station A zu Station B (wenn ja, wie passiert das, und was bräuchte es aus deiner Sicht, damit es weniger stressiger ist)? Würdest du sagen, dass alles gut abgestimmt und auf dich und eure Bedürfnisse eingestellt ist? Kannst du auch für dich sorgen, bevor du dich um deine Kinder kümmerst?

Kontakt- und Beziehungsbereitschaft bedeutet, dass du auch im Alltag für dein Kind spürbar und emotional erreichbar bist. In meiner Praxis erlebe ich viele Eltern, die in ihrem Alltag sehr in ihrem Kopf und im Denken verankert sind – auch im täglichen Miteinander. Eltern beschreiben diese kreisenden Gedankengänge oft als anstrengender als das Leben mit den Kindern selbst. Es passiert Eltern im Alltag nicht selten, dass vor lauter Nachdenken, und Grübeln im Moment und durch die ständige Selbstreflexion die Verbindung zu ihrem Körper beeinträchtigt wird oder sie in diesen Momenten auch die wichtige Selbstanbindung einbüßen. Aus Sicht des Kindes heißt das in diesen Momenten Kontakt- und Beziehungsverlust. Es kommt zu einem verwirrenden Zustand: Ich spüre meine Mama und meinen Papa nicht (mehr), obwohl sie doch eigentlich da sind. Bei Kindern führt das dazu, dass sie unsicher werden und im Moment verharren, was wiederum den Alltag insgesamt bremst. Für Eltern ist das mitunter dann zusätzlich anstrengend, sodass sich das Miteinander zusätzlich oft unbewusst beschleunigt und nicht (mehr) achtsam und in Resonanz geschieht. Das Kind spürt den Mangel und reagiert auf die fehlende Verbindung. Somit ist Stress vorprogrammiert. Bitte vergiss das bewusste Atmen nicht und finde Möglichkeiten, dich im Alltag ganz bewusst immer wieder daran zu erinnern.

Übung: Kurze Pausen zum Luftholen im Alltag einbauen

Der Atem ist die Verbindung zwischen unserer inneren und äußeren Welt. Mach deshalb bewusste Atempausen. Lass dich beispielsweise über eine App erinnern. Tritt im Alltag immer wieder bewusst ans geöffnete Fenster und atme bewusst tief ein und aus. Orientiere dich dann in deine Umgebung zurück und nimm dein Kind wieder bewusst wahr.

♥ Beziehungsmomente-Challenge #8

Lege heute dein Handy konsequent beiseite, wenn du mit deinem Kind in Kontakt bist! Schalte auch ganz bewusst den Computer aus und achte auf die Verbindungsqualität zwischen dir und deinem Kind.

Wie gelingt dir das insgesamt? Gibt es Veränderungen in der Verbindungsqualität zu deinem Kind? Wenn ja, woran merkst du das?

Der Tagesablauf als Gerüst und Rahmen

Der Tagesablauf ist wie ein Gerüst. Dieses Gerüst bildet den Rahmen, in dem wir uns dann entsprechend bewegen, unsere Alltagstruktur gestalten und mit Gewohnheiten, Routinen und Ritualen leben und planen können. Es ist wesentlich, sich mit dem Rahmen zu beschäftigen und sein eigenes »Gerüst« mit den unterschiedlichen Bausteinen zu kennen.

Übung: Dein Tagesablauf

Schritt 1: Schreibe euren Tagesablauf (mit Uhrzeiten) detailliert auf. Bitte nimm dir ein wenig Zeit dafür. Gut wäre es, wenn dein Partner dies ebenfalls tut und ihr eure Aufzeichnungen im Gespräch abgleicht. Vielleicht schreibt ihr den Tagesablauf auch gemeinsam auf und kommt dabei ins Gespräch über eure unterschiedliche Wahrnehmung und Handhabung. Sollte das der Fall sein, haltet auch euren unterschiedlichen Blick auf die Abläufe fest.
Schritt 2: Die Abbildung des Dreiecks visualisiert den Tag und teilt ihn in drei wesentliche Punkte ein. Zeichne in dieses »Tagesdreieck« die verschiedenen Punkte und Stationen ein, die euren Tag kennzeichnen und übertrage den von dir schriftlich skizzierten Ablauf grob in dein Tagesdreieck. Tu das gern gemeinsam mit deinem Partner.

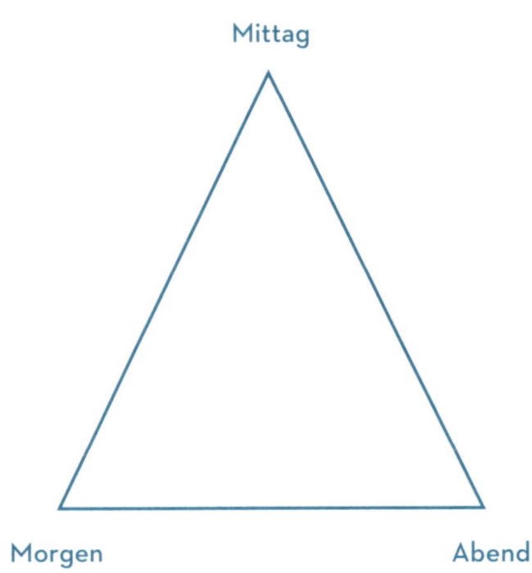

Schritt 3: Erinnere dich an eine Situation, in der etwas im Alltag eskaliert ist. An welchen Stellen entsteht bei dir Druck oder Stress?
Schritt 4: Bitte schau dir nun dein aktuell bearbeitetes Tagesdreieck an und markiere zusätzlich mit Rot die **Stressmomente** und mit Gelb die Momente in deinem Tagesdreieck, wo **Druck** entsteht. Schreib für dich auf: Wenn du drei Dinge in deinem / eurem Tagesablauf sofort verändern könntest: Welche wären das?
Schritt 5: Erinnere dich auch noch einmal konkret an den Wertekompass: Gerade **Verantwortung**, **Achtsamkeit** und das **Miteinander** spielen im Alltag eine große Rolle. Bitte rufe dir deshalb noch einmal den Wert Verantwortung in Erinnerung und schau dir dein Tagesdreieck unter diesem Aspekt an: Wo gibst du Verantwortung an andere ab? Wo spürst du Verantwortung konkret bei dir, und woran merkst du, dass du klar elterliche **Führungsverantwortung** übernimmst?

Da wir wissen, dass Kinder Sicherheit auf allen Ebenen brauchen, sollten wir unseren Tag mit Kindern genau auf diesen Aspekt hin untersuchen und in der Folge immer wieder justieren und anpassen. Der Verlust von Sicherheit spielt bei Kindern immer eine Rolle, wenn Situationen im Alltag zu kippen drohen und schwieriger werden. Das geschieht, wenn sich z. B. kurzfristig etwas Unvorhersehbares im Tag entwickelt. Dadurch gehen Orientierung und Überblick schnell verloren. Deshalb ist ein verlässliches Gerüst mit einer Struktur aus sinnvollen Gewohnheiten und erprobten Rhythmen, Ritualen und Routinen, welche eine sichere und erwartbare immer wiederkehrende Abfolge von Ereignissen schafft, so wesentlich für unseren Tag mit Kindern.

Was ist nur mit Emil los?
Wenn Orientierung verloren geht

Kinder haben noch wenig Vorstellung von Zeit und Raum. Sie leben einfach im Hier und Jetzt, was wunderbar ist und uns Erwachsenen oft nicht gut gelingt. Viel zu oft hängen wir in der Vergangenheit oder sind mit Dingen in der Zukunft beschäftigt, während Kinder sich mit dem beschäftigen, was gerade im Moment für sie wichtig ist, und sich am liebsten mit vertrauten Menschen und gewohnten Dinge umgeben.

So kann immer wieder der Eindruck entstehen, dass alles, was neu und vor allem unerwartet ist, gerade bei Kindern, zu Verunsicherung führt. Ja, dieser Eindruck ist entwicklungspsychologisch bedingt und führt in der Folge dann häufig zu Verweigerung oder anderen Verhaltensweisen der Kinder, die uns in unserem Tagesablauf aufhalten und uns das Leben schwer machen. Kinder brauchen vor allem Sicherheit. Erinnere dich an den Eisberg: Sicherheit ist *das* wesentliche emotionale Basis-Grundbedürfnis. So kannst du hier schon mal festhalten, dass alles, was sich am Tag an Schwierigkeiten zeigt, letztlich darauf zurückgeführt werden kann, dass dein Kind an irgendeiner Stelle den Überblick und die Orientierung verloren hat und damit aus seiner inneren Sicherheit »gekippt« ist. Erwachsene vergessen häufig, dass Kinder quasi zu jeder Zeit darauf angewiesen sind, dass wir ihre emotionale, körperliche und räumliche Sicherheit gewährleisten. Während uns dieser Aspekt im Alltag oft nicht bewusst ist, überfordern wir Kinder häufig völlig unbewusst. So stellen wir unsere eigenen Planungen und Vorstellungen in den Mittelpunkt und sind dann überrascht, wenn Kinder sich verweigern, ihre Neugier auf neue Orte, neue Leute, neue Ereignisse verloren geht und sie Verhaltensweisen zeigen, die wir nicht einordnen und nicht verstehen können. Ich möchte dir hierzu eine Geschichte aus meiner Praxis erzählen und dabei alle wesentlichen Ebenen detailliert unter dem Vergrößerungsglas anschauen:

Emil (4 Jahre) soll heute zum Friseur gehen. Seine Mutter hat ihm frühzeitig mitgeteilt, dass dieses Ereignis ansteht, und ihn so darauf vorbereitet, ihm also einen Überblick und Orientierung gegeben. Eigentlich geht Emil gern zum Friseur. Er mag Mario, der ihn immer mit »Hallo Champion, ist es mal wieder so weit?«, begrüßt und ihn auf den großen Stuhl hebt. Er mag es, sich selbst in den großen Spiegeln zu beobachten, und er liebt es, wenn die kleinen Härchen ihn beim Herabfallen an der Nase kitzeln. An diesem Tag jedoch war alles anders. Schon auf dem Weg beginnt Emil zu jammern, er habe Bauchweh. Seine Mutter wundert sich, hat jedoch den Eindruck, dass es nicht so schlimm ist, dass man das Vorhaben abbrechen müsse. Dennoch wird es zäh: »Emil, wir kommen zu spät, lass dich doch nicht so ziehen«, ermahnt ihn seine Mutter und blickt auf ihr Handy. »Mama, ich will nicht zum Friseur«, sagt Emil und beginnt leise zu weinen. »Aber warum denn nicht?«, fragt seine Mutter etwas ungeduldig. Sie bleibt stehen und verfasst eine Nachricht an ihren Mann, die sie auch gleich abschickt. Sie nimmt Emil flüchtig in den Arm und überredet ihn zum Weitergehen. »Da passiert doch nichts Schlimmes, du warst doch schon ganz oft beim Friseur«, versucht sie ihn zu beruhigen. Schluchzend läuft Emil an der Hand seiner Mutter. Als sie kurz vor dem Laden sind, geht nichts mehr. Emil bleibt wie angewurzelt stehen, beginnt laut zu weinen und verweigert jeden Schritt. Seine Mutter versteht die Welt nicht mehr. Was ist nur mit Emil los? »Aber Emil, was ist nur los mit dir? Es gibt doch keinen Grund zum Weinen. Ich bin doch bei dir.« Emil jedoch kann gar nicht zuhören. Er schimpft und schreit, dass er jetzt endlich nach Hause will, dass er keinen Schritt mehr mache und dass er nicht zum Friseur gehen wird. Seine Mutter wird ärgerlich. Sie sieht keine andere Möglichkeit, als den Besuch beim Friseur aufzuschieben. Sie ist angestrengt, weil sie versucht hat, alles zu bedenken, und genervt, weil sie nicht versteht, was Emil zu diesem Verhalten veranlasst hat.

Dein Kind besser verstehen

Diese Geschichte wirft einige Fragen auf. Was hat Emil dazu bewogen, so heftig zu reagieren? Es schien doch alles gut vorbereitet. Und doch kam es zu dieser Totalverweigerung. Was liegt dahinter? Emils Mutter wollte ihr Kind besser verstehen, und so haben wir im Gespräch gemeinsam genauer hingeschaut. Wir haben miteinander das Vergrößerungsglas auf die Situation gelegt und schnell und unbewusst ablaufende Prozesse verlangsamt und aus verschiedenen Perspektiven betrachtet: Zuerst scheint das Verhalten von Emil überhaupt nicht nachvollziehbar zu sein. Er soll zum Friseur gehen, er hat die Information rechtzeitig erhalten, und seine Mutter ist mit dabei. Warum eskaliert dieser Friseurbesuch? Schauen wir das Verhalten zunächst mithilfe des **Eisbergmodells** an, können wir es in einem **ersten Schritt auf der Eisbergspitze** einordnen. Dann wird es interessant. Ich frage Emils Mutter, was sie für ein Gefühl bei Emil wahrnehmen kann. Wir aktivieren also im Nachhinein die »emotionale Gitarre« von Emils Mutter und fühlen uns zusammen rückblickend in Emils emotionalen Zustand ein. Emils Mutter kann zuallererst die Wut von Emil spüren. Aber weshalb? Worauf sollte Emil in diesem Moment wütend sein, fragt sie sich. Sie kennt das Eisbergmodell schon und ist bereits bei den Bedürfnissen angekommen. Sie will es wissen, was kann es sein? Vielleicht wollte er seine Autonomie leben, hat sich bevormundet und eingeschränkt gefühlt und wollte selbst entscheiden? Ja, es gab doch diesen Moment, als Emil von Bauchweh gesprochen hat. Emils Mutter versucht erste Erklärungen. Wir **verlangsamen den Prozess**, indem ich sie bitte, nicht gleich weiterzugehen und nach einer Erklärung zu suchen, sondern auf der emotionalen Ebene weiter zu verharren. Oft haben wir die Tendenz, die Ebene schnell wieder verlassen zu wollen – häufig, weil wir so vermeiden, mit der inneren Not des Kindes zu intensiv in Kontakt zu kommen. Spüren braucht Zeit, weil Gefühle erst spürbar werden, wenn sie Raum bekommen. Dieser Raum ist notwendig, denn es ist nie nur ein Gefühl, das Verhalten motiviert, es ist immer ein Cocktail. So können wir dort noch einmal weiterschauen, und es lohnt sich, denn es gibt in dieser Resonanz konkrete Hinweise auf weitere intuitive Schritte für uns. Wir können **gemeinsam nachfühlen**, dass in der Wut von Emil viel Verzweiflung mitgeschwungen hat. So kann Emils Mutter wahrnehmen, dass nicht nur Wut im Gefühlscocktail ihres Sohnes enthalten ist, sondern auch eine ganz ordentliche Portion an Angst. Mutig spürt sie weiter und kann auch Schmerz und Trauer wahrnehmen. Wir resümieren: Die Wut war nur der Schaum des Cocktails, eine Prise

Schmerz und Trauer ist spürbar, und Angst ist als Hauptgefühl wahrnehmbar. Nun lag das stark in Mangel geratene Basis-Grundbedürfnis auf der Hand: Wenn jemand Angst hat, wird er unsicher. **Es ging also um Sicherheit.** Emil schien irgendwo auf dem Weg zum Friseur seine eigene Sicherheit verloren zu haben. Als wir diese Erkenntnis gewonnen hatten, haben wir weitere Fragen gemeinsam bewegt, die auch du dir in einer ähnlichen Situation immer stellen kannst:

- Was könnte in dieser Situation zum Verlust von Sicherheit geführt haben?
- Wo könnte dem Kind Überblick verloren und Orientierung abhandengekommen sein oder/und auch gänzlich gefehlt haben?
- Gab es Frühwarnsignale des Kindes, die auf den Sicherheitsverlust hingedeutet haben? Und hat sie diese eventuell übersehen (wenn ja, was hat dazu geführt)?
- Wie ist das Ereignis konkret geplant und wie das Kind darin mit einbezogen worden?
- Welche eigenen Vorstellungen hat sie gehabt, und verändert sich hier etwas, wenn sie diese im Perspektivwechsel zu ihrem Kind abgleicht?

Aufgrund dieser Fragen konnten wir **etwas sortieren**: Emil kennt Friseurbesuche an sich. Das Ereignis ist ihm nicht unbekannt. Er mag diese Besuche eigentlich auch. Was könnte also passiert sein, dass er so sehr die Sicherheit verloren hat? Was war anders als sonst? Wir überlegen gemeinsam. Es stellt sich nun im Gespräch mit Emils Mutter eine vermeintlich **kleine Veränderung mit großer Wirkung** heraus: Emil war nämlich bisher immer von seinem Vater zu dessen Friseur begleitet worden. Und nicht nur das, Vater und Sohn sind bisher gemeinsam immer nur zu dessen Friseur Mario gegangen. Der Laden hatte aber vorübergehend geschlossen, sodass die Eltern umgeplant haben, ohne sich klarzumachen, was diese kleine, aber feine Veränderung für Emil bedeuten könnte. Dazu kam noch, dass diesmal die Mutter mit Emil zu ihrem Friseur gehen würde. Für Erwachsene scheint das keine große

Veränderung zu sein. Es geht ja »nur« um einen Friseurbesuch. Für Emil bedeutet es alles. »Aber ich habe Emil doch erzählt, dass wir zu meinem Friseur gehen, er wusste das«, sagte Emils Mutter, »das kann ihn doch nicht so aus der Bahn geworfen haben?« Doch. Genau das kann es: ihn völlig aus der Bahn werfen. Denn für Kinder heißt etwas wissen nicht, dass sie es auch vollumfänglich verstehen. Nur weil Emil von dem Umstand weiß, heißt das nicht, dass er bereits entsprechende Folgen daraus ableiten und absehen kann. Emil hat noch nicht viel Vorstellungskraft, kann noch nicht antizipieren. Er kann noch nicht Dinge, Ereignisse und Gefühle für sich selbst vorwegnehmen und sich selbstständig und sicher auf angekündigte Veränderungen einstellen.

Für Emil kann also alleine diese Abänderung in einem sonst so sicheren emotionalen Rahmen, dass eben nicht Papa wie sonst, sondern Mama ihn zum Friseur begleitet, so verunsichernd sein, dass es zu einem inneren Systemzusammenbruch und damit zu einem solchen Verhalten kommen kann. Schauen wir jedoch genauer im Perspektivwechsel hin, was diese vermeintlich belanglose Veränderung aus Sicht von Emil für Folgen hat.

Für Emil ist nämlich alles anders als sonst: Er wird von seiner Mutter statt wie sonst vom Vater begleitet. Das hat zur Folge, dass sie diesmal nicht mit dem Auto fahren wie früher, sondern zum nahe gelegenen Salon laufen. Der Weg zum Friseur ist auch ein anderer. Die Straße, indem der Friseurladen sich befindet, ist fremd, so wie der Laden selbst, und auch Mario wird dort nicht auf Emil warten. Wenn wir also die Perspektive wechseln, können wir feststellen, dass nicht das Ereignis an sich, also das Haareschneiden für Emil im Mittelpunkt steht, sondern der Rahmen und die Struktur, in dem sich die Erfahrung ereignet. Das ist das, was Emil Sicherheit gibt. Das heißt, dass sich nicht nur Abläufe für Emil verändert haben. Es fühlt sich auch ganz anders an – nicht besser oder schlechter, sondern einfach anders. Da er mit der Einordnung dieses »anders« allein ist, wird er unsicher, und irgendwann kippt es. Er verliert die Orientierung, und es fühlt sich »schlecht« an. Sein Körper signalisiert ihm diesen Verlust an Orientierung deutlich, indem es im Magen grummelt. Seine Verbindung zum Körper funktioniert hervorragend, denn er spürt das Unbehagen direkt und benennt es auch: »Mama, ich hab Bauchweh.« Kurzfristig kann er sich zwar beruhigen lassen und über das »schlechte« Gefühl hinweggehen. Mama ist ja da – allerdings ist sie für ihn emotional nicht gut erreichbar, da sie von ihrem Handy abgelenkt und vor allem in Sorge ist, dass der Termin nicht eingehalten werden kann. So verliert sich die Verbindung zu Emil, und seine zunehmende Unsicherheit, die seine Mutter zu diesem Zeitpunkt noch gut hätte auflösen können, wird nicht spürbar für sie. Das irritiert ihn so sehr, dass er mit jedem weiteren Schritt nicht nur die innere Orientierung, sondern auch den gesamten Überblick über den Ablauf verliert. Alles erscheint ihm nun fremd. So werden seine Schritte langsamer und seine Mutter ungeduldiger. Und obwohl er an der Hand seiner Mutter geht, spürt er den Verlust von Nähe auf der emotional-körperlichen Ebene. Mama schaut ins Handy, tippt und scheint mit ihren Gedanken woanders zu sein. Er spürt die Aufregung bei seiner Mama und auch, dass dort Stress ist. Er kann seine Gedanken gerade nicht allein sortieren und ist auch beunruhigt: Was ist mit Mama los? Und so gerät er innerlich in eine hohe körperliche Aktivierung, und sein Gefühl der Unsicherheit und Angst wird so stark, dass nichts mehr geht, sein System ihm »Gefahr« signalisiert und dieses ihn kurz vor dem Salon in die Verweigerung bringt: »Ich werde auf keinen Fall meine Haare schneiden lassen.« Weinen, Schreien, Wut, dass Mama ihn nicht schon längst verstanden hat; Trauer und Schmerz darüber, dass Papa nicht da ist. Völlige Überforderung und Überflutung.

Emils Mutter konnte sich durch den **Perspektivwechsel** gut in Emils emotionale Situation einfühlen und im Nachhinein verstehen, wie die Verwirrung und die Orientierungslosigkeit bei ihm zustande gekommen waren. Sie konnte nachvollziehen, dass die Verweigerung, aus dieser Perspektive gesehen, sogar eine gute Strategie für ihren Sohn war, ein Versuch, sich zu schützen und wieder selbstsicherer zu machen. Nun geht es ja nicht darum, solche Situationen vor allem zu vermeiden – das ist gar nicht möglich im Leben mit Kindern. Im Gegenteil.Vielmehr geht es darum, diese Begebenheiten als eigenen Wachstumsraum und Essenz im Leben mit Kindern zu begreifen, sich weiter damit auseinanderzusetzen und diese Schlüsselmomente als positiv zu erkennen.

Wenn die Mutter nun weiß, dass vor allem Sicherheit für Emil gefehlt hat, wie kann sie dieses Grundbedürfnis das nächste Mal mehr mitberücksichtigen? Du darfst das gerne für dich überlegen, bevor du weiterliest. Und du kannst es auch in vergleichbaren Situationen in deinem Alltag berücksichtigen.

Emils Mutter hat für sich selbst folgende Antworten gefunden, die sie grundsätzlich im Alltag mehr berücksichtigen möchte:

- Statt Emil nur über die anstehende Veränderung zu informieren, würde sie intensiver darauf eingehen, worin die Veränderung im Einzelnen besteht. (Perspektivwechsel, Antizipieren und Impuls emotionale Atmosphäre)
- Statt vorauszusetzen, dass Emil alles verstanden hat, würde sie noch einmal mehr und immer wieder rückversichern, was Emil gerade denkt und fühlt. (Kontakt- und Beziehungsbereitschaft)
- Statt Emil einfach in ihrem Tempo mit sich zu nehmen, würde sie sich und ihrem Sohn zukünftig mehr Zeit und Ruhe für Wege einräumen, nicht hetzen, sondern bewusster im Tag unterwegs sein. (Präsenz und Prioritäten)
- Statt Emil zum Weitergehen zu überreden, wenn er zum Beispiel mit Bauchweh ein wichtiges »Stopp« signalisiert und ihn mit halbherzig tröstenden Worten abzulenken, möchte sie selbst offen und mehr im Perspektivwechsel sein, mit sich selbst in Verbindung bleiben und so dem kindlichen Signal mehr Aufmerksamkeit schenken und in der Folge dann auch Halt geben können. (Kontakt- und Beziehungsbereitschaft, Präsenz und Prioritäten)

Solche Situationen im Alltag mit unseren Kindern sind wunderbare Wachstumsräume für uns Eltern selbst. So kannst du nach Konflikten im Alltag mit deinem Kind den Fokus immer auch auf dich selbst richten und dich fragen, was du in der Situation gedacht und gefühlt hast. Was hat dazu geführt, dass du genau so gehandelt hast? Es lohnt sich, genauer hinzuschauen

Dich selbst besser verstehen

Emils Mutter hat sich das auch gefragt und Folgendes herausgefunden: Zunächst war sie selbst im Stress. Sie berichtet, dass Emils Frage nach seinem Vater beim Verlassen der Wohnung sie in **inneren Stress** gebracht habe: »Warum geht Papa heute nicht mit mir?« Sie konnte an dieser Stelle im Nachhinein bemerken, dass diese Frage nicht ihren erwachsenen Anteil erreicht, sondern ihr inneres Kind zum Schwingen gebracht hat. Sie fühlte sich angegriffen, auf einmal weniger wert und infrage gestellt: »Warum willst du mit Papa gehen? Ich bin doch deine Mutter. Hast du mich etwa weniger lieb?« So hat Emil die **verletzte Vergangenheit** der Mutter innerhalb von Millisekunden wieder zum Leben zu erweckt. Wir haben das Gefühl auf die Körperempfindungsebene gebracht, und Emils Mutter beschrieb ihre Empfindung als stechend, wie kleine Nadelstiche in der Herz- und Magengegend. Gleichzeitig fühlte sie sich »irgendwie leer«. Sie war sehr mit sich selbst beschäftigt und konnte so Emils Frage auch nicht als Orientierungsbitte hören. Dieses Gefühl verstärkte sich mit jeder weiteren Äußerung und im Kontakt mit Emil. So verlor Emils Mutter zunehmend erst die **Verbindung zu sich selbst** und dann auch den Kontakt zu Emil. Sie war zunehmend damit beschäftigt, alten inneren Anteilen ihres inneren Kindes zu lauschen, welches ihr immer lauter alte Überzeugungen aus der eigenen Vergangenheit einflüsterte. Sie war innerlich zu sehr in ihrem kindlichen Anteil verhaftet, sodass es ihr nicht möglich war, in eine Resonanz mit Emils Gefühl zu gehen und den Perspektivwechsel zu vollziehen. So war es ihr nicht möglich, die auftretende Unsicherheit ihres Sohnes, die schließlich zur Angst und dann zur Verweigerung führte, mitzuempfinden. Das ist nachvollziehbar: Es sind starke Kräfte, die in uns Eltern wirken. Kräfte, die alles sehr schmerzhaft sein lassen, wenn mein Kind mich im Alltag plötzlich mit meiner eigenen Verlassenheit, mit meiner eigenen Leere und einem Gefühl der Not oder Angst in Kontakt bringt.

Auch deshalb lenkte sie Emil von seiner Angst und seinem Schmerz mit den Worten »Ist doch nicht so schlimm, da passiert doch nichts« ab. Ablenken ist erst einmal eine strategische Maßnahme und eine Taktik. In Kombination mit echtem Kontakt kann das auch in manchen Situationen sinnvoll sein, und es ist nützlich, den Fokus auch etwas vom Schmerz wegzulenken. Zu erfahren, wie es ist, den Fokus zu verändern und von etwas wegzunehmen, ist auch etwas, was Kinder in Beziehung und bei der Trostspende ihrer Eltern lernen dürfen. Diese Ablenkung von Emils Mutter hatte jedoch ein anderes Ziel. Die Gefühle Angst und Schmerz waren gerade in ihr selbst so aktiv, dass sie es nicht gut aushalten und lieber nicht spüren konnte/wollte. Wir tun viel (und das unbewusst), um mit dieser eigenen inneren Not nicht mehr in Kontakt zu kommen.

Elternsein bedeutet auch, zu lernen, mit den verschiedenen eigenen inneren Aktivierungszuständen in Kontakt treten zu können. Auch und gerade mit den vermeintlich negativen Gefühlen und mit Empfindungen, die sich nicht gut anfühlen. Es geht darum, eine Art »innere Betreuung« und »eigene Verwaltung« dieser Anteile in Form von Selbstregulation zu lernen. Emils Mutter hat den Fokus intensiv auf sich selbst gerichtet und konnte im Nachhinein auch den Konflikt mit Emil noch einmal konstruktiv aufgreifen.

Verbindung über die emotionalen Ebenen – wo bist du und wo bin ich?

Für Kinder ist es hilfreich, wenn Erwachsene schwierige Situationen nochmals aufgreifen. So war das ein nächster Schritt für Emils Mutter. Sie berichtet, wie sie ermutigt durch die Beratung und alle daraus gewonnen Erkenntnisse im Nachhinein mit der Situation umgegangen ist: »Ich habe **noch mal Kontakt** zu Emil gesucht mit ihm über den Friseurbesuch gesprochen. Ich habe ihm gesagt, dass ich nachgedacht habe und dass es mir leidtut, dass er nicht zum Friseur gehen konnte. Ich habe mit ihm über **Gefühle** gesprochen und ihm erzählt, dass ich jetzt **gut verstehen** kann, dass er nicht mehr zum Friseur wollte. Auch für mich an seiner Stelle wäre es komisch gewesen, dass auf einmal

Mama statt Papa mitkommt und der Friseur ja auch ein ganz anderer ist. Ich konnte ihm **nachträglich spiegeln**, dass sein Gefühl, dass da etwas nicht stimmte, richtig war und dass ich jetzt sein Gefühl der Angst nachvollziehen kann. ›Ja‹, hat Emil gesagt, ›und außerdem hatte ich Bauchweh.‹ An dieser Stelle tat er mir besonders leid. Ich habe ihn angeschaut und ihm gesagt, dass es mir leidtut, dass ich seinem Bauch nicht ›zugehört‹ habe. Ich habe Emil darin bestärkt und ihm gesagt, dass sein Bauchgefühl da ganz wichtig und richtig war und dass ich ihn in Zukunft nicht mehr überreden möchte, sondern auf ihn hören und auch mit ihm sprechen werde. Emil hat genickt. Ich habe ihn dann fest in den Arm genommen, und wir haben verabredet, dass wir beide mehr auf ›unsere Bäuche hören wollen‹, weil die ganz viel zu erzählen haben und das wichtig ist.«

Emils Mutter hat die Situation ganz wunderbar gelöst und hat sich auf emotionaler Ebene mit ihrem Sohn neu verbunden. Sie hat die Perspektive bedingungslos gewechselt und die Dinge mit ihm gemeinsam aus seiner Sicht betrachtet und **Verständnis aufbringen** können. Sie hat also nachträglich die Atmosphäre aufgegriffen, **Verantwortung übernommen** und noch einmal sortiert, indem sie die Gefühle und das, was passiert ist, versprachlicht und emotional mit ihrem Sohn eingeordnet hat. So konnte Emil dieses Ereignis und seine Erfahrungen im Nachhinein auch für sich noch einmal neu bewerten. So verlangsamt und im Kontakt mit seiner Mutter, wird für ihn nun greifbar, was genau passiert ist, was er gefühlt hat und dass dieses Gefühl eben nicht »verkehrt« war. Er fühlt sich nicht mehr »schuldig«, dass er den Besuch beim Friseur verweigert und in dieser Weise »gesprengt« hat, sondern hört, dass sein Gefühl stimmt und dass seine Mutter Verantwortung für seine Orientierungslosigkeit übernimmt. Das entlastet Emil deutlich und macht ihn langfristig wieder sicherer – bringt ihn selbst wieder »in seine Mitte«. Er kann sich so mit seinem wichtigen und richtigen **Gefühl erneut verbinden** und spüren – das gehört zusammen: Wenn man die Orientierung verliert, dann wird man unsicher. Gut, wenn man dann jemanden fragen kann. So kann Emil eine **gute Erfahrung** machen und gleichzeitig auch lernen, sein Gefühl zu versprachlichen. Eine wichtige

Eigenschaft fürs ganze Leben. Denn wenn wir wegschauen und die inneren Bewegungen auf der emotionalen Ebene nicht wahrnehmen oder sie gar negieren, nehmen wir dem Kind die Möglichkeit, die Fähigkeit zu entwickeln, selbst über Gefühle zu sprechen, und schließen damit den Raum für das Gefühl. Wir gehen also von der emotionalen Ebene weg – und sprechen dem Kind das Gefühl ab. So kann das Kind keine sichere Wahrnehmung von sich in Verbindung mit seinen eigenen Gefühlen entwickeln. Emils Mutter hat eine neue Art Nähe zueinander hergestellt. Sie hat benannt, wo Emil emotional stand und wo sie in diesem Moment war. Indem sie den Perspektivwechsel in einer Art Pendelbewegung – wo bist du und wo bin ich – vollführt hat, ist eine **neue Verbindung zwischen** den beiden entstanden. Auf allen Ebenen, also zwischen Emil und seiner Mutter und auch jeweils in der inneren Welt der Beteiligten selbst. Diese Verbindung zu sich selbst ist genau das, worum es hier in diesem Buch geht. Genau in dieser **sicheren Selbstangebundenheit** sind viele Erwachsenen heute unsicher, und wir dürfen sie – so wie Emils Mutter – im Elternsein wieder mehr und mehr erlangen und dabei unsere Kinder fruchtbar in der Entwicklung begleiten.

Um die täglichen Abläufe sicher führen zu können und die Fixpunkte sinnvoll zu erreichen, sind Übergänge und die Art und Weise, wie wir Übergänge gestalten, absolut wesentlich.

Übergänge – das A und O im Alltag mit Kindern

Im Alltag mit unseren Kindern erleben wir sehr viele kleine und größere Übergänge. Im Grunde besteht der gesamte Tag aus nichts anderem als Übergängen. Das fängt morgens an beim Aufstehen, geht weiter mit dem Übergang zum Frühstück, dem Fertigmachen und Umziehen, Zähneputzen, Händewaschen, dem Hausverlassen für Kita/Schule, wofür wieder ein Anziehen notwendig wird, dem Wiederhineingehen und Nachhausekommen, dem Übergang vom Spielen zum Mittagessen, vom Mittagessen zum Aufstehen und der Ankündigung des Mittagschlafs, mit einem eigenen Ritual oder der Ruhe am Mittag. Dann geht es weiter in den Nachmittag hinein mit dem Einläuten von Unternehmungen und Spielen bis hin zum Aufräumen, Umziehen und der Abendrunde. Es geht also den gesamten Tag quasi immer wieder darum, eine Tätigkeit zu beenden oder/und zu unterbrechen und in eine neue Situation zu gehen.

Wichtig zu bedenken ist, dass diese Übergänge eben gerade keine sachlichen Aktionen und Tätigkeiten sind, die beliebig beendet oder unterbrochen werden können, sondern auch und vor allem emotionalen Charakter für Kinder haben – es ist ihr Leben. Das heißt, Kinder müssen sich eigentlich ständig von etwas verabschieden. Sie müssen Abschied nehmen, um sich auf eine neue Situation einlassen und etwas Neues »begrüßen« zu können. Wenn wir uns das klarmachen, können wir Übergänge spielen und fließend in diesem Sinne gestalten und begleiten. Wir können so auch viel besser konkret lokalisieren und auch antizipieren, welche Übergänge für unsere Kinder schwierig sein werden, und können die Rahmenbedingungen besser im Auge behalten. So kann Zeitdruck zum Beispiel wie »Gift« wirken. Stell dir vor, du wirst gedrängt und musst dich unter Zeitdruck von deinem Partner am Bahnhof verabschieden. Du wirst unter Druck gesetzt und musst dich schnell auf Abschied und Trennung einstellen, deine Trauer regulieren, noch alles das, was zu sagen und zu tun ist, sammeln und es plötzlich abrufen und zu einem Abschluss kommen. Da entsteht Stress, und das Nervensystem wird aktiviert. Zeitmangel macht Druck und bringt Unruhe und vielleicht sogar Ärger in uns hervor. Und dann geht gar nichts mehr. Bei Kindern zumindest, denn die sind in dieser Form von emotionaler Co-Regulation (noch) auf uns angewiesen.

Wenn wir also nun wissen, wie herausfordernd Übergänge im Leben von Kindern sind, können wir besonders darauf achten, diese so sicher im individuellen Tempo und so angemessen wie möglich für das jeweilige Kind zu gestalten und zu begleiten. Auf Folgendes kannst du besonders achten:

Sicherheit durch Orientierung, Aus- und Überblick geben: Sprecht miteinander, zum Beispiel beim Frühstück, und stimmt euch gemeinsam darüber ab, was am Tag alles ansteht. Dafür ist es wichtig, dass in eurem Tagesablauf das Frühstück ein Fixpunkt ist und eine Beziehungsinsel sein kann.

Führung heißt auch Energie nutzen: Um vorwärtszukommen, musst du etwas hinter dir lassen. Das heißt, du musst von etwas weg – zu etwas hinstreben. Ich erlebe häufig, dass Eltern Ankündigungen machen – zum Beispiel »Wir gehen jetzt raus« –, und gleichzeitig beginnen, die Spülmaschine auszuräumen. In der Folge wundern sie sich dann, dass die Tätigkeiten der Kinder keinen Abschluss finden, die Schuhe nicht angezogen werden und alles insgesamt klebrig und zäh wird. Unsere Kinder sind emotional-körperlich mit uns verbunden. Dein Kind bekommt also eine Information über deine innere Energie. Deine Energie signalisiert jedoch etwas anderes, als du sagst. Du sagst »Wir gehen«, dein Körper sagt »Wir bleiben«. Deshalb ist auch hier wichtig, dass du in allen wesentlichen Punkten übereinstimmende Informationen sendest. Sobald du deine Energie in dir spüren kannst, ist es möglich, sie bewusst in Bewegung um- und einzusetzen. Du strahlst sie dann automatisch aus und kannst sie nutzen, um voranzukommen. Um diese Energie bewusster in dir zu spüren, kannst du ein kleines Experiment machen.

Übung: Energetisch nach vorn kommen

Es geht um ein kleines Lauftraining.
Teil 1: Stecke eine Strecke von 20 bis 30 Meter Länge für dich ab, und setze dich locker in Bewegung. Achte darauf, dass du gerade aufgerichtet bist, und schau, während du läufst, auf deine Füße. Spür in dich hinein, wie es sich anfühlt. Wenn du magst, wiederhole diesen Teil noch einmal.
Dann geh zu **Teil 2** über: Laufe nun die Strecke ein zweites Mal. Neige dabei den Oberkörper nun leicht nach vorn und richte den Blick dorthin, wo du hinmöchtest. Spür wieder in dich hinein, wie es sich anfühlt. Und mach für dich selbst Unterschiede aus.

Was nimmst du in Teil 1 wahr? Wie geht es dir mit dem zweiten Teil?

Vielleicht kannst du wahrnehmen, dass der Blick in die Richtung, wo du hinmöchtest, und der leicht vorgeneigte Oberkörper deine innere Energie komplett verändern und sich dein Antrieb erhöht? Dein Körper ist mit allen Sinnen auf Veränderung, auf Vorwärts- und Vorankommen eingestellt. Deine Augen visualisieren die Richtung und blicken auf ein Ziel, und dein Körper ist dorthin ausgerichtet und strebt dem hinterher.

Du kannst also, gerade wenn es sich im Tag schleppend und mühsam anfühlt, noch einmal mehr den Fokus darauf legen, wo du hinmöchtest, und auch wahrnehmen, wie du das auf allen Ebenen (sprachlich, körperlich, emotional) nach außen signalisierst. Hast du dein Ziel im Blick? Kannst du aktiv werden, bist du aufs Vorankommen ausgerichtet und spürst du Energie in dir, kurz, bist du in Bewegung?

Etwas mehr Zeit einplanen als nötig: Es ist sinnvoll, immer etwas mehr Zeit einzuplanen. Bei besonderen Aktionen, wie Einkaufen zum Beispiel, ist Zeit wichtig, um vor allem nicht selbst in Stress zu geraten. Bei Übergängen, die im täglichen Ablauf immer wieder stattfinden (vom Spielen zum Essen), können Kinder sich in der Regel, wenn sie emotional einen Raum bekommen (Abschied nehmen und Raum für Autonomie), zeitlich zügig umstellen – nur wenn sie Stress und Druck bei uns wahrnehmen, gehen sie in die Verweigerung. Bitte achte hier auch auf die Verbindung zu dir selbst. Atme immer mal wieder und binde dich so innerlich wieder selbst an.

Selbstregulation und Selbstanbindung: Bleib verbunden mit dir selbst. Solltest du unter Zeitdruck sein, versuche, den Stress bewusst wahrzunehmen. Reguliere dich selbst, atme dich (wieder stückweise) runter, plane innerlich vorausschauend bewusst um (z. B. ich nehme den nächsten Bus, ich nehme die Situation an). Du wirst sehen, der Stress reduziert sich sofort – spür das in deinem Körper bewusst, atme in die Stellen, wo es angespannt ist. Mach dir klar: Wenn du in Stress gerätst und Hektik verbreitest, geht gar nichts mehr. **Stelle immer wieder Räume für Autonomie zur Verfügung:** Beziehe dein Kind bei der

Entscheidung mit ein, welche Schuhe/Jacke … es anziehen möchte, und eröffne einen Raum für die eigene Entscheidung: »Möchtest du die Sandalen oder die Barfußschuhe anziehen?«

Übergangsobjekte können den Übergang erleichtern: Sie sind kleine »emotionale Brücken« und können das Ankommen in der neuen Situation erleichtern. Das kann sein:

- einen Gegenstand von drinnen mit nach draußen nehmen
- ein Auto/eine Puppe mit zum Wickeltisch nehmen
- ein Buch aussuchen, das noch im Bett oder zum Umziehen gelesen wird
- Apfelstückchen, die unterwegs gegessen werden können

Hier wird deutlich, dass diese Dinge tatsächlich so etwas wie ein »Geländer« darstellen. Die Kinder müssen etwas loslassen, bekommen jedoch etwas Neues zum »Festhalten«. Es ist auch eine körperlich-sinnliche Erfahrung und hilft dem gesamten System, sich auf etwas Neues einzustellen.

Zeit für Abschied einräumen, Rituale nutzen: Kinder brauchen Zeit für Verabschiedung. Es geht darum, sich von einer Sache »wegzuwenden«, um zu etwas »Neuem« zu gelangen. Wir können es den Kindern erleichtern, Dinge oder Menschen und Situationen zurückzulassen, indem wir das »Wegwenden« mit einer Verabschiedung begehen, zum Beispiel »Tschüss« zu sagen, das Spielauto noch im Parkhaus zu parken oder die Katze noch einmal zu streicheln. Manchmal sind auch stufenweise Verabschiedungen sinnvoll: die Oma noch einmal im Zimmer direkt zu umarmen, dann noch bis zur Tür zu bringen und dann am Fenster zu winken, bis sie um die Ecke verschwunden ist. Man kann auch Steinen, Blättern, Stöcken oder Bäumen »Tschüss« sagen. Wir können und dürfen da ganz kreativ sein – es braucht oft gar nicht so viel mehr Zeit, wenn wir eine Portion Geduld, ein Löffelchen Verständnis und eine Prise Kreativität in diese Momente einstreuen.

Sprich mit deinem Kind und finde heraus, ob es selbst ein Ende finden kann: Wichtig ist, dass wir als Eltern die Situation führen. Das heißt, wir haben den Übergang im Blick. Dazu gehört auch, dass wir den Übergang ankündigen. Oft tun Eltern das schon intuitiv: »Noch zweimal rutschen …« zum Beispiel auf dem Spielplatz gehört dazu. Du kannst auch probieren: »Wir gehen gleich, spiel das Spiel noch zu Ende, und dann gehen wir.« Du wirst überrascht sein, wie häufig dein Kind selbst zum Ende kommen kann, wenn es weiß, was danach ansteht und warum ihr gehen müsst. Wichtig ist in jedem Falle das vorherige Ankündigen und dass wir selbst unseren Zeitplan im Kopf haben. Hab deine innere Energie und auch das Ziel im Blick: Es ist nicht die Frage, ob, sondern wie wir den Spielplatz verlassen. Diese Haltung spüren Kinder.

Bei Widerstand und Zeitdruck: Hier sind Wenn-dann-Sätze beliebt. Es gibt mehrere Formen dieser Sätze. Solche, die Kinder emotional erpressen und unter Druck setzen, zum Beispiel »Wenn du jetzt nicht kommst, dann gehe ich ohne dich«. Diese Form des Drucks belastet eure Beziehung unnötig. Und es gibt solche, die Informationen an dein Kind geben, einen Ausblick skizzieren und ohne emotionalen Druck bestimmte Zusammenhänge deutlich machen: »Wenn wir jetzt nicht nach Hause gehen, dann kommen wir zu spät zum Sandmann, das möchte ich nicht.« Bitte hab nicht die Erwartung, dass dein Kind nur aufgrund der Erläuterung Verständnis entwickelt und sagt: »Vielen Dank, dass du es mir gesagt hast, dann müssen wir aber schnell los.« Nimm zur Kenntnis, dass der Überblick wichtig für dein Kind ist und es dennoch sein kann, dass ihr in Konflikte geratet.

Die berühmten Wenn-dann-Sätze

gehören zum Kommunikationsrepertoire von Eltern und signalisieren in Stresssituationen vor allem Macht. Sie setzen Kinder unter Druck und belasten unsere Beziehung zu ihnen unnötig. Eltern nutzen Wenn-dann-Sätze immer wieder, um Kinder zu kontrollieren und zu führen.

Wenn-dann-Sätze kommen einer Nötigung und emotionalen Erpressung gleich. Denn wenn Eltern in dieser Weise reagieren, machen sie ihr Kind hilflos und ohnmächtig. Es lernt so: Der Stärkere ist überlegen und hat recht, es ist also besser, der Starke zu sein, als gedemütigt und klein gemacht zu werden. Das Kind verhält sich in seinen anderen Beziehungen dann nach diesem Vorbild.

Übung: **Wenn-dann-Sätze**

Notiere deine eigenen Wenn-dann-Sätze, die du im Alltag anwendest. Versuche im nächsten Schritt eine neue Formulierung ohne emotionalen Druck und Nötigung.

Wenn dein Kind nicht kommen will/kann und aus der Kooperation aussteigt, du aber dringend losmusst, kannst du zunächst Folgendes versuchen:

- Lass keinen Stress aufkommen. Spüre vorher in dich hinein. Nimm dir drei Minuten Zeit – und atme bewusst.
- Du kannst deinem Kind sagen, wie es ist: Ihr müsst los.
- Du kannst spiegeln (ohne zu viele Worte zu machen): »Ich sehe, dass du nicht mitkommen willst. Ich verstehe, dass du wütend bist, weil du noch dableiben möchtest. Es tut mir leid, dass es so ist. Mir ist es wichtig, jetzt zu gehen.«
- Beschreibe (auch zur Selbstregulation), was du tust und vorhast, um Orientierung zu geben: »Ich werde dich jetzt auf den Arm nehmen und zum Bus/Auto tragen. Wir können morgen Nachmittag noch einmal mit mehr Zeit herkommen.«
- Versuche gleichzeitig, zu alldem Übergangsobjekte und Verabschiedungsrituale zu suchen: noch einmal »Tschüss« sagen, zum Beispiel zur Rutsche »Tschüss, Rutsche«, »Tschüss, Spielplatz«.

- Tu du die Dinge, die notwendig sind, damit ihr loskommt: Wenn dein Kind sich beim Anziehen zum Beispiel verweigert, hilf ihm, tu du es, sprich weiter mit ihm. Bleib in Kontakt. Und: Du brauchst keine Sorge zu haben, dass du ihm mit 18 noch die Schuhe binden wirst, weil dein Kind es dann »nicht lernt«.
- Werde nicht hektisch. Das Motto ist: Beeil dich nicht, dann geht es schneller.
- Frage dich bitte auch, ob es vielleicht mit dem nächsten Ziel zusammenhängen könnte, warum dein Kind nicht kommen möchte? Geht ihr zum Kinderturnen, betrifft dieser »Termin« nur dein Kind? Hat es Ängste vor einer bestimmten Situation, und braucht es vielleicht kleinere Schritte? Du kannst mit Co-Regulation helfen.

Wiederkehrende Rituale können den Kindern im Alltag Übergänge erleichtern, weil sie Orientierung und Überblick und damit Sicherheit geben: zum Beispiel eine bestimmte Musik beim Aufräumen, ein bestimmter Spruch bei Essensbeginn. Es kann auch ein Ritual sein, nach dem Spielplatz immer noch bei einem bestimmten Schaufenster oder der Pferdekoppel vorbeizuschauen. Oder vor dem Reingehen den Wichteln an der Straßenlaterne noch etwas zu essen hinzulegen (Gras, Stöckchen …). Du kannst hier ganz kreativ sein, wichtig ist nur, dass es warme und positive Emotionen sind, die mit dem Tun (dem Ritual) verbunden sind.

Flexibel reagieren auf Veränderungen der Lebensalter: Wichtig ist, überhaupt ein Bewusstsein für Übergänge zu entwickeln. Wichtig ist auch, dass wir uns klarmachen, wie schwierig diese für Kinder sein können.

? Nimm wahr und sei achtsam, reflektiere und versuche herauszufinden, wann und welche Übergänge für dein Kind schwierig sind. Welche sind stressig? Welche führen zu Wut oder Ärger? Wann geratet ihr in Konflikte? Bei welchen Übergängen kooperiert dein Kind? Wie hast du dich verhalten und den Übergang angekündigt, wenn alles »glatt« läuft? Was hat aus deiner Sicht zum Gelingen geführt? Abstrahiere und justiere deinen Alltag entsprechend. Bitte fühl dabei auch immer in deinen Körper hinein. Die

Reflexionen sind ganzheitlich gedacht und sollen dich mit dir selbst in Verbindung bringen.

Nachdem wir uns jetzt mit so vielen Aspekten beschäftigt haben, die für den Alltag wesentlich sind, möchte ich dich im Folgenden einladen, deinen Alltag noch einmal anzuschauen und für dich eventuell zu justieren.

Übung: Neugestaltung des Tageslaufs und Übergänge

Partnerübung: Bitte nehmt euch (wenn möglich gemeinsam) Zeit und zeichnet die Abläufe, Fixpunkte und die Struktur nochmals neu und so, wie sie euch mit allen jetzt gemachten Reflexionen und Überlegungen sinnvoll erscheinen. Hier findet ihr eine etwas andere Darstellung, in der das Dreieck zwar noch enthalten ist, ihr jedoch etwas differenzierter eure Eintragungen vornehmen könnt.

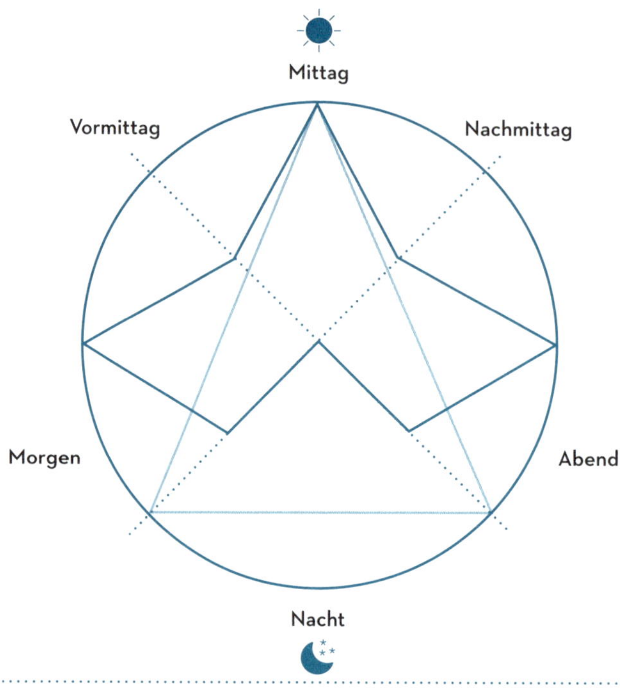

Konflikte gehören dazu – Verbindung im Alltag

Konflikte gehören zum Familienleben mit dazu. Wir wünschen uns zwar alle ein möglichst harmonisches Familienleben, doch wenn Menschen zusammenleben, sind Konflikte gar nicht auszuschließen. Für mich ist daher nicht die Frage, wie wir Streit und Konflikte vermeiden können, sondern wie wir eine Streitkultur entwickeln und Konflikte konstruktiv, wertschätzend und in Verbindung miteinander lösen können.

Konflikte sind dann anstrengend, wenn wir versuchen, sie über

- Strafen und Konsequenzen,
- Belohnung oder andere manipulative Maßnahmen
- Beschämung und Demütigung,
- Kritik, Verhöre und Vorwürfe

anzugehen. Denn – und das ist entscheidend – wir lassen so die Ursachen eines Konflikts außer Acht – mit der Folge, dass sich dieser eben nicht löst, sondern verfestigt. Je mehr er sich verfestigt hat, desto schwieriger ist es, ihn zu lösen. Es gilt also, der Ursache auf den Grund zu gehen, den Streit an der Wurzel zu packen, anstatt an der Oberfläche – dem Verhalten der Kinder – anzusetzen. Doch mach dir zunächst bewusst, wie es eurer Familie mit den alltäglichen Konflikten geht.

? Wie löst ihr bisher Konflikte? Wie geht es dir dabei? Was gelingt euch dabei gut, was weniger gut?

Konflikte entstehen, wenn zwei oder mehrere Personen unterschiedliche Bedürfnisse haben. Wir haben gelernt, dass Konflikte etwas Trennendes haben und uns entzweien. Doch wenn wir über die Gefühle und Bedürfnisse sprechen, die hinter dem Konflikt liegen, steigt die Wahrscheinlichkeit, ihn nachhaltig lösen zu können. Ein Konflikt hat dann nichts Trennendes, sondern vielmehr etwas Verbindendes. Nämlich dann, wenn wir uns über einen gelösten Konflikt neu und intensiver (ver)binden können, indem wir mehr voneinander erfahren und uns noch besser kennen- und schätzen lernen. So können alle Familienmitglieder – Eltern wie Kinder – am Konflikt wachsen, ihre Persönlichkeiten weiterentwickeln und sich miteinander noch tiefer verbinden. Eine gute Erfahrung für alle Beteiligten.

Eine neue Perspektive: Konflikte als Entwicklungsmotoren sehen

Konflikte entstehen also immer dann, wenn unterschiedliche beziehungsweise gegensätzliche Bedürfnisse auftreten und abgeglichen werden müssen. In der Familie passiert das häufig zwischen Eltern und Kindern, oft aber auch unter Geschwistern.

Die Bedürfnisse aller Beteiligten zu achten bedeutet gleichzeitig, wertschätzend miteinander umzugehen. Als Eltern sind wir hier wichtige Vorbilder: Wenn wir wollen, dass unsere Kinder andere Menschen respektieren und mit ihnen wertschätzend umgehen, dann ist es wichtig, dass wir einen wertschätzenden Umgang mit den Kindern pflegen und sie mit uns die Erfahrung machen, dass man Konflikte konstruktiv lösen kann. Das heißt, ihre Grenzen nicht zu übertreten, sondern diese jederzeit zu wahren und zu achten. Wenn Kinder Wertschätzung erfahren, lernen sie auch, mit anderen Menschen wertschätzend umzugehen.

Wenn Eltern zu mir in die Beratung kommen, dann erlebe ich oft, dass sie Konflikte als etwas Negatives wahrnehmen, fast, als sei es eine Schande, dass diese Konflikte überhaupt entstehen und sie als Eltern nicht in der Lage sind, sie zu vermeiden. Streit und Auseinandersetzungen mit unseren Kindern machen uns oft hilflos, und wir sind erleichtert, wenn wir den Konflikt dann irgendwie »überstanden« haben. Manchmal sitzen wir ihn auch einfach aus und warten, bis sich alles wieder beruhigt hat – bis zum nächsten Streit. Natürlich sind Konflikte anstrengend, und benötigen Kraft und Zeit. Wenn wir uns jedoch darüber bewusst werden, dass Konflikte nichts Verwerfliches sind, sondern diese als Chance begreifen, an der unsere Kinder (und wir) wachsen können, dann erübrigen sich Schamgefühle und Hilflosigkeit, wir können gelassener damit umgehen und Konflikte auch als Chance sehen.

Du kannst zunächst in einem ersten Schritt deine Einstellung zu Konflikten überdenken und gegebenenfalls ändern. Denn tatsächlich gibt es viele positive Aspekte, wenn wir bereit sind, Konflikte konstruktiv zu bewältigen.

Konflikte …

- fördern Selbstbeobachtung und Selbsterkenntnis.
- lassen familiäre Gesamtzusammenhänge erkennen.
- stärken Vertrauen und Zusammenhalt innerhalb der Familie.
- bringen die Bedürfnisse der einzelnen Familienmitglieder ans Licht.
- fördern eine selbstbewusste Persönlichkeit bei allen Beteiligten.
- schulen die Konfliktfähigkeit bei allen Beteiligten.

Konflikte

sind dann konstruktiv und sinnvoll, wenn sie ausreichend geklärt wurden und die Bindungsunterbrechung unter allen Beteiligten wieder hinreichend repariert werden konnte. Somit ist es wesentlich, Konflikte nicht »auslaufen« oder »unter den Tisch fallen« zu lassen, sondern auch im Nachhinein im Dialog miteinander zu sein, bis es für alle zu einem guten vorläufigen Ende kommt.

Konflikte sind also grundsätzlich nichts, was wir vermeiden sollten, sondern etwas, was wir zulassen und sogar begrüßen können. Sie bieten allen Beteiligten Wachstumsräume. Um Kinder bei der Lösung von Konflikten untereinander zu unterstützen oder unsere Konflikte mit ihnen gut zu lösen, ist es wichtig, sie zunächst in ihrem Verhalten besser zu verstehen und die Ursache für ihre Handlungen zu ergründen. Denn: Jedes Verhalten von Kindern hat einen Sinn – auch, wenn wir diesen nicht auf den ersten Blick durchschauen. Und erst, wenn wir diesen verstanden haben, können wir auch nach entsprechenden Antworten und sinnvollen Reaktionen auf der Handlungsebene schauen und neue Lösungswege suchen. Deshalb gehen wir nun in zwei Schritten vor. Bitte hab Geduld. Je besser der erste Schritt gelingt, desto leichter wird es, Lösungen zu finden.

Erinnere dich wieder an das Eisbergmodell und die entsprechende Ursache-Verhaltens-Kette. Diese Kette werden wir nun konkret in deinem Alltag anwenden, und du kannst hierfür dein eigenes Eisbergset nutzen.

Übung: Verhalten lesen – Konflikte verstehen

Diese Übung hilft dir dabei, das Verhalten deines Kindes als wertvolles Signal besser zu verstehen und die dahinterliegenden Gefühle und emotionalen Bedürfnisse besser erspüren zu können, um dann neue Antworten im Sinne von Bindung und Beziehung zu finden. Konzentriere dich jetzt ausschließlich darauf, die Ursache-Wirkungs-Kette zu verstehen.

Partnerübung: Bitte nehmt euch (wenn möglich gemeinsam) Zeit, diese Übung zu machen, und tauscht euch miteinander aus.

Bitte notiere dir zwei bis drei verschiedene **kleine, bereits vergangene Konflikt- und Alltagssituationen** mit deinem Kind. Schreibe auf, worum es genau ging. Beschreibe auch detailliert die Situation vor dem eigentlichen Konflikt und wie genau es zu diesem kam. Alles, woran du dich erinnerst, kann Bedeutung haben.

Versuche nun, die Situationen anhand des Eisbergs und der Kette Verhalten-Gefühl-Bedürfnis zu analysieren und »durchzuspielen«. Fülle die folgende Grafik aus, und trage alles so ein, wie du es erlebt hast und wie du es spürst, wenn du in den Perspektivwechsel gehst (gern mit Bleistift, damit du auch korrigieren kannst). Du kannst die unten stehenden Begriffe nutzen.

Verhalten: Was sehe ich?

Hauen & Treten • Stören • Sich verweigern • Weinen • Andere abwerten • Klammern • Auslachen • Streit suchen • Lügen • Toben & Brüllen • Prahlen • Rumalbern

Gefühle: Was fühle ich?

Freude • Scham • Angst • Schmerz • Trauer • Wut • Ärger

Emotionale Grundbedürfnisse, die angerührt und aktiv sind:

Sicherheit • Autonomie & Selbstwirksamkeit • Verbundenheit & Verbindung • In seinen Anliegen gehört und mit ihnen gesehen zu werden • Vertrauen • Sich mitteilen können • Verstanden zu werden • Gefühl, wertvoll für andere zu sein • Anerkennung • Zugehörigkeit

Das emotionale Profiling – die Auswertung deiner Erkenntnisse

Beschreibe in Stichworten deine Überlegungen zu der jeweiligen Situation. Gehe alle drei Ebenen nacheinander in Ruhe durch. Starte mit der Verhaltensebene.

Verhalten, Gefühle und Bedürfnisse erkennen und verstehen

Verhaltensebene: Welches Verhalten genau hast du gesehen, was ist sichtbar für dich geworden? Beschreibe und umschreibe den Begriff beziehungsweise das Verhalten, das du beobachtet hast. Versuche dabei nicht zu bewerten oder abzuwerten, z. B. »Hat sich nicht gut benommen« – was hast du gesehen?
Gefühlsebene: Welches Gefühl spürst du unter dem Verhalten liegend? Beschreibe ein Hauptgefühl (z. B. Wut, weil es am deutlichsten sichtbar ist), und spüre weiter in dich hinein. Welche Gefühle schwingen noch in dir? Erinnere dich. Es gibt nie nur ein Gefühl, es ist immer ein Cocktail. Beschreibe diesen Cocktail genau und schreibe auf, wie sich dein Kind fühlen muss. Wechsle ganz bewusst die Perspektive und fühle, was sich bei dir selbst tut.
Bedürfnisebene: Welches oder welche emotionalen Basis-Grundbedürfnis(se) werden hier berührt? Schreib diese auf und schau dann weiter, ob du noch weitere Hinweise auf unerfüllte Bedürfnisse aus diesen Erkenntnissen erhältst. Notiere diese ebenfalls.

Nachdem du nun das Verhalten deines Kindes als wertvolles Signal seiner Gefühle und der darunterliegenden emotionalen Basis-Grundbedürfnisse interpretieren und einordnen kannst, entsteht die Möglichkeit für verbindende Handlungsalternativen und neue Wege. Dabei geht es nicht sofort um eine Lösung, sondern zunächst um die Option für eine konstruktive erste Reaktion und eine offene Haltung von dir als Mutter/Vater.

Lass uns also nun nach dem ersten Schritt – das Verhalten besser zu verstehen – den zweiten machen und nach neuen Wegen und konstruktiven Antworten im Sinne von Bindung und Beziehung suchen. Wir bilden im Folgenden also sinnvolle Wenn-dann-Sätze für Erwachsene. Das heißt, du wirst deine Erkenntnisse und dein neu gewonnenes Verständnis für dein Kind in eine Wenn-dann-Abfolge für dich bringen, zum Beispiel: Wenn ich weiß, dass mein Kind gerade traurig ist und Schmerz empfindet, dann braucht es vor allem Trost – unabhängig davon, wie es das Gefühl ausgedrückt hat und ob die Art und Weise für mich störend war.

In der folgenden Übung geht es also darum, diese Wenn-dann-Sätze zu bilden und mögliche Reaktionen / Haltungen / Handlungsalternativen zu entwickeln.

Übung: Mögliche Wege zur Konfliktlösung finden

Hierfür kannst du am besten dein Eisbergset aus dem Download nutzen. Solltest du es nicht zur Hand haben, nutze bitte die unten stehende Abbildung. Diese Übung hilft dir im nächsten Schritt, indem du auf zwei Ebenen (der Gefühls- und der Bedürfnisebene) eine Wenn-dann-Abfolge formulierst und damit neue Antworten im Sinne von Bindung und Beziehung findest. Das klingt vielleicht kompliziert – ist es aber gar nicht. Trau dich, von der Verhaltensebene wegzugehen und in die Tiefe des Wassers zu den unteren Bereichen des Eisbergs zu tauchen. Geh wieder in mehreren Schritten vor.

Schritt 1: Notiere dir aus deiner vorherigen Analyse eines Konflikts den Gefühlscocktail und das von euch ergründete emotionale Basis-Grundbedürfnis, z. B.: den Cocktail: wütend, traurig, voller Schmerz – das Bedürfnis: Sicherheit.

Trage diese Ergebnisse nun in dein eigenes Eisbergmodell mithilfe der entsprechenden Karten ein:

Schritt 2: Schau dir jetzt die Kette an und bilde einen oder mehrere konstruktive Wenn-dann-Abfolge-Sätze für die emotionale Ebene, z. B. »WENN ich weiß, dass mein Kind wütend, traurig und voller Schmerz ist, DANN braucht es … Was genau? Wie genau? … genau, wenn Trauer in der Luft liegt und jemand traurig ist, dann braucht es zunächst Trost«. Eine wichtige Erkenntnis.

Bilde auch Wenn-dann-Abfolge-Sätze für die Bedürfnisebene: z. B. »WENN ich weiß, dass mein Kind gerade Selbstwirksamkeit sucht und verzweifelt ist, dass es das eine nicht tun kann, DANN braucht

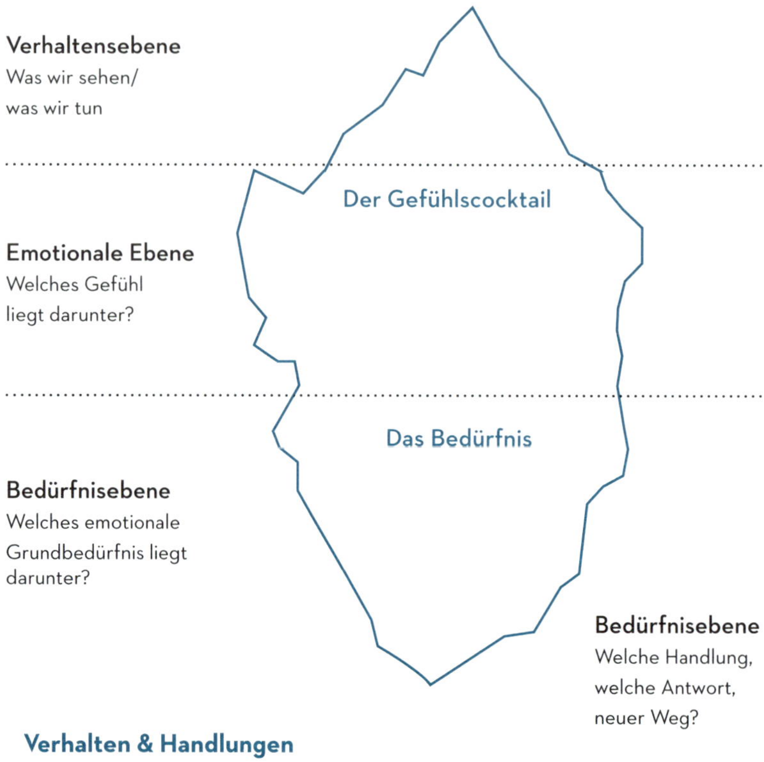

es in der Folge also andere Räume, um sich selbst wirksam zu spüren«. Erinnere dich: Räume zur Autonomie zur Verfügung stellen.
Mit diesem zweiten Schritt hast du jetzt deutliche Hinweise darauf erhalten, was auf der Handlungsebene eine gute Reaktion und Antwort sein könnte, z. B. Trösten und Raum für Selbstwirksamkeit zur Verfügung stellen. Das heißt, du kannst für dich überlegen, wie du in Verbindung trittst und welche Beziehungsaspekte in dieser Situation deinem Kind helfen können.
Schau dir nun also die folgenden Verbindungs- und Beziehungsaspekte an, und überlege, was deinem Kind helfen könnte, z. B. Körperkontakt, um Trost und Halt zu spenden. Setze diesen Aspekt entsprechend ein, und vermerke ihn an der Seite der jeweiligen Ebene.

Körperkontakt • zuhören • Halt geben, Co-Regulation • Zuwendung • Mitgefühl und Empathie • echtes Interesse • ernst nehmen • einfühlendes Begleiten • verstehen wollen & Verständnis
Die Verbindungsaspekte, z.B. Körperkontakt, helfen zunächst, in Verbindung und Kontakt zu kommen und dann auch weitere konkrete Handlungen auf der Verhaltensebene umzusetzen und den Konflikt zu lösen, z.B. »Möchtest du den Tisch alleine decken oder sollen wir das zusammen machen?«.
Notiere jetzt deinen kompletten Wenn-dann-Satz und damit einen möglichen Lösungsweg für deinen konkret beschriebenen Konflikt mit deinem Kind.

Gelingende Kommunikation mit Kindern

Pro Tag kommen ungefähr 16 000 Wörter über unsere Lippen. Kommunikation hat also eine ziemlich große Bedeutung in unserem Alltag. Besonders wichtig ist die Kommunikation mit unseren Kindern. Wir sollten deshalb achtsam kommunizieren – was nicht heißt, dass es kompliziert werden muss.

Im Gegenteil. Es ist sehr hilfreich, sich bestimmte Mechanismen klarzumachen – insgesamt und natürlich insbesondere in der Kommunikation mit unseren Kindern. Denn wie wir mit ihnen sprechen und wie wir ihnen zuhören, hat enorme Auswirkungen auf unsere Beziehung zu ihnen. Es prägt maßgeblich ihr Selbstbild, ihr Selbstgefühl und ihren Selbstwert und das Verständnis füreinander. Deshalb ist es so wichtig, dass sprachliches Miteinander gelingt, wir uns im wahrsten Sinne des Wortes wirklich gut verstehen und Eltern sich mit achtsamer und wertschätzender Kommunikation beschäftigen.

Reden kann auch Gold sein

Wir diskutieren zu viel mit unseren Kindern, behandeln sie wie kleine Erwachsene und überfordern sie damit? Kinder brauchen vor allem klare Ansagen und keine Diskussionen? All das wird Eltern häufig suggeriert. Doch das ist falsch. Denn mit den Kindern einen Dialog zu führen heißt nicht, dass wir ständig mit ihnen diskutieren. Es heißt vielmehr, dass wir unsere Kinder ernst nehmen, ihnen zuhören, verstehen wollen, was sie denken und fühlen, und gemeinsam Lösungen suchen, wenn es Schwierigkeiten gibt. Achten wir also darauf, nicht zu belehren und keine Monologe zu halten. Ich kann dich nur darin bestärken, die wesentlichen Aspekte des Dialogs im Alltag umzusetzen und den Wunsch, Lösungen zu finden, die für alle annehmbar sind, nie aufzugeben. Sei offen und stelle weiterhin die konstruktive Beziehung zu deinem Kind in den Mittelpunkt. Es lohnt sich!

Der wertschätzende Dialog

Eine Auseinandersetzung über Alltagsfragen und auch das Klären von Streitigkeiten mit Kindern (und Erwachsenen) sind aus meiner Sicht ausschließlich im Dialog möglich. Um eine gelingende Kommunikation zu schaffen, ist die Art und Weise, also die Form des Dialogs, jedoch entscheidend.

? Woran merkst du, wenn ein Dialog auf der Erwachsenenebene nicht gelingt? Was wünschst du dir im Dialog von deinem Kommunikationspartner?

Ich habe gute Erfahrungen mit dem wertschätzenden Dialog gemacht, denn nur wenn ein echter und wertschätzender Dialog gelingt, können alle Familienmitglieder ihre Bedürfnisse, Wünsche und Sorgen ansprechen und werden mit ihren Anliegen gehört. Den Rahmen dafür zu schaffen liegt in der Verantwortung von uns Eltern – denn gelingende

Kommunikation ist kein Zufall. So setzt der wertschätzende, konstruktive Dialog voraus, dass wir uns Zeit nehmen, uns den Kindern mit echtem Interesse zuwenden, offen und unvoreingenommen sind, zuhören, die Kinder in ihren Anliegen ernst nehmen und Verständnis für ihre Sichtweise aufbringen. Dabei heißt Verständnis zu haben nicht, dass wir mit ihnen einig sein müssen. Wir brauchen auch nicht immer sofort eine Lösung.

Eine Mutter erzählt in der Beratung von ihrem Sohn, mit dem sie immer wieder in Konflikte gerät. Und das, obwohl sie sich sehr intensiv mit Kommunikation beschäftigt hat. Sie berichtet, dass sie konkret in mehreren Schritten vorgegangen sei. Sie habe eine wertfreie Beobachtung ausgesprochen, ein Gefühl benannt, von sich gesprochen und eine Bitte formuliert. So habe sie es in einem Kommunikationskurs gelernt. Außerdem habe sie auch noch das Bedürfnis ihres Sohnes gespiegelt. Sie beschreibt das Gespräch folgendermaßen:

Henry (9 Jahre) macht seine Hausaufgaben zurzeit abends im Bett. Seiner Mutter gefällt das nicht, und sie sucht das Gespräch, geht in Henrys Zimmer, spricht ihn an:

Mutter (betritt das Zimmer): »Hallo Henry …«

Henry (sieht auf): »Na?«

Mutter: »Ah, du machst deine Hausaufgaben im Bett.«

Henry (sieht wieder weg): »Ja und?«

Mutter: »Ich bin abends einfach zu müde, um dich dabei noch geduldig unterstützen zu können.«

Henry (schweigt)

Mutter (fährt fort): »Gleichzeitig habe ich den Eindruck, dass du ebenfalls müde bist und deshalb auch länger brauchst als tagsüber. Mir ist es wichtig, dass du während der Hausaufgaben konzentriert bist und dass ich dich bei Bedarf unterstützen kann.«

Henry (starrt weiterhin auf sein Buch und schweigt)

Mutter: »Ich bitte dich deshalb, dass wir eine Zeit festlegen, bis zu der du die Hausaufgaben spätestens anfängst.«

Henry reagiert genervt. Er scheint mit der Lösung nicht einverstanden, zieht sich noch mehr zurück, woraufhin die Mutter einen Versuch der Spiegelung unternimmt: »Henry, du hast meine Bitte, dass wir eine Zeit festlegen, gehört, bist davon aber genervt, weil du dich erst mal mit deinem Buch auf dem Bett hier von deinem Schultag erholen möchtest – willst du, dass ich dich 20 Minuten in Ruhe lasse?«

Ich habe mir mit Henrys Mutter diese kleine Szene grundsätzlich genauer angeschaut: Ist hier ein konstruktives Gespräch entstanden und ist der Grundkonflikt überhaupt zur Sprache gekommen? Vordergründig mag es vielleicht so aussehen. Doch schauen wir genauer hin, können wir sehen, dass zunächst einmal kein Dialog, sondern ein wenig konstruktiver Monolog entstanden ist, der wenig Raum für Henry und seine Ansichten lässt. Ein echter Dialog ist das nicht.

Und zwischen den Zeilen ist noch etwas anderes passiert. Die Mutter taucht unangekündigt und ohne ausdrückliche Zustimmung von Henry in dessen Zimmer auf und überrascht ihren Sohn dann noch zusätzlich, indem sie ihn auf einen offensichtlich dauerhaften Konflikt zwischen den beiden anspricht. Sie fällt quasi mit der Tür ins Haus.

Perspektivwechsel

In der Erwachsenenwelt wäre das so, als käme dein Partner einfach, ohne anzuklopfen, ins Bad und würde dir erzählen, dass er beschlossen hat, seinen sicheren Job zu kündigen und noch mal ein Studium anzufangen. Nimm wahr, wie es sich anfühlt, wenn dein Partner in dieser Weise auf dich zukommt und dich vor vollendete Tatsachen stellt, die dich direkt betreffen und dir keinen Raum lassen. Sicher sind das grundlegende Verabredungen in der Beziehung, die ein wenig mehr brauchen als nur eine Mitteilung und schon eine fertige Lösung. Wie geht es dir mit den Beispielen?

Kinder sind nicht unsere Liebespartner, sagen mir immer mal wieder Erwachsene. Das ist richtig, und deshalb sind sie auch nicht gleichberechtigt und können nicht alle Entscheidungen allein treffen – nicht, weil sie »zu dumm« wären, sondern weil sie kognitiv, seelisch und emotional noch nicht in der Lage sind, die Folgen von Entscheidungen in letzter Konsequenz abzusehen. Deshalb haben sie in diesem Sinne nicht die gleichen Rechte wie Erwachsene – sie sind jedoch sehr wohl gleichwertig. Was meint, dass sie es wert sind, in ihren Anliegen, Bedürfnissen und Wünschen ernst genommen zu werden. Wir sprechen oft davon, dass Kinder Grenzen brauchen, doch dabei sprechen wir viel zu selten darüber, dass Kinder auch Grenzen und eigene Räume haben, die wir wahren sollten. Eine solche räumliche Grenze ist zum Beispiel ihr Zimmer. Auch mit einer bereits fertigen Lösung im Gewand einer Bitte auf unsere Kinder zuzukommen und ihnen damit nur wenig Raum zu lassen, um selbst zu reagieren, ist wenig konstruktiv:

Mutter: »Ich bitte dich deshalb, dass wir eine Zeit festlegen, bis zu der du die Hausaufgaben spätestens anfängst.«

Henry reagiert aus meiner Sicht nachvollziehbar. Er zieht sich zurück und fühlt sich bedrängt. Seine Gedanken kommen gar nicht vor, es gibt nicht mal eine Frage zu seinen Beweggründen. Seine Mutter spürt, dass da ein Bedürfnis Berücksichtigung sucht, und interpretiert, dass er »genervt« sei und »erst mal seine Ruhe« haben wolle. Auch hier ist wenig Raum für Henry, selbst seine Befindlichkeit ausdrücken zu dürfen. Die Mutter verlässt frustriert das Zimmer, und der Konflikt ist nicht gelöst. Sie kommt nun mit der Frage zu mir, wie sie einen besseren Zugang zu ihrem Kind bekommen kann.

Wir schauen uns deshalb zunächst noch einmal genauer an, was im letzten Gespräch passiert ist. Denn im klassischen Konfliktgespräch gibt es häufig:

- Vorwürfe, Maßregelungen, Bewertungen
- Grenzüberschreitungen
- Agieren aus Angst heraus
- wenig Verbindung

- keine gemeinsamen Lösungen
- Frustrationen

Henrys Mutter kann den Fokus auf sich legen. Sie kann wahrnehmen, dass sie bereits Verhalten bewertet hat und wenig schwingungsfähig auf Henry eingehen konnte. Sie hat selbst gespürt, dass wenig echte Verbindung entstanden ist. Vielmehr war sie bei sich selbst und ihrer Angst, dass Henry sich verweigert.

Wir haben eine intensive Beratung miteinander gehabt und uns den **Wertekompass** mit den sieben Leitsternen (s. S. 66) genauer angeschaut: Einer unserer leuchtenden Leitsterne am Beziehungshimmel ist der **Dialog**. Im Folgenden findest du die sieben Voraussetzungen, die einen wertschätzenden Dialog ermöglichen. Sie bringen dich vom frustrierenden Monolog (einer redet auf den anderen ein) in den verbindenden Dialog (wir sprechen miteinander).

Die sieben Aspekte des wertschätzenden Dialogs

1. Zuwendung und Hinwendung zueinander

Um in einen wirklichen Austausch zu kommen, können wir uns einander zuwenden. Das beinhaltet nicht nur, dass man sich Zeit und Ruhe nimmt, sich gemeinsam einem Thema zuzuwenden. Ich meine das auch ganz körperlich, im Sinne von sich gegenübersetzen, sich aufeinander konzentrieren und sich so für den andern und das, was er sagt, tatsächlich zu öffnen.

2. Interesse haben

Mit Interesse in einen Dialog zu treten heißt aber auch, eine gewisse Neugier zu entwickeln und wirklich ergründen zu wollen, was den anderen bewegt, worum es ihm tatsächlich geht.

3. Offenheit und Unvoreingenommenheit

Offen und unvoreingenommen in einen Dialog zu treten heißt, die innere Bereitschaft zu haben, alles aufnehmen zu wollen, was der andere sagt, und es erst einmal nicht zu bewerten, sondern eigene Überzeugungen und Gedanken zur Seite zu stellen und mit einem neuen, frischen Blick auf das Gehörte zu schauen.

4. Einander wirklich zuhören

Zu hören, was der andere sagt, ohne gleich mit »Ja, aber …« zu einer Gegenrede anzusetzen, erfordert etwas Geduld. Es heißt, die geschilderten Zusammenhänge stehen zu lassen.

5. Verständnis für das Gegenüber entwickeln

Sich gegenseitig Verständnis entgegenzubringen oder auch im Dialog füreinander Verständnis zu entwickeln heißt nicht, dass man sich in der Sache einig sein muss. Es bedeutet, die Position des anderen zu begreifen und ihn aus seiner Sicht heraus zu verstehen. Verständnis heißt, die Perspektive zu wechseln, sodass man sagen kann: »Das kann ich aus deinem Blickwinkel nachvollziehen.«

6. Empathie und Einfühlung

Um Verständnis zu entwickeln, benötigt man Empathie. Empathie ist die Fähigkeit und die Bereitschaft, Gedanken, Gefühle, Einstellungen und Eigenschaften des Gegenübers wahrzunehmen und zu verstehen. Empathie ist also notwendig, um sich in den anderen einfühlen zu können. Zur Empathie gehört auch eine emotionale Reaktion auf die Gefühle des anderen, auf Schmerz, Wut oder Trauer – also Mitgefühl, das ein Impuls für Trost oder eine andere Hilfe sein kann.

7. Ernst nehmen und anerkennen

Wichtig für einen Dialog ist, den anderen und seine Signale, Äußerungen und Rückmeldungen ernst zu nehmen und seine Empfindungen und geäußerten Bedürfnisse anzuerkennen. Wenn er etwa sagt: »Das hat mich geärgert«, sollten wir das so akzeptieren und achten, dass der andere diese Empfindung hat.

Henrys Mutter hat sich mit mir gemeinsam die Leitsterne noch einmal genauer angeschaut und entschieden, dass sie gern in einen echten Dialog mit Henry kommen möchte. Sie hat wahrnehmen können, dass sie in alte Muster gerutscht ist und eher kontrollierend war. Dadurch hat sie wenig Raum für Henry und seine Gedanken gelassen. In unserem Gespräch konnte sie nachvollziehen, dass ihre Kontrolle aus Angst heraus entstanden ist und dass Verständigung so schwieriger wird. Diese Zusammenhänge sind wichtig, um loslassen zu können und ins **Vertrauen** zu kommen. Sie möchte Verantwortung für die Atmosphäre im Gespräch übernehmen, einen wertschätzenden Dialog führen und die konstruktive, gleichwertige Beziehung in den Mittelpunkt rücken. So haben wir uns die einzelnen Aspekte des Dialogs noch einmal genauer angeschaut und einen **kleinen Leitfaden für die dialogische Haltung** entwickelt:

- Einladung aussprechen – Thema ansprechen – sich Zeit nehmen (Zuwendung und Hinwendung zueinander)
- offene Fragen stellen, nachfragen und wirklich verstehen wollen – aktives Zuhören, Interesse an der Sache – Interesse an der Perspektive des anderen und bedingungsloser Perspektivwechsel (Interesse haben)
- zusammenfassen & Perspektivwechsel – Aussagen des andern stehen lassen, ohne gleich in eine Gegenposition zu gehen (Verständnis haben und entwickeln)
- bewertungsfrei und lösungsoffen – offen für die Perspektive des anderen sein (offen und unvoreingenommen sein)
- Zuhörer (nicht Redner sein) und doch die Situation führen und aufrechterhalten – »Tiefseetauchen« und auf der emotionalen Ebene hören, welches Gefühl hinter dem Gesagten liegt – aufmerksam zuhören und sich einfühlen (Zuhören)
- Perspektivwechsel – Botschaften heraushören: Welches Bedürfnis, welches Anliegen und welcher Wunsch werden spürbar? Was erzählt der andere über sich? (Zuhören)
- wertschätzend & in Verbindung sein – mitteilen, dass einem der andere und das, was er sagt, wichtig ist (ernst nehmen)

Henrys Mutter hat also einen zweiten Versuch unternommen, um in einen neuen Dialog mit Henry zu kommen:

Ziel in Schritt 1 ist es, zu hören und zu verstehen, was ein anderer denkt und fühlt:

Henrys Zimmer: Mutter: (klopft an)
Henry (brummt): »Mhmmmm ...«
Mutter (streckt den Kopf vorsichtig durch die Tür): »Kann ich kurz reinkommen?«
Henry (brummt): »Mhmmmm ...«
Mutter (bleibt raumwahrend an der Tür stehen): »Henry ich würde dich gerne auf einen Kakao (Saft / Schorle) einladen. Kannst du dir Zeit nehmen?« *[Einladung aussprechen, Interesse an Austausch und Henry bekunden]*
Henry (dreht den Kopf zur Tür und brummt): »Mhmm ... Wann denn?«
Mutter (einladend): »Muss nicht sofort sein, wenn ich dich störe. Wann passt es dir?« *[Abwarten und gemeinsame Verabredung treffen]*
Henry (legt das Buch zur Seite): »... is schon okay. Küche?«
Mutter (dreht sich zur Tür): »Okay, in fünf Minuten, ja?«
Henry: »Okay.«

Küche: Mutter (hat Kakao für Henry aufgegossen): »Danke, dass wir sprechen können.« *[Ernst nehmen: Du und unser Austausch sind mir wichtig.]* »Ich möchte gerne mit dir über unser Dauerthema Hausaufgaben sprechen.« *(Thema ansprechen, abwarten und Raum geben]*
Henry (senkt den Kopf zur Tasse): »Ja ... und ... was denn?«
Mutter (schaut ihn offen an): »Ich sehe, dass du deine Hausaufgaben abends im Bett machst. Wie geht es dir damit?« (offene Frage) Oder: »Ich merke, du magst das. Warum eigentlich. Was gefällt dir daran?« *[Thema und offene Frage, echtes Interesse, abwarten und Raum geben]*
Henry (hebt den Kopf): »Ja, gut. Da bin ich lieber als am Schreibtisch. Der Stuhl ist so hart, und ich mach die Hausaufgaben gerne im Bett.«
Mutter (weiterhin offen): »Habe ich richtig verstanden, dass du das gemütlicher findest?« *[Zusammenfassen & Perspektivwechsel – Aussagen des*

andern stehen lassen, ohne gleich in eine Gegenposition zu gehen. Raum geben und zuhören]

Henry (schaut zunehmend offener): »Ja. Genau. Das ist richtig gemütlich. Ich kann auf dem Bauch oder auch auf dem Rücken im Liegen arbeiten.«

Mutter (verständnisvoll): »Ah, okay, das verstehe ich!« *[Mit Offenheit im Dialog in den Perspektivwechsel gehen und Verständnis erlangen, Perspektivwechsel – Aussage stehen lassen, ohne in Gegenposition zu gehen. Raum geben]*

Henry (nickt): »Ja, und abends ist einfach 'ne gute Zeit für mich, dann kann ich tagsüber was anderes machen.«

Mutter (interessiert): »Das heißt, du willst tagsüber lieber spielen oder so und keine Hausaufgaben machen?« *[Vollumfängliches Verständnis erlangen, nachfragen wirklich verstehen wollen, aktives Zuhören, Interesse an der Sache/dem Thema – Interesse an der Perspektive des anderen & bedingungsloser Perspektivwechsel]*

Henry (nickt wieder): »Ja, genau. Das ist für mich gut so.«

Mutter (interessiert): »Und wie geht es dir abends im Bett dann? Bist du nicht zu müde?« *[Nachfragen, aktives Zuhören, Interesse an der Sache]*

Henry (wirkt aufgeschlossener): »Gut. Ich mag den Abend für Hausaufgaben. Nö, müde bin ich nicht. Ist halt gemütlich da, und ich leg mir dann ein Kissen unters Buch und hab gleich 'ne Buchstütze und kann gut arbeiten. Besser als am Schreibtisch.«

Mutter (nickt verständnisvoll) *[Abwarten und Zuhören]* (und sagt): »Was machen wir, wenn du Fragen an mich hast oder möchtest, dass ich helfe?« *[Offen zuhören und verstehen wollen, was ein anderer denkt]*

Henry: »Na, dann ruf ich dich oder ich komm zu dir. Is doch klar.«

Mutter (weiterhin offen): »Das heißt, du würdest dann gerne, dass ich zu dir komme, wenn du mich brauchst und ich dich dann unterstütze?« *[Zusammenfassen & im Perspektivwechsel bleiben – Aussagen des andern stehen lassen, ohne in eine eigene Position zu gehen. Abwarten und zuhören]*

Henry: »Ja, genau. Du bist doch dann im Wohnzimmer und du hast auch Leni dann schon ins Bett gebracht.«

Mutter (nachdenklich): »Ah, okay. Ich verstehe, was du meinst. Mhmmm ...«

Wir haben uns dem ersten Schritt nun sehr entschleunigt zugewendet. Du kannst sehen, dass es wirklich erst einmal nur darum geht, zu hören und zu verstehen. Wichtig ist auch, dass immer wieder Raum für wirkliches Nachdenken entsteht und dass du noch keine Idee im Kopf hast, welche Lösungen vielleicht hilfreich sind. Sonst besteht die Gefahr (auch unbewusst), dass du manipulierend in diese Richtung fragst. Das merkt der andere und das ist unangenehm.

Nachdem Henrys Mutter nun ganz viel erfahren hat, kann sie Schritt 2 gehen. Ziel im zweiten Schritt ist es, mit dem neu erlangten Verständnis nun von sich selbst und ihren Gedanken zu sprechen und Positionen im Perspektivwechsel auszutauschen.

Mutter (weiterhin nachdenklich): »Mhmmm ... ich versteh dich, Henry. Ich bin unsicher, ob das mit uns am Abend so gut klappen kann. Ich fürchte, ich bin abends einfach zu müde, um dich dabei noch geduldig unterstützen zu können.« *[Von sich erzählen, ohne dass etwas daraus folgen muss, lösungsoffen. Abwarten, Raum geben]*

Henry (fragend): »Aber du gehst doch erst später ins Bett, und Leni schläft dann auch schon.«

Mutter (nachdenklich): »Mhmmm ... mir fällt noch was ein. Darf ich mal sagen, was ich denke?« *[Abwarten, Raum geben und zuhören (in der Regel darf man!)]*

Henry (offen): »Ja.«

Mutter (offen): »Ich hab manchmal den Eindruck, dass du auch schon ganz schön müde bist am Abend. Du hast ja auch schon einen langen Tag gehabt. Was denkst du darüber, wie ist dein Gefühl und deine Erfahrung?« *[Abwarten, Raum geben]*

Henry (offen): »Nee, eigentlich nicht. Also manchmal schon. Also eigentlich ist es schon besser, es abends zu machen, auch wenn ich dann mal müder bin.«

Mutter (interessiert, offen): »Ach, interessant. Also mal klappt es ganz gut, und mal merkst du dann, dass du schon ganz schön müde bist ...?«

Henry: »Jaaa ...«

Mutter: »Mhmmm … und dauert es dann manchmal nicht auch länger am Abend als tagsüber?«
Henry: »Neee. Tagsüber würde sich auch ziehen, und müde bin ich nach der Schule auch.«
Mutter: »Ah … das Gefühl, dass es dann abends länger dauert, hast du also nicht? Okay …« *[Abwarten, Raum geben]*
Mutter: »Mhmm … also ich hab manchmal schon das Gefühl, dass es abends dann noch ganz schön viel ist und auch länger dauert. Weißt du, mir ist wichtig, dass es dir gut geht und dass es eine möglichst gute Hausaufgabesituation für dich und für uns alle sein kann.«
Henry: »Mhmmmm …«
Mutter: »Mir ist es wichtig, dass du während deiner Hausaufgaben konzentriert sein kannst und dass ich auch für dich da sein kannst, wenn du mich brauchst.«
Henry: »Mhmmmm …« *[Abwarten, Raum geben.]*
Mutter: »Was machen wir denn da? Hast du eine Idee?«
Henry (zögerlich): »Ich weiß nicht …« *[Abwarten, Raum geben]*
Mutter (offen): »Darf ich einen Vorschlag machen?«
Henry: »Ja … okay …?«
Mutter (verbindend): »Ich hab jetzt auch keine fertige Lösung. Vielleicht können wir zusammen ein wenig ausprobieren, zum Beispiel mal eine Zeit finden, bis zu der du die Hausaufgaben spätestens anfängst, wo auch immer.«
Henry: »Mhmm … ja, okay. Ich will aber weiter alles im Bett machen.«
Mutter (offen): »Schauen wir mal, ob sich das weiter bewährt, ja? Lass uns mal überlegen. Sonst fängst du ja erst nach dem Abendessen an. Kannst du dir vorstellen, einen Teil schon vorher zu machen?«
Henry: »Aber nicht zu früh … ich will erst noch nach der Schule ausruhen und spielen.«
Mutter:» Ja, ich höre das. Kann ich verstehen. Wir schauen mal. Wollen wir eine Zeit ausmachen? Also statt 19.30 Uhr zum Beispiel 17.30 Uhr?«
Henry: »Mhmmm … ja … können wir probieren. Aber ich mach sie im Bett …«
Mutter: »Ich merke, dass dir das wichtig ist. Allerdings ist 17.30 Uhr dann noch vor dem Abendessen. Dann kann ich auch besser helfen, wenn du

mich brauchst. Dann probieren wir das mal und sprechen dann noch mal.«
[Abwarten, Raum geben]
Henry: »Ja, gut.«

Es geht also beim Küchen-Kakao-Gespräch (KKG) im ersten Schritt darum, dass wir unseren Kindern einen Raum eröffnen, in dem wir in Kontakt und Verbindung kommen und in dem es möglich wird, einen lösungsoffenen Austausch mit allen Gedanken und Gefühlen zu gestalten, in dem sich das Kind anerkannt und gehört fühlt, und erst im zweiten Schritt geht es auch darum, von sich zu sprechen – das dann am besten in Form von Ich-Botschaften.

Ich-Botschaften als Verbindungsangebot

Der neu entwickelte Dialog zwischen Henry und seiner Mutter zeigt, wie wichtig es ist, eigene Überlegungen und Gefühle einzubringen, damit ein Austausch gelingt. Es ist also wesentlich, von sich selbst zu sprechen und sogenannte Ich-Botschaften zu senden.

Das ist nicht so einfach, denn nicht in jedem Satz, in dem ein »Ich« vorkommt, enthält auch eine Ich-Botschaft. Zum Beispiel enthält der Satz »Ich finde dich doof« keine Ich-Botschaft, sondern eine typische Du-Botschaft, nämlich »Du bist doof«. Eine Ich-Botschaft wäre: »Ich ärgere mich« oder »Ich fühle mich nicht gesehen«. Demgegenüber stehen die Du-Botschaften: »Du musst dich eben mehr konzentrieren!«, »Immer kommst du zu spät!«, »Nie hältst du dich an unsere Abmachung!«. Diese Aussagen generalisieren und haben einen vorwurfsvollen Charakter. Sie führen deshalb eher zu Eskalation und destruktiven Machtkämpfen.

Ziel ist, dass wir in den Ich-Botschaften etwas über uns selbst und unser eigenes Erleben sagen, ohne dass wir den anderen angreifen oder bewerten. Dafür braucht es immer wieder Fingerspitzengefühl. Wenn wir von uns sprechen, schieben wir dem anderen auch keine Verantwortung für die Situation zu.

Wenn wir es schaffen, von uns selbst und unseren Empfindungen zu sprechen: »**Ich** ärgere mich. **Ich** fühle mich nicht gesehen«, ist das erst einmal eine Information über mich selbst, und es kann eine positive Atmosphäre entstehen. Die Kommunikation in dieser Form ist also konstruktiv.

Ich-Botschaften haben also das Ziel, deeskalierend, wertschätzend und einladend zu wirken. Die Ich-Botschaften in meiner bindungs- und beziehungsorientierten Pädagogik sind von Offenheit und Unvoreingenommenheit und von echtem Interesse am anderen gekennzeichnet. Außerdem formuliert jeder seine Gedanken aus der eigenen Perspektive heraus, indem die Beteiligten von sich selbst sprechen und den jeweils anderen damit nicht angreifen. Die kämpferische Atmosphäre wird durch Interesse und Offenheit am Dialog ersetzt. Die Formulierungen sind so nicht von Vorhaltungen und/oder Vorwürfen geprägt und bieten wertschätzenden Raum für den Austausch. Die Aussagen haben eher beschreibenden Charakter, sodass keine Verantwortung verteilt oder »Schuld« hin- und hergeschoben wird, sondern ein eigener Blick geteilt wird. Dadurch kann sehr schnell eine Entkrampfung in der Beziehung beziehungsweise im Moment des Kontakts entstehen. Kommunikation in dieser Form hat außerdem eine deeskalierende Wirkung – und das ist das Ziel. Wir wollen ja in eine gute Verbindung kommen, die Beziehung soll konstruktiv sein.

Perspektivwechsel

Versuche, in deinem Alltag Kommunikation (mit anderen Erwachsenen) differenziert und achtsam wahrzunehmen: Wie kommunizierst du? Wie kommunizieren die anderen mit dir? Wie fühlt es sich an, und was passiert in dir, wenn du Ich-Botschaften oder auch Du-Botschaften empfängst.

Insgesamt hat Henrys Mutter ganz aktiv zugehört und immer wieder signalisiert, dass sie versteht und zuhört. Auch das ist ein Teil des wertschätzenden Dialogs.

Aktives Zuhören heißt, im Kontakt und in Verbindung zu sein

Aktives Zuhören ist ein Vorgehen in der Kommunikation und ein sinnvolles Werkzeug für den Dialog, welches erstmals der Psychologe Carl Rogers in seinen Beratungssettings beschrieben hat. Das Ziel ist es, dem Gesprächspartner bei der eigenen Entwicklung beziehungsweise bei der Klärung seiner Anliegen zu helfen. Das Aktive Zuhören wird durch die innere Haltung (Voraussetzung des Dialogs) und Einstellung des Zuhörenden getragen. Im Folgenden zeige ich auf, wie du die Werkzeuge, nutzen und einsetzen kannst:

1. Wir signalisieren unserem Gesprächspartner, dass wir zuhören (nonverbale Rückmeldung)

Zugewandte Körperhaltung, Blickkontakt, nicken; Äußerungen wie: »hmm«, »ja«, »aha«.

Diese Äußerungen signalisieren Kontakt und Verbindung zum anderen.

2. Eltern können das, was sie gehört und verstanden haben, mit eigenen Worten wiedergeben, umschreiben, paraphrasieren und beschreiben (inhaltliche Rückmeldung)

Wir wiederholen mit eigenen Worten, was gesagt wurde. So besteht die Möglichkeit, erst einmal nur zuzuhören, und wir können sehen, ob wir wirklich alles verstanden haben, ob alles »richtig« bei uns angekommen ist, und auch das Kind kann sagen, ob es sich richtig verstanden fühlt. So kann Missverständnissen vorgebeugt werden.

Beispiele für gute Rückmeldungen können folgende Satzanfänge sein:

- »Habe ich dich richtig verstanden?«
- »Ich habe gehört, dass …«
- »Du meinst also …«
- »Ich möchte das, was du gesagt hast, mal mit meinen Worten zusammenfassen«
- »Bei mir ist angekommen, …«

3. Eltern können in ihrer Rückmeldung auch emotionale Inhalte reflektieren und spiegeln (emotionale Rückmeldung)
Hier geht es darum, die Gefühle, Wünsche und Vorstellungen des Kindes möglichst genau zu erspüren und zu verbalisieren. Dieser (zunächst vermutete) Gefühlszustand und/oder Wunsch wird dem Kind widergespiegelt; es fühlt sich dann entweder auf emotionaler Ebene gesehen und verstanden oder kann auch etwas »korrigieren« oder ergänzen.

Übung: Aktives Zuhören – Dialog mit deinem Kind

In Vorbereitung auf die folgende Übung bitte ich dich, die gelesenen Aspekte etwas sacken zu lassen. Bitte gehe dann in einem passenden Moment auf dein Kind zu, eröffne ein Gespräch und suche den Austausch. Dabei geht es nicht um einen Konflikt, der geklärt werden soll, sondern darum, dass du interessiert hören möchtest, was dein Kind denkt und fühlt. Du kannst dir einfach vornehmen, zu erfahren, wie es deinem Kind geht, und beim Spielen ein Gespräch beginnen und einen kleinen Dialog eröffnen: Wie schön, dass wir hier zusammen puzzeln. Wie ist es dir in der Schule/Kita heute ergangen?
Nimm dir 15 Minuten Zeit und wende bewusst die Aspekte des Aktiven Zuhörens an. Ziel ist, dass du etwas über dein Kind erfährst und ihr in Kontakt kommt.
Versuche deshalb, nicht gleich zu reagieren und zu bewerten, was dein Kind sagt, sondern höre erst einmal nur zu und gib wieder, was du verstanden hast und was bei dir ankommt. Dazu kannst du diese Sätze nutzen:
Zusammenfassen & Wiederholen des Gehörten:
»Habe ich dich richtig verstanden …«
»Ich habe gehört, dass …«
»Du meinst also …«
Verbalisieren & Wiedergeben des Gehörten:
»Bei mir ist angekommen, …«

»Ich habe den Eindruck, dass …«
»Es kommt mir so vor, als ob …«
»Ich habe das Gefühl, als ob …«
Anschließend notiere dir, wie es dir mit diesem Dialog ergangen ist. Worum ging es? Wie geht es deinem Kind? Was hat dein Kind dir erzählt? Was hast du verstanden? Was hast du mitfühlen können? Beschreibe, was gerade in deinem Kind vorgeht und wie es sich fühlt.
Du kannst den wertschätzenden Dialog auch mit deinem Partner ausprobieren. Wichtig ist: Geh in den Dialog und trau dich!

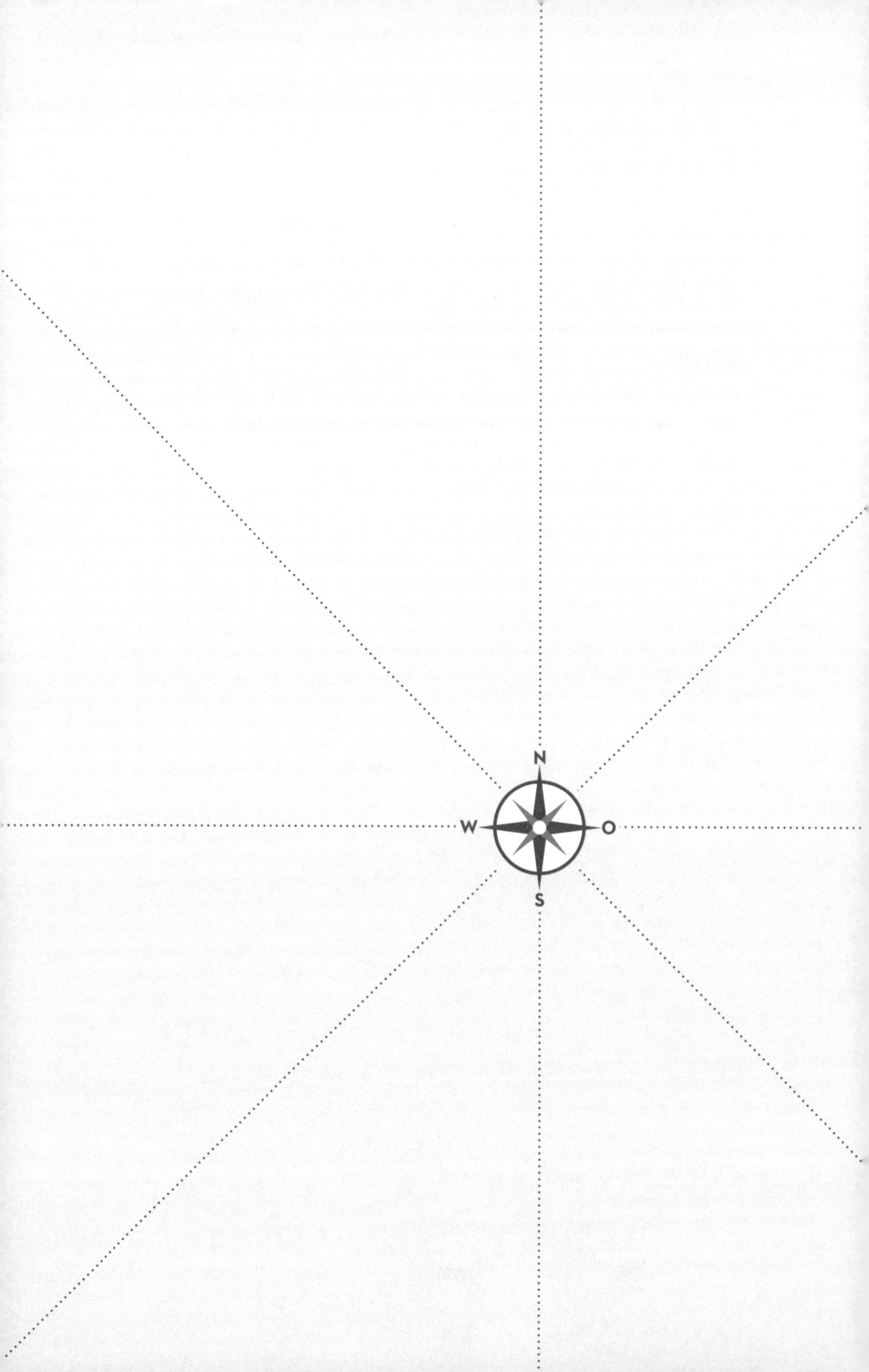
N
W
O
S

Impulse für deinen Alltag

Im Folgenden möchte ich verschiedene Alltagssituationen mit dir beleuchten und das Wissen, die Werkzeuge, Tools und Landkarten, die wir miteinander erarbeitet haben, direkt in Anwendung bringen. Eine glückliche Eltern-Kind-Beziehung und damit ein lebendiges, nahes und tiefes Verhältnis voller Verbindung in der Familie zu leben ist immer von Wellenbewegungen geprägt. Wichtig ist hier, die Erwartung an uns selbst und das Bild, das wir von Familie haben, immer wieder zu überprüfen. Es wird immer Zeiten geben, wo es ruhiger ist, und dann wird es Phasen geben, wo viel zusammenkommt und wir schneller aus unserer Mitte zu geraten drohen. Es gibt jedoch viele gute Möglichkeiten, mit hohen Wellen umzugehen, und wir haben Strategien entwickelt, auf die es sich lohnt zurückzugreifen. Erinnere dich gerade in diesen Zeiten an deinen »mentalen Reiseproviant« und die innere Selbststärkung, die dir als Audiodatei zur Verfügung stehen und die du jederzeit nutzen kannst. Versuche immer wieder, kleine Atempausen im Alltag einzulegen, um dich in die Gegenwart zu bringen und in die bewusste Selbstanbindung zu kommen. Es geht nicht darum, dass du nicht aus deiner Mitte gerätst, sondern dass du auf gute Strategien zurückgreifen kannst.

Die folgenden Situationen sind typische »Alltagsstationen«, die uns auf der Reise in unserer Elternschaft so oder so ähnlich begegnen und Fragen aufwerfen. Mit diesen Fragen treten Eltern an mich heran. Ob über die Facebook-Gruppe des Onlinekurses »Sommerakademie« oder über eine Zuschrift per Mail. Manche Fragen greife ich in Form eines

Podcasts oder auch im nächsten Elternabend live auf, und nicht auf alle kann ich schriftlich reagieren. Hier habe ich anonymisiert einige Fragen für dich herausgesucht und aufbereitet, um die Anwendung im Alltag nachvollziehbarer zu machen.

Wenn mein Kind mich beschimpft und haut

»Wenn meine Tochter (4 Jahre) wütend wird, möchte sie gerne hauen. Bei ihrer Schwester (1 Jahr) gehe ich dazwischen, was ihre Wut auf mich lenkt. Nun versuche ich, ihre Wut auf ein Kissen umzulenken (sie soll brüllen, hüpfen, schlagen, was auch immer) – ohne Erfolg. Sie schreit und schimpft: ›Scheißmama. Du hast mich gar nicht lieb.‹ Mein Mann hat ihr diese Sätze jetzt verboten und sie auch gefragt, warum sie nicht aufs Kissen hauen möchte. Sie sagte: ›Ich will nicht dem Kissen wehtun, sondern Mama.‹ Wie kann ich hier reagieren? Aktuell halte ich ihre Hände fest, was sie noch wütender werden lässt. Wenn ich weggehe, kommt sie hinterher, obwohl sie mich ja so ›scheiße‹ findet, wie sie sagt, schiebt mich weg, haut, nimmt nur selten einen Vorschlag an. Ich will mich aber nicht hauen lassen. Und ich verstehe auch nicht, warum sie mich so beschimpft. Wo kommt das denn her? Ich komm nicht so richtig dahinter, was los ist und wie ich gut reagieren kann.« (Regina, Mutter von zwei Kindern)

Lösungsimpulse für Regina:
Ich verstehe deine Ratlosigkeit. Es hilft, wenn wir in den Perspektivwechsel gehen. So ist es für mich ziemlich nachvollziehbar, dass deine Tochter auf das Kissen nicht reagiert und dass sie noch wütender wird, wenn du sie festhältst, und auch, dass sie dir hinterherkommt, wenn du gehst. Gern möchte ich dich mitnehmen in eine andere Perspektive, und zwar in eine emotional vergleichbare Situation in deinem Erwachsenenleben, genauer gesagt in deiner Paarbeziehung.

Perspektivwechsel

Stell dir vor, du bist auf deinen Mann wütend. Er hat etwas getan was dich kränkt und richtig ärgerlich macht. Du äußerst das, und dein Mann hält dir ein Kissen hin, mit der Aufforderung, dort deine Wut loszuwerden. Du willst aber nicht das Kissen, du möchtest das mit ihm klären. Du möchtest, dass er mit dir in Kontakt ist, dir zuhört, deine Wut sieht, dich versteht. Deine Fragen sind: Hat er gehört, dass du wütend bist, hat er die Kränkung verstanden? Du fragst nach und gehst auf ihn zu. Er stoppt dich bei diesem Versuch, Antworten zu bekommen. Er hält dich weit von sich weg. Hält deine Hände fest. Geht nicht auf dich ein. Du wirst noch wütender: Wieso hört er dir nicht zu? Wieso versteht er dich nicht? Du fühlst dich wahnsinnig allein mit deinem Anliegen und deinem Gefühl. Vielleicht beginnst du dich auch wertlos zu fühlen und fragst dich: Bin ich es meinem Mann nicht wert, dass er mir zuhört – gerade jetzt, wo ich so ärgerlich auf ihn bin? Dann dreht sich dein Mann einfach um und geht weg, er bittet dich sogar, ihm nicht zu folgen. Du rennst ihm hinterher, deine Wut verstärkt sich: Hat er dich denn gar nicht verstanden? Du bist aufgebracht und wirst jetzt richtig sauer, schiebst deinen Mann von hinten an, trommelst ihm auf den Rücken, um mit ihm in Kontakt zu kommen, dein Mann ist jedoch nicht ansprechbar und scheint unerreichbar für dich.

Kannst du mit diesem Perspektivwechsel etwas anfangen? Deine Tochter erzählt dir von ihrer Kränkung, von ihrer Wut, von ihrem Gefühl, das sehr stark ist und sie in Not bringt. Es wäre gut, wenn wir in solchen Momenten weniger auf die Form des Ausdrucks (wir sehen »hauen« auf der Eisbergspitze) eingehen, sondern uns reflexartig auf die mittlere Ebene des Eisbergs begeben und auf dieser emotionalen Ebene Kontakt aufnehmen können und dort erreichbar sind. Dein Mann könnte dementsprechend zunächst mal die verbalen Aussagen ignorieren und zum

Beispiel in dieser Weise in Verbindung gehen: »Was ist passiert? Du ärgerst dich … das seh ich … oha … du möchtest Mama hauen? Wow! Okay, so sehr ärgerst du dich. Warum, musst du dich so ärgern, was hat Mama getan, dass du sooo wütend auf sie bist? Ah, sie hat nicht … oder sie hat … gemacht …! Oh, okay. Das wusste ich nicht. Weiß Mama das denn, dass du so sauer bist deshalb?« Usw. Deine Tochter hat noch keine Worte für ihre starken Gefühle. Wenn wir auf der Verhaltensebene (Eisbergspitze) hängen bleiben und nur darüber nachdenken, wie wir das Hauen verhindern und »uns schützen« können, dann erfahren wir nichts über die Hintergründe, die zum Hauen, respektive zur Wut und hohen Erregung im Körper führen.

Manchmal läuft das parallel ab: Das Kind haut, und wir switchen auf die emotionale Ebene, das Kind kann nicht sofort ablassen (und natürlich willst du dich nicht hauen lassen – jedenfalls nicht doll, das kriegst du hin, dein Kind ist vier Jahre), du kannst unauffällig ausweichen oder dich kurz wegdrehen, während du gleichzeitig auf der emotionalen Ebene beim Gefühl deiner Tochter bist und mit deiner Verbindung zu ihr genau dorthin gehst, wo der Motor ihres Verhaltens ist: die Emotion. Wende dich nicht ab, wende dich ihr zu. Vielleicht denkst du jetzt: »Das ist leichter gesagt als getan: Was ist, wenn sie keine Zuwendung zulässt?« Meine Antwort: Wende dich ihr zu heißt auch, sei offen für das (unangenehme) Gefühl und lehne es nicht ab. Also auch eine Art der »inneren Zuwendung« in dir ist gemeint. Was dein Kind dann braucht, kann sehr unterschiedlich sein. Raum für sich oder Raum mit dir. Wesentlich ist, dass du den Raum zur Verfügung stellst und gestaltest. Was du immer tun kannst, ist, vorsichtig zu spiegeln. (Erinnere dich: nicht zu nah, wenn das Gefühl zu stark mit dir zusammenhängt.) Wenn nichts geht, kannst du sachlich beschreibend feststellen: »Wow, so wütend bist du, dass du hauen musst. Das tut mir leid, ich würde es gerne besser verstehen.« Diese Sätze dienen dazu, Kontakt anzubieten und (manchmal auch nur als stiller Zeuge der starken Emotion) zu signalisieren: Ich bin da. Du bist nicht allein. Ich sehe, dass du ärgerlich bist (auf mich). Ich sehe deine Verzweiflung und deine Not.

Nun ein Impuls zum Schimpfen und zur Frage: »Ich versteh auch nicht, warum sie mich so beschimpft, wo kommt das denn her?« Ich verstehe, dass du an dieser Stelle kränkbar bist. Wenn du hier nicht an der Form (Schimpfen) des Ausdrucks »hängen bleibst«, sondern gleich »tiefseetauchst« und wahrnimmst, was das Schimpfen motiviert (mittlere Eisbergebene, Wut), kannst du auf die Emotion deiner Tochter reagieren und musst nicht gekränkt sein. Sobald du mit deiner eigenen Kränkung beschäftigt bist, bist du nicht mehr bei deiner Tochter und ihrem Anliegen im Perspektivwechsel, sondern ausschließlich bei dir und deinem Gefühl.

Zum weiteren Verständnis möchte ich dir das Vier-Ohren-Modell des Psychologen Friedemann Schulz von Thun vorstellen. Er geht davon aus, dass jede Aussage in einer Kommunikationssituation verschiedene Ebenen hat und die Personen somit jeweils auf **unterschiedlichen Sendekanälen** kommunizieren und auf entsprechenden **Empfängerkanälen** hören und interpretieren. Diese Ebenen beziehen sich auf den Sachinhalt, die Beziehung, die Selbstoffenbarung und den Appell.

Da bei einer Äußerung nur die Sachebene bei Empfänger und Sender identisch ist, kann es auf den anderen Ebenen zu zahlreichen Missverständnissen kommen, wenn wir uns nicht gut abgleichen oder auch wenn wir zu sehr auf einem bestimmten Mund oder Ohr »geschult« sind. Missverständnisse entstehen also vor allem dann, wenn Sender und Empfänger die vier Ebenen unterschiedlich stark wahrnehmen, gewichten oder die verschiedenen Seiten bei den Beteiligten unterschiedlich belegt sind. Hier ein banaler Beispielsatz: *Der Mülleimer ist voll.*

Aus eigener Erfahrung kann ich dir an dieser Stelle mit Humor sagen, dass wir Frauen in der Regel mit diesem Satz nicht die Sachebene meinen und eine Feststellung darüber treffen, dass der Mülleimer voll ist, sondern oft schwingt hier die **Beziehungsebene** mit (*Nie bringst du den Müll runter!*), wir beschweren uns, dass wir alles allein machen müssen. Auf der Appellebene wollen wir gleichzeitig sagen: *Bring den Müll runter!* Die Aussage *Der Mülleimer ist voll* kann aber auch etwas über uns selbst offenbaren, zum Beispiel, dass ich müde und erschöpft bin und einfach keine Lust mehr habe, etwas im Haushalt zu machen.

Die Selbstoffenbarungsebene hören und auch selbst klar auf dieser kommunizieren zu können, ist ein Schlüssel für gelingende Kommunikation und für eine glückliche Beziehung. Die Ich-Botschaften (s. S. 327 f.) sind nichts anderes als genau diese Ebene. Überhaupt ist es in Beziehungen hilfreich, wenn wir uns auf all diesen Ebenen und Kanälen besser auskennen und sicher orientieren können. Denn die meisten Missverständnisse zwischen Eltern und Kindern (übrigens auch in Erwachsenenbeziehungen) resultieren daraus, dass der andere immer, immer, immer, immer auf der Selbstoffenbarungsebene kommuniziert. Eltern hören jedoch in der Regel sehr intensiv mit dem Appellohr oder auch gern auf dem Beziehungsohr. Das heißt, Eltern hören einen Appell und fühlen sich deshalb entweder aufgefordert, instrumentalisiert und/oder gedrängt, etwas zu tun.

Kommen wir also zu dir und deiner Tochter zurück: Dein Kind sagt nichts über eure Beziehung, auch wenn du das vielleicht so empfindest. Kinder kommunizieren **immer** vor allem auf der Selbstoffenbarungsebene, und es lohnt sich, da genau hinzuhören. Stell also deine »Empfangssequenz« vom Beziehungsohr auf das Selbstoffenbarungsohr um und hör zu, was deine Tochter berichtet.

Das Kind erzählt nichts über dich, sondern spricht über sich selbst und sendet folgende Botschaften auf der Selbstoffenbarungsebene:

- Ich habe gerade starke Gefühle und bin richtig wütend, ärgerlich und traurig.
- Ich bin gekränkt und unglücklich – ich fühle mich einsam und allein.
- Ich brauche jemanden, der an meiner Seite ist, meine Gefühle mit mir ergründet und mir sagt, dass ich wertvoll bin.
- Ich bin gar nicht einverstanden damit, was du entschieden hast.

Du fühlst jedoch die Beziehungsebene und hörst damit persönliche Kritik deines Kindes:

- Du bist keine gute Mutter! Du machst alles falsch.

- Dich kann man einfach nicht liebhaben, also habe ich dich auch nicht mehr lieb!
- Du bist mir egal, es interessiert mich nicht, was du sagst, und du bist mir nicht wichtig.
- Du bist es nicht wert, dass ich dir zuhöre. Ich mache, was ich will, und deine Meinung interessiert mich nicht.

Oder du hörst auf der Appellebene:
- Du hast nicht genug gemacht, mach mehr!
- Mach, dass es mir wieder gut geht.
- Es ist deine Aufgabe, mich glücklich zu machen. Tu was und bring das in Ordnung.

Es können sich auch Frequenzen vermischen. So kannst du appellierende Anteile und auch persönliche Anteile in Aussagen hören. Ich weiß, dass diese Erkenntnis ein völliger Perspektivwechsel und »Augenöffner« sei kann.

Übung: Lokalisiere deine Hauptfrequenz

Beobachte dich mal selbst in der Kommunikation mit anderen: Mit welchem Mund kommunizierst du persönlich besonders häufig, und auf welchem Ohr hörst du besonders »gut«? Schreib drei Beispiele in Stichpunkten für dich auf. Womit, denkst du, hat das zu tun, dass genau dieser Mund / dieses Ohr für dich so dominant ist? Reflektiere doch mal, welche Kommunikationsmuster es in deiner Herkunftsfamilie gab.

Im Alltag mit deinem Kind ist es hilfreich, wenn du diese Übung für dich machst.

Übung: Kommunikation mit Kindern

Notiere dir eine Aussage deines Kindes aus den letzten Wochen oder Tagen, an die du dich erinnerst. Wie hast du sie gehört? Auf dem Beziehungs- oder Appellohr? Versuche einmal nachträglich, beide Ebenen herauszufiltern und aufzuschreiben. Höre ganz bewusst die Selbstoffenbarung deines Kindes heraus. Was hat dir dein Kind über sich selbst erzählt?
Bitte lies dir die Selbstoffenbarungsbotschaft deines Kindes noch einmal durch. Wie geht es dir mit dem, was dein Kind über sich erzählt hat?

Perspektivwechsel
Ich höre immer wieder, dass Kinderärzte, Erzieherinnen und Pädagogen Eltern beständig dazu raten, kleinen Kindern, wenn sie hauen und treten, konsequent klar mitzuteilen, dass sie damit aufhören sollen, weil sie nicht gehauen werden wollen. Ich kann den Gedanken dahinter nachvollziehen, und doch erscheint es aus meiner Sicht oft überflüssig. In der Regel sind es keine einmaligen Situationen, diese Antwort enthält also weder neue Information noch eine andere Strategie für das Kind. Was passiert ist, dass wir auf der Verhaltensebene und an der Form eines geäußerten Gefühls hängen bleiben, anstatt auf das Gefühl einzugehen. Deshalb bitte hier bewusst die Perspektive wechseln und durch das »Tiefseetauchen« zur mittleren Ebene des Eisbergs den Blick verändern! So kannst du deine Reaktion auf das Gefühl des Kindes fokussieren. Das Eisbergset kann dir helfen, dein Kind besser zu verstehen, und mithilfe der Verbindungskarten kannst du nachhaltige Lösungswege erarbeiten.

Wenn wir im Kontakt mit unseren Kindern auf der Selbstoffenbarungsebene nicht erreichbar und wenig empfänglich sind, passiert es oft, dass wir in eigene emotionale Bereiche zurückfallen, schnell gekränkt sind und uns abgelehnt fühlen. Dies sind alte Gefühle aus ganz frühen Zeiten, sie haben mit der aktuellen Situation nichts zu tun. Dein Kind berichtet über sein Innenleben, sucht Halt und Bestärkung bei dir. Sei also innerlich präsent und biete Verbindungsmomente und Beziehungsinseln an. Hol dich in diesen Situationen aus deinem »inneren Film«, indem du dich bewusst mit dir verbindest und dich dafür im Hier und Jetzt orientierst. Du kannst dabei schrittweise vorgehen und dich an das Programm auf dem USB-Stick erinnern.

♥ Beziehungsmomente-Challenge #9
Überlegt euch mit der ganzen Familie eine Aktivität, die ihr gemeinsam am kommenden Wochenende machen wollt.

Wie kommt ihr damit in Kontakt? Wer hat welche Idee, und wie kommt jeder zu Wort? Was passiert in deiner Familie, wenn jeder gehört wird?

Mein Kind will spielen und respektiert meine Ruhezeit nicht

»Ich bin auch auf dem Weg und bemühe mich immer wieder um den Perspektivwechsel. Manchmal fehlt mir einfach das Verständnis. Was macht man denn, wenn das Kind wütend einfordert, dass man genau jetzt mit ihm spielen soll? Sie ist fünf und haut und tritt und wütet dabei. Ich bin aber so dermaßen erschöpft und brauche dringend eine halbe Stunde Ruhe und Zeit für mich. Ich habe angeboten, später etwas mit ihr zusammen zu machen. Das akzeptiert sie aber nicht. Ich kann und will aber gerade nicht mit ihr spielen. Sie war jetzt extra schon drei Tage bei Oma und Opa, wo sie von früh bis spät im Mittelpunkt steht und sich alles um sie dreht. Das gibt es hier halt bei uns nicht. Mein Mann und ich haben dafür keine Nerven.« (Franziska, Mutter eines Kindes)

Lösungsimpulse für Franziska:
Du wirkst wirklich erschöpft. Das tut mir leid. Bitte, schau zunächst auf deine eigenen Kraftreserven, sonst kann Verbindung nicht gut gelingen. Zu deiner Frage habe ich folgenden Impuls: Ist dein Ziel wirklich, dass sie deine Ansage »akzeptiert« und respektiert, dass du jetzt Ruhe brauchst? Woran würdest du denn merken, dass sie das tut? Vielleicht, dass sie dich ohne Widerspruch einfach in Ruhe lässt? Frag dich selbst bitte noch einmal, ob das wirklich realistisch ist?

Perspektivwechsel: Sie war drei Tage bei Oma und Opa: Das war schön *und* anstrengend. Sie hat viel kooperiert, vielleicht sogar überkooperiert. Sie hat dich vermisst, trotzdem war es auch schön. Nun denkt sie vielleicht: Warum braucht Mama jetzt eine Pause? Ich war doch gar nicht bei ihr, und wir haben so lange nicht gespielt. Ich bin auch erschöpft und möchte bei ihr sein.

Vielleicht gelingt dir der Perspektivwechsel im ersten Schritt und du kannst den nächsten Impuls aufnehmen. Du fragst, was du machen kannst? Erst einmal atmen und dich wieder mit deinen inneren Anteilen verbinden, damit du dich mit ihr verbinden und sie auch wieder mehr spüren kannst. Sie sucht die Verbindung zu dir (über das Spiel). Wenn du das nicht nur über den Kopf verstehst, sondern auch über dein Herz fühlen kannst, dann kannst du in eine haltende, präsente Position kommen: Du kannst ihr zum Beispiel Räume zur eigenen Entscheidung anbieten. Weiterhin kannst du Sicherheit, Orientierung und einen konkreten Ausblick geben. Zum Beispiel: »Du kannst dich hier mit einem Buch neben mich legen (Angebot für eine andere Form von Verbindung, wenn Spielen, ihr Wunsch, gerade nicht erfüllbar ist) oder ein Hörspiel hören (wenn sie bei ihrem Wunsch, Verbindung über das Spiel zu dir zu erfahren, bleiben möchte) – und wir stellen die Uhr auf eine halbe Stunde ein. Wenn der Ton erklingt, bin ich für dich da …« Such nach weiteren Möglichkeiten für euch. Wenn so gar keine Kooperation möglich zu sein scheint, versteh das als ein Signal ihrer Überforderung und/oder Kränkung, und spiegle das, was in der Luft liegt und für sie noch nicht aussprechbar ist: »Mensch, so sehr hast du mich vermisst in den letzten Tagen, dass du kaum noch warten kannst und es genau jetzt sein muss mit dem gemeinsamen Spielen? Ich merke, dass ich dir ganz wichtig bin. Ich habe dich auch vermisst. Wie gut, dass wir uns jetzt wiederhaben.« Vielleicht entsteht so weniger Druck und Kampf, und ihr könnt besser aushandeln, wann ein Spielen für beide Seiten passt. Du darfst dich jedenfalls von der Erwartung und deinem Gedanken verabschieden, dass sie deine Absage an das gemeinsame Spiel einfach so akzeptiert.

Kann ich auch loslassen, ohne zu vergeben?

»Das ›Loslassen, was war‹ beschäftigt mich gerade sehr – ich kann vieles loslassen, und ich bin in einem guten Prozess mit mir selbst. Meine Mutter war aus verschiedenen Gründen nicht in der Lage, für mich und meine Schwester da zu sein. Unsere Kindheit war nicht einfach, und ich habe aus der Zeit viele unschöne Bilder im Kopf. Meine Mutter ist bereits verstorben – ihr konnte ich vergeben. Das war ein guter Prozess, und ich merke richtig, wie sich auf ganz vielen Ebenen etwas gelöst hast.
Bei meinem Vater ist es anders. Er lebt noch. Wir haben seit Jahrzehnten keinen Kontakt. Ich habe vor einigen Jahren mal wieder versucht, Kontakt zu ihm aufzunehmen. Von ihm kam jedoch klar ein ›Das möchte ich nicht!‹ Das hat mich sehr getroffen. Jetzt versuche ich, loszulassen. Bei den Übungen und in dem Prozess merke ich richtig, wie ich nicht vergeben kann. Es gibt immer wieder Momente, wo sich alles in mir sträubt.
Trotzdem kann ich mir gut vorstellen, loszulassen und damit dann glücklich und gesund zu sein und mich und mein Leben zu umarmen. Ist das aber überhaupt möglich? Kann ich auch loslassen, ohne zu vergeben?« (Daniel, Vater von drei Kindern)

Lösungsimpulse für Daniel:

Ich möchte dich zunächst bestärken, auf dein Gefühl zu hören. Vergebung ist ein komplexer, sehr individueller Prozess, und es gibt kein Gesetz, das besagt, dass du vergeben musst, um ein gutes Leben zu führen. Meine Erfahrung ist auch nicht, dass Menschen dann unbedingt deshalb in Hass mit sich und anderen leben. So klingt es auch bei dir nicht. Es ist also völlig in Ordnung, wenn du innerhalb des Prozesses bemerkst, dass du zwar etwas loslassen konntest, und dennoch im Moment nicht vollständig vergeben kannst und willst. Das gehört mit zu dieser Entwicklung dazu. Du kannst es ruhen lassen und schauen, was passiert. Wenn du weitergehen möchtest, kann ich dir noch einen weiteren Impuls geben: Wenn ein Widerstand so deutlich nach oben kommt, dann braucht es vielleicht noch mehr Anerkennung dessen, was dir eigentlich passiert ist. So lohnt es sich dann noch einmal, einen Schritt zurückzugehen und sich anzuschauen: Woraus genau besteht der Vorwurf an deinen Vater? Was wirfst du ihm konkret vor?

Übung: Den Vorwurf für dich selbst formulieren

Vielleicht schreibst du einen fiktiven Brief an deinen Vater und sprichst die Vorwürfe aus – alles, was dir auf der Seele liegt, was dir Schmerz und Trauer bereitet hat. Nicht mit dem Ziel, dass Vergebung gelingt, sondern damit du deine Gefühle anerkennen kannst. Du wirst merken, dass in dir etwas passiert.

Und vielleicht findest du auch heraus, ob es einen Selbstvorwurf an dich (als Kind oder Erwachsener) gibt. Vielleicht wirfst du dir vor, dass du als Kind etwas »falsch« gemacht hast und »ein besseres Kind« hättest sein sollen? Du kannst deine Selbstvorwürfe überprüfen und dich selbst fragen: Ist das realistisch? Nein! Das ist es nicht. Du warst ein Kind und abhängig, du konntest nicht anders. Du trägst als Kind für damals gar keine Verantwortung. Dafür jedoch heute. Du kannst als

Erwachsener aufhören, dir Selbstvorwürfe zu machen, und liebevoll auf dich schauen.

Perspektivwechsel
Vergeben heißt, für sich selbst Liebe und inneren Frieden zu wählen und ganz bewusst keinen inneren Widerstand mehr zu leisten gegen das, was war und gewesen ist. Vergeben heißt nicht, dass alles »vergessen« ist. Es heißt nur, dass etwas, was in deiner Kindheit geschehen ist, in deinem heutigen Erwachsenenleben keinen Einfluss mehr hat.

Rückschläge im Alltag – warum? Und wie gehe ich mit meinen Schuldgefühlen um?

»Ich bin grad so verzweifelt. Seit unserem Coaching lief es seit einer guten Woche hier ganz toll und so harmonisch, wie ich es mir immer erträumt habe. Klar gibt es hier und da mal kleine Konflikte. Aber nachdem ich mich jetzt total sicher gefühlt habe, kam es zu einem herben Rückschlag. Wir hatten alle einen langen Tag (erst Kita und danach Arztbesuch mit allen drei Kindern 1, 3 und 5 Jahre). Aber ich fühlte mich gut verbunden mit mir und hab sogar noch bei einem ganz kurzen Telefonat mit meinem Mann gesagt, dass alles wunderbar ist. Die Konflikte, die da waren, habe ich gut lösen können, und auch den ›Stress‹ beim Arzt haben wir gut gemeistert. Und dann kam der große Knall, und ich weiß nicht, woher. Meine Mutter rief noch an und machte mir Vorwürfe, weil sie mich brauche, es ihr meinetwegen schlecht gehe und sie so alleine mit allem sei. Währenddessen räumten die beiden Großen gemeinsam auf, als plötzlich der Mittlere wieder seine große Schwester gebissen hat. Ich weiß ja um den Geschwisterkonflikt. Aber warum geht der Kleine auf das ältere Geschwisterkind los? Ich habe also versucht, den Eisberg anzuwenden. Aber zu fragen brauche ich ihn gar nicht erst: Er lacht einfach nur, macht Furzgeräusche oder rennt

weg. Ich komme nicht an ihn ran. Ich konnte es aber in dem Moment nicht weiterverfolgen, weil das Baby mich gebraucht hat. Anschließend versuchte ich noch einmal, es zwischen den beiden zu klären, bekam aber seinerseits keine Antworten. Und dann ging es los: Ich verfiel ins alte Muster, schickte ihn weg und wurde laut. Und plötzlich entstand so eine Wut in mir, weil ich es nicht schaffte, die Mutter zu sein, die ich so gern wäre. Ich musste rausgehen und weinte so sehr, weil ich einfach so verzweifelt war. Ich kann diese Wut auf mich nicht einordnen, denn dieses Gefühl war so stark wie nie. Ich hatte das Gefühl, dass ich am liebsten alles hinschmeißen wollte und meine Kinder es woanders viel besser hätten als bei mir. Dann kamen starke Schuldgefühle hoch. Ich hatte so langsam wieder einen guten Kontakt zu meinem Sohn aufgebaut, und nun habe ich wieder alles zerstört. Wie kann das nur sein, dass man wegen so was dann so explodiert?«
(Martina, Mutter von drei Kindern)

Lösungsimpulse für Martina:
Zunächst: Wenn du mit dir selbst so hart ins Gericht gehst, wie kann dann Weichheit im Kontakt zu anderen entstehen? Wer nimmt dich auf diesem Weg mal in den Arm für all da, was du bist und tust? Das Wichtigste ist, dass du dich innerlich selbst in den Arm nehmen kannst. Du bist genug. Du bist wunderbar. Mit allem, was du mitbringst. Es geht nicht darum, dass immer alles glatt läuft und dass du immer alles gut machst, sondern darum, dass wir auf dem Weg innehalten können, wenn es stockt, uns orientieren und dann noch mal neu und anders weitergehen. Schau auf das, was du hast und was positiv ist, und lass dich nicht von deinem Gehirn dazu verleiten, ausschließlich auf das zu schauen, was du vermeintlich nicht hast. Erinnere dich noch einmal daran, warum wir eher Defizite wahrnehmen, als das Positive zu sehen: Für das Überleben war es wichtiger, mehr auf Gefahren zu achten als auf das, was gut läuft. Das heißt, das Gehirn musste sofort von Freude auf Angst umschalten, damit bestimmte Reaktionen, wie Flucht oder Angriff, rein körperlich möglich wurden und so das Überleben sicherten. Das bewirkt im Alltag mit unseren Kindern oft, dass wir in unserer Fehlerwahrnehmung hängen bleiben.

Lass uns in die Situation hineingehen. Ich habe einen Impuls zu deiner Verzweiflung, als du keine Antwort von deinem Sohn bekommen hast. Mal unabhängig davon, dass er in seinem Alter tatsächlich (noch) sehr wenige Worte dafür hat, habe ich einen Gedanken zu deiner Beschreibung der Dynamik: Kann es sein, dass dich die Tatsache, dass dein Sohn dir gleich zweimal keine Antwort gegeben hat (geben konnte) und stattdessen weggelaufen ist, gelacht und lustige Geräusche gemacht hat, aus der eigentlichen Emotion von Ärger (den, du eigentlich im Alltag ja ganz gut handhaben kannst) rauskatapultiert hat und du mit einer viel stärkeren Emotion von Wut konfrontiert wurdest? Einer Wut, die du von früher kennst, und einer Trauer, die tief in dir gespeichert sind? Könnte es sein, dass frühe, kindliche Anteile in dir aktiviert wurden und zwei alte Glaubenssätze auf die Reaktion deines Sohnes hin wach geworden sind? »Ich werde nicht gehört« (dann hast du ihn weggeschickt, altes Muster) und »Ich bin es nicht wert, dass man eine Antwort für mich hat«? In diesem Moment könnte dein kindliches Selbst dazu beigetragen haben, in dieses Gefühl der Wertlosigkeit zu kommen, und damit könnte die Wut entfacht worden sein. Vielleicht durch einen Gedanken wie: Du bekommst einfach nichts hin! Schwupps bist du bei dir, in kindlichen Anteilen und einer alten Energie und frühen Überzeugung. Ich denke, es könnte hilfreich sein, dich mit diesen frühen Überzeugungen noch einmal auseinanderzusetzen – unabhängig davon, dass du wahnsinnig viel leistest und das auch sehen solltest. Das geht oft unter, wenn man so viele Schuldgefühle hat.

Das bringt mich zu einem nächsten Impuls: Ich möchte dich bestärken, noch einmal mehr in eine emotionale Unabhängigkeit von deinen Eltern zu kommen. Du bist heute nicht mehr das kleine Mädchen und von ihnen abhängig. Du bist jetzt eine erwachsene Frau mit drei Kindern und einer eigenen Familie. Ihr seid jetzt ein eigenes System, und es gibt deinerseits als Mutter keinerlei Ressourcen, dich jetzt (immer noch) um deine Eltern und deine Herkunftsfamilie zu kümmern und dort Gefühle zu regulieren. Du darfst dir erlauben, aus diesen Mustern auszusteigen, und kannst für dich daran arbeiten, dich nicht mehr in deinen frühen kindlichen Strategien auf deine eigenen zu Eltern beziehen. Ich nenne das Entbindung von den eigenen Eltern. Das ist nicht immer leicht, weil wir viele blinde Flecken an dieser Stelle haben. Du kannst dafür zunächst für dich prüfen, ob du weiterhin in kindlicher Hoffnung im Kontakt bist. In der Hoffnung zum Beispiel, eine Entschuldigung zu erhalten oder endlich gesehen und anerkannt zu werden. Das sind ungünstige Voraussetzungen für eine Entbindung. Es lässt dich eher an der Bindung und dem kindlichen Muster von früher festhalten. Dabei ist der Kontakt zu deinen Eltern eher von Enttäuschungen geprägt, und die Verletzungen von früher setzen sich in den Mustern von damals fort. Die Wahrscheinlichkeit, dass du noch bekommst, was du dir erhoffst, ist nicht sehr hoch, was nicht heißt, dass du deiner Familie den Rücken kehren musst. Es geht eher darum, sich von der Erwartung zu verabschieden, dass du diese Art der Zuwendung jemals dort erhalten wirst.

Ein letzter Impuls: Du fragst, warum der Jüngere auf die Ältere los geht? Wage mal den Perspektivwechsel zu deinem jüngeren Kind: Es kommt auf die Welt und es ist schon jemand da, sein Platz ist besetzt. Kinder sind immer wieder auf der Suche nach der Antwort auf die Frage: Wie wertvoll bin ich für meine Eltern? Was du tun kannst, ist, diese Frage im Alltag immer wieder zu beantworten, indem du emotionale Vitaminpillen mit Depotwirkung verteilst und auch, indem du in einem konkreten Streitfall zwischen den Geschwistern nicht in eine Polizisten- und/oder Richterrolle verfällst. Sondern den Konflikt als Dialog zwischen den beiden (nennen wir sie Mia und Noah) zum Beispiel in dieser Weise moderierend begleitest:

Du kommst dazu und kannst deine ältere Tochter fragen: »Oh nein, was habt ihr denn miteinander, Kinder?«
Mia: »Noah hat mich gebissen.«
Du schaust Mia offen an: »Oh nein, zeig mal her. Oh weh. Komm, wir kühlen es!«
Du versorgst, was zu versorgen ist, und setzt währenddessen wieder an: »Ui, eine kleine Wunde, das hat dir ganz schön wehgetan, stimmst? Und dich bestimmt auch geärgert?«

Mia: »Ja, sehr! Ich habe ihm auch gesagt, dass er aufhören soll, aber er ist noch wütender geworden.«
Du fragst nach: »Und dann?«
Mia: »Dann hab ich mich noch mehr geärgert und bin auch richtig wütend geworden!«
Du wagst eine Interpretation: »Weil er gar nicht auf dich gehört hat?«
Mia: »Ja, weil er gar nicht auf mich gehört hat, und da habe ich ihn auch kräftig geschubst.« Mia senkt ihren Kopf.
Du wendest dich nun Noah zu, der mittlerweile wieder aufgetaucht ist und unsicher lächelnd und etwas schuldbewusst in der Tür steht: »Und worüber hast du dich geärgert?«
Noah schüttelt den Kopf: »Weiß nicht.«
Du: »Mhmmm … auf jeden Fall hast du dich geärgert.«
Noah nickt: »Ja.«
Du kannst anmerken: »Hauen und Schubsen sind für mich keine gute Lösung. Aber ich kann verstehen, dass ihr euch beide geärgert habt.«
Dann kannst du etwas Raum geben.
Du kannst beide fragen: »Und jetzt? Jetzt liegt ganz schön Ärger in der Luft.«
Beide Kinder nicken.
»Dann macht ihr jetzt beide vielleicht etwas ohne einander, und wir sprechen später noch mal darüber.«
Beide Kinder nicken. Noah versenkt sich daraufhin in ein Spiel mit Lego, und Mia setzt sich mit einem Buch aufs Sofa.

So oder so ähnlich kannst du in einem Geschwisterkonflikt vermitteln. Es geht nicht darum, dass die Kinder sich sofort wieder »vertragen« und einer sich beim anderen entschuldigt. Oft erlebe ich, dass Eltern darauf bestehen. Dabei ist das vor allem eine Form. Wir müssen hier nicht »erziehen«, sondern dürfen darauf vertrauen, dass unsere Kinder, wenn wir sie nicht nötigen und ihnen keine Entschuldigung abringen, selbst wieder Kontakt suchen und es wiedergutmachen wollen. Die formelle Entschuldigung in Wort und mit Handschlag erfahren Kinder dann später im Verlauf als eine gesellschaftliche Strategie der Wiedergutmachung. So ist meine Erfahrung, dass, wenn Kinder Zeit und Raum für Gefühle bekommen, sich der Impuls einer Wiedergutmachung wie von selbst einstellt – so können wir dann mit ihnen gemeinsam nach Strategien suchen, das Bedauern auszudrücken und das Geschehene wiedergutzumachen. Ob die Wiedergutmachung dann daraus besteht, ein Kühlpad aufzulegen, das das Kind eifrig bringt, um bei der Versorgung der Wunde zu helfen, ein kleines Gummibärchen als Geschenk aus dem eigenen Süßigkeitenvorrat, um auszudrücken, dass es ihm leidtut, oder ob es eine ganz andere Geste findet – eine Wiedergutmachung hat viele Gesichter. Bitte schau dir hierzu auch noch einmal die »Gelingende Kommunikation mit Kindern« an. Du darfst zuversichtlich sein und auf dich vertrauen.

♥ Beziehungsmomente-Challenge #10

Heute geht es darum, Freude miteinander zu teilen. Tausche dich mit deinem Kind und deiner gesamten Familie darüber aus, was in der vergangenen Woche der schönste Beziehungsmoment für jeden Einzelnen war – und warum?

Wie ist es dir mit der Challenge ergangen? Was war besonders gut, was vielleicht auch eine besondere Herausforderung?

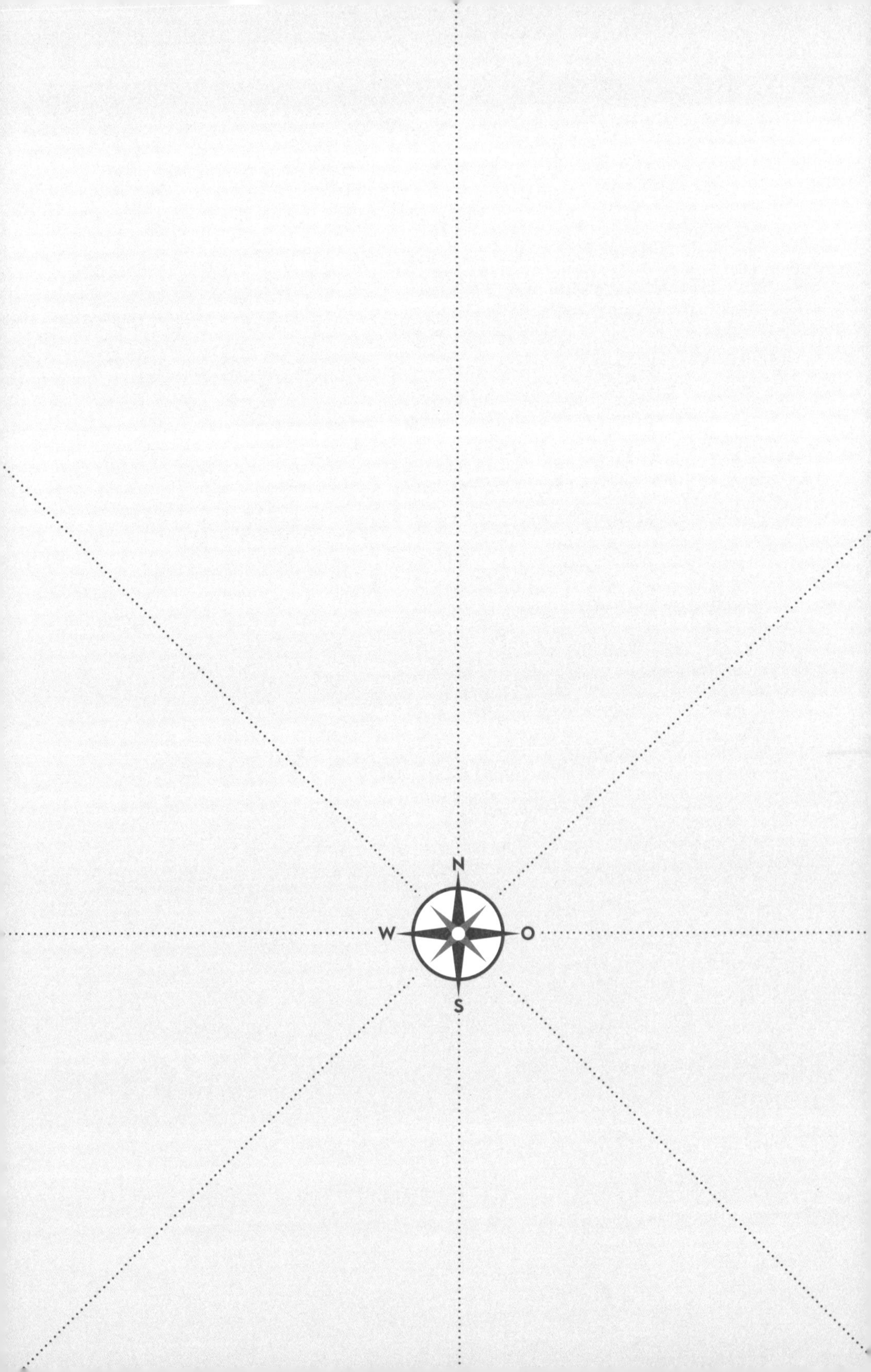
N
W
O
S

Epilog: Liebe statt Angst

Wir sind gemeinsam losgegangen. Du hast dich aufgemacht auf die Reise zur glücklichen Eltern-Kind-Beziehung, eine Reise, die auch und unweigerlich zu dir selbst führt. So hast du dich auch zu dir selbst aufgemacht.

Das Ziel war es, dein Kind und dich selbst besser zu verstehen. Dafür haben wir gemeinsam ein Vergrößerungsglas auf unbewusste und schnell ablaufende Prozesse gelegt und bestimmte Muster unter dem Mikroskop angeschaut. Ziel war es dabei, dich wieder neu mit dir selbst zu verbinden und, gerade in Stresssituationen, dich selbst nicht zu verlieren, dich wieder in deine Mitte und damit in den Moment und ins bewusste Handeln zu bringen. Denn nur in dieser Selbstverbundenheit kannst du sicher mit deinem Kind in Verbindung kommen. Also Kopf und Herz wieder verbinden, um dich für das, was dein Kind gerade erlebt, zu öffnen, mitzufühlen und deinen eigenen Resonanzraum zu nutzen. So kannst du wieder ganz neu in Verbindung zu deinem Kind treten. Wir haben uns mit der Triade Denken, Fühlen und Körper auseinandergesetzt und ein Verständnis für die Bedeutung des Zusammenspiels dieser Ebenen entwickelt. Wir haben uns mithilfe des Eisbergmodells immer wieder klargemacht, dass unser und auch das kindliche Verhalten von einem Gefühl und dieses von emotionalen Bedürfnissen gespeist wird. So wurde es möglich, neue Blickwinkel einzunehmen und Perspektiven zu wechseln.

Wir brauchen diesen Perspektivwechsel, um bewusst anders handeln zu können. Bewusst handeln zu können ist eine ganz neue Freiheit, die du dir nehmen darfst. Die Freiheit, Entscheidungen zu treffen und bewusst auf die hinter dem gezeigten Verhalten liegenden seelisch-emotionalen Bewegungen zu schauen und einzugehen. Es ist so wesentlich, dass wir unseren Kindern Raum für Gefühle geben und in der Art und Weise, wie wir diesen Raum herstellen, gleichzeitig die dahinterliegenden Bedürfnisse berücksichtigen. Mein Ziel auf unserer Reise war es, dass du die Anliegen und Wünsche deines Kindes, seine Emotionen und Bedürfnisse besser lesen und mitempfinden und so auf dein Kind im Alltag gut eingehen kannst. Dass du nicht impulshaft von eigenen Mustern getrieben agierst, sondern bewusst reagierst. Dafür war es notwendig, dich und deine eigene innere Welt zu erkunden und auf Entdeckungsreise in dir selbst zu gehen. Dabei sind wir auch alten Mustern begegnet, die heute oft noch aktiv sind und auch in der Beziehung zu unseren Kindern wirken.

Kinder brauchen verlässliche, liebevolle und authentische Beziehungen, und wenn wir unsere Kinder in diesem Sinne begleiten wollen, ist es wichtig, dass wir uns unserer selbst im Denken, Fühlen und Handeln bewusst werden. Mit dieser neuen Perspektive haben wir viele verschiedene Erfahrungen gemacht. Einige grundlegende möchte ich noch einmal zusammenfassen:

- Dass ein wütendes Kind kein »ungezogenes« Kind ist, sondern dir von seinen Gefühlen erzählt und so auf seine Bedürfnisse aufmerksam macht.
- Wie wichtig es ist, den Fokus auf uns selbst zu legen. Gerade wenn du dich von deinem Kind herausgefordert und provoziert fühlst, darfst du es wagen, auf dich selbst zu schauen. Denn es geht dann um dich – um niemand anderen.
- Dass, wenn dein Kind nicht auf dich hört, es gerade auf sich selbst hört. Eine wunderbare Erkenntnis, wie ich finde. Es ist dann sehr mit sich selbst, seinen Gefühlen und Bedürfnissen beschäftigt.
- Dass dein Kind nicht für die Erfüllung deiner Grundbedürfnisse zuständig ist. Dass jedoch im Kontakt mit deinem Kind oft dein eigener emotionaler Hunger deutlich wird.

Als ich vor vielen Jahren selbst Mutter wurde und mich so auf die Reise begeben habe, war es für mich so etwas wie »nach Hause kommen« auf allen Ebenen. Sich wieder mit dem zu verbinden, was eigentlich mal verbunden war und irgendwann getrennt wurde oder sich abtrennen musste. So ist mein Ziel auch mit diesem Buch gewesen, dich als Reisebegleiterin ein Stück zu dir selbst, nach Hause zu begleiten und dir Möglichkeiten an die Hand zu geben, dich immer wieder mehr mit dir selbst zu verbinden. Unsere Kinder sind der Anlass für diese Reise und deine ganz eigene Entwicklung. Diese persönliche Weiterentwicklung ist ein ständiger Prozess. Deshalb kannst du diese Reise auch immer wieder wiederholen und wirst feststellen, dass sich das Gelesene und auch die Übungen und die Reflexionen nach einiger Zeit anders anfühlen und du weitere Dimensionen entdecken wirst. Auch wirst du merken, dass deine Entwicklung nach dem Gelesenen noch einmal intensiver werden wird. Um die Bedeutung der Verbindung zu dir selbst bewusster zu machen, möchte ich einen für mich wesentlichen Perspektivwechsel in den Mittelpunkt stellen und in diesem Zusammenhang noch einmal auf meinen Wertekompass zurückkommen.

Alle sieben Leitsterne – Verantwortung, Achtsamkeit, Wertschätzung, Vertrauen, Miteinander, Dialog, gleichwertig, konstruktive Beziehung – sind im Alltag mit Kindern (und auch mit Erwachsenen) bedeutsam, weil sie auf das Fundament unseres Miteinanders hinweisen. Und doch gibt es zwei Sterne, die für mich besonders hell scheinen, wenn wir auf die Ausrichtung unseres eigenen Lebens und insbesondere auf die Orientierung der Beziehung zu unseren Kindern blicken. Ein entscheidender Wert ist der Leitstern der **Verantwortung**. Wir tragen die Verantwortung für die Qualität der Beziehung zu unseren Kindern. Wir tragen auch die Verantwortung für unsere Entscheidungen, unsere Gedanken, unsere Gefühle und unsere Handlungen. Diese Verantwortung ist nicht übertragbar und auch nicht verhandelbar. Als Vater oder Mutter liegt diese unbedingt bei uns. Das kann sich erdrückend und schwer anfühlen. Wenn du diese Verantwortung jedoch wirklich begreifst, ergreifst, sie übernimmst und sie von innen heraus lebst, dann kannst du dich aus dem Gefühl der Fremdbestimmung lösen, und die

Verantwortung wird keine Bürde mehr sein. Im Gegenteil. Du wirst spüren, dass Verantwortung Freiheit bedeutet. Freiheit, eine Wahl zu haben und Entscheidungen für dich und dein Leben treffen zu können. Du bist diejenige, die ihr Leben gestaltet – niemand sonst. Und du hast immer eine Wahl. Wenn du das spüren kannst, entsteht eine unglaubliche Freiheit in dir selbst und auch in deinem Leben.

Der zweite große und wichtigste Leitstern, der hell erstrahlt, ist das **Vertrauen**. Du erinnerst dich: von der Kontrolle hin zum Vertrauen. Für mich ist das einer der größten Perspektivwechsel im Leben überhaupt. Denn wenn wir nicht vertrauen können, befinden wir uns in einem emotionalen Mangel. Wenn wir aus diesem Mangelgefühl heraus unser Leben gestalten, werden alle anderen Werte, wie Verantwortung, Achtsamkeit, Wertschätzung, Miteinander, der Dialog und auch die konstruktive, gleichwertige Beziehung hiervon durchzogen und von Angst gefärbt sein. Einfühlung und Empathie, was ja Voraussetzung für achtsames, wertschätzendes Miteinander und den Dialog ist, fällt dann schwer und einigermaßen spärlich aus. Denn hinter der Kontrolle, den kontrollierenden Handlungen, liegt auf der emotionalen Ebene die Angst. Wir kontrollieren, weil wir Angst haben, und Angst entsteht, weil wir unsicher und im Mangel mit unserem Basis-Grundbedürfnis, der Sicherheit, sind. Natürlich verlieren wir manchmal im Alltag mit unseren Kindern die Sicherheit, dann springt unser Alarmsystem an und treibt uns je nach Erregungsstufe zur Kontrolle. Hier dürfen wir loslassen und ins Vertrauen kommen.

Du kennst dich jetzt aus mit deinem inneren »Alarmsystem« und kannst bewusst auch im Alltag darauf vertrauen, dass dein Kind zu dir kommt, wenn es dich braucht. Ich spreche hier jedoch auch von einer noch größeren Dimension. Die Frage ist: Handeln wir aus Angst oder aus Liebe? Angst ist ein Gefühl, welches sich auf ein Ereignis in der Zukunft bezieht. Wir haben Angst vor etwas, was uns erwartet: etwas Schmerzhaftes, etwas, was uns traurig macht, etwas, was uns beschämt usw. Das heißt, Angst erwartet den Schmerz in der Zukunft und lässt uns misstrauisch und kontrollierend werden. Liebe jedoch ist Verbindung, Freude und Zuversicht. Laura Malina Seiler, ein Coach für

Persönlichkeitsentwicklung, hat einen Satz gesagt, der hier wunderbar passt: *»Angst ist die Erwartung von Schmerz in der Zukunft. Liebe ist die Erwartung von Freude in der Zukunft.«*

Ich würde gern noch konkret differenzieren, denn Angst ist von Erwartung geprägt, während Liebe vor allem im Moment lebt und nicht ausschließlich auf die Erfüllung einer Erwartung in der Zukunft hin ausgelegt ist. Liebe erwartet erst einmal nichts. Liebe ist. Liebe glaubt voller tiefer Zuversicht an das Gute. So darfst du dir folgende Zusammenhänge klarmachen: Wenn wir aus einer angstvollen Erwartung heraus mit unserem Kind in Beziehung sind, dann wird es für uns aus dieser Perspektive heraus immer notwendig sein, die eigene Erwartung konstant zu überprüfen, indem wir zum Beispiel unser Kind kontrollieren. Wir werden alles dafür tun, dass der erwartete Schmerz in der Zukunft nicht eintrifft. Dafür braucht es die Kontrolle. Wenn wir jedoch die Perspektive wechseln, von der Angst und der Kontrolle loslassen können und mit Liebe ins Vertrauen kommen, eröffnen sich völlig neue Dimensionen. Wir kommen wieder bei uns selbst an.

Wenn wir als Säuglinge in die Welt kommen, tragen wir alle das zunächst unerschütterliche Urvertrauen in uns, dass alles gut wird. Dass wir sicher sind, dass wir Verbindung finden, willkommen sind und dass wir wachsen dürfen. Unser emotionaler Urzustand ist also Zuversicht und ein tiefes Vertrauen. Allerdings kann dieses im Laufe unserer Kindheit durch Bindungs- und Beziehungserfahrungen erschüttert, vielleicht sogar beschädigt oder zumindest verschüttet werden. Wir lernen dann, dass Sicherheit im Innen nur über Kontrolle im Außen erlangt und gestillt werden kann, und gehen umso misstrauischer und kontrollierend in einer diffusen Angst und Sorge durch die Welt. Diese Reise sollte dich an dein ursprünglich tief in dir verankertes Urvertrauen erinnern, welches nach wie vor in dir liegt und dich aus dir selbst heraus leiten kann: die Liebe, die in dir ist, das Vertrauen in dir selbst, welches geprägt ist von Zuversicht, Hoffnung, Begeisterung und Freude und dem tiefen Glauben an dich selbst und daran, dass das Leben es gut mit dir meint. Das ist dein Schatz! Um an diesen gehaltvollen Kern in dir selbst zu kommen, braucht es die Verbindung zu dir selbst. Du darfst immer wieder über die Verbindung zu dir selbst in deine Mitte kommen, deinen inneren Schatz nutzen und dich orientieren.

Ins Vertrauen zurückzukommen ist wie fliegen zu lernen. Es fühlt sich ungewohnt an, weil wir wirklich von einem alten Muster, das uns bisher sicher gemacht hat, loslassen, losfliegen und mit einem Mal unseren eigenen Flügeln vertrauen dürfen. Es lohnt sich so sehr, denn wenn du wieder bei dir selbst angekommen bist, wenn du aus tiefem Vertrauen und deiner inneren Zuversicht heraus handelst, tut sich eine ganz neue Dimension in deinem Leben auf. Es tut sich dieser magische Raum auf, der es immer wieder möglich macht, deinem Kind liebevoll ganz neu zu begegnen. Dieser Raum, in dem echte Beziehung stattfindet und Begegnung entsteht. Das heißt auch, dass du dir dort immer wieder selbst begegnen wirst. Vielleicht werden Zweifel und auch Ängste auftauchen. Nimm sie wahr und lass sie da sein. Nimm sie an und lass sie gehen. Bleib zuversichtlich. All das gehört zum Elternsein und Elternwerden dazu. Es gehört mit zum Menschsein und zu unserer Reise dazu, die nie endet, wenn wir nicht müde werden und offen und neugierig auf das Leben zugehen.

Ich möchte hier enden mit einem wundervollen Zitat, das mich auf meiner Lebensreise schon lange begleitet und mich immer wieder bewegt, weil es eine tiefe innere Weisheit in uns allen anrührt. Du kennst es sicher. Es ist aus *Der kleine Prinz* von Antoine de Saint-Exupéry:

»›Adieu‹, sagte der Fuchs. ›Hier mein Geheimnis. Es ist ganz einfach: Man sieht nur mit dem Herzen gut. Das Wesentliche ist für die Augen unsichtbar.‹«

So ist es. Lass uns das nie vergessen. Ich danke dir, dass du losgegangen bist. Ich wünsche mir, dass du den Weg weitergehst, dass du die vielen Glücksmomente deines Lebens bewusst wahrnimmst, dass du die Energie, die Kraft und den Schatz, den du in dir trägst, immer spüren kannst und dass du das alles in Verbindung mit anderen, vor allem deiner Familie und mit deinem Kind, teilen kannst.

Bleib gesund und in Verbindung! Schön, dass es dich gibt!

Deine Katia

Danksagung

Dieses Buch ist entstanden, weil ich zum einen selbst Reisende bin und weil ich seit über 20 Jahren unzählige Menschen auf ihren eigenen Reisen intensiv begleiten durfte. So möchte ich mich zuerst bei all diesen vielen Menschen bedanken, denen ich in Beratung und Coachings begegne und die ich in ihrem Alltag bindungs- und beziehungsorientiert in meiner Praxis begleiten darf. Es ist eine große Freude mit euch. Insbesondere gilt mein Dank den Familien, die ich seit über einem Jahr in der »Sommerakademie Kinder Besser Verstehen« auch online begleite. Ich danke euch allen für euer Vertrauen und dafür, dass ihr losgeht, euch immer wieder auf die Reise begebt und es anders machen wollt. Danke, dass ich so intensiv an eurer Seite sein darf. Vielen Dank den vielen KBV-Kursleiterinnen und bbEF-Beraterinnen, die ich ausbilden durfte und darf: Ins Wasser fällt ein Stein … Es ist so wunderbar, dass ihr die Botschaft von Bindung und Beziehung weitertragt und alles Kreise ziehen darf.

Bedanken möchte ich mich auch bei meiner Familie, meinen vier wunderbaren Söhnen, ohne die ich viele Umwege nicht hätte machen können, ohne die mir an wertvollen Stellen die Ortskenntnis fehlen würde und die meine größten Lehrmeister waren und sind. Danke, Jungs. Ihr seid das Beste, was mir je passiert ist. Danke auch an meinen Papa und meine Mama. Und an meine Geschwister. Ihr seid mein Ursprung, und ohne euch wär alles anders gekommen.

Bedanken möchte ich mich bei meinem liebsten Freund André Stern, mit dem ich mich seit vielen Jahren tief verbunden fühle und der mich immer wieder so sehr inspiriert mit seiner Perspektive auf Kinder. Weiterhin bei meiner Freundin und Kollegin Judith Vogel-Weissinger und bei Savina Tilmann, die beide so liebevoll und bedingungslos an meiner Seite sind. Der Austausch mit euch ist so wertvoll. Danke. Und an ATI, die einfach immer da ist und die wahre »Super Nanny« ist. Weil sie nämlich tatsächlich »super« und auch »Nanny« ist. Du bist großartig.

Einen ganz großen Dank von Herzen an mein wundervolles Team, das seit einiger Zeit wächst. Danke insbesondere an Susanne Linke. Ohne dich, Susanne, würde dieses Buch in dieser Form nicht existieren. Danke für deine liebevolle Geduld mit mir und deine Kraft, so an meiner Seite zu sein. Danke an Kristin und an Sonja. Ohne euch wäre ich aufgeschmissen. Danke auch an Matze Hielscher. Ich liebe die Zeit mit dir, unsere bewegenden Gespräche, deine Fragen und deine Stimme in meinem Ohr, wenn wir »Familienrat« für unseren Podcast halten. Danke, dass du mich immer wieder in meiner Praxis besuchst und wir gemeinsam so wichtige Themen in die Welt bringen dürfen. Das mit dem Essengehen schaffen wir auch irgendwann.

Ich möchte auch allen meinen Lehrern und »Reisebegleitern« von Herzen danken, allen, bei denen ich selbst Aus- und Weiterbildungen machen und von denen ich lernen durfte und darf.

Danke auch an Carmen Kölz vom Beltz-Verlag, die immer wieder beharrlich, freundlich nachgefragt und nicht aufgegeben hat, bis dieses Buch sich in die Welt aufgemacht hat. Und vielen Dank an meine Lektorin Katharina Theml, die so feinfühlig den Text mit so viel liebevoller Klarheit geschliffen und in die Endfassung begleitet hat.

Danke an Nora Imlau, Danielle Graf und Katja Seide, Herbert Renz-Polster, Susanne Mierau, Aida S. de Rodriguez, Dami Charf und Laura Malina Seiler, die seit vielen Jahren Bindung und Beziehung in den Mittelpunkt ihres Wirkens stellen und damit die Welt jeden Tag ein wenig besser machen. Und auch ein großes Dankeschön an alle, die ich jetzt nicht namentlich genannt habe, die das aber auch tun und die auch mich in den letzten Jahren so sehr unterstützt und begleitet haben, auf Facebook, Instagram, bei YouTube, meinen Podcast hören, meine

App nutzen, mir Mails schreiben und mich positiv bestärken. Und nun zum Ende noch einen Dank an dich, die du dieses Buch gerade in den Händen hältst dafür, dass du es gelesen und damit auch losgegangen, mir vertraut und dich auf deine Reise gemacht hast. Danke sehr.

N
W
O
S

Anhang

Hinweise zum Download und Streamen

Zu diesem Buch gehören einige ergänzende Materialien zum Download und Streamen für dich.

Auf der Produktseite zum Buch auf **www.beltz.de** findest du unter dem Reiter **Online-Materialien** verschiedene Dateien, die dieses Buch ergänzen und für dich einen zusätzlichen Mehrwert darstellen. So steht dir das »Eisbergset nach Katia Saalfrank« zum Download und Weiterarbeiten zur Verfügung. Ebenfalls auf dieser Seite findest du die Audiodateien der Meditationsübungen zum Streamen. Du findest im Buch jeweils Hinweise zur entsprechenden Datei.

Mit dem folgenden Benutzernamen und Passwort sind sowohl das »Eisbergset nach Katia Saalfrank« als auch alle Hördateien für dich zugänglich:

Benutzername: MeineReise
Passwort: LiebeundVertrauen

Alle Hördateien und das »Eisbergset nach Katia Saalfrank« stehen dir so lange zum Download bzw. Streamen zur Verfügung, wie das Buch lieferbar ist.

Begleitende Hördateien für deine Reise

Diese Audiodateien kannst du dir online anhören. Die Anleitung dafür findest du auf S. 363.

Selbststärkung (7:01 Minuten)
Du kannst die Datei morgens nach dem Aufwachen oder auch über den Tag verteilt anhören. Wichtig ist, dass du dir die Selbststärkung (es sind nur ein paar Minuten), sooft du kannst, anhörst. Vertraue darauf, dass dein Geist die guten Gedanken, die Kraft und die Ruhe innerlich aufnimmt. Du wirst sofort merken, dass vieles leichter wird und in dir ein wenig Ruhe einkehrt.

Mentaler Reiseproviant (6:54 Minuten)
Du kannst die Datei immer wieder zwischendrin in deinen Lesepausen im Alltag anhören und dich so innerlich stärken. Höre sie, wann immer du den Eindruck hast, dass du eine emotionale Stärkung brauchen könntest.

Dankbarkeitsnotiz (6:26 Minuten)
Du kannst die Datei als Unterstützung nutzen. Höre sie am besten morgens oder im Laufe des Tages, um dich immer wieder ins Hier und Jetzt zu holen – du kannst sie also häufiger anhören – gerade wenn sie dir guttut und dir hilft, in die Perspektive der Fülle deines Leben zu gehen.

Selbstmitgefühl (15:24 Minuten)
Such dir einen Ort, wo du ungestört sein kannst. Sorge mit einem Glas Wasser dafür, dass du nach der Übung etwas trinken kannst.

Übung inneres Kind (12:20 Minuten)
Bitte setze oder lege dich hin und finde für diese Übung eine bequeme Position für deinen Körper. Nimm dir Zeit. Vielleicht machst du dir

einen Tee oder stellst dir ein Getränk bereit, das du nach der Übung zu dir nehmen kannst.

Neue Verbindung mit dem inneren Kind (19:48 Minuten)
Bitte setze oder lege dich hin und finde für diese Übung eine bequeme Position für deinen Körper. Nimm dir Zeit. Vielleicht machst du dir einen Tee oder stellst dir ein Getränk bereit, das du nach der Übung zu dir nehmen kannst.

Reise zum Ursprung (23:14 Minuten)
Nimm dir für diese innere Reise ein wenig Zeit. Such dir einen Ort, wo du für die Zeit ungestört sein kannst. Setze dich bequem in einen Sessel und nimm dir eine leichte Decke. Wichtig ist, dass du wirklich entspannen kannst. Stell ein Glas Wasser neben dich, sodass du nach der Übung gleich etwas trinken kannst.

Vergebung und Loslassen (15:04)
Diese Übung kann dir helfen, dich mit den inneren Anteilen, die dir in der Kindheit Schmerz zugefügt haben, zu verbinden und dich zu versöhnen. Bitte nimm dir etwas Zeit, setze oder lege dich hin und finde für diese Übung eine bequeme Position für deinen Körper. Vielleicht machst du dir vorher einen Tee oder stellst dir ein Getränk bereit, das du nach der Übung zu dir nehmen kannst.

Das Eisbergmodell – Dein Set für die Reise

Damit du die Ursache-Verhaltens-Kette für dich erarbeiten kannst, stelle ich dir eine Abbildung des Modells und dazugehörige Karten zur Verfügung. Diese kannst du als gesamtes Set kostenlos über die Webseite des Verlags herunterladen (s. S. 363 die Anleitung)

Diese Inhalte kannst du herunterladen:
1 Eisbergmodell, 39 Karten aufgeteilt in die vier Kategorien Verhalten, Gefühle, Bedürfnisse und Verbindungsaspekte

Verwendung
Das Eisbergmodell mit seinen 39 Karten gibt dir die Möglichkeit, die Ursache-Verhaltens-Kette für dich zu erarbeiten und daraus resultierend Lösungen für den Konflikt zu finden, und zwar unabhängig davon, ob es sich um dein eigenes Verhalten oder das Verhalten deines Kindes handelt. Oben auf der Eisbergspitze kannst du für das Verhalten, das du siehst, ein oder mehrere Verhaltenskärtchen platzieren. Dann kannst du für dich in Resonanz gehen und auf der emotionalen Ebene den »Gefühlscocktail« mischen. Dafür kannst du die Gefühlskarten nutzen. Im nächsten Schritt überlegst du, welche emotionalen Grundbedürfnisse den Gefühlen zugrunde liegen können und welches davon überwiegt. Im Anschluss kannst du anhand der Karten mit den Verbindungsaspekten für dich überlegen, was auf der Handlungsebene eine gute Reaktion und Antwort sein könnten.

Die Karten zu deinem Eisbergset

Verhaltensvarianten – was sehe ich?

Hauen & Treten
Stören
Sich verweigern
Weinen
Schreien
Andere abwerten
Klammern
Auslachen
Streit suchen
Lügen
Toben & Brüllen
Prahlen
Rumalbern

Gefühlsmöglichkeiten – was fühle ich darunter?

Angst
Schmerz
Trauer
Ärger
Wut
Scham
Freude

Emotionale Basis-Grundbedürfnisse, die angerührt und aktiv sind

Sicherheit
Autonomie & Selbstwirksamkeit
Verbundenheit & Verbindung
In seinen Anliegen gehört und mit ihnen gesehen zu werden
Gefühl, wertvoll für andere zu sein
Vertrauen
Verstanden zu werden
Sich mitteilen zu können
Anerkennung
Zugehörigkeit

Verbindungsaspekte
Körperkontakt
Echtes Interesse
Zuhören
Ernst nehmen
Halt geben, Co-Regulation
Einfühlendes Begleiten
Zuwendung
Mitgefühl & Empathie
Verstehen wollen & Verständnis

Positive Adjektive

abenteuerlustig
achtsam
agil
aktiv
ambitioniert
angenehm
anpackend
anpassungsfähig
ansprechend
atemberaubend
auffallend
aufgeschlossen
aufgeweckt
aufmerksam
aufregend
aufrichtig
ausdauernd
ausgewogen
ausgezeichnet
außergewöhnlich
authentisch
bedacht
beeindruckend
begeisternd
behutsam
bejahend
bekräftigend
belebend
beliebt
bemerkenswert
beruhigend
beschwingt
besonnen

bewundernswert
charmant
charakterstark/
charaktervoll
couragiert (= mutig)
dankbar
diplomatisch
durchdacht
durchsetzungsfähig
ehrlich
eifrig
eindeutig
eindrucksvoll
einfallsreich
einfühlend/einfühl-
sam
emotional
empfindsam
emphatisch
energiegeladen
energisch
engagiert
entgegenkommend
entspannt
entzückend
erfreulich
erfinderisch
erfrischend
erfüllend
erhellend
erleuchtend
erstaunlich
fair
fantasievoll/fantasie-
reich
fantastisch
faszinierend
feierlich
feinfühlig
fesselnd
fleißig
flexibel
freundlich
friedlich
frisch
froh
fröhlich
frohlockend
furchtlos
geduldig
geerdet
gefühlvoll
geistreich
gelassen
genial
genießerisch
genussvoll
geschätzt
gescheit
geschickt
geschmackvoll
gestärkt
gesund
gewinnend
gewissenhaft
glänzend
glaubwürdig
glücklich
grandios
großartig
großherzig
großzügig
gründlich
gütig
gutmütig
harmonisch
heiter
herausragend
herrlich
hervorragend
herzensgut
herzlich
hilfsbereit
hilfreich
hingebungsvoll
hinreißend
höflich
humorvoll
ideenreich
idyllisch
individuell
intelligent
inspirierend
interessant
interessiert
intuitiv
jubelnd
klar
klug
kommunikativ
kompetent
kompromissbereit

konsequent
konstruktiv
kontaktfreudig
konzentriert
kooperativ
köstlich
kraftvoll
kreativ
kulant
lächelnd
lebendig
leidenschaftlich
leuchtend
liebenswert
liebenswürdig
liebevoll
lösungsorientiert
loyal
lustig
malerisch
mitfühlend
mitreißend
motivierend
mutig
natürlich
neugierig
offen
optimistisch
ordentlich
organisiert
originell
pfiffig
positiv
pragmatisch

praktisch
präzise
problemlos
produktiv
pünktlich
quicklebendig
quirlig
reibungslos
reichhaltig
respektvoll
romantisch
rücksichtsvoll
ruhig
sanft
schlagfertig
schmeichelnd
schön
schwungvoll
selbstständig
selbstbewusst
sensibel
sicher
solidarisch
sorgfältig
spielerisch
spontan
sportlich
stabil
stark
sympathisch
tapfer
temperamentvoll
tolerant
treu

überlegt
überraschend
überschwänglich
überzeugend
umsichtig
unbeschwert
uneigennützig
unerschrocken
unglaublich
unkompliziert
unterhaltsam
unternehmungslustig
unterstützend
verantwortungsvoll
vergnüglich
verliebt
verlockend
vernünftig
vertrauensvoll
verwöhnend
verzaubert
verzückt
vielseitig
vorausschauend
wachsam
warm
warmherzig
weise
wendig
wertvoll
wichtig
wirksam
witzig
wohltuend

wortgewandt
wunderbar
wünschenswert
würdevoll
zauberhaft
zielstrebig
zugänglich
zupackend
zuverlässig
zuversichtlich
zuvorkommend

Körperempfindungen

abgeschnitten
angespannt
atemlos
aufgebläht
aufgedreht
aufgeschwemmt
aufsteigend
ausdehnend
ausgedehnt
ausgehöhlt
ausstrahlend
bebend
beißend
benommen
betäubt
beweglich
Bewegung
bleiern
blockiert
breit
dämpfend
dicht
dick
drängend
Druck
druckvoll
dumpf
dunkel
durcheinander
einengend
eingeengt
eisig
elektrisch
elektrisiert
energiegeladen
eng
entrückt
entspannt
erregt
erstarrt
erstickend
erstickt
fahrig
fest
feucht
fiebrig
flackernd
flatterig
flatternd
flau
fließend
flüssig
frierend
fröstelnd
Gänsehaut
gedämpft
gedrückt
gefroren
gefühllos
gekrümmt
geladen
gelähmt
gequetscht
geschwollen
gespalten
gestaucht
geteilt
glatt
hämmernd
heil
heiß
hell
hölzern
in Bewegung
intensiv
juckend
kalt
Kälteschauer

kitzelig
klamm
klebrig
klopfend
kraftvoll
krampfend
kribbelig
kribbelnd
kühl
kurzatmig
lau
lauwarm
lebendig
leer
leicht
licht
luftig
lustvoll
mau
mulmig
nasskalt
Nervenzucken
nervös
ohnmächtig
pelzig
pochen
pochend
prickelnd
pulsierend
rasend
reißend
ruhig
sanft
scharf
schaudernd
schlaff
schlottrig
schmal
schmerzhaft
schneidend
schwach
schwankend
schwer
schwindelig
schwitzend
seidig
sprudelnd
stachelig
stark
stechend
strahlend
strömend
stumpf
summend
surrend
taub
treibend
trocken
tropfend
tumb
Übelkeit
unruhig
unter
unverbunden
verbunden
verknotet
verkrampft
verrammelt
verschwitzt
verschwollen
verschwommen
verspannt
verstopft
vibrierend
voll
wackelig
wankend
warm
weich
weit
wirbelnd
zäh
zart
zermartert
zerrend
zerrissen
zitternd
zittrig
zuckend
zupfend
zusammengeschnürt
zusammengestaucht
zusammengezogen

Affirmationen für deinen Familienalltag

Mein Kind ist eine Bereicherung für mein Leben.
Ich bin offen und freue mich auf alles, was kommt.
Ich bin okay, so wie ich bin.
Ich bin freundlich zu allen Wesen, auch zu mir selbst.
Ich kann alles in meinem Leben erreichen, was ich mir wünsche.
Mein Kind erinnert mich daran, die Welt wieder im Hier und Jetzt zu sehen.
Die Lebenslust meines Kindes wirkt ansteckend und erfrischend auf mich.
Mein Kind hält mich jung und lebendig.
Das Leben schickt mir jetzt immer wieder positive Überraschungen.
Ich öffne mich für Wunder und erkenne sie in meinem Alltag.
Ich richte meinen Blick auf die Fülle meines Lebens und fokussiere mich auf Möglichkeiten und Lösungen.
Ich bin ganz, vollkommen, stark, liebevoll, harmonisch, selbstwirksam, glücklich.
Ich bin achtsam mit mir selbst, meinen Gedanken und Gefühlen.
Ich habe die Macht, Dinge zu ändern.
Ich erkenne mich und meinen unermesslichen Einfluss auf meine Beziehungen in meiner Familie an.
Ich habe einen gesunden und starken Körper.
Wir gehen diesen Weg kraftvoll gemeinsam.
Mein Körper, meine Seele und mein Geist gestalten mein Leben.
Ich bin geliebt.
Andere Menschen respektieren mich so, wie ich bin.
Mein Kind ist eine Bereicherung für mich.
Alles, was ich tue, tue ich in Ruhe und Gelassenheit.
Mit meinem Kind ist mein Leben bunt und reich.
Das Leben ist immer für mich. Ich darf glücklich sein.
Ich darf geliebt werden, und ich darf lieben.
Ich umarme mich selbst, achte und liebe mich so, wie ich bin.
Ich kann gesunde Grenzen für mich setzen.

Ich bin genug.
Ich liebe und akzeptiere mich von ganzem Herzen so, wie ich bin! Denn ich bin okay.
Ich kann jederzeit wählen loszulassen. Ich darf ich sein. Ich bin frei.
Ich treffe positive Entscheidungen für mein Leben.
Meine größte Kraft sind meine Gedanken, die ich in Liebe mit meinem Herzen und meinem Sein in mir verbinde, zum Wohle aller.
Ich verdiene das Beste, und ich akzeptiere mich so, wie ich bin.
Ich verdiene das Beste und akzeptiere es jetzt.
Ich biete Mehrwert für andere.
Wir unterstützen uns gegenseitig und sind voller Zuversicht.
Ich wache jeden Morgen voller Energie auf.
Ich bin gesund, fit und vital.
Ich vertraue mir. Alles ist gut. Ich bin in Verbindung mit mir selbst.
Ich führe glückliche und liebevolle Beziehungen.
Ich ziehe die richtigen Menschen und Umstände für mehr Freude und Glück in mein Leben.
Ich ziehe gleichgesinnte Menschen an und umgebe mich mit positiven und glücklichen Menschen.
Ich bin immer sicherer auf meinem eigenen Weg.
Jeden Tag, auf jede Art werde ich vollständiger und wachse über mich hinaus.
Ich gehe voller Offenheit und Freude durch den Tag.
Es geht mir jetzt von Tag zu Tag in jeder Hinsicht immer besser und besser.
Ich bin hell.
Ich bin heiter.
Ich bin leuchtend.
Ich bin freundlich zu allen Wesen, auch zu mir selbst.
Ich liebe mich selbst.
Ich bin glücklich.
Ich bin Liebe und Freude.
Ich bin dankbar.
Ich empfange all die Liebe und Freude, die kommt, mit offenen Armen.

Ich bin im Frieden mit mir selbst und genieße die Ruhe.
Ich überwinde Ängste, indem ich meinen Träumen folge.
Mit jedem Tag fließt Gutes und Aufbauendes in mein Leben.
Ich übernehme Verantwortung für meine Gedanken, meine Gefühle und mein Tun.
Das, was ich tue, macht mich unendlich dankbar und erfüllt.
Wir sind gemeinsam voller Freude und offen für Neues.
Ich gehe mutig und voller Vertrauen meinen eigenen Weg.

Meine Angebote an dich

Facebook-Gruppe zum Buch: ›Dein Kind und dich besser verstehen‹
Ich würde mich freuen, wenn du dazukommst, mir von deiner Reise berichtest und in Austausch mit anderen zu deinen Entwicklungen und Erfahrungen gehst.

www.katiasaalfrank.de
Hier stehen die bindungs- und beziehungsorientierte Pädagogik, die emotionale Entwicklung des Kindes und die konstruktive Eltern-Kind-Beziehung im Mittelpunkt. Es gibt viele Infos und verschiedene Angebote für Eltern:

Sommerakademie Kinder Besser Verstehen
Der Online-Coaching-Kurs in Aufzeichnung mit meiner Begleitung durch das gesamte Jahr:
www.sommerakademie-kinderbesserverstehen.de

Ausbildung: Kursleitung Kinder Besser Verstehen (KBV 1–3)
Für Eltern, die neue Wege in ihrer Familie leben und an andere in Kursen weitergeben wollen. Es sind 3 Module verfügbar: Kleinkind, Schulkind und Pubertät.

Ausbildung: Bindungs- und Beziehungsorientierter Eltern- und Familienberater
Bindungs- und Beziehungsorientierte Pädagogik in der Beratung und Begleitung von Eltern zur Förderung der konstruktiven Beziehung im Umgang zwischen Eltern und Kindern.

Private Beratungspraxis Katia Saalfrank
Bindungs- und Beziehungsorientierte Eltern- und Familienberatung (in Berlin und ortsunabhängig online über Videoberatung).

Die Katia-Saalfrank-App
Kostenlose App, die dir Inhalte, Übungen, Themen-Podcasts, Impulse und Hördateien täglich in deinem Alltag direkt aufs Handy bringt. So bin ich begleitend und direkt an deiner Seite. Du kannst die App kostenlos in allen Stores herunterladen.

Podcast »Familienrat«
Im Familienrat-Podcast von »Mit Vergnügen« beantworte ich deine Fragen zum Familienleben und zur Beziehung zu Kindern. Du findest den Podcast kostenlos auf allen Podcastportalen.

Hilfreiche Blogs und Webadressen

www.geborgen-wachsen.de
Blog der Kleinkindpädagogin Susanne Mierau. Wissenswertes zum Thema Bindung und Geborgenheit, Schwangerschaft, Baby und Kleinkind.

www.nestling.org
Blog, der anderen Eltern Mut machen soll, der eigenen Intuition zu folgen und auf emotionale Bedürfnisse von Kindern zu hören.

www.gewuenschtestes-wunschkind.de
Blog der Autorinnen Danielle Graf und Katja Seide, die über das Leben mit Kindern und die dazugehörigen Bereiche aus Entwicklung, Erziehung, Gesundheit und Ernährung schreiben und dabei die emotionalen Bedürfnisse in den Mittelpunkt stellen.

www.rabeneltern.org
Webangebot des Vereins Rabeneltern.org e. V. Rückenstärkung für eine gewaltfreie, respektvolle und fürsorgliche Erziehung.

www.einfach-eltern.de
Geburt und Bindung ist hier ein wesentliches Thema. Auf dieser Seite finden Eltern Links zu Themen im Alltag mit Babys rund um das erste Jahr.

www.kinderwaerts.de
Der Betreiberin der Seite ist ein wertschätzender, würdiger Umgang mit kleinen Menschen und Jugendlichen sehr wichtig. Die ausgebildete Erzieherin ist u. a. Mediatorin und Familienbegleiterin. Sie schreibt insbesondere für Erzieher und Erzieherinnen.

www.mini-and-me.com
Der Blog der Autorin Jeannine Mik ist eine Anlaufstelle für Eltern, die bewusster leben und ihre Kinder gleichwürdig begleiten wollen. Die Texte richten sich an Eltern, die Vorgedachtes hinterfragen und ihren eigenen Weg gehen.

www.kinder-verstehen.de
Die Webseite des Kinderarztes, Wissenschaftlers und Autors Dr. Herbert Renz-Polster. Sie stellt Informationen rund um die kindliche Entwicklung, die kindliche Gesundheit sowie zu Erziehungsfragen bereit.

www.elternmorphose.de
Der Blog von Aida S. de Rodriguez gibt wertvolle Impulse für Eltern und ist durch die Inspiration der Facebook Gruppe »Unerzogen« entstanden. Aida plädiert dafür, Kindern auf Augenhöhe zu begegnen und den Schwerpunkt auf Beziehung statt Erziehung zu legen.

www.bindungstraeume.de
Bindungs(t)räume – Wurzeln und Flügel ist ein gemeinnütziger Verein, der, von Inke Hummel, Mildi Karin Sand und Tanja Fleischmann gegründet, sich zum Ziel gesetzt hat, Attachment Parenting bekannter zu machen und die Bindung zwischen Eltern und ihren Kindern stärken möchte.

www.kindheiterleben.de
Kathrin Hohmann möchte in ihrem Onlinemagazin für Eltern und pädagogische Fachkräfte inspirieren, mit Kindern einen bedürfnisorientierten, achtsamen Weg zu gehen.

www.andreasreinke.com
Andreas Reinke ist Lehrer und Autor. Sein Ziel ist es, gerade im schulischen Kontext Erwachsene an ihre Verantwortung für die Qualität der Beziehungen zu erinnern und sie für den Wert der Gleichwürdigkeit aufzuschließen.

Literaturverzeichnis

Bauer, Joachim: *Das Gedächtnis des Körpers*. Köln 2002

Ders.: *Schmerzgrenze – Vom Ursprung alltäglicher und globaler Gewalt*. München 2011

Bowlby, John: *Bindung als sichere Basis*. März 2014

Chopich, Erika J. und Margaret Paul: *Aussöhnung mit dem inneren Kind*. München 2009

Dies.: *Aussöhnung mit dem inneren Kind – ein Arbeitsbuch*. München 2009

Dolan, Yvonne: *Schritt für Schritt zur Freude zurück. Das Leben nach traumatischen Erfahrungen meistern. Die emotionale Welt des Kindes*. München 2009

Dornes, Martin: *Die emotionale Welt des Kindes*. Frankfurt/M. 2000

Ebert-Wittich, Sabine: *Focusing-Journal des Dt. Ausb.-Institut DAF*. 2004 http://www.psychologische-fortbildung.de/InneresKindartikel.pdf

Frankl, Viktor E.: *… trotzdem Ja zum Leben sagen. Ein Psychologe erlebt das Konzentrationslager*. München 2018

Görlitz, Gudrun: *Psychotherapie für Kinder und Jugendliche. Erlebnisorientierte Übungen und Materialien*. Stuttgart 2009

Handrock, Anke und Maike Baumann: *Vergeben und Loslassen in Psychotherapie und Coaching*. Weinheim 2017

Hüther, Gerald: »Neurobiologische Grundlagen der Herausbildung psychotraumabedingter Symptomatiken«, in: *Trauma und Gewalt. Forschung und Praxisfelder*. 4. Jahrgang, Heft 1/2010

Ders.: *Was wir sind und was wir sein könnten: Ein neurobiologischer Mutmacher*. Frankfurt/Main 2011

Ders. mit Nitsch, Cornelia: *Wie aus Kindern glückliche Erwachsene werden*. München 2008

Imlau, Nora: *Das Geheimnis zufriedener Babys: Liebevolle Lösungen, damit ihr Baby ruhiger schläft und weniger weint*. Graefe und Unzer 2013

Juul, Jesper: *Aggression. Warum sie für uns und unsere Kinder notwendig ist*. Frankfurt 2013

Ders.: *Grenzen, Nähe, Respekt. Auf dem Weg zur kompetenten Eltern-Kind-Beziehung*. Hamburg 2009

Kast, Verena: *Vom Sinn des Ärgers. Anreiz zu Selbstbehauptung und Selbstentfaltung*. Freiburg 2005

Kast-Zahn, Annette: *Jedes Kind kann Regeln lernen*. Düsseldorf 2005

Katie, Byron und Michael Katz: *Ich brauche deine Liebe – ist das wahr? Liebe finden, ohne danach zu suchen*. München 2012

Kohlbrunner, Jürg: *Gespräch über Schuld und Schuldgefühle in der therapeutischen Beratung*. (VARIO Wissen) Idstein 2018

Kohn, Alfie: *Liebe und Eigenständigkeit: Die Kunst bedingungsloser Elternschaft, jenseits von Belohnung und Bestrafung*. Freiburg 2010

Largo, Remo: *Babyjahre*. München 2003

Ders.: *Kinderjahre*. München 2000

Levin, Peter A.: *Sprache ohne Worte: Wie unser Körper Trauma verarbeitet und uns in die innere Balance zurückführt*. München 2011

Maaz, Hans-Joachim: *Die narzisstische Gesellschaft. Ein Psychogramm*. München 2014

Nawroth, Philipp: *Aktives Zuhören nach Carl R. Rogers: Erfolgreiches Zuhören in der professionellen Gesprächsführung und in der Wissensgesellschaft*. GRIN-Verlag 2010

Porges, Stephen W.: *Die Polyvagal-Theorie und die Suche nach Sicherheit. Traumabehandlung, soziales Engagement und Bindung*. Paderborn 2010

Miller, Alice: *Am Anfang war Erziehung*. Frankfurt/M. 1983

Renz-Polster, Herbert: *Kinder verstehen: Born to be wild. Wie die Evolution unsere Kinder prägt*. München 2015

Roth, Gerhard und Nicole Strüber: *Wie das Gehirn die Seele macht*. 7. Auflage. Stuttgart 2017

Saalfrank, Katharina: *Du bist ok, so wie du bist. Beziehung statt Erziehung*. München 2020

Dies.: *Was unsere Kinder brauchen. 7 Werte für eine gelingende Eltern-Kind-Beziehung*. München 2016

Dies.: *Kindheit ohne Strafen. Wertschätzende Wege für Eltern, die es anders machen wollen*. Weinheim 2017

Scheider, Wolfgang/Lindenberger Ulman (Hrsg.): *Entwicklungspsychologie. Mit Online-Materialien*. Weinheim 2018

Servan-Schreiber, David: *Die neue Medizin der Emotionen: Stress, Angst, Depression: Gesund werden ohne Medikamente*. München 2006

Siegel, Daniel J.: *Wie wir werden, die wir sind: Neurobiologische Grundlagen subjektiven Erlebens und die Entwicklung des Menschen in Beziehung*. Paderborn 2006

Stern, André: *Die Rhythmen und Rituale unserer Kinder. Reichtum, der von innen kommt*. Weinheim 2021

Stahl, Stefanie: *Das Kind in dir muss Heimat finden. Der Schlüssel zur Lösung (fast) aller Probleme*. München 2015

Stern, Daniel: *Mutter und Kind – die erste Beziehung*. Stuttgart 2000

Ders.: *Die Lebenserfahrung des Säuglings*. Stuttgart 2020

Strüber, Nicole: *Die erste Bindung. Wie Eltern die Entwicklung des kindlichen Gehirns prägen*. Stuttgart 2016

Taylor, Jill, B.: *Mit einem Schlag. Wie eine Hirnforscherin durch ihren Schlaganfall neue Dimensionen des Bewusstseins entdeckt*. München 2008

Tolle, Eckhart: *Jetzt! Die Kraft der Gegenwart*. Bielefeld 2016

Das Ampelsystem in der Moritz-von Bühren-Schule: https://www.lwl-moritz-von-bueren-schule.de/de/ueber-uns/Informationen_Schulprogramm/1416309791/

Über die Autorin

© Matze Hielscher

Katharina Saalfrank ist Diplom-Pädagogin, Therapeutin, Eltern- und Familienberaterin sowie erfolgreiche Autorin. Sie arbeitet bindungs- und beziehungsorientiert in eigener Beratungspraxis in Berlin. Die konstruktive Beziehung zwischen Eltern und Kind sowie die emotionalen Entwicklungsprozesse von Kindern und Eltern stehen im Mittelpunkt ihres Ansatzes und bilden die Basis für ihre vielfältigen Angebote für Eltern und Pädagogen. Dazu gehören Online-Kurse wie die »Sommerakademie Kinder Besser Verstehen« und ihre Ausbildungen im Bereich Eltern- und Familienberatung. Katharina Saalfrank ist Mutter von vier Söhnen und lebt mit ihrem Mann in Berlin. Bei Beltz erschien von ihr 2017 *Kindheit ohne Strafen*.

